Stichproben-Verfahren in der Umfrageforschung

AF173722

ADM Arbeitskreis Deutscher Markt-
und Sozialforschungsinstitute e.V.

Stichproben-
Verfahren in der
Umfrageforschung

Eine Darstellung für die Praxis

2., aktualisierte und erweiterte Auflage

 Springer VS

ADM Arbeitskreis Deutscher Markt- und Sozialforschungsinstitute e.V.
Frankfurt am Main, Deutschland

ISBN 978-3-531-16445-8   ISBN 978-3-531-18882-9 (eBook)
DOI 10.1007/978-3-531-18882-9

Die Deutsche Nationalbibliothek verzeichnet diese Publikation in der Deutschen Nationalbibliografie; detaillierte bibliografische Daten sind im Internet über http://dnb.d-nb.de abrufbar.

Springer VS
© Springer Fachmedien Wiesbaden 1999, 2014

Das Werk einschließlich aller seiner Teile ist urheberrechtlich geschützt. Jede Verwertung, die nicht ausdrücklich vom Urheberrechtsgesetz zugelassen ist, bedarf der vorherigen Zustimmung des Verlags. Das gilt insbesondere für Vervielfältigungen, Bearbeitungen, Übersetzungen, Mikroverfilmungen und die Einspeicherung und Verarbeitung in elektronischen Systemen.

Die Wiedergabe von Gebrauchsnamen, Handelsnamen, Warenbezeichnungen usw. in diesem Werk berechtigt auch ohne besondere Kennzeichnung nicht zu der Annahme, dass solche Namen im Sinne der Warenzeichen- und Markenschutz-Gesetzgebung als frei zu betrachten wären und daher von jedermann benutzt werden dürften.

Lektorat: Dr. Andreas Beierwaltes, Katharina Gonsior

Gedruckt auf säurefreiem und chlorfrei gebleichtem Papier

Springer VS ist eine Marke von Springer DE. Springer DE ist Teil der Fachverlagsgruppe Springer Science+Business Media.
www.springer-vs.de

Inhaltsverzeichnis

Anhang

Vorwort des Herausgebers

Es sind nunmehr 34 Jahre vergangen, seit der ADM im Jahr 1979 das von Felix Schaefer bearbeitete Buch „Muster-Stichproben-Pläne für Bevölkerungs-Stichproben in der Bundesrepublik Deutschland und West-Berlin" herausgegeben hat. Und seit dem Erscheinen der ersten Auflage des Buches „Stichproben-Verfahren in der Umfrageforschung" sind inzwischen 14 Jahre vergangen. Allein schon die zahlreichen Anfragen zu den ADM-Stichproben-Systemen für persönlich-mündliche und telefonische Befragungen machen deutlich, dass es Zeit für eine erweiterte Neuauflage wurde, die geeignet ist, die Nachfolge der beiden genannten, längst vergriffenen Werke anzutreten.

Im Mittelpunkt steht wieder die Darstellung der ADM-Stichproben-Systeme. Allerdings erschien eine einfache Neuauflage der „Stichproben-Verfahren in der Umfrageforschung" nicht sinnvoll, denn die ADM-Stichproben-Systeme werden nicht nur laufend aktualisiert und fortgeschrieben, sondern seit Herausgabe dieses Buchs 1999 wurden sie mit dem ADM-Telefonstichproben-System wesentlich erweitert. Außerdem hat sich seitdem der Kanon der Erhebungsmethoden signifikant verändert. Online-Befragungen mit ihren spezifischen Anforderungen an die Stichprobe haben sich dauerhaft etabliert, telefonische Befragungen sehen sich mit den methodischen Herausforderungen der Mobiltelefonie konfrontiert, um auch die Personen und Haushalte abbilden zu können, die ausschließlich über das Mobilfunknetz kommunizieren.

Das vorliegende Buch gibt einen aktuellen Überblick über die in der Umfrageforschung gebräuchlichen Stichproben-Verfahren und wendet sich damit an die Praktiker der Umfrageforschung, gleichgültig ob sie in akademischen Forschungseinrichtungen, privatwirtschaftlichen Forschungsinstituten oder betrieblichen Forschungsabteilungen tätig sind. Es eignet sich außerdem für die praxisorientierte Methodenausbildung an den Hochschulen und im dualen System der Berufsausbildung. Damit wendet sich das Buch auch an Lehrende und Lernende, denn Stichproben-Verfahren sind ein zentraler Bestandteil der Umfra-

geforschung, der weder in der Forschungspraxis noch in der Ausbildung vernachlässigt werden darf.

Die Durchführung von Umfragen ist ein komplexer Forschungsprozess, dessen einzelne Schritte sich häufig im Spannungsfeld zwischen wissenschaftlicher
Qualität und zeitlicher Verfügbarkeit der Ergebnisse sowie den dafür zur Verfügung stehenden Budgets bewegen. Die Qualität des Stichproben-Verfahrens wie
des Forschungsprozesses insgesamt ist deshalb sowohl von den Kenntnissen und
Erfahrungen der Forschungsinstitute als auch den Ansprüchen und Erwartungen
der Auftraggeber abhängig. Die Herausgabe dieses Buches kann deshalb auch als
ein Teil der vielfältigen Aktivitäten des ADM verstanden werden, das Qualitäts-
bewusstsein auf beiden Seiten zu stärken.

Der ADM bedankt sich bei den Autoren der einzelnen Kapitel, die neben
ihrer Forschungstätigkeit in den Instituten die Zeit geopfert und die Mühe auf
sich genommen haben, an diesem Buch mitzuarbeiten. Ganz besonderer Dank
gebührt darüber hinaus Christian von der Heyde für die inhaltliche und redakti-
onelle Koordination der einzelnen Kapitel. Ohne seine federführenden Arbeiten
hätte das Buch – zumindest in dieser Form und zum jetzigen Zeitpunkt – nicht
erscheinen können.

Frankfurt am Main, im Juli 2013
ADM Arbeitskreis Deutscher Markt- und Sozialforschungsinstitute e.V.

Ute Löffler, Christian von der Heyde

Über dieses Buch

Von der Vollerhebung zur Stichprobe

Die Markt- und Meinungsforschung mit der Erfassung von Teilen der Gesamtheit, also von sogenannten Stichproben, mit denen dann auf die Gesamtheit Rückschlüsse gezogen werden, ist eher eine junge Wissenschaft. Statistiken gibt es jedoch seit mehr als 2000 Jahren. Bereits im vorchristlichen Rom und in Ägypten wurden Statistiken über die Bevölkerung geführt. Dabei handelte es sich um sogenannte Vollerhebungen, bei denen alle Haushaltsvorstände umfassend über ihren Haushalt und die darin lebenden Personen Auskunft geben mussten. Auch im Alten Testament sind einige Passagen erwähnt, die Volkszählungen beschreiben (2. Buch Samuel, Kap. 24; 1. Buch Chronik, Kap. 21; Buch Nehemia, Kap.7, Vers 5; 4. Buch Mose, Kap. 1) Im 17. und 18. Jahrhundert fanden diese Vollerhebungen zunächst ihre Fortführung mit Aufstellungen über Todesfälle und Todesarten, später auch über Geburten und Heiraten.[1] Obwohl es sich hierbei nicht um direkte Befragungen von Personen handelte, kann man aber von Vollerhebungen sprechen, da die Vorgänge in ihrer Gesamtheit in die Betrachtungen einflossen. Erst gegen Ende des 18. Jahrhunderts und zu Beginn des 19. Jahrhunderts haben sich Schritt für Schritt Umfragen entwickelt, die als Befragung eines „repräsentativen Querschnitts" gelten können, wobei als mathematische Grundlage zunächst das „Gesetz der großen Zahl" herangezogen wurde.[2]

Die Bildung eines „repräsentativen Querschnitts" ist also nicht ein Geheimnis der Markt- und Meinungsforschung sondern ein mathematisch-statistisches Verfahren, das in den Methoden, mit denen die empirische Forschung arbeitet,

---

1   Graunt: Observations on the Bills of Mortality, Cambridge 1662; Süßmilch: Die göttliche Ordnung in den Veränderungen des menschlichen Geschlechts, Berlin 1775; Quételet: Sur l'homme et le developpement de ses facultés ou Essai de physique sociale, 1835; Wagner: Statistisch-anthropologische Untersuchung der Gesetzmäßigkeit in den scheinbar willkürlichen menschlichen Handlungen, Hamburg 1864;

2   Bernoulli, Jakob: Ars conjectandi, Basel 1713

am weitesten entwickelt ist. Sowohl die Theorie und Technik von Stichproben-
verfahren als auch die statistische Prüfung von Hypothesen ist in Deutschland
spätestens seit den Ausführungen von Kellerer in den fünfziger Jahren des zwan-
zigsten Jahrhunderts nachhaltig bewiesen und wissenschaftlich anerkannt und
akzeptiert.[3]

In allen Lebensbereichen finden sich heute Statistiken wieder, die für Pla-
nungen notwendiger Maßnahmen unerlässlich sind. Bei diesen Statistiken handelt es sich häufig nicht um Daten aus Vollerhebungen sondern um die Auswahl
von Teilen einer Grundgesamtheit, die in eine Erhebung einbezogen wurden. Den
dafür entwickelten Auswahlverfahren kommt in der empirischen Markt- und Sozialforschung deshalb eine erhöhte Bedeutung zu. Denn nur richtig angewandt
kann ein repräsentatives Abbild der Grundgesamtheit geliefert und auf eine
Vollerhebung, die zumeist auch aus finanziellen und terminlichen Gründen nicht
in Frage kommt, verzichtet werden.

Das Anliegen des Buches

Das vorliegende Buch soll keinesfalls ein statistisches Lehrbuch sein, in dem die
oben genannten Theorien und Techniken der Statistik dargestellt werden, sondern ein Buch für den Praktiker, der Kenntnisse über die zur Zeit angewandten
Auswahlverfahren erhalten möchte. Selbstverständlich geht dieses nicht ohne
eine kurze Einführung in die Theorie, die aber so verständlich wie möglich gehalten wurde, um den Praktiker nicht zu verschrecken.

Jahr für Jahr werden Beträge in Milliardenhöhe in die Markt- und Meinungsforschung investiert und mit den gewonnenen Daten und Erkenntnissen ein weiteres vielfaches an Milliardenbeträgen bewegt, um volkswirtschaftliche, betriebswirtschaftliche und politische Entscheidungen zu treffen, zu untermauern und
zu stützen. Umso wichtiger erscheint es den Autoren des Buches, hierin Hilfen
anzubieten, die den Stichproben-Praktiker in die Lage versetzen, eine Stichprobe
anzulegen, bzw. die es ermöglichen, eine Bewertung von Stichprobenverfahren
vornehmen zu können.

Das bei der Erstausgabe dieses Buches genannte Anliegen, eine umfassende
Neu-Darstellung der bestehenden ADM-Stichproben vorzunehmen, bleibt unverändert bestehen. Nicht nur weil sich seit der damals letzten Buch-Veröffentli-
chung zu diesem Thema von Felix Schaefer im Jahr 1979 zahlreiche Neuerungen

---

3   Kellerer, Hans: Theorie und Technik des Stichprobenverfahrens – Eine Einführung unter beson-
     derer Berücksichtigung der Anwendung auf soziale und wirtschaftliche Massenerscheinungen,
     München 1953

ergeben haben, die eine Dokumentation unerlässlich machen,[4] sondern zusätzlich, weil diese methodischen Standards in den Jahren seit der Erstveröffentlichung erneut gravierend verändert und verbessert wurden.

Die aktualisierte Neu-Darstellung gliedert sich in vier Teilbereiche: Zunächst werden – der Vollständigkeit halber – in aller Kürze die gebräuchlichsten Auswahl-Verfahren in der Marktforschung vorgestellt (Kapitel 1). Danach geht es um Random-Stichproben im Allgemeinen. In den anschließenden Kapiteln 2 und 3 werden die allgemeine Theorie sowie die Techniken und Möglichkeiten der Realisierung von Random-Stichproben dargestellt.

Nach einem Abriss über die Historie der ADM-Stichproben-Systeme und die in ihnen verwendete Regionalklassifizierung in Kapitel 4, deren Entwicklung und Aufbau noch einmal ausführlich in Kapitel 12 im Anhang beschrieben wird, werden in Kapitel 5 der Aufbau und die Auswahleinheiten des ADM-Stichproben-Systems (F2F) für persönlich-mündliche Befragungen gezeigt.

Die folgenden drei Kapitel sind den Telefonstichproben gewidmet; sie beginnen mit der Diskussion der grundsätzlichen Möglichkeiten von Telefonstichproben (Kapitel 6). Es folgt eine ausführliche Beschreibung des ADM-Telefonstichproben-Systems in Kapitel 7. Die rasante Verbreitung des Mobilfunks macht Dual-Frame-Stichproben zur Abbildung der Bevölkerung notwendig: die vom ADM dazu durchgeführte Grundlagenstudie wird in Kapitel 8 beschrieben.

Zur Abrundung geht es dann im letzten Teilbereich um Stichproben-Verfahren, die häufig in der Markt- und Meinungsforschung verwendet werden, und die in einer umfassenden Darstellung nicht fehlen sollten. Da wird zunächst in Kapitel 9 das in jeder Hinsicht anspruchsvollste Stichprobendesign – die Einwohnermeldeamts-Stichprobe – vorgestellt. Die Beschreibung von Quotenstichproben schließt sich in Kapitel 10 an. Die Darstellung zweier Stichproben-Sonderformen – der Zeitintervall-Stichproben und der Online-Stichproben – rundet in Kapitel 11 diesen Teilbereich ab.

Der Anhang ist dann zusätzlichen technischen und inhaltlichen Ergänzungen gewidmet. Er beginnt in Kapitel 12 mit der detaillierten Beschreibung der in der deutschen Marktforschung überwiegend verwendeten Regionalklassifikation, den „BIK-Regionen" oder „BIK-Gemeingrößenklassen", und wird mit dem Abdruck von Fehlertoleranztabellen für die häufigsten Auswahlverfahren und Aussageniveaus in Kapitel 13 fortgesetzt. Diverse Verzeichnisse sollen für den Leser die Handhabung des Buches vereinfachen (Kapitel 14). Eine Information über den Herausgeber (Kapitel 15) und Kurzporträts der Autoren beschließen das Buch.

---

4   Schaefer, Felix: Muster-Stichproben-Pläne Hrsg. ADM – Arbeitskreis Deutscher Marktforschungsinstitute, Verlag Moderne Industrie, München 1979

Noch ein allgemeiner Hinweis: Auch wenn im Buch manchmal nur von Marktforschung gesprochen wird, so werden damit immer auch die anderen Bereiche der empirischen Umfrageforschung angesprochen. Es wäre nur zu umständlich jedes Mal von Markt-, Meinungs-, Sozial-, Wirtschafts-, Politik-, Media- usw. usw. -Forschung zu sprechen.

Ute Löffler, Christian von der Heyde

1 Ein Kurz-Überblick über die gebräuchlichsten Auswahl-Verfahren in der Marktforschung

Wie bereits eingangs erwähnt, scheiden Vollerhebungen, d.h. das Befragen oder das Einsammeln von Informationen bei allen Personen bzw. Elementen einer Grundgesamtheit, in der Regel aus Kosten- und Zeitgründen aus. Stattdessen zieht man eine Stichprobe (oder auch Teilmenge) heraus, die für eine Untersuchung herangezogen wird. Als häufiges Beispiel zur Veranschaulichung werden Warenlieferungen genannt: Ein Obsthändler prüft nur ein paar Apfelsinen einer Kiste, um damit auf die Qualität des gesamten Kisteninhalts zu schließen.

Bei den Auswahl-Verfahren wird unterschieden nach

- Nichtzufälligen Auswahl-Verfahren

  und

- Zufälligen Stichproben-Verfahren.

Bei dem Begriff „Zufall", wie er in der Statistik und somit auch bei Stichproben angewendet wird, handelt es sich um das mathematische Zufallsprinzip. Das bedeutet: Alle Elemente einer Grundgesamtheit haben eine bestimmte, berechenbare (von Null verschiedene) Wahrscheinlichkeit, für die Stichprobe gezogen zu werden, d.h. in die Auswahl zu gelangen. Mit anderen Worten, dieser „Zufall" hat nichts mit dem gebräuchlichen umgangssprachlichen Zufall zu tun. In der Praxis hat sich für die zufälligen Stichproben-Verfahren auch der Begriff Random-Stichproben (aus dem englischen random = Zufall) eingebürgert.

Nachfolgend wird ein kurzer Überblick über die verschiedenen möglichen Arten von Stichproben-Verfahren bzw. Teilerhebungen gegeben, bevor dann im nächsten Kapitel (Kapitel 2) näher auf die allgemeine Theorie von Random-Stichproben eingegangen wird, so z.b. auch auf die Frage wie viele Personen/ Elemente einer Grundgesamtheit für eine Stichprobe ausgewählt werden sollten. Das darauf folgende Kapitel 3 beschäftigt sich dann ausführlich mit den Techniken und Möglichkeiten der Realisierung von Random-Stichproben.

1.1 Nichtzufällige Auswahlmethoden

1.1.1 Willkürliche Auswahl

Die willkürliche Auswahl kann man auch als Auswahl aufs Geratewohl bezeichnen. Das wesentliche besteht darin, dass die Auswahlbasis nicht explizit festgelegt ist und dadurch keine Definition des Auswahlmechanismus vorliegt. Als Beispiel seien hier Straßeninterviews angeführt, bei denen „aufs Geratewohl", d.h. wahllos irgendwelche Personen befragt werden.

1.1.2 Staffelungsmethode

Alle Elemente einer Grundgesamtheit oder einer beliebig gebildeten Stichprobe werden nach einem Merkmal geordnet und zur detaillierten Untersuchung wird ein Segment ausgewählt. Man kann beispielsweise alle Schüler eine Klasse der Größe nach neben einander stellen und dann das mittlere Drittel auswählen, was dazu führt, dass die kleineren Schüler und die größeren Schüler nicht berücksichtigt werden.

1.1.3 Bewusste Auswahl

Die bewusste Auswahl wird noch einmal in verschiedene Auswahl-Verfahren unterteilt:

1.1.3.1 Monographische Behandlung

Hierbei wird eine einzige typische Einheit, die mit vorgegebenen Rahmengrößen möglichst gut übereinstimmt, ausgewählt, um von den dann erhobenen

Ergebnissen auf andere (möglichst alle) schließen zu können. Ein Beispiel dafür ist die Festlegung von Testmärkten.

1.1.3.2   Konzentrationsprinzip/Abschneideverfahren (Cut-off-Verfahren)

Dieses Verfahren beschränkt sich auf wenige Auswahleinheiten, die einen möglichst großen Teil der Untersuchungseinheit ausmachen. Am häufigsten wird dieses Verfahren in der Investitionsgüterindustrie angewendet. Wenn z.b. auf 10 % der Kunden eines Unternehmens 85 % seines Umsatzes fallen, kann es u.u. (je nach Untersuchungsziel) sinnvoll sein, eine Stichprobe nur aus diesen 10 % Kunden zu bilden.

1.1.3.3   Quotenverfahren

Das Quotenverfahren ist das gebräuchlichste **nichtzufällige** Auswahl-Verfahren in der Marktforschung. Dabei werden die Strukturen der Grundgesamtheit durch Vorkenntnisse über Merkmalsteilmengen in der Stichprobe nachgebildet. Dieses setzt voraus, dass entsprechende sekundärstatistische Informationen über die Grundgesamtheit und ihr Mengengerüst zur Verfügung stehen. Diese können aus amtlichen Statistiken stammen oder auch aus anderen Untersuchungen, aus Verbandsstatistiken, Kundendaten usw. Als Beispiel sei hier angeführt: Konsumenten des Erfrischungsgetränks X. Wenn aus anderen Untersuchungen die Struktur dieser Konsumenten abgeleitet werden kann (z.B. in den Merkmalen Geschlecht, Alter, Schulbildung, Haushalts-Netto-Einkommen) können diese Personengruppen durch Vorgabe von sogenannten Quoten ermittelt und befragt werden.

Da das Quotenverfahren, wie bereits oben erwähnt, so gebräuchlich ist, wurde dieser Auswahlmethode ein eigenes Kapitel gewidmet. (siehe Kapitel 10)

1.2   Zufällige Stichproben/Random-Stichproben

Die zufälligen Stichproben werden nach den Auswahlverfahren unterschieden:

- Uneingeschränkte Zufallsauswahl (Unrestricted Sampling)
- Geschichtete Zufallsauswahl (Stratified Sampling)
- Klumpenauswahl (Cluster Sampling)

- Mehrstufige Auswahlverfahren (Multistage Sampling)/mehrstufig-geschichtete Auswahlverfahren (Stratified Multistage Sampling)

Da auf diese Stichproben-Verfahren in dem nachfolgenden Kapitel 3 ausführlich eingegangen wird, sei hier nur eine kurze Übersicht in Form von einigen Beispielen zu den o.a. Auswahlverfahren gegeben.

1.2.1   Uneingeschränkte Zufallsauswahl (Unrestricted Sampling)

Dieses ist das theoretisch einfachste Auswahlverfahren, das auch oft als sogenanntes „Urnenmodell" bezeichnet wird. In dieser Bezeichnung wird es oftmals als Beispiel zur Erläuterung der statistischen Wahrscheinlichkeitstheorie und der „mittleren quadratischen Abweichung" herangezogen. (siehe Kapitel 2.3)

Zur Veranschaulichung kann man sich eine Stadt mit 20.000 Einwohnern vorstellen. Die Einwohner werden von 1 bis 20.000 durchnummeriert und jeder Person wird eine Kugel zugeordnet, die die entsprechende Nummer trägt (wie bspw. beim Lotto). Alle Kugeln werden jetzt in einem Behälter bzw. in einer Urne (daher der Ausdruck Urnenmodell) **sehr gut gemischt**. Das gute Mischen ist besonders wichtig, damit die Chancengleichheit gewahrt wird. Aus diesem Behälter wird nun eine Stichprobe von z.B. n=1.000 gezogen. Dabei kann auf zwei unterschiedliche Arten verfahren werden:

- Nach jedem Ziehen einer Kugel kann die Nummer notiert werden und die Kugel zum erneuten Mischen zurückgelegt werden.
  = Urnenmodell mit Zurücklegen (Sampling with Replacement)
- Die gezogenen Kugeln werden nicht zurückgelegt.
  = Urnenmodell **ohne** Zurücklegen (Sampling **without** Replacement)
  Das ist das in der Marktforschung gebräuchlichere Vorgehen.

Zur Erklärung der Wahrscheinlichkeitsaussagen werden die Kugeln noch mit verschiedenen Farben versehen. Man könnte z.B. den Männern weiße Kugeln zuordnen und den Frauen rote Kugeln. Nach dem Ziehungsvorgang kann jetzt bereits eine Aussage über die Geschlechterverteilung gemacht werden, denn der wahre Anteil von Männern und Frauen entspricht mit berechenbarer Wahrscheinlichkeit dem in der Stichprobe gemessenen Anteil plus/minus x %. Dieses „plus/minus x %" wird auch als Standardfehler oder Konfidenzintervall bezeichnet. Die ausführliche theoretische Beschreibung wird in Kapitel 2.3.3, dargestellt. (siehe auch Kapitel 3.3.1.1, und 3.3.1.2 sowie die Fehlertoleranztabellen in Kapitel 13). Selbstverständlich arbeitet heutzutage bei der uneingeschränkten Zufallsauswahl niemand mehr mit „Kugeln in einem Behälter", sondern per EDV bzw. PC und dem Einsatz von Zufallsgeneratoren.

1.2.2   Geschichtete Zufallsauswahl (Stratified Sampling)

Bei der geschichteten Zufallsauswahl werden bereits Grundinformationen über die Auswahleinheiten vorausgesetzt, die es ermöglichen sie in Gruppen zu unterteilen, d.h. sogenannte „Schichten" zu bilden. So könnte man z.B. Betriebe einer bestimmten Branche nach drei Umsatzgruppen schichten (einteilen): unter 1 Mio., 1 Mio. bis unter 10 Mio., 10 Mio. und mehr. Aus jeder dieser Schichten werden jetzt getrennte Stichproben gezogen, d.h. man hat nicht mehr einen Behälter (eine Urne) sondern drei. Der erste Behälter beinhaltet dabei Betriebe (Kugeln) mit Umsätzen (Zahlen) unter 1 Mio., der zweite Behälter mit Umsätzen (Zahlen) von 1 Mio. bis 10 Mio. und der dritte Behälter mit Umsätzen (Zahlen) von 10 Mio. und mehr. Wie sofort einsichtig ist, führt die Schichtung grundsätzlich zu einer Verbesserung der Auswahl, weil eine ungewollte Verzerrung zumindest in den Schichtungsmerkmalen vermieden wird.

1.2.3   Klumpenauswahl (Cluster Sampling)

Die Auswahlverfahren unter 1.2.1 Uneingeschränkte Zufallsauswahl und unter 1.2.2 Geschichtete Zufallsauswahl setzen voraus, dass eine Datei mit Namen, Anschriften usw. vorhanden ist. Davon kann jedoch in den meisten Fällen nicht ausgegangen werden. Als Lösungsmöglichkeit bietet sich die Einteilung der Auswahleinheiten in sogenannte „Klumpen" an. Dieses sind i.d.R. flächenmäßig definierte Gebiete, wie z.B. die Auswahlflächen der ADM-Stichproben für Face-to-Face-Befragungen.

Angenommen eine Stadt hat ca. 1.000 solcher Auswahlflächen in denen jeweils in etwa die gleiche Zahl von Personen lebt. Diese Auswahlflächen werden nummeriert und als Beispiel 100 davon für die Untersuchung ausgewählt, d.h. jede zehnte (1000:100=10). Startpunkt für die Auswahl wäre eine Auswahlfläche mit einer Nummer kleiner 10 (z.B. 7) und dann wird jede zehnte abgezählt (also 7, 17, 27, 37, usw.). Dieses Verfahren nennt man systematische Auswahl mit Zufallsstart. In jeder der ausgewählten Auswahlflächen können jetzt entweder **alle**

Personen befragt werden oder es kann wiederum eine Auswahl der zu befragenden Personen stattfinden (= mehrstufige Auswahlverfahren, siehe unten 1.2.4)

Auf alle Fälle entspricht bei diesem Vorgehen (Ziehen einer flächenmäßig definierten Einheit) die primäre Auswahleinheit noch nicht der zu befragenden Untersuchungseinheit, sondern einem sogenannten Klumpen bzw. Cluster. Wird eine Grundgesamtheit in Klumpen unterteilt, so darf es keine Überschneidungen geben, d.h. eine Untersuchungseinheit **muss und darf** nur einem Klumpen angehören.

1.2.4 Mehrstufige Auswahlverfahren (Multistage Sampling)/mehrstufig- geschichtete Auswahlverfahren

Werden nach einer Klumpenauswahl eine oder mehrere weitere Auswahlvorgänge durchgeführt, so handelt es sich um ein mehrstufiges Auswahlverfahren. Wie in dem obigen Beispiel angeführt, kann nach der Auswahl einer Fläche (= primäre Auswahleinheit) eine Auswahl der zu befragenden Person stattfinden, wobei man zunächst den Haushalt (= sekundäre Auswahleinheit) und dann die Person, die befragt werden soll (= letzte Auswahleinheit, d.h. sog. Zielperson), auswählen wird.

Bei mehrstufigen Auswahlverfahren sind die primären Untersuchungs- einheiten vielfach geographisch verteilt. In solchen Fällen ist der Begriff „Flächenstichproben-Verfahren" (Area Sampling) für dieses Auswahlverfahren gebräuchlich.

Aber auch hier gilt: Jedes Element der Grundgesamtheit **muss eindeutig** geographisch festgelegt sein. Das in der Bundesrepublik wohl bekannteste Bei- spiel einer mehrstufigen geschichteten Flächenstichprobe ist das ADM-Stichpro- ben-System für Face-to-Face-Befragungen, das ausführlich in Kapitel 5 dieses Buches dargestellt wird.

Christian von der Heyde

2 Allgemeine Theorie von Random-Stichproben

2.1 Grundgesamtheit

Nehmen wir an, der Marketingleiter eines Zeitschriftenverlags möchte wissen, wie groß die Leserschaft seiner Zeitschriften im Vergleich zu seiner unmittelbaren Konkurrenz ist. Die plausibelste Vorstellung, wie diese Information zu erhalten ist, besteht darin, die gesamte Bevölkerung zu beobachten bzw. zu fragen, ob und welche Zeitschriften sie lesen. Warum man diesen Weg der vollständigen Erfassung der Gesamtheit nicht geht, sondern eine Stichprobenerhebung vorzieht, wurde schon erwähnt: Sowohl die Kosten als auch der Zeitrahmen sprechen dagegen. Man erhebt also die gewünschte Information bei einem ausgewählten Teil der Gesamtheit, man führt eine Stichprobenerhebung durch.

Die zugrundeliegende Gesamtheit, die Grundgesamtheit, muss jedoch vorher exakt beschrieben werden. Nur so kann eine Stichprobe ein adäquates Abbild der Grundgesamtheit liefern. Das ist zwar formal einfach – die Beschreibung besteht aus einem **sachlichen**, einem **räumlichen** und einem **zeitlichen Definitionsteil** – aber nicht immer trivial.

2.1.1 *Räumlicher Definitionsteil*

Fangen wir mit dem räumlichen Definitionsteil an: Da das Hauptverbreitungsgebiet der Zeitschriften unseres Marketingleiters die Bundesrepublik Deutschland ist, sollen auch nur **Leser, die in der Bundesrepublik wohnen**, erfasst werden. Ausgeschlossen sind also Personen, die kurzfristig oder auf Dauer ihren Wohnsitz außerhalb der Bundesrepublik haben, auch wenn sie vielleicht auf der Durchreise die Zeitschrift gekauft haben oder sie sich ins Ausland zusenden lassen.

2.1.2 Sachlicher Definitionsteil

Der sachliche Definitionsteil macht schon größere Schwierigkeiten: Wer gehört z.b. zu der potentiellen Leserschaft von Zeitschriften? Grundsätzlich sind das alle Personen, die in deutscher Sprache lesen können, d.h. auch Kinder und Personen in Anstaltshaushalten, aber keine Ausländer, die nicht Deutsch sprechen/lesen können. Nun macht es jedoch wenig Sinn, Personen in Anstaltshaushalten, die ihr soziales und wirtschaftliches Umfeld nicht selbst bestimmen können, sowie Kinder, in die Grundgesamtheit einzubeziehen. (Bei Kindern bestehen zudem Einschränkungen und besondere Regeln für eine Befragung.) Man wird sich also auf **deutsch-sprechende Personen ab 14 Jahren in Privathaushalten** konzentrieren. Bei Umfragen der Wahlforschung wird man die Grundgesamtheit auf alle wahlberechtigten Personen, i.d.R. also Deutsche ab 18 Jahren, eingrenzen. Und bei einem Untersuchungsziel, das sich mit den Lebensumständen der Landbevölkerung auseinandersetzt, wird man die Landbevölkerung definieren müssen.

Es würde zu weit führen, hier alle Implikationen anzuführen, die mit der Abgrenzung unterschiedlicher Grundgesamtheiten in der Bevölkerung verbunden sind. Wichtig ist zu erkennen, dass die Beschreibung der Grundgesamtheit immer am Ziel der jeweiligen Erhebung orientiert ist.

2.1.3 Zeitlicher Definitionsteil

Auch der zeitliche Definitionsteil ist nicht unproblematisch. Die Bevölkerung verändert sich ständig – 1.000 bis 2.000 Personen eines Jahrgangs feiern täglich Geburtstag, beginnen also ein neues Lebensjahr, und noch etwas mehr sterben an einem Tag – so dass man von „Bevölkerung" nur im Sinne einer exakt zeitpunktbezogenen Definition sprechen kann.

Aber auch, wenn ein zeitlich exakter Definitionsteil sinnvoll wäre, ist niemand in der Lage, die Bevölkerung oder z.B. die Leser einer Zeitschrift zu einem bestimmten Zeitpunkt (z.B. am 16.02.2013 um 09.35.27 Uhr) exakt abzubilden. Man geht deshalb davon aus, dass die Veränderungen einer Grundgesamtheit während eines relativ kurzen Zeitraums nur marginal sind. Ein daran orientierter zeitraumbezogener Definitionsteil kann dann z.B. ein Monat sein, oder – an der Praxis ausgerichtet – lauten: **Während der Feldzeit der Untersuchung**. Es ist klar, dass die mit einer solchen Zeitraumorientierung erhobenen Informationen Durchschnittscharakter haben. So werden Untersuchungen auch ganz bewusst über einen längeren Zeitraum ausgedehnt, um z.B. saisonale Schwankungen auszugleichen.

2.1.4   Adäquationsproblem

Oben wurde geschrieben, dass eine Stichprobe ein adäquates Abbild der Grundgesamtheit liefern soll. Jetzt ist erkennbar geworden, dass bereits bei der Definition der Grundgesamtheit Adäquationsprobleme auftreten können. Tatsächlich wird man sich mit solchen Problemen immer auseinandersetzen müssen, weil die theoretische Definition einer Grundgesamtheit niemals so formuliert werden kann, dass sie sich in der Praxis exakt erreichen lässt.

Adäquationsprobleme (= Auseinanderklaffen der theoretischen Ziele einer „Statistik" und deren Realisierung in der Praxis) treten bei der Bildung einer Stichprobe im Prinzip in allen Auswahlstufen und in allen Bereichen auf. Das gilt nicht nur bei der Realisierung einer Grundgesamtheit im Vergleich zur theoretischen Grundgesamtheit, wie oben dargestellt, sondern auch z.b. zwischen der theoretischen Grundgesamtheit und den real existierenden Auswahlgrundlagen, wie im nächsten Abschnitt beschrieben wird; also im Grunde genommen für die realisierte Stichprobe im Vergleich zur theoretischen Stichprobe. Fortgesetzt wird das Adäquationsproblem dann im weiteren Forschungsverlauf mit der Bildung eines Hypothesenraums und dem realisierten Abfrageinstrument sowie theoretischen Messparametern und realisierten Messgrößen. Auch Reliabilität und Validität von Daten versus einer i.d.R. einmaligen Messung stellen ein Adäquationsproblem dar, das dann mit dem theoretischen Repräsentationsschluss im Vergleich zu der in der Praxis durchführbaren Hochrechnung den Abschluss findet.

2.2   Auswahlgrundlage

2.2.1   Adäquation von Auswahlgrundlagen

Zur „Realisierung" der Grundgesamtheit und damit als Auswahlgrundlage bieten sich bei der Definition „Bevölkerung ab x Jahren in der Bundesrepublik" die Einwohner-Melderegister an. Leider sind diese Bevölkerungsregister, die alle Personen mit Wohnsitz in der BRD enthalten sollen, nicht vollständig und nicht aktuell. Das liegt nicht nur an der zuweilen laxen Einstellung zur Meldepflicht (vor allem bei Ausländern und jungen Personen in Ausbildung), sondern auch am Aufwand, der betrieben werden muss, bis eine Änderung ins Melderegister eingetragen ist. Zwar sind im Zusammenhang mit der Volkszählung 2011 die Melderegister „ertüchtigt", also mit einer Reihe von Maßnahmen verbessert worden, man muss aber trotzdem auch jetzt noch damit rechnen, dass die Melderegister hinter der Realität „hinterherhinken", dass also Geburten, Sterbefälle, Zu- und Fortzüge erst nach einer gewissen Zeit im Melderegister realisiert sind. Und zusätzlich enthalten die Register alle Personen, die in der Gemeinde mit Haupt- oder Nebenwohnsitz gemeldet sind; Personen mit mehreren Wohnsitzen sind also in mehreren Dateien aufgeführt.

Das Melderegister ist nur ein Beispiel für die Probleme, die grundsätzlich immer mit der Realisierung einer Grundgesamtheit verknüpft sind: Register haben leider grundsätzlich einen Time-lag. Hinzu kommen wesentlich gravierendere inhaltliche Probleme von Registern: Einzelne Gruppen der Grundgesamtheit können beispielsweise unter- oder überrepräsentiert sein, andere sind vielleicht gar nicht enthalten, schließlich können Gruppen in den Registern enthalten sein, die gar nicht zur Grundgesamtheit gehören.

Auch hierfür können die Melderegister als Beispiel dienen, wenn auch deren Qualität durch die „Ertüchtigung" zugenommen hat:

- Ausländer werden im Melderegister selten völlig korrekt abgebildet. Einerseits halten sich nicht alle konsequent an die Meldevorschriften, so dass beispielsweise häufig die Abmeldung unterlassen wird, wenn man in sein Heimatland zurückkehrt. Die Folge ist ein überhöhter Adressenbestand von Ausländern. Andererseits wird bei einzelnen Ausländergruppen (Einwanderer aus osteuropäischen Ländern oder aus Entwicklungsländern) in vielen Fällen bewusst keine Anmeldung vorgenommen, um die Einwanderung zu verschleiern.

- Junge Personen in Ausbildung oder junge Erwerbstätige geben häufig als Hauptwohnsitz nicht ihren Arbeits- oder Ausbildungsort an, sondern den Wohnsitz der Eltern, weil sie an ihrem derzeitigen Wohnort nur kurze Zeit bleiben werden. Die Folge ist eine Untererfassung der Hauptwohnsitze junger Erwachsener.

- Personen, deren Hauptwohnsitz im Ausland liegt, die aber in der Bundesrepublik arbeiten (erwerbstätige Grenzpendler), sind in den Registern gar nicht enthalten, obwohl sie beispielsweise zu der Grundgesamtheit der Personen gehören würden, die das wirtschaftliche Leben der Bundesrepublik mitgestalten.

Es ließe sich noch eine Fülle ähnlicher Beispiele für die eingeschränkte Abbildungstreue von Einwohner-Melderegistern anführen. Es sind aber nicht diese Details, auf die es hier ankommt, sondern das daraus ableitbare **Adäquationsproblem** zwischen Grundgesamtheit und Auswahlgrundlage. Dieses Problem gibt es nicht nur bei Grundgesamtheiten, die sich auf die Bevölkerung beziehen, sondern bei praktisch allen Grundgesamtheiten mit einer Ausnahme: Die Grundgesamtheit ist als real existierende Adressendatei definiert. Diese Ausnahme ist aber äußerst selten, denn normalerweise will man eine Gruppe von Personen (z.B. die eigenen Kunden) abbilden, die man in einer Kartei erfasst hat. Auch eine solche Kartei leidet jedoch unter den oben angesprochenen Problemen (z.B. Karteileichen, noch nicht registrierten Neukunden, Umzügen, Todesfällen usw.).

2.2.2 Einwohner-Melderegister

Aber selbst wenn man geneigt ist, die Unzulänglichkeiten der Melderegister zu akzeptieren, darf und kann man sie nur in den seltensten Fällen als Auswahlgrundlage verwenden. Der Grund liegt in dem Melderecht der Bundesrepublik. Das schreibt vor, dass Adressen aus dem Melderegister nur dann zur Verfügung gestellt werden dürfen, wenn die Befragung „in öffentlichem Interesse" ist. Da jedoch die Aufträge der privaten Forschungsinstitute zumeist für die freie Wirtschaft durchgeführt werden, liegen sie außerhalb des (eng verstandenen) öffentlichen Interesses.

Aber auch bei Studien, deren öffentliches Interesse keinem Zweifel unterliegt, ist die Nutzung von Adressen aus Einwohner-Melderegistern nicht einfach. Da sind zum einen die von den Gemeinden erhobenen Gebühren für die Adressen und zum anderen der hohe Zeitbedarf, der für die Ziehung benötigt wird. Hinzu kommt ein erheblicher Aufbereitungsaufwand, da jede Gemeinde eigene Satzformate, Satzinhalte und Dateiformate bei der Lieferung hat. (siehe auch Kapitel 9)

Diese rechtlichen und praktischen Einschränkungen der Nutzung von Einwohnerdateien waren mitentscheidend für die Gestaltung und Einführung des ADM-Stichproben-Systems für Face-to-Face-Befragungen. Dieses ist nämlich – darauf wird später ausführlich eingegangen – unabhängig von den Einwohner-Melderegistern und basiert in wesentlichen Teilen auf Quellen, die qua Gesetz öffentlich zugänglich sind.

2.3 Gütekriterien für Stichproben

2.3.1 Repräsentativität

Eine Stichprobe soll – das wurde schon mehrfach erwähnt – ein adäquates Abbild der Grundgesamtheit liefern. Dazu gehören zunächst und unabdingbar eine Definition der Grundgesamtheit und eine dazu adäquate Auswahlgrundlage – wie oben beschrieben. Erst wenn beides vorhanden ist, wird das Abbildungsverfahren relevant.

Was sind nun Verfahren, die adäquate Abbildungen liefern? Was heißt adäquat in diesem Sinn? In der Theorie ist diese Frage einfach zu beantworten: Adäquat ist eine Abbildung, wenn die Grundgesamtheit in allen wesentlichen Details richtig abgebildet wird. Die Abbildung darf zwar vergröbert sein (was offenbar eine Frage der Stichprobengröße ist), sie muss aber die Details ähnlich wie eine Fotografie in den richtigen Proportionen wiedergeben.

In der Stichprobentheorie wurde für diese Abbildungstreue der Begriff Repräsentativität gewählt und häufig wie folgt definiert, „Eine Teilmasse heißt repräsentativ, wenn sie in der Verteilung aller interessierenden statistischen Merkmale der Gesamtmasse entspricht, d.h. ein verkleinertes aber sonst wirklichkeitsgetreues Abbild der Gesamtheit darstellt" (Statistisches Bundesamt 1960, S. 13).

Der Hintergrund dieser und ähnlicher Definitionen ist leicht zu erkennen: Das Ziel jeder Stichprobenerhebung ist es, aus den bei einer ausgewählten Menge von Befragten gewonnenen Informationen auf die analogen Gegebenheiten (Meinungen, Einstellungen, Sachverhalte) in der Grundgesamtheit zu schließen bzw. hochzurechnen. Wenn die Stichprobe im obigen Sinn repräsentativ ist, kann man diesen Schluss von der Stichprobe auf die Grundgesamtheit (Inferenz-, Repräsentations- oder Rückschluss) natürlich machen.

Man ist also darauf angewiesen, den Stichprobenplan und seine Realisierung so zu gestalten, dass man Repräsentativität erwarten kann. Die angegebene Definition von Repräsentativität ist deshalb im eigentlichen Sinn eine Definition der **Erwartungstreue.** Die Auftraggeber von Forschungsprojekten stellen dem Institut implizit immer die Forderung nach Erwartungstreue, denn sie erwarten, dass die vom Institut gelieferten Ergebnisse auf die Grundgesamtheit unverzerrt übertragen werden können.

Nicht erwartungstreue Stichproben generieren einen sog. **Bias** oder systematischen Fehler. Ihre Ergebnisse streuen also nicht nur zufällig um die gesuchten Parameter der Grundgesamtheit, sondern sie weichen systematisch davon ab. Sämtliche im Zusammenhang mit dem Adäquationsproblem genannten Anstrengungen zielen darauf ab, systematische Fehler zu vermeiden, also erwartungstreue Stichproben zu realisieren.

Die Überprüfung der Repräsentativität einer Stichprobe durch einen Vergleich von Merkmalen aus der Stichprobe mit der Grundgesamtheit ist meistens nur sehr eingeschränkt möglich, da man von der Grundgesamtheit, auf die man schließen will, nur wenige Merkmale kennt. Vor allem kennt man sie nicht in den Merkmalen, Meinungen, Verhaltensweisen, die das eigentliche Untersuchungsziel sind (sonst brauchte man die Untersuchung ja nicht durchzuführen). Zur Prüfung der Repräsentativität benötigt man also andere, eher formale Kriterien, was bedeutet, dass man sich in erster Linie auf die Methode der Stichprobenbildung stützen muss und erst in zweiter Linie auf deren kontrollierbare Ergebnisse. Für die Überprüfung der Methode der Stichprobenbildung stellt die Statistik aus der Wahrscheinlichkeitstheorie ein Kriterium zur Verfügung:

Eine Stichprobe ist repräsentativ, wenn jedem Element der Grundgesamtheit die gleiche, berechenbare und von Null verschiedene Inklusionswahrscheinlichkeit zugeordnet werden kann, und die einzelnen Stichprobenelemente zufällig ausgewählt werden. Dabei ist es unerheblich, ob die Nivellierung der Inklusionswahrscheinlichkeiten a priori in einem proportionalen Stichprobenansatz oder a posteriori durch Gewichtung eines disproportionalen Ansatzes erreicht wird.

Wie solche Stichproben realisiert werden, d.h. mit welchen Verfahren und Techniken man vorgehen kann, werden die nächsten Kapitel zeigen.

(Vorab noch ein Hinweis: Der für die Beurteilung von Stichproben und ihren Ergebnissen notwendige formalmathematische Rahmen ist in praktisch jedem Lehrbuch der Stichprobentheorie und -praxis zu finden; einige sind im Literaturverzeichnis genannt. Besondere Erwähnung für den Praktiker im deutschsprachigen Raum verdienen aber nach Meinung der Autoren die Bücher von Esser/ Grohmann/Müller/Schäffer 1989 und Krug/Nourney/Schmidt 2001. Sie zeigen anhand konkreter statistischer Erhebungen, welche Probleme auf den Stichprobenpraktiker zukommen können, und liefern in leicht lesbarer Form den theoretischen Hintergrund dazu. Im vorliegenden Buch werden hingegen nur die in der Praxis am häufigsten verwendeten Formeln aufgeführt.)

2.3.2   Genauigkeit

Eine Stichprobe kann – wie schon beschrieben – nur ein Abbild der Grundgesamtheit liefern. Sie liefert also Schätzwerte für die Gegebenheiten in der Grundgesamtheit. Diese Schätzwerte treffen die gesuchten wahren Werte der Grundgesamtheit nur selten exakt, d.h. sie streuen zufällig um diese Werte. Diese Streuung folgt, wie man unterstellt, angenähert bei – fast – stetigen Variablen (z.B. Einkommen, Größe, Miethöhe) der Normalverteilung und bei kategorialen Variablen (z.B. Leser einer Zeitschrift, Geschlecht, Pkw-Besitz) der Hypergeometrischen- oder der Binomial-Verteilung. Die letzteren gehen bei genügend großen Stichproben in die Normalverteilung über, so dass diese die in der Stichprobenpraxis am häufigsten gebrauchte Verteilung ist.

Auf der Basis dieser Verteilung lässt sich berechnen, wie hoch die Wahrscheinlichkeit dafür ist, dass die Stichprobe exakt die gesuchten Werte der Grundgesamtheit trifft; sie ist i.d.R. leider sehr, sehr klein. Viel wichtiger ist deshalb die Möglichkeit zu beurteilen, ob die Stichprobe die Grundgesamtheit adäquat abbilden wird (**Repräsentativität/Erwartungstreue**), und zu berechnen, wie groß der Bereich ist, in dem mit bestimmbarer Wahrscheinlichkeit der gesuchte Wert der Grundgesamtheit liegt (**Präzision**). Diese beiden Kriterien bilden die Messlatte für die Genauigkeit von Stichprobenergebnissen.

2.3.3   Präzision

Im Präzisionsmaß für eine Stichprobe, dem sog. **Konfidenzintervall**, kommt zum Ausdruck, wie genau im Sinne von Zufallsabweichung die Ergebnisse einer Stichprobenerhebung sind. Im nachstehenden Kapitel wird das Konfidenzintervall für einstufige Stichproben beschrieben. Auf das Konfidenzintervall für mehrstufige, häufig mehrfach geschichtete Stichproben wird ausführlich im Kapitel 3.3.1.2 eingegangen.

Das Konfidenzintervall gibt also die Größe des Unsicherheitsbereichs an, mit dem jede Stichprobe behaftet ist, weil in ihr nicht alle Einheiten der Grundgesamtheit vertreten sind. Seine Berechnung basiert auf der Variabilität der einzelnen Elemente in der Grundgesamtheit. Diese wird bestimmt als Varianz der Einzelwerte. Das ist die mittlere quadratische Abweichung der Einzelwerte um ihr gemeinsames arithmetisches Mittel. Die Varianz wird nach folgender Formel berechnet:

$$\text{Varianz der Grundgesamtheit: } \sigma_X^2 = \frac{1}{N}\sum(X_i - \overline{X})^2$$

mit: N = Zahl der Einheiten der Auswahlgrundlage
X_i = Erhobene Information der Einheit i der Grundgesamtheit
$\overline{X}$ = Durchschnitt dieser Messwerte in der Grundgesamtheit

Hier und in den weiteren Formeln wird folgende Nomenklatur verwendet: **Großbuchstaben** (N, X, P....) bezeichnen Werte der **Grundgesamtheit**, **Kleinbuchstaben** (n, x, p......) bezeichnen Werte der **Stichprobe**.

Tatsächlich kennt man die Varianz der Elemente der Grundgesamtheit nicht, so dass man sie aus der Stichprobe schätzen muss. Das ist sehr einfach, weil repräsentative Stichproben, die die Grundgesamtheit in allen wesentlichen Details korrekt abbilden, auch die Varianz richtig schätzen. Die Schätzung für die Varianz der Grundgesamtheit ist also die Varianz der Stichprobe allerdings mit einer um 1 reduzierten Fallzahl. Sie hat folgende Form:

Aus der Stichprobe geschätzte Varianz: $s_x^2 = \dfrac{1}{n-1} \sum (x_i - \bar{x})^2$

mit: n = Zahl der Einheiten in der Stichprobe
x_i = Erhobene Information der Einheit i der Stichprobe
$\bar{x}$ = Durchschnitt dieser Messwerte in der Stichprobe

Normalerweise sind es nicht die Einzeldaten der Stichprobe, die für den Forscher von Interesse sind, sondern daraus abgeleitete Durchschnitte, Summen oder Anteilswerte und deren Konfidenzintervalle. Auch diese ergeben sich prinzipiell aus der unbekannten Varianz in der Grundgesamtheit, müssen also ebenfalls aus der Varianz der Stichprobe geschätzt werden. Auch hier wird auf eine Ableitung der Formeln verzichtet:

Varianz arithmetisches Mittel: $s_{\bar{x}}^2 = \dfrac{1}{n} \cdot \dfrac{1}{n-1} \sum (x_i - \bar{x})^2 = \dfrac{1}{n} s_x^2$

Varianz Anteilswert: $s_p^2 = \dfrac{1}{n-1} p\,(1-p)$

mit: n = Zahl der Einheiten in der Stichprobe
p = In der Stichprobe erhobener Anteilswert

Man sieht, dass die Varianz direkt von der Variabilität der Merkmalsträger bzw. von der Größe des Anteilswertes abhängt und umso kleiner wird, je größer die Stichprobe ist. Damit wird auch deutlich, dass die Größe der Stichprobe nichts mit ihrer Repräsentativität zu tun hat, wohl aber mit der Messpräzision zusammenhängt. Die Frage danach, ab welcher Fallzahl eine Stichprobe repräsentativ sei, ist demnach falsch gestellt, dagegen kann man durchaus danach fragen, welchen Gewinn an Präzision man durch Vergrößerung der Stichprobe erhält.

Alle bisher verwendeten Formeln beziehen sich auf sog. **Stichproben mit Zurücklegen** und reine Zufallsauswahl. Das sind Stichproben, bei denen jede Einheit der Auswahlgrundlage **bei jedem Ziehungsvorgang** die gleiche Chance hat, in die Stichprobe zu gelangen. Eine gezogene Einheit wird registriert aber nicht aus der Auswahlgrundlage entfernt, so dass sie beim nächsten Ziehungsvorgang erneut gezogen werden kann.

Häufiger in der Markt- und Meinungsforschung sind **Stichproben ohne Zurücklegen**. Bei diesem Verfahren werden einmal gezogene Einheiten nicht mehr zurückgelegt, sie haben also auch keine Mehrfachchance gezogen zu werden (Denn sonst bestünde ja die Möglichkeit, mehrfach die gleiche Person in der Stichprobe zu befragen). Solche Stichproben haben prinzipiell eine geringere Varianz als Stichproben mit Zurücklegen, wie man sich unschwer mit einem Gedankenexperiment erklären kann: Würde man die Stichprobe aus einer endlichen Auswahlgesamtheit immer mehr vergrößern, bis alle Einheiten der Auswahlgrundlage gezogen sind, so würde diese Stichprobe die Auswahlgesamtheit vollständig, d.h. ohne jede zufallsbedingte Varianz abbilden. Würde man zwar nicht die ganze, wohl aber einen sehr großen Teil der Auswahlgrundlage ziehen, wäre die zufallsbedingte Varianz immer noch recht klein. Die Größe des Zufallsfehlers hängt also offenbar von dem Auswahlsatz ab. Tatsächlich gibt es einen sog. Korrekturfaktor für Ziehung ohne Zurücklegen, der folgende Form hat:

Korrekturfaktor der Varianz bei Ziehung ohne Zurücklegen: $k = 1 - \dfrac{n}{N}$

Die Quadratwurzel der Varianz ist die sog. Standardabweichung. Diese hat bei der Normalverteilung eine besondere Eigenschaft: Sie lässt Aussagen über die Wahrscheinlichkeit zu, mit der ein Stichprobenergebnis in einem aus der Standardabweichung und einem Multiplikator gebildeten Bereich um den analogen Wert der Grundgesamtheit liegen wird. Dieser sog. direkte Schluss (von der Grundgesamtheit auf die Stichprobe) lässt sich bei genügend großen Stichproben auch umkehren in den indirekten Schluss (von der Stichprobe auf die Grundgesamtheit). Es lässt sich also eine nur von einem Multiplikator (t) abhängige Wahrscheinlichkeit dafür angeben, dass der gesuchte Wert der Grundgesamtheit in einem bestimmten, von der Standardabweichung (s) und dem Multiplikator (t) gebildeten Intervall um das analoge Stichprobenergebnis liegt. Das ist das **Konfidenzintervall** (hier formuliert für Stichproben ohne Zurücklegen), mit dem folgende Aussage verbunden ist: „Die Wahrscheinlichkeit dafür, dass das gesuchte arithmetische Mittel/der gesuchte Anteilswert in der Grundgesamtheit im Bereich t mal Standardabweichung um das analoge Stichprobenergebnis liegt, ist eine Funktion von t."

Formal wird diese Aussage folgendermaßen ausgedrückt:

Arithmetisches Mittel: $W \left\{ \bar{x} - ts_{\bar{x}} \leq \bar{X} \leq \bar{x} + ts_{\bar{x}} \right\} = f(t)$

$$\text{mit } s_{\bar{x}} = \sqrt{\frac{1}{n} \cdot \frac{1}{n-1} \sum (x_i - \bar{x})^2} \; \sqrt{1 - \frac{n}{N}}$$

Anteilswert: $W\{p - ts_p \leq P \leq p + ts_p\}$ $= f(t)$

$$\text{mit } s_p = \sqrt{\frac{p(1-p)}{n-1}} \sqrt{1 - \frac{n}{N}}$$

Die in der Markt- und Sozialforschung am häufigsten verwendeten Werte für t sind:

$t = 1.654$ $\longrightarrow$ Wahrscheinlichkeit ca. 90 %
$t = 1.96$ $\longrightarrow$ Wahrscheinlichkeit ca. 95 %
$t = 2.0$ $\longrightarrow$ Wahrscheinlichkeit ca. 95,5 %
$t = 3.0$ $\longrightarrow$ Wahrscheinlichkeit ca. 99 %

Die Konfidenzintervalle für verschiedene Anteilswerte, unterschiedlich große Stichproben und unterschiedliche Wahrscheinlichkeitsniveaus können beispielhaft den Tabellen für einstufige Stichproben im Anhang Kapitel 13 entnommen werden.

2.3.4 Schätzung der Streuung für verschiedene Verteilungstypen

Leider lassen sich die Konfidenzintervalle für quantitative Variablen nicht ohne weiteres im Vorfeld einer Stichprobenerhebung angeben, weil hierfür die echten Ausprägungen und ihre Häufigkeitsverteilung bekannt sein müssen. Will man trotzdem im Vorfeld einer Erhebung Abschätzungen der zu erwartenden Genauigkeit machen (um beispielsweise die notwendige Fallzahl für eine vorgegebene Mindestpräzision zu bestimmen), so ist man auf Annahmen über die vermutete Form ihrer Verteilung angewiesen. Als recht brauchbar haben sich folgende Verteilungsannahmen zur Schätzung der Streuung herausgestellt (zitiert nach Schwarz 1975):

▪   Die **Rechteckverteilung** (mit der Annahme gleicher Häufigkeitsverteilung über den gesamten Wertebereich). Sie hat die Standardabweichung

$$s_R = (x_{max} - x_{min})\sqrt{\frac{1}{12}}$$

▪   Die **gleichseitige Dreieckverteilung** (als leicht zu berechnende eingipflige und symmetrische Verteilung) mit der Standardabweichung

$$s_{gD} = (x_{max} - x_{min})\sqrt{\frac{1}{24}}$$

- Die **schiefe Dreieckverteilung** (als eingipflige Verteilung mit einem Häufungspunkt am Verteilungsrand) mit der Standardabweichung

$$s_{sD} = (x_{max} - x_{min})\sqrt{\frac{1}{18}}$$

- Die **eingipflige Verteilung** ohne genauere Kenntnis über ihre wahre Form (nicht so symmetrisch oder asymmetrisch wie eine der beiden Dreiecksverteilungen) mit der Standardabweichung

$$s_E = (x_{max} - x_{min})\sqrt{\frac{1}{16}}$$

Welchen dieser Schätzwerte man im aktuellen Fall verwenden will, bleibt dem Statistiker und dem ihm verfügbaren Vorwissen vorbehalten.

Christian von der Heyde

3 Techniken und Möglichkeiten der Realisierung von Random-Stichproben

Nachdem bereits im ersten Kapitel die verschiedenen Auswahlverfahren, auch aus dem Random-Bereich, aufgezählt wurden, soll hier mehr Augenmerk auf die Möglichkeiten und Techniken ihrer Realisierung gerichtet, sowie das theoretische Rüstzeug für die Beurteilung dieser Stichproben gelegt werden.

Die nachfolgend aufgeführten Stichprobenmethoden und -techniken werden an den vorhergehend genannten Gütekriterien gemessen. Dabei wird bewusst darauf verzichtet, ein weiteres wichtiges Kriterium ausführlich und losgelöst von realen Stichprobenplänen zu behandeln: der Kosten- und Zeitaufwand. Dieser hängt so wesentlich von der zu repräsentierenden Grundgesamtheit, der verfügbaren Auswahlgrundlage, den Inhalten und Zielen der Untersuchung, dem angestrebten Genauigkeitsgrad, der Art der Befragung und auch der Feldzeit ab, dass allgemeine Aussagen und Empfehlungen nicht gemacht werden können. Wo es angebracht erscheint, wird hingegen auch auf diesen Aspekt eingegangen.

3.1 Reine Zufallsstichproben/Uneingeschränkte Zufallsauswahl

Sie sind grundsätzlich schon im Kapitel 1.2 behandelt worden. Reine Zufallsstichproben haben eine grundsätzliche Voraussetzung: Die Auswahlgrundlage muss vollständig im Zugriff sein. Das schränkt ihre Anwendbarkeit erheblich ein, denn nur selten steht eine Definition der Grundgesamtheit und auch Vorwissen über die adäquate Auswahlgrundlage **in vollem Umfang** zur Verfügung.

Eine bedeutsame Ausnahme bildete vor 1990 das Telefonbuch (bzw. die Telefonverzeichnisse) der alten Bundesländer. Daraus ließen sich prinzipiell reine Zufallsstichproben von – allerdings lediglich eingetragenen – Telefonteilnehmern ziehen. Tatsächlich generiert man aber auch hier in der Praxis geschichtete Stichproben, weil man die in den Telefonverzeichnissen verfügbare Regionalinformation nicht ungenutzt lassen will. Weitere Praxishinweise zu Telefonstichproben können den Kapiteln 6 und 7 entnommen werden.

Für reine Zufallsstichproben bleibt also nur das schon erwähnte Anwendungsfeld der Grundgesamtheiten, die auf der Basis eines (dem Auftraggeber oder dem Institut) verfügbaren Adressenbestandes definiert wurden. Also z.B. die Befragung von Kunden des Auftraggebers oder seiner Mitarbeiter, die Auswahl von Ärzten, die vom Außendienst eines Pharmaherstellers besucht wurden usw. Für alle diese Fälle gibt es **drei Möglichkeiten** der Ziehung:

- **Die Auswahlgrundlage ist bereits zufällig angeordnet**, d.h. nach einem Merkmal sortiert, das mit dem Untersuchungsziel keinerlei Zusammenhang hat. In diesem Fall kann man beliebige Adressen aus der Datei auswählen, d.h. es bedarf keiner besonderen Auswahlvorschrift. Man könnte also die ersten Adressen nehmen oder jede x-te oder eine Adressengruppe in der Mitte der Datei usf.

  Aber Vorsicht! Häufig stellt sich erst bei der Prüfung der gezogenen Stichprobe (die man grundsätzlich machen sollte) heraus, dass die vermeintliche Zufallsanordnung doch nicht so zufällig war. Typisches Beispiel für solch ein Problem ist die Kundennummer in einer Datei. Kaum ein Auftraggeber wird einen Zusammenhang zwischen seinen frei gewählten Kundennummern und einem Befragungsziel vermuten. Das ist aber der Fall, wenn die Kundennummer sequentiell vergeben wird. Langjährige Kunden haben dann kleine Nummern und Neukunden liegen im höchsten Nummernbereich. Sind die Kunden in der Datei (wie üblich) nach Nummern sortiert, dann darf man auf keinen Fall ohne echte Zufallsgenerierung Adressen ziehen.

- Bei jeder anderen oder unbekannter Sortierung der Auswahlgrundlage sollte man eine **echte (uneingeschränkte) Zufallsziehung** durchführen. Moderne PCs sind normalerweise mit einem Zufallszahlengenerator ausgestattet, den man für solche Ziehungen verwenden kann. Solche Generatoren produzieren natürlich keine echten Zufallszahlen, sondern sie basieren auf Algorithmen, die eine unregelmäßige Folge von Zahlen in einem vorgegebenen Bereich erzeugen. Die Leistungsfähigkeit dieser Algorithmen ist sehr unterschiedlich. Deshalb sollte man vor der Nutzung eines Zufallszahlengenerators zumindest zwei Dinge prüfen:

  Zum einen ist es wichtig, dass die generierten Zufallszahlen den vorgegebenen Bereich gleichmäßig abdecken, d.h. beispielsweise dass bei genügend großer Menge von Zufallszahlen jeweils ca. 10 % der Zahlen in einem Zehntel des gesamten Wertebereichs liegen sollten. Außerdem sollte der Zahlengenerator nicht bei jedem neuen Start mit der gleichen Zufallszahl starten. Das ist besonders dann wichtig, wenn mehrere Ziehungen aus der gleichen Auswahlgrundlage geplant sind. Schließlich darf man nicht vergessen, doppelte Zufallszahlen zu entfernen, d.h. die Zufallszahlen so zu nutzen, dass eine Ziehung ohne Zurücklegen realisiert wird.

- Eine dritte Möglichkeit der Zufallsziehung ist die sog. **Systematische Ziehung mit Zufallsstart.** Hierbei berechnet man zunächst das Auswahlintervall, indem man die Auswahlgrundlage durch die Zahl der zu ziehenden Adressen dividiert. Anschließend wählt man eine Zufallszahl zwischen 1 und dem Ergebnis der Division. Diese Zufallszahl bezeichnet die erste zu ziehende Adresse. Durch laufende Addition des Auswahlintervalls zu der Zufallszahl erhält man die weiteren zu ziehenden Adressen. Der wesentliche Vorteil dieses Ziehungsverfahrens liegt darin, dass man auf jeden Fall eine Ziehung ohne Zurücklegen über die gesamte Auswahlgrundlage hinweg durchführt. Außerdem kann man dabei eine ggf. vorhandene Anordnung der Datei nach einem mit dem Untersuchungsziel korrelierten Merkmal dazu benutzen, die Abbildung zu verbessern. Denn zumindest dieses Merkmal wird in der Ziehung vollständig proportional abgebildet.

Die mit diesem Ziehungsverfahren erreichbare Verringerung der Standardabweichung ist nur schwer abschätzbar. Für eine Annäherung verwendet man meist eine Schätzung auf Basis der Berechnungsformeln für geschichtete Stichproben, auf die später eingegangen wird (siehe Kapitel 3.2). Auch diese Art der Auswahl, die in der Primärforschung sehr häufig angewendet wird, ist nicht ohne Tücken. Man könnte nämlich bei einer solchen Ziehung eine in der Auswahlgrundlage versteckte zyklische Anordnung übersehen und dadurch zu verzerrten Stichproben gelangen. Im englischen Sprachraum wird dieses Phänomen mit „Milestone-Effect" bezeichnet und wie folgt beschrieben: Nehmen wir an, die Höhe von Meilensteinen an einer Straße soll auf Basis einer Stichprobe mit systematischer Zufallsauswahl geschätzt werden. Dann würde man beispielsweise jeden x-ten Stein messen und aus dem Durchschnitt der gemessenen Steine auf die Höhe aller Steine schließen. Wenn nun die Steine mit den Angaben 10, 20, 30 usw. Meilen größer wären als die anderen Steine, würde jedes Auswahlintervall > 1, das selbst Teiler von 10 oder durch 10 oder einen Teiler von 10 ganzzahlig teilbar ist, zu einer verzerrten Schätzung führen: Mit einem solchen Intervall könnte man niemals eine proportionale Stichprobe aller Steine erreichen.

3.2   Geschichtete Stichproben

3.2.1   Schichtung a priori (Schichtung der Auswahlgrundlage)

Die Ziehung geschichteter Stichproben ist eine wichtige und auch häufige Methode der Stichprobenbildung. Sie hat den großen Vorteil, im Normalfall zu Stichproben mit gegenüber reinen Zufallsziehungen reduzierter Streuung zu führen, d.h. sie verbessert die Messpräzision. Das nennt man den **Schichtungseffekt**. Das Prinzip der Schichtung ist folgendes. Man unterteilt die Auswahlgrundlage **vor der Stichprobenziehung** in Untermengen und benutzt dazu ein oder mehrere Merkmale, deren Ausprägungen für alle Elemente der Auswahlgrundlage bekannt sind. Die einzelnen so gebildeten Schichten – bei Nutzung mehrerer Merkmale in Kombination spricht man von **Zellen** – sind zumindest bezüglich der bei der Schichtung verwendeten Merkmale in sich homogen. Zieht man nun aus jeder Schicht eine Teilstichprobe als Zufallsauswahl, so kann man sicher sein, dass die Gesamtstichprobe die Grundgesamtheit zumindest in den Schichtungsmerkmalen richtig abbildet. Sind darüber hinaus die Schichtungsmerkmale mit den Erhebungsmerkmalen korreliert, so kann man sicher sein, die Grundgesamtheit auch in diesen Merkmalen besser als bei einer reinen Zufallsstichprobe abzubilden.

Zum Beispiel werden Bevölkerungsstichproben in der Bundesrepublik im Normalfall geschichtet nach regionalen Kriterien (Ländern, Regierungsbezirken, Kreisen) und Gemeindetypen (z.B. BIK-Gemeindegrößenklassen, siehe Kapitel 4.3 und 12). Eine Schicht (oder Zelle) besteht dann aus allen Bewohnern in einem Gemeindetyp eines Regionaltyps. Diese Art der Schichtung wird auch bei den ADM-Stichproben-Systemen angewendet (siehe Kapitel 5 und 7). Derartige Regionalschichtungen kann man grundsätzlich bei allen Adressen anwenden, weil die bei jeder Adresse vorhandene Postleitzahl zusammen mit der Ortsbezeichnung eine eindeutige Zuordnung zu einer Gemeinde erlaubt, und jede Gemeinde wiederum eindeutig einer solchen Regionalschicht zugeordnet werden kann.

Aber auch andere Schichtungsvariablen sind durchaus üblich. So werden z.B. die Wahlbezirksstichproben für die Berichterstattung am Wahltag aus einer Auswahlgrundlage gezogen, die u.a. nach dem Ergebnis der letzten Wahl geschichtet wird. Oder die Merkmale Branche und Beschäftigtengrößenklasse werden bei der Ziehung von Unternehmensstichproben für die vorherige Schichtung herangezogen. Üblich ist auch eine zeitorientierte Schichtung, wenn in einer Untersuchung Daten erhoben werden sollen, die zeitbezogenen (meistens periodischen) Schwankungen unterliegen. So wird beispielsweise das Medienverhalten in den großen Medienuntersuchungen in Monatsabschnitten oder Wochentagen unterteilt erfasst (in diesem Fall, indem mehrere gleichartige Stichproben in verschiedenen Monaten oder an sogenannten Stichtagen erhoben werden) und auch das Reiseverhalten wird unter Nutzung einer zeitbezogenen Schichtung erhoben. Viele derartige Beispiele ließen sich aufzählen, denen allen gemeinsam ist, dass die Stichprobe aus einer Auswahlgrundlage gezogen wird, die vor der Ziehung nach Merkmalen geschichtet wurde, die möglichst hoch mit den Untersuchungszielen korreliert sind. Wie gut die damit verbundene Absicht, die Messpräzision zu verbessern, erreicht werden kann, ist aus der folgenden Formel für die **Standardabweichung geschichteter Stichproben** zu entnehmen (vgl. Hauser 1981):

$$s_{\bar{x}} = \sqrt{\sum \left(\frac{N_i}{N}\right)^2 \frac{1}{n_i} s_i^2 \left(1 - \frac{n_i}{N_i}\right)}$$

mit N = Zahl aller Elemente der Grundgesamtheit
N_i = Zahl aller Elemente in der Schicht i
n_i = Zahl der ausgewählten Elemente in der Schicht i
s_i^2 = Varianz der Elemente in der Schicht i

Die Streuung hängt, wie erkennbar, von den Varianzen in den einzelnen Schichten ab. Bei geschichteter Auswahl geht es also im Prinzip darum, möglichst homogene Schichten zu bilden, um die einzelnen Varianzen und damit deren Summe so gering wie möglich zu halten.

Übrigens: Nachteile einer Schichtung im Sinne von Verschlechterung der Messpräzision gibt es nicht. Eine Schichtung kann im schlechtesten Fall unwirksam sein, d.h. sie kann zu einer Messpräzision führen, die auch mit reiner Zufallsziehung erreicht worden wäre, dann nämlich, wenn die Schichtungsmerkmale keinerlei Korrelation mit den Zielmerkmalen haben.

3.2.2   *Schichtung a posteriori (Nachträgliche Schichtung der Stichprobe)*

Nicht immer hat man die Möglichkeit, eine Auswahlgrundlage im Vorfeld der Stichprobenziehung nach Merkmalen zu schichten, von denen man annimmt, dass sie mit dem Untersuchungsziel korreliert sind. Das geläufigste Beispiel dafür sind Alter und Geschlecht der Zielgruppe. Zwar kennt man deren Verteilung in der Bevölkerung, man hat aber selten Adressen von Personen, die Alter und Geschlecht als Merkmal enthalten. In solchen Fällen ist es üblich, die realisierte Stichprobe nachträglich z.B. nach Altersgruppen und Geschlecht zu unterteilen

und sie dann mittels Faktorengewichtung an die aus der amtlichen Statistik bekannten Verteilungen anzupassen.

Dass dies keine echte Schichtung im obigen Sinn ist, leuchtet unmittelbar
ein, denn hier wird nicht die Auswahlgrundlage geschichtet und aus ihr anschließend voll kontrolliert eine Stichprobe gezogen. Vielmehr ergibt sich die Notwendigkeit einer Schichtung a posteriori erst dann, wenn die Stichprobe in den dabei
beobachteten Merkmalen die Grundgesamtheit nicht proportional abbildet. Diese
Technik gehört deshalb eher in den Abschnitt über die Gewichtung nicht voll
ausgeschöpfter Stichproben (vgl. Kapitel 3.7).

3.3   Mehrstufige Auswahlverfahren

Bei den bisherigen Ausführungen wurde stillschweigend davon ausgegangen,
dass die Auswahleinheiten und die Erhebungseinheiten identisch sind, dass wir
also eine Datei von Personen haben, aus der die zu befragenden Zielpersonen
selektiert werden sollen. Es gibt aber auch Situationen, in denen man gezielt oder
gezwungenermaßen in mehreren aufeinanderfolgenden Auswahlvorgängen unterschiedliche Auswahleinheiten verwendet, um erst in der letzten Auswahlstufe
zu den eigentlichen Zielpersonen zu gelangen. Das dreistufige Auswahlverfahren
bei Stichproben, die für Face-to-Face-Befragungen der Bevölkerung verwendet
werden, die auf dem ADM-Stichproben-System basieren, ist dafür das häufigste
Anwendungsbeispiel. Darauf wird im Kapitel 5 über das ADM-Stichproben-System für Face-to-Face-Stichproben ausführlich eingegangen.

Ein anderes Beispiel für mehrstufige Auswahlverfahren sind
Unternehmensstichproben. Will man beispielsweise erfragen, welche Fachzeitschriften Führungskräfte lesen, dann kann man sich folgenden Stichprobenplan
vorstellen: In der ersten Auswahlstufe zieht man eine Stichprobe von Unternehmen. In der zweiten Stufe befragt man dann alle (oder wiederum eine Stichprobe
der) Führungskräfte in den vorher ausgewählten Unternehmen.

Mehrstufig geht man auch bei Einwohnermeldeamtsstichproben aus den
Melderegistern vor. Um nicht in (fast) allen bundesdeutschen Gemeinden eine
jeweils nur geringe Zahl von Personen aus dem Melderegister ziehen zu müssen,
bildet man in der ersten Auswahlstufe eine Stichprobe von Gemeinden (sog. Primary Sampling Units – PSU) und wählt in der zweiten Auswahlstufe nur noch
in diesen ausgewählten Gemeinden jeweils eine gewisse Zahl von Personen aus
dem Einwohnerregister aus.

Mehrstufige Stichproben können die Kosten einer Erhebung erheblich reduzieren, denn einerseits werden das notwendige Vorwissen und der Ziehungsauf-

wand auf die in jeder Stufe ausgewählten Einheiten beschränkt und andererseits erhält man als Ziehungsergebnis der letzten Stufe Klumpen von Zielpersonen, was vor allem bei Studien mit Face-to-Face-Einsatz (aber auch bei schriftlichen Befragungen) die Feldkosten erheblich senkt. Diese Kostenoptimierung erklärt auch den relativ häufigen Einsatz mehrstufiger Stichproben bei solchen Bevölkerungsbefragungen.

Mehrstufige Stichproben haben aber auch einen erheblichen Nachteil: Sie sind weniger präzise als reine Zufallsstichproben, d.h. sie haben i.d.R. eine größere Standardabweichung. Die bei sonst gleichen Voraussetzungen größere Standardabweichung von mehrstufigen Stichproben gegenüber reinen Zufallsstichproben nennt man auch **Klumpeneffekt**.

Am Beispiel des Leseverhaltens von Führungskräften ist er leicht nachvollziehbar. Abhängig von der Branche des Unternehmens wird dort nur ein jeweils kleiner spezifischer Ausschnitt aus der Fachzeitschriftenpalette vorhanden sein. Auch zwischen Unternehmen der gleichen Branche wird es – wenn auch geringere – Unterschiede in der Palette der bezogenen Fachzeitschriften geben. Die Führungskräfte beschränken sich wiederum normalerweise auf einen individuellen Ausschnitt aus dem im Unternehmen verfügbaren Angebot an Fachzeitschriften. Somit sind die Führungskräfte eines Unternehmens bezüglich ihres Leseverhaltens einander sehr ähnlich, während sie sich von Kollegen in anderen Unternehmen stärker unterscheiden können.

Bei der Bestimmung der Standardabweichung kommt es also darauf an, die Streuung der Unternehmensstichprobe mit der Streuung innerhalb der einzelnen Unternehmen zu verknüpfen. Oder anders ausgedrückt: Die Streuung in jeder einzelnen Auswahlstufe geht in die Gesamtstreuung und damit in die Standardabweichung ein. Die entsprechende Formel für die **Standardabweichung bei zweistufiger Auswahl** lautet (vgl. z.B. Hauser 1981):

$$s_{\bar{x}} = \sqrt{\frac{K}{kN^2}\left[s_z^2\left(1-\frac{k}{K}\right)+\sum\frac{M_i^2}{m_i}s_i^2\left(1-\frac{m_i}{M_i}\right)\right]}$$

mit N = Zahl aller in der letzten Stufe auswählbaren Elemente der Grundgesamtheit

K = Zahl der Auswahleinheiten der ersten Stufe in der Auswahlgrundlage

k = Zahl der Auswahleinheiten der ersten Stufe in der Stichprobe

M_i = Zahl aller Elemente in der Auswahleinheit i der ersten Stufe

m_i = Zahl der ausgewählten Elemente in der Auswahleinheit i der ersten Stufe

s_z^2 = Streuung **zwischen** den Einheiten der ersten Stufe

s_i^2 = Streuung der Elemente **innerhalb** der Auswahleinheit i der ersten Stufe

Es ist sofort erkennbar, worauf die Verringerung der Präzision solcher mehrstufigen Stichproben zurückzuführen ist:

- Die Gesamtstreuung besteht aus der Summe der Streuungen zwischen den PSU (Primary Sampling Units = erste Auswahlstufe) und innerhalb jeder einzelnen PSU. Gäbe es keine Streuung zwischen den einzelnen PSU, würde also in jeder PSU das gleiche Ergebnis gemessen, dann fiele der erste Teil der Gesamtstreuung weg; die Gesamtstreuung bestünde nur noch aus der Summe der Streuungen innerhalb der einzelnen PSU, und wäre damit identisch mit der Streuung aller Stichprobenelemente. Das ist z.b. weitgehend der Fall bei der Geschlechtsverteilung in den bundesdeutschen Gemeinden. Hier ist die Streuung des Anteils der Männer zwischen den Gemeinden so gering, dass sie fast gar nichts zur Gesamtstreuung beiträgt. Mit anderen Worten: bereits bei Auswahl nur einer einzigen Gemeinde könnte man einen sehr guten Schätzwert für diesen Anteil erhalten (Aber das gilt nicht für jede Gemeinde: Bundeswehrstandorte haben beispielsweise einen stark überhöhten Männeranteil).

- Würde man nur jeweils ein Element oder alle Elemente aus jeder PSU in die Stichprobe übernehmen, fiele der zweite Teil der obigen Formel weg, da die Streuung eines Einzelelements Null ist (und alle Elemente die PSU ohne Streuung abbilden). Man hätte dann natürlich keine mehrstufige Stichprobe, weil die Auswahleinheiten der ersten und der zweiten Stufe identisch wären. Das ist beispielsweise dann der Fall, wenn man in einer Unternehmensstichprobe "den Personalleiter" befragen will und diesen so definiert, dass nur eine Person im Unternehmen befragt werden kann. In diesem Fall ist die Auswahl von Unternehmen lediglich dazu notwendig, um Adressen zu erhalten, an denen die Zielpersonen normalerweise erreichbar sind.

Zusammenfassend kann man sagen, dass mehrstufige Stichproben trotz ihrer größeren Standardabweichung immer dann besonders effizient sind, wenn Interviewer im externen Feld eingesetzt werden müssen. Das gilt natürlich für "normale" Face-to-Face-Umfragen, die mit paper/pencil (also mit Papier-Fragebögen) durchgeführt werden, aber auch insbesondere bei der Befragungstechnik CAPI

(Computer Assisted Personal Interview). Hier wird wegen des sehr hohen Kapitaleinsatzes ein sehr effizienter Interviewereinsatz notwendig, deshalb sind mehrstufige Stichproben oder Klumpenstichproben (deren Auswahlvorgang dem mehrstufiger Stichproben im Wesentlichen gleicht) die bevorzugte Auswahlmethode.

3.3.1   Mehrstufige geschichtete Stichproben

3.3.1.1   Stichprobenanlage

Mehrstufige geschichtete Stichproben waren früher die am häufigsten verwendete Art der Stichprobenanlage für Bevölkerungsstichproben. Sie vereinen nämlich die Vorteile des effizienten Interviewereinsatzes bei Mehrstufigkeit mit dem Vorteil der besseren Messpräzision bei Schichtung. Mit dem stärkeren Einsatz anderer Erhebungstechniken verliert die mehrstufige geschichtete Stichprobe an Bedeutung. Bei schriftlichen und bei telefonischen Befragungen spielt nämlich die Adressenklumpung fast keine Rolle mehr, umso stärker wird der Beitrag der Schichtung.

Trotzdem hat diese Stichprobenmethode bei Face-to-Face-Befragungen weiterhin große Bedeutung. Mit Einführung von CAPI in der persönlichen Befragung kann man sogar von einer Renaissance dieser Stichprobentechnik sprechen. Das ADM-Stichproben-System für Face-to-Face-Stichproben ist der in der Bundesrepublik Deutschland wichtigste Vertreter mehrstufiger geschichteter Stichproben (siehe Kapitel 5).

Ein weiteres Beispiel sind die auf Adressen aus Einwohnermeldeämtern basierenden Stichproben, die aufgrund des nachzuweisenden „öffentlichen Interesses", das notwendig ist, um die Adressen überhaupt zu erhalten, jedoch meistens nur im sozialwissenschaftlichen Bereich durchgeführt werden. Die Einwohnermeldeamts-Stichproben werden ausführlich in Kapitel 9 dargestellt. Trotzdem sei die Stichprobenanlage hier kurz skizziert: In der ersten Stufe werden Gemeinden ausgewählt. Die Zahl der auszuwählenden Gemeinden orientiert sich daran, wie präzise das Ergebnis sein soll und wie viele Adressen den einzelnen Interviewern für die Befragung zugeordnet werden sollen, also an der Klumpengröße. Vor der Auswahl werden die Gemeinden nach Regionen und Typen geschichtet, so dass eine Schicht aus allen Gemeinden eines Typs in einer Region besteht. Die Auswahl selbst ist (meistens) eine systematische Auswahl mit Zufallsstart in jeder Schicht proportional zur Größe des Bedeutungsgewichts. In der zweiten Stufe werden dann in den Gemeinden die für die Befragung vorgesehenen Adressen aus den Einwohnerkarteien gezogen. Diese Selektion folgt ebenfalls den Prinzipien der systematischen Ziehung mit Zufallsstart, so dass die gesamte Stichprobe trotz mehrerer Stufen als Zufallsstichprobe erzeugt wird.

Auch bei Stichproben aus vom Kunden vorgegebenen Adressen wird ein der mehrstufig geschichteten Ziehung angenähertes Modell angewendet, wenn Interviewer vor Ort eingesetzt werden sollen. Dabei geht man folgendermaßen vor: Zunächst werden die Adressen nach regionalen Kriterien (z.B. erste Stelle der PLZ oder Bundesländer) geschichtet und nach PLZ und ggf. weiteren vom Kunden mitgelieferten Merkmalen sortiert. Anschließend berechnet man auf Basis der für die Feldarbeit notwendigen Adressen, des Anspruchs an die Messpräzision und der einsetzbaren Interviewer, wie viele Adressen einem Interviewer zugeordnet werden sollen, d.h. man bestimmt die Klumpengröße. Dann werden alle vorhandenen Adressen – oder eine zufällig gezogene Untermenge, die mindestens das Dreifache der für die Feldarbeit benötigten Adressen umfasst – in Klumpen regional benachbarter Adressen zusammengefasst, die der schon berechneten Klumpengröße entsprechen.

In der ersten Auswahlstufe werden dann aus den so gebildeten Adressklumpen in systematischer Ziehung mit Zufallsstart die Klumpen ausgewählt, die in der Feldarbeit eingesetzt werden. Das Auswahlintervall richtet sich danach, mit welcher Überhöhung die „übergeordnete" Klumpung durchgeführt wurde. Anschließend darf man nicht vergessen, die Verteilung der Zusatzmerkmale in der Stichprobe zu prüfen und ggf. zu korrigieren, um zu verhindern, dass ein „Milestone-Effect" wirksam wird. Die zweite Auswahlstufe – nämlich die Unterauswahl von Adressen aus den vorher gebildeten Klumpen – entfällt bei dieser Art der Stichprobenanlage, d.h. es handelt sich hier nicht um eine echte mehrstufige Stichprobe sondern um eine sog. **Klumpenstichprobe**. Da der Effekt der Mehrstufigkeit – die Verringerung der Messpräzision – bei Klumpenstichproben aber in ähnlicher Weise auftritt, ist es gerechtfertigt, hier auf dieses Verfahren einzugehen.

Bei der geschilderten Stichprobenbildung ist der Übergang zwischen echter Schichtung (z.B. nach Bundesländern) und Schichtung durch Anordnung (z.B. durch Sortierung nach PLZ) fließend. Im ersten Fall würde man je Bundesland eine eigene Stichprobe der Klumpen ziehen, im zweiten Fall wäre die Schichtung implizit orientiert an dem Intervall für die Klumpenauswahl. Jetzt wird auch klar, warum man den Effekt einer systematischen Ziehung aus angeordneter Auswahlgrundlage nicht exakt berechnen kann: Die dadurch erreichte Schichtung ist nicht exakt bestimmbar.

3.3.1.2 Fehlerschätzung für mehrstufige geschichtete Stichproben

Die Bestimmung der Standardabweichung und daraus abgeleitet des Konfidenzintervalls für mehrstufige, häufig mehrfach geschichtete Stichproben ist so komplex, dass sie sich einer direkten Berechnung entzieht. Die entsprechenden Formeln sind nämlich eine Kombination der Formeln, die in den Kapiteln 2.3.3, 3.2 und 3.3 angegeben wurden, allerdings angepasst (und das heißt erweitert) an den realisierten Stichprobenplan. Man behilft sich daher fast immer mit Erfahrungswerten und Näherungen, die hier kurz beleuchtet werden sollen.

Der wichtigste, weil am häufigsten verwendete Erfahrungswert lehnt sich an die vom Statistischen Bundesamt für den Mikrozensus durchgeführte Fehlerabschätzung an. Der Mikrozensus ist ebenfalls eine geklumpte mehrfach geschichtete Zufallsstichprobe mit einer durchschnittlichen Klumpengröße von 7 bis 10 Haushalten, so dass die aus ihm gewonnenen Erfahrungswerte durchaus auf die normalen Stichproben der privaten Institute übertragbar sind. Wesentliches Ergebnis einer sehr umfangreichen Fehlerschätzung, die zum Mikrozensus durchgeführt wird, ist, dass die meisten dort erhobenen Merkmale eine größere Standardabweichung haben, als sie bei reiner Zufallsauswahl zu erwarten wäre. Konkret heißt das, **der Klumpeneffekt ist größer als der Schichtungseffekt.** Im Mittel liegt die Vergrößerung der Standardabweichung bei ca. 40 %, d.h. derartige Stichproben haben zumeist ein um den Faktor 1,4 größeres Konfidenzintervall als reine Zufallsstichproben gleicher Größe für die gleiche Grundgesamtheit.

Diesen als **Designeffekt** bezeichneten Vergrößerungsfaktor nutzt man in den Instituten in folgender Weise: Man berechnet das Konfidenzintervall auf der Basis der Formeln für die reine Zufallsziehung und multipliziert es mit dem Designfaktor. Dieser geht wegen der leichteren Handhabbarkeit in die entsprechenden Formeln aber nicht mit 1,4 ein sondern mit $\sqrt{2}$ ($\approx 1,414$). Da in die Formeln für die Standardabweichung auch die Stichprobengröße als Divisor in der Form $\sqrt{n}$ eingeht, kann man sagen, dass die normalen Stichproben in der Markt-, Meinungs- und Sozialforschung wegen Klumpungs- und Schichtungseffekten in etwa die gleiche Messpräzision haben wie reine Zufallsstichproben vom halben Umfang.

Die entsprechend vereinfachten Formeln für die Abschätzung des Konfidenzintervalls lauten dann:

Arithmetisches Mittel: $\quad W\left\{\overline{x} - ts_{\overline{x}} \le \overline{X} \le \overline{x} + ts_{\overline{x}}\right\} \; = \; f(t)$

$$\text{mit} \quad s_{\overline{x}} = \sqrt{\frac{1}{n} \cdot \frac{1}{n-1} \sum (x_i - \overline{x})^2} \; \sqrt{1 - \frac{n}{N}} \; \sqrt{2}$$

Anteilswert: $W\{p - ts_p \leq P \leq p + ts_p\} = f(t)$

$$\text{mit } s_p = \sqrt{\frac{p(1-p)}{n-1}}\sqrt{1-\frac{n}{N}}\sqrt{2}$$

Beim Vergleich mit Kapitel 2.3.3 wird erkennbar, das sich die vereinfachten Formeln lediglich durch den Faktor $\sqrt{2}$ von den Formeln für die einfache Zufallsauswahl ohne Zurücklegen unterscheiden. Die für diesen Fall angegebenen Wahrscheinlichkeitsintervalle für t gelten auch für die hier angegebenen vereinfachten Formeln. Auch für diese Konfidenzintervalle sind einige Tabellen im Anhang enthalten. Die Arbeitsgemeinschaft Media-Analyse (AG.MA) hat eine Zusammenfassung von „Tafeln zur Ermittlung der statistischen Signifikanz von Stichproben-Ergebnissen" sowie ergänzend eine Programm-Diskette im Excel-Format zur Erstellung zusätzlicher Tafeln herausgegeben. (Wendt 1998)

Wenn man bessere Annäherungen an die Standardabweichung real durchgeführter Befragungen mit komplexen Stichprobenplänen haben möchte, nutzt man heutzutage Schätzverfahren, die auf Unterstichproben aus der konkreten Befragung beruhen. Das Prinzip dieser Verfahren besteht darin, in nach unterschiedlichen Techniken zufällig gebildeten Unterstichproben den interessierenden Parameter zu berechnen und aus der Streuung der so berechneten Werte auf die Streuung der Gesamtstichprobe zu schließen. Hier sollen nur die Namen solcher Verfahren genannt werden: Jackknife, Bootstrap, Replikated Sampling. Der interessierte Leser kann sich z.B. bei Blümel 1987 näher darüber informieren.

3.4   Proportionale und disproportionale Stichproben

In Kapitel 2.3 wurde erklärt, dass repräsentative Stichproben mit identischen Inklusionswahrscheinlichkeiten für alle Elemente der Grundgesamtheit verbunden sind. Wenn man die Identität der Inklusionswahrscheinlichkeiten bereits bei der Stichprobenanlage realisiert, spricht man von Proportionalstichproben oder proportionaler Abbildung.

Die meisten Stichproben, die für bevölkerungsrepräsentative Untersuchungen gebildet werden, sind jedoch Stichproben mit differierenden Auswahlwahrscheinlichkeiten für einzelne Personengruppen der Grundgesamtheit. Das liegt daran, dass man nur selten reine, einstufige Zufallsstichproben realisieren kann. Will man beispielsweise die Bevölkerung ab 14 Jahren in einer Stichprobe abbilden, so wird man zunächst eine Stichprobe von Haushalten generieren (Adressen oder Festnetz-Telefonnummern sind haushaltsbasierte Informationen). Erst im

Kontakt mit dem Haushalt kann man dann die Zielperson auswählen. Man spricht deshalb auch von Haushalts-Stichproben im Gegensatz zu Personen-Stichproben. So sind beispielsweise die meisten Stichproben, die für bevölkerungsrepräsentative Untersuchungen gebildet werden, lediglich auf der Haushaltsebene proportionale Stichproben, da bei diesem Stichprobendesign die Auswahlchance für alle Haushalte identisch ist. Auf der Personenebene, ergeben sich jedoch unterschiedliche Auswahlchancen in unterschiedlich großen Haushalten: Die Zielperson im Ein-Personen-Haushalt hat eine 100 % Chance ausgewählt zu werden, die Zielperson im Vier-Personen-Haushalt hat dagegen nur 25 % Auswahlchance.

Die ungleichen Auswahlwahrscheinlichkeiten führen dazu, dass einzelne Gruppen der Bevölkerung (Personen in kleinen Haushalten) über-, andere (Personen in großen Haushalten) unterrepräsentiert sind. Die Repräsentativität (d.h. die Erwartungstreue der daraus abgeleiteten Schätzwerte) kann man nur dadurch herstellen, dass man im Nachhinein die Auswahlchancen aller Befragten nivelliert. Normalerweise geschieht das in der sog. Designgewichtung bzw. Transformation. Dabei ordnet man jeder befragten Person einen Faktor (ein Gewicht) zu, der dem reziproken Wert (Kehrwert) ihrer individuellen Auswahlwahrscheinlichkeit entspricht. Jetzt wird auch klar, warum in Kapitel 2.3 postuliert wurde, dass die Berechenbarkeit der Auswahlchance jedes einzelnen Elements der Grundgesamtheit wesentliche Voraussetzung für Repräsentativität ist. Nur wenn diese Auswahlwahrscheinlichkeiten bekannt sind, kann man beurteilen, ob und wie eine Transformation ggf. vorhandene Unterschiede in den Inklusionswahrscheinlichkeiten ausgleichen kann.

Das klingt sehr theoretisch, ist aber relativ einfach: Wenn man jedes Interview mit der Zahl der potentiellen Zielpersonen im Haushalt (aus denen die befragte Person ausgewählt wurde) multipliziert, erhält man für jedes Interview eine auf 1 normierte Auswahlwahrscheinlichkeit. Man verdoppelt dabei allerdings gleichzeitig die gewichtete Zahl von Interviews, da die durchschnittliche Haushaltsgröße für Personen ab 14 Jahren bei ungefähr 2 liegt, man bei der Transformation also durchschnittlich den Faktor 2 vergibt. Vollständig ist die Transformation also erst dann, wenn man im Anschluss an die Umwandlung der Haushalts-Stichprobe in eine Personen-Stichprobe (= „Haushaltsumwandlung", so wird diese Art der Chancenangleichung genannt) alle Interviews mit Hilfe eines Einheitsfaktors wieder auf das Niveau der Zahl der durchgeführten Interviews reduziert.

3.4.1   Beispiele für disproportionale Stichproben

Sehr häufig bei Stichprobenansätzen ist die gezielte Disproportionalität von
Stichproben aus Grundgesamtheiten, in denen relativ kleine Teilmengen differenziert ausgewertet werden sollen.

Das geläufigste Beispiel für solche gezielt disproportionalen Stichproben
sind bundesweit repräsentative Bevölkerungsstichproben, in denen die östlichen Bundesländer hervorgehoben werden sollen. Der Bevölkerungsanteil der
neuen Länder und Berlins liegt bei knapp 23 %. Bei einer proportionalen Stichprobe von beispielsweise 3000 Interviews entfallen deshalb nur knapp 700 Fälle auf die östlichen Bundesländer – für viele Fragestellungen zu wenig, um
ausreichend differenzierte Auswertungen für beide Landesteile parallel durchführen zu können.

Bei solchen Stichproben wird daher oft von der proportionalen Abbildung
abgewichen zugunsten einer überproportionalen Fallzahl in den östlichen Bundesländern und entsprechend unterproportionaler Abbildung der westlichen Bundesländer. Das ist – wie oben geschildert – solange unschädlich, solange man
sich auf die getrennte Auswertung der beiden Teilstichproben beschränkt. Will
man jedoch auch Gesamtauswertungen machen, dann muss man zunächst das in
der Stichprobe realisierte Ungleichgewicht mittels einer Designgewichtung (man
nennt das dann auch Re-Proportionalisierung) zurücknehmen.

Ebenfalls gebräuchlich in der Markt- und Sozialforschung sind sog. disproportionale Aufstockungen. Man realisiert sie einerseits auf die schon beschriebene
Weise, indem man einzelne Schichten der Grundgesamtheit mit überdurchschnittlichen Auswahlwahrscheinlichkeiten belegt (z.b. wie oben für die östlichen Bundesländer beschrieben). Andererseits, wenn keine Auswahlgrundlage existiert,
mit der man eine disproportionale Auswahl realisieren kann, oder eine derartige Stichprobenrealisierung zu aufwendig wäre, behilft man sich häufig mit sog.
Quotenaufstockungen.

Nehmen wir beispielsweise an, ein Hersteller hochwertiger Pkw will eine
Marktuntersuchung durchführen lassen. Bei einer proportionalen Stichprobe sind
die Pkw-Typen natürlich ebenfalls proportional abgebildet. Nun interessiert sich
dieser Hersteller besonders für das Marktsegment der hochpreisigen Pkw, das
verhältnismäßig klein ist. Eine disproportionale Stichprobenziehung ist nicht
durchführbar, weil die einzige dafür geeignete Auswahlgrundlage – die Halterda-
tei des Kraftfahrtbundesamtes – aus Gründen des Datenschutzes nicht für solche
Ziehungen zur Verfügung steht.

In dieser Situation bietet es sich an, das entsprechende Marktsegment durch
zusätzliche Quotenvorgaben überproportional abzubilden. Die disproportionale

Aufstockung wird also dadurch erreicht, dass die Interviewer zusätzliche Zielpersonen aufgrund spezieller Vorgaben auswählen. Wichtig dabei ist, dass diese zusätzlichen Interviews unter Durchbrechung der Wahrscheinlichkeitselemente in der Auswahlprozedur erreicht werden. Das hat naturgemäß Auswirkungen auf die Aussagefähigkeit der so gewonnenen Daten: streng genommen dürfte man für sie keine Konfidenzintervalle angeben, weil das Zufallselement, das die Basis für die Schätzung von Konfidenzintervallen ist, bei dieser Zusatzauswahl nicht mehr zum Tragen kommt.

Da man aus einer disproportionalen Stichprobe normalerweise sowohl differenzierte Ergebnisse für die einzelnen (aufgestockten) Teilgesamtheiten auswerten will als auch Gesamtergebnisse für die Grundgesamtheit, ist es – wie oben erwähnt – notwendig, die Stichprobe vor der Auswertung zu reproportionalisieren. Man verändert durch die Designfaktoren zwar die gewichtet gezählten Fallzahlen in den einzelnen Schichten, nicht jedoch die Zahl der tatsächlich darin durchgeführten Interviews. Da die Genauigkeit der Ergebnisse – wie in den Kapiteln 3.1 und 3.2 dargestellt – hauptsächlich von der ungewichteten Zahl der Interviews abhängt, werden die Konfidenzintervalle für Ergebnisse der einzelnen Schichten durch die (Re-)Proportionalisierung nicht verändert. Allerdings werden die Konfidenzintervalle auch von der Varianz der Gewichtungsfaktoren beeinflusst; je größer diese Varianz ist, desto größer wird auch das Konfidenzintervall, desto unsicherer sind also die Stichprobenergebnisse. Darauf wird noch zurückzukommen sein (siehe Kapitel 3.7).

3.5   Bedeutungsgewicht

Bei proportionaler Stichprobenbildung müssen – darauf wurde schon wiederholt hingewiesen – alle Einheiten der Grundgesamtheit die gleiche Auswahlchance haben. Wie groß ist diese Chance bzw. wie lässt sie sich berechnen?

Bei einstufigen Stichproben, d.h. bei Stichproben, bei denen die ausgewählten Einheiten identisch mit den Befragungseinheiten sind, ist die Bestimmung der Auswahlchance einfach: Sie ist identisch mit dem Auswahlsatz, d.h. mit dem Verhältnis n:N (Stichprobenumfang zu Umfang der Grundgesamtheit).

Nun sind einstufige Stichproben in der Markt- und Sozialforschung eher die Ausnahme. Der überwiegende Teil der Stichproben in der Primärforschung ist mehrstufig und geschichtet. Bei solchen Stichproben muss man die Auswahlchancen über alle Auswahlstufen hinweg und in allen Schichten berechnen (oder schätzen), um beurteilen zu können, ob eine proportionale oder eine disproportionale Stichprobenziehung realisiert wurde.

An dieser Stelle wird das sog. Bedeutungsgewicht relevant. Es drückt aus, mit welchem Gewicht die einzelnen Elemente der jeweiligen Auswahlstufen in die Stichprobenziehung eingehen. Im Normalfall entspricht das Bedeutungsgewicht der Summe der Befragungseinheiten, die dem jeweiligen Element der Auswahlstufe angehören.

Beispielsweise sind die primären Auswahleinheiten der ADM-Stichproben für Face-to-Face-Befragungen die Auswahlflächen. Da meistens bei Bevölkerungsstichproben nach dem ADM-Design je Haushalt nur ein Interview durchgeführt wird, erhalten die Auswahlflächen **vor ihrer Auswahl** ein Bedeutungsgewicht, das im Normalfall der Zahl der in ihnen wohnenden Haushalte entspricht. Zieht man anschließend die Auswahlflächen mit einer Auswahlwahrscheinlichkeit proportional zu diesem Bedeutungsgewicht, so hat jeder der in ihnen wohnenden Haushalte die gleiche Auswahlchance. Dadurch hat man erreicht, dass die realisierte Stichprobe eine haushaltsproportionale Abbildung erzeugt, die dann unter Einschluss der Haushaltsumwandlung in eine personenproportionale Abbildung übergeht. (siehe Kapitel 3.7)

In ähnlicher Weise kann man auch ganz andere Stichproben realisieren. Würde man z.B. die ebenfalls für jede Auswahlfläche verfügbare Zahl der Deutschen ab 18 Jahren als Bedeutungsgewicht verwenden, hätte man eine Primärstichprobe, die proportional zur Verteilung der Wahlberechtigten aufgebaut wäre. Nähme man die Wähler einer bestimmten Partei als Gewicht (diese Information ist prinzipiell für jeden Wahlbezirk verfügbar), dann hätte man eine zu dieser Größe proportionale Abbildung.

Das alles soll verdeutlichen, dass die Wahl des Bedeutungsgewichts (ggf. zusammen mit einer Designgewichtung) von ausschlaggebender Bedeutung für die mit einer Stichprobe erreichbare Abbildungsproportion ist. Man muss sich also vor der Stichprobenbildung genau überlegen, welches Stichprobendesign für die jeweilige Aufgabenstellung optimal ist. Im Kapitel 5 über das ADM-Stichproben-System für Face-to-Face-Befragungen wird darauf noch eingegangen werden. Deshalb hier noch ein ganz anderes Beispiel:

Wenn man eine Betriebs- oder Unternehmensstichprobe ziehen will, steht man vor folgendem Problem. Auf Betriebe ab 1000 Beschäftigte entfallen rund 15% aller Beschäftigten und auch ein entsprechender Anteil am Gesamtumsatz aller Betriebe. Diese Großbetriebe sind aber nur ca. 1 Promille aller Betriebe. Demgegenüber sind rund vier Fünftel aller Betriebe kleiner als 10 Beschäftigte und auf sie entfallen nur rund ein Viertel aller Beschäftigten. Zöge man eine proportionale Betriebsstichprobe, so störten diese Verhältnisse erheblich, denn das Wirtschaftsgeschehen in den Großbetrieben würde nur durch eine ganz kleine Zahl von Betrieben repräsentiert (= sehr großer Klumpeneffekt), während eine überaus große Zahl von Interviews in Kleinbetrieben durchzuführen wäre. Forschungsökonomisch ist eine solche Interviewverteilung unsinnig. Besser wäre es, wenn man die Großbetriebe über- und die Kleinbetriebe unterproportional auswählen würde. Das kann man am einfachsten durch eine geeignete Wahl des Bedeutungsgewichts erreichen: Bei Aufgabenstellungen, die mit der Zahl der Beschäftigten korreliert sind (z.b. Nutzung von oder Potential für DV-Technik), wählt man sinnvollerweise die Beschäftigtenzahl als Bedeutungsgewicht, realisiert also eine beschäftigtenproportionale Abbildung. Eine umsatzproportionale Abbildung (also Umsatz als Bedeutungsgewicht) wählt man, wenn die wichtigsten Untersuchungsziele mit der Umsatzhöhe korreliert sind (z.b. Nutzung von Finanzdienstleistungen o.Ä.).

Bei allen solchen Stichproben – unabhängig davon, welches Bedeutungsgewicht bei der Auswahl berücksichtigt wird – muss man sich aber klar darüber sein, dass Proportionalität für **ein** Merkmal i.d.R. Disproportionalität für eine Reihe anderer Merkmale bedeutet. Will man Auswertungen für diese anderen Merkmale machen, dann wird man um eine dafür geeignete Designgewichtung nicht herumkommen.

3.6   Allokation

Es ist selbstverständlich, dass man nur ganzzahlige Stichprobeneinheiten auswählen kann. Das ist deshalb erwähnenswert, weil man bei mehrstufigen und/ oder geschichteten Stichproben vor dem Problem steht, dass die rechnerische Realisierung einer Stichprobe – also das Verteilungstableau der Stichprobeneinheiten – zu gebrochenen Zahlen von Auswahleinheiten führt. Das mit gebrochenen Zahlen gefüllte Verteilungstableau muss also vor der eigentlichen Ziehung in eine nur mit ganzen Zahlen gefüllte Verteilung umgesetzt werden.

Diesen Vorgang nennt man Allokation. Er ist nicht ganz so trivial, wie es zunächst den Anschein haben mag, weil man mit sogenanntem kaufmännischen Runden zu Verteilungen gelangt, die zwar ganzzahlig sind, die Ursprungsverteilung aber nicht vollständig proportional abbilden. Zudem durch Abrundungen auch „Null" als Auswahleinheit generiert werden könnte und somit eventuell wichtige Stichprobeneinheiten entfallen würden. Außerdem widerspricht die kaufmännische Rundung dem Wahrscheinlichkeitstheorem von Zufallsstichproben.

Es gibt Algorithmen, die sowohl die wahrscheinlichkeitstheoretischen Voraussetzungen als auch die Proportionalitätsbedingung erfüllen (vgl. z.B. Cox 1987). Sie arbeiten nach folgendem zweiphasigen Prinzip:

In der ersten Phase wird entsprechend dem Stichprobendesign festgelegt, wie viele Einheiten in den einzelnen Schichten gezogen werden sollen. Dabei wird das Schichtungstableau so aufbereitet, dass in jeder Schicht eindeutig bestimmt ist, welche Elemente der Schicht angehören und wie groß die Summe ihrer Bedeutungsgewichte ist. Anschließend berechnet man die Sollverteilung der Stichprobeneinheiten analog zu den Schichtbesetzungen. Das ergibt für praktisch alle Schichten gebrochene Sollwerte (also Sollwerte mit Nachkommastellen).

In der zweiten Phase werden aus dieser Sollverteilung zwei Differenzverteilungen gebildet.

- Die erste dieser Verteilungen enthält alle auf ganze Zahlen **abgerundete** Zellenbesetzungen. Sie bildet die Verteilung der Minimalbesetzungen je Zelle (Schicht).
- Die zweite Verteilung enthält die jeweiligen Reste der Zellenbesetzung also die Nachkommastellen. Beide Verteilungen zusammen bilden die originale Sollverteilung ab.

Durch Veränderung der Verteilung der Nachkommastellen, d.h. durch adäquate Rundung der darin enthaltenen Werte und anschließende Addition zur ersten Verteilung, erhält man die für die Stichprobenziehung geeignete Sollmatrix. Ein für diese Rundung geeigneter Algorithmus gehorcht folgenden Bedingungen:

- Ausschließlich zufällige Rundung mit Wahrscheinlichkeit proportional zur Größe der Nachkommastellen.
- Keine Differenz größer 1 zwischen den so gerundeten Zellenbesetzungen und der originären Sollverteilung.
- Ebenfalls nur Differenzen kleiner 1 zwischen den gerundeten Besetzungen sinnvoller (also vorgegebener) Zellenkumulationen und deren originärem Wert.

Die letzten beiden Bedingungen erfordern eine lineare Optimierung, so dass der entsprechende Algorithmus nicht immer schon beim ersten Durchlauf zu einem erfolgreichen Abschluss kommt. In diesem Fall wird er mit geänderten, zufällig variierten Anfangsbedingungen wiederholt zum Einsatz gebracht.

Nachdem man auf diese Weise eine für die Ziehung geeignete Sollverteilung bestimmt hat, kann man mit einem der oben (Kapitel 3.1 und 3.2) beschriebenen Verfahren die Stichprobenelemente auswählen. Diese Art der zufallsgesteuerten Allokation mit anschließender Zufallsauswahl der Stichprobeneinheiten garantiert die Generierung von Zufallsstichproben auch in komplexen Stichprobendesigns.

Tabelle T 03-01: Beispiel eines Allokationstableaus für Regierungsbezirke

Regierungs-Bezirke	bis unter 2.000 Einw.	2.000 bis unter 5.000 Einw.	5.000 bis unter 20.000 Einw.	20.000 bis unter 50.000 Einw.	50.000 bis unter 100.000 Einw. Rand-zone	50.000 bis unter 100.000 Einw. Kern-stadt	100.000 bis unter 500.000 Einw. Rand-zone	100.000 bis unter 500.000 Einw. Kern-stadt	500.000 und mehr Einw. Rand-zone	500.000 und mehr Einw. Kern-stadt	TOTAL
Reg.-Bez. Düsseldorf											
Anzahl Haushalte	0	0	73811	125421	0	108767	0	0	208341	1903663	2420003
Erwartungs-Wert	0,0	0,00	6,00	10,20	0,00	8,85	0,00	0,00	16,95	154,86	196,86
Allokation	0	0	6	10	0	9	0	0	17	155	197
Reg.-Bez. Köln											
Anzahl Haushalte	0	3357	149222	191184	0	99207	71022	208158	292005	872845	1887000
Erwartungs-Wert	0,0	0,27	12,14	15,55	0,00	8,07	5,78	16,93	23,75	71,00	153,50
Allokation	0	0	12	16	0	8	6	17	24	71	154
Reg.-Bez. Münster											
Anzahl Haushalte	0	0	135239	196959	0	111346	40515	135815	41572	398555	1060001
Erwartungs-Wert:	0,0	0,00	11,00	16,02	0,00	9,06	3,30	11,05	3,38	32,42	86,23
Allokation	0	0	11	16	0	9	3	11	3	33	86
Reg.-Bez. Detmold											
Anzahl Haushalte	0	0	149343	188707	0	60767	49840	95897	121828	190615	856997
Erwartungs-Wert:	0,0	0,00	12,15	15,35	0,00	4,94	4,05	7,80	9,91	15,51	69,71
Allokation	0	0	12	15	0	5	4	8	10	15	69
Reg.-Bez. Arnsberg											
Anzahl Haushalte	0	1806	147832	215223	0	105901	41024	168723	176169	858323	1715001
Erwartungs-Wert:	0,0	0,15	12,03	17,51	0,00	8,61	3,34	13,72	14,33	69,82	139,51
Allokation	0	0	12	18	0	8	3	14	14	70	139

Gemeindegröße BIK

Tabelle T 03-02: Beispiel eines Allokationstableaus für Kreise

Kreise	bis unter 2.000 Einw.	2.000 bis unter 5.000 Einw.	5.000 bis unter 20.000 Einw.	20.000 bis unter 50.000 Einw.	50.000 bis unter 100.000 Einw. Rand-zone	50.000 bis unter 100.000 Einw. Kern-stadt	100.000 bis unter 500.000 Einw. Rand-zone	100.000 bis unter 500.000 Einw. Kern-stadt	500.000 und mehr Einw. Rand-zone	500.000 und mehr Einw. Kern-stadt	TOTAL
Kreis Sonneberg											
Anzahl Haushalte	2858	10336	5511	11670	0	0	0	0	0	0	30375
Erwartungs-Wert:	0,26	0,93	0,49	1,05	0,00	0,00	0,00	0,00	0,00	0,00	2,73
Allokation	0	1	0	1	0	0	0	0	0	0	2
Kreis Saalfeld-Rudolstadt											
Anzahl Haushalte	15024	10427	6224	27408	0	0	0	0	0	0	59083
Erwartungs-Wert:	1,35	0,94	0,56	2,46	0,00	0,00	0,00	0,00	0,00	0,00	5,30
Allokation	1	1	1	3	0	0	0	0	0	0	6
Saale Holzland-Kreis											
Anzahl Haushalte	10364	3142	8997	0	0	0	10905	3509	0	0	36917
Erwartungs-Wert:	0,93	0,28	0,81	0,00	0,00	0,00	0,98	0,31	0,00	0,00	3,31
Allokation	1	0	1	0	0	0	1	0	0	0	3
Saale Orla-Kreis											
Anzahl Haushalte	17278	6327	18228	0	0	0	0	0	0	0	41833
Erwartungs-Wert:	1,55	0,57	1,64	0,00	0,00	0,00	0,00	0,00	0,00	0,00	3,75
Allokation	1	1	2	0	0	0	0	0	0	0	4
Kreis Greiz											
Anzahl Haushalte	4707	7401	6411	13609	0	0	17159	3928	0	0	53215
Erwartungs-Wert:	0,42	0,66	0,58	1,22	0,00	0,00	1,54	0,35	0,00	0,00	4,78
Allokation	0	1	1	1	0	0	2	0	0	0	5
Kreis Altenburger Land											
Anzahl Haushalte	2990	1961	12803	0	11360	20775	1450	0	0	0	51339
Erwartungs-Wert:	0,27	0,18	1,15	0,00	1,02	1,86	0,13	0,00	0,00	0,00	4,61
Allokation	0	0	1	0	1	2	0	0	0	0	4

3.7 Gewichtung

Schon häufig war davon die Rede, dass Stichprobenansätze – soweit sie die Grundgesamtheit disproportional abbilden – prinzipiell einer Gewichtung bedürfen. Das nennt man **Designgewichtung bzw. Transformation**, weil die Aufgabe darin besteht, ein ursprünglich disproportionales Stichprobendesign nachträglich zu proportionalisieren. Mit der Designgewichtung wird verhindert, dass eine vom Ansatz her bewusste (z.b. ein überhöhter Stichprobenteil in den östlichen Bundesländern) oder nicht zu verhindernde (z.b. bei haushaltsbasierten Bevölkerungsstichproben) Verzerrung der Abbildung in die Auswertung übertragen wird.

Ein zweiter Grund für Gewichtung liegt darin, dass Ausfälle in der Feldarbeit ggf. ausgeglichen werden sollen. Dieses nennt man **Ausfallgewichtung**. Jede Befragung der Markt- und Sozialforschung basiert auf der freiwilligen Teilnahme der Zielpersonen, die nicht bei allen Personen gegeben ist. Ein weiterer wichtiger Grund für Ausfälle liegt darin, dass die zu Befragenden vom Interviewer nicht immer angetroffen werden können. Der letzte Ausfallgrund hat übrigens im Lauf der Zeit sehr stark zugenommen, was in der zunehmenden beruflichen und Freizeit-Mobilität begründet ist.

Da die Ausfälle sich nicht proportional über die Befragtengruppen verteilen, sind in einer realisierten Befragung einige Gruppen über-, andere unterproportional abgebildet. Wie groß diese Abbildungsfehler sind, stellt man z.B. im Vergleich mit Daten der amtlichen Statistik fest. So liefert beispielsweise die Bevölkerungsfortschreibung (das ist die Aktualisierung des Bevölkerungsstandes zu einem Stichtag auf der Basis von Zu- und Fortzügen, Geburten und Sterbefällen) für jede Gemeinde der Bundesrepublik die Struktur ihrer Bevölkerung nach Alter, Geschlecht und Nationalität (meistens in der Differenzierung nach deutsch/nicht deutsch). Weicht die Verteilung der Stichprobe von den Sollwerten aus der Fortschreibung ab, so können die gefundenen Differenzen mittels einer Gewichtung ausgeglichen werden.

Aber Achtung: Die wenigen Daten der Fortschreibung, daraus abgeleitete Schätzwerte für andere Variablen und auch Referenzverteilungen aus anderen Großstichproben liefern nur ein recht unzulängliches Datengerüst. Und dieses ist sinnvoll auch nur dann zu verwenden, wenn in der zu gewichtenden Befragung vergleichbare Fragestellungen in vergleichbarem Kontext für die Erhebung der Gewichtungsmerkmale verwendet wurden. Das ist übrigens ein wichtiger Grund für die Etablierung der „Demografischen Standards" (Statistisches Bundesamt 2010) und der „Regionalen Standards"(Arbeitsgruppe Regionale Standards 2013), die von ADM, ASI und Statistischem Bundesamt gemeinsam entwickelt, aktualisiert und herausgegeben werden.

Weiterhin sollte man sich bewusst sein, dass die Ausfallgewichtung theoretisch nur dann gerechtfertigt ist, wenn damit tatsächlich das Ausfallgeschehen korrigiert wird. Dazu bedarf es einer Theorie des Ausfallgeschehens und daraus abgeleiteter Korrekturprozeduren. Derzeit gibt es zwar Ansätze einer solchen Theorie, sie sind aber noch nicht so ausgereift, dass sich daraus Korrekturprozeduren ableiten ließen. In der Sozialwissenschaft werden deshalb Ausfallgewichtungen mit großer Skepsis oder sogar als schädlich angesehen, weil man die Veränderungen, die durch Gewichtungsfaktoren in der Analyse verursacht werden können, für kaum kontrollierbar hält. Vertiefende Hinweise sind Esser/Grohmann/Müller/ Schäffer 1989 und Schnell 1997 zu entnehmen.

Trotzdem besteht bei praktisch jeder Befragung das Problem, dass Ausfälle die Ergebnisse in nicht proportionaler Weise beeinflussen. Man kommt also zumindest dann nicht ohne Gewichtung aus, wenn bekannt ist (oder begründet vermutet wird), dass wichtige Untersuchungsergebnisse mit Variablen korreliert sind, die gewichtet werden können: Z.B. habe eine Befragung das Ziel, die Verbreitungsgebiete von Regionalsendern darzustellen. Wenn die Ausfälle zu einer disproportionalen Regionalverteilung führen, dann sollte die Untersuchung auf jeden Fall an die proportionale Verteilung angepasst werden, d.h. gewichtet werden. Andernfalls würde allein die regionale Disproportion zu verzerrten Ergebnissen führen.

Der Grundsatz bei Gewichtung sollte aber auf jeden Fall sein: So behutsam wie möglich und so intensiv wie nötig. Das ist einerseits in der Tatsache begründet, dass mit den derzeit vorhandenen Gewichtungsverfahren zwar eine Anpassung an (wenige regionale und demografische) Verteilungen erreicht wird, das Ausfallgeschehen selbst aber damit nicht kompensiert wird.

Andererseits verringert jede Gewichtung (auch die Designgewichtung) die Präzision der Untersuchungsergebnisse. Man erkauft sich also ein möglicherweise punktgenaueres Ergebnis (im Sinne der Erwartungstreue – siehe Kapitel 2.3) mit einer auf jeden Fall größeren Streuung. Die Gewichtungsfaktoren erzeugen nämlich zusätzliche Varianz in der Schätzung und damit ein größeres – also schlechteres – Konfidenzintervall. Dieser Genauigkeitsverlust kann berechnet werden nach folgender Formel:

$$G\% = \frac{\sum g_i}{\sum g_i^2} \, 100 \qquad \text{mit } g_i = \text{Gewichtungsfaktor des Falls i.}$$

G% liegt zwischen 0 und 100 und drückt folgendes aus:
Die Präzision ist auf G% gesunken, weil eine Gewichtung notwendig war: Wenn die realisierte Befragung ein vollständig proportionales Abbild der Grund-

gesamtheit geliefert hätte (wenn also keinerlei Gewichtung notwendig gewesen wäre), dann hätte man nur G % der Interviews benötigt, um die gleiche Präzision zu erreichen, die man mit der realisierten aber gewichteten Stichprobe erreicht hat.

3.8 Planung der Stichprobengröße

Die Planung einer Stichprobe beinhaltet immer das Problem, ein Optimum im Rahmen der verfügbaren Ressourcen zu finden. Es gilt also, wie schon erwähnt,

- die Grundgesamtheit adäquat auf die Untersuchungsziele hin zu definieren,
- die zu ihr adäquate Auswahlgrundlage zu finden,
- das geeignete Stichprobenverfahren für die Auswahl der Zielpopulation zu bestimmen,
- das Stichprobendesign adäquat zu gestalten,
- und schließlich den so optimierten Stichprobenplan zu realisieren.

Was zuvor noch nicht beschrieben wurde, ist die Festlegung der optimalen Stichprobengröße. Grundsätzlich sollen Ergebnisse von Stichproben natürlich so genau wie möglich sein, d.h. (im Sinne von Kapitel 2.3) eine Stichprobe soll erwartungstreue Ergebnisse mit höchstmöglicher Präzision liefern.

Da Erwartungstreue die Eigenschaft bestimmter Auswahlverfahren ist, hat man sich diesbezüglich bei der Wahl des Stichprobendesigns schon festgelegt. Bleibt also die Optimierung der Präzision. Diese wiederum hängt – unter sonst gleichen Voraussetzungen – von der Größe der Stichprobe (bei endlichen Grundgesamtheiten also vom Auswahlsatz) ab. Es gilt dabei ganz allgemein: Je größer die Stichprobe/der Auswahlsatz, desto präziser die Ergebnisse, d.h. desto kleiner das Konfidenzintervall.

Das ist aber eine Maximierungsbedingung, auf die sich Auftraggeber nicht einlassen können. Ihre Frage lautet daher sehr häufig: Wie klein darf die Stichprobe denn werden? Darauf gibt es eine grundsätzliche und eine an den Forschungszielen orientierte Antwort.

Die **grundsätzliche Antwort** lautet: Eine Stichprobe muss **mindestens 30, besser 50 Fälle** umfassen, weil man erst ab dieser Größenordnung davon ausgehen kann, dass der wesentliche Teil der Verteilung der Stichprobenergebnisse an die Normalverteilung angenähert ist. Erst ab diesem Umfang kann man also davon ausgehen, dass die bisher genannten Formeln angewendet werden dürfen. Für Anteilswerte gibt es zusätzlich die Einschränkung: $np(1-p) \geq 9$. Sie führt bei

einem Anteilswert von 50 % zur **Mindestgröße** 36 und bei einem Anteil von 10 %
zu mindestens 100 Fällen. Für bestimmte Untersuchungen, wie z.b. im Media-
Bereich gelten zudem auch noch festgelegte Konventionen, die z. B. in der verbindlichen europäischen Norm 'EN 15707:2008 Printmedienanalysen – Begriffe
und Dienstleistungsanforderungen' beschrieben werden.

Die an den Forschungszielen orientierte Antwort hingegen lautet: Die Stichprobe muss so groß sein, dass sie die Präzisionsanforderung an die wichtigsten
Untersuchungsziele nicht unterschreitet. Die Mindestgröße hängt also immer von
der Präzisionsanforderung ab, die mit den Untersuchungszielen verknüpft sind. Je
höher diese Anforderungen sind, je geringer also der Unsicherheitsspielraum sein
darf, desto größer muss der Stichprobenumfang werden. Man schätzt ihn ab auf
Basis der in Kapitel 3.3 genannten vereinfachten Fehlerformeln.

3.8.1   *Mindestgröße bei Messung von Anteilswerten in mehrstufigen Stichproben*

Aus der vereinfachten Fehlerschätzung für mehrstufige Stichproben (Abschnitt
3.3.1.2) ergibt sich folgende Präzisionsformulierung:

$$e \leq t \sqrt{\frac{p(1-p)}{n-1}} \sqrt{1 - \frac{n}{N}} \sqrt{2}$$

Dabei ist e die vom Forscher (oder Auftraggeber) maximal tolerierte Breite des
Konfidenzintervalls (nach oben und nach unten), die nicht überschritten werden
soll. Diese Formel kann man nach (n-1) auflösen und erhält dann:

$$n-1 \geq 2\,t^2\,p(1-p)\,\frac{1}{e^2}\left(1 - \frac{n}{N}\right)$$

Wenn die Grundgesamtheit sehr groß ist, wenn man also einen kleinen Auswahlsatz erwartet, kann man die Formel reduzieren auf die Daumenpeilung:

$$n \approx D \geq 2\,t^2\,p(1-p)\,\frac{1}{e^2} + 1 \qquad \text{d.h. } 1 - \frac{n}{N} \approx 1$$

Da man hierbei den Auswahlsatz unberücksichtigt lässt, der das Konfidenzintervall
grundsätzlich verkleinert, ist man mit dieser Schätzung des Stichprobenumfangs
immer auf der sicheren Seite, d.h. man überschätzt den notwendigen
Stichprobenumfang um so mehr, je kleiner die Grundgesamtheit bzw. je größer
der Auswahlsatz ist. Das soll an einem Beispiel verdeutlicht werden.

Ziel einer Stichprobenerhebung sei die Ermittlung des Anteils von Haushalten mit PKW. Im einen Fall bestehe die Grundgesamtheit aus allen Privathaushalten der Bundesrepublik Deutschland (ca. 40 Mio.), im andern Fall seien es nur die ca. 3000 Haushalte der kleinen Gemeinde A. Wie geht man nun vor?

1. Man legt fest, welche Schwankungsbreite man akzeptieren will; z.B. ±5 %, d.h. e = 0.05.
2. Man legt fest, mit welchem Sicherheitsniveau die Aussage gemacht werden soll; z.B. ca. 95,5 %, d.h. t = 2.
3. Man schätzt, welcher Anteilswert zu erwarten ist; z.B. erwartet man einen Pkw-Anteil von ca. 75 %, d.h. p = 0.75, 1-p = 0.25.

Setzt man diese Werte in die obige Daumenpeilung ein, so erhält man:

$$D \geq 2\,2^2\ 0.75\ 0.25.\,\frac{1}{0.05^2}\ +1 = 601$$

Berücksichtigt man jetzt den Auswahlsatz, d.h. bestimmt man den Stichprobenumfang mit der exakten Formel, so erhält man für die Stichprobe

aus allen Haushalten der Bundesrepublik: n = 600.99
aus den Haushalten der Gemeinde A: n = 500.83

Während D bei großem N (also kleinem Auswahlsatz) eine sehr gute Schätzung für den Stichprobenumfang liefert, ist seine Überschätzung bei größerem Auswahlsatz doch recht unangenehm. Man kann aber auch für solche Stichproben recht gute Näherungen aus D ableiten. Dazu verwendet man den sich aus der obigen Daumenpeilung ergebenden Auswahlsatz D/N in der folgenden Näherungsformel:

$$n \geq \frac{D-1}{1+\dfrac{D-1}{N}} + 1$$

Für die Stichprobe aus der Gemeinde A ergibt sich dann:

$$n \geq \frac{600}{1+\dfrac{600}{3000}} + 1 = 501$$

Dieser Wert überschätzt die mindestnotwendige Stichprobengröße nur noch unwesentlich (nämlich um 0,17 wie ein Vergleich mit der exakten Berechnung zeigt), so dass er als einfach zu bestimmende Näherung bestens geeignet ist.

3.8.2 Mindestgröße bei Messung von Durchschnitten in mehrstufigen Stichproben

Die Daumenpeilung für die Größe von Stichproben, in denen Durchschnitte, Summen oder andere quantitative Daten erhoben werden sollen, ist formal zwar einfacher als die bei Anteilswerten, hat aber normalerweise mehr Unsicherheit. Aus der Formel für das Konfidenzintervall von Mittelwerten bei mehrstufige Stichproben (Abschnitt 3.3.1.2) ergibt sich für eine vorgewählte Schwankungsbreite:

$$ e \leq t \sqrt{\frac{1}{n}s_x^2} \sqrt{1 - \frac{n}{N}} \sqrt{2} $$

Dieser Ausdruck lässt sich umformen in:

$$ n \geq 2t^2 s_x^2 \frac{1}{e^2}\left(1 - \frac{n}{N}\right) $$

bzw. in die Daumenpeilung (ohne Berücksichtigung des Auswahlsatzes):

$$ n \approx D \geq 2t^2 s_x^2 \frac{1}{e^2} $$

Anders als bei Anteilswerten (wo die Varianz aus dem **erwarteten Anteilswert** berechnet werden kann) ist die Varianz der quantitativen Variablen in der Grundgesamtheit oder der Stichprobe normalerweise weder bekannt noch berechenbar. Man muss deshalb eine Schätzung für s_x^2 wagen, die sich im Nachhinein als falsch herausstellen kann.

Welche Annahme man über die zu erwartende Stichprobenstreuung machen will – das wurde schon in Abschnitt 2.3.3 erläutert – hängt von dem Vorwissen ab, über das man verfügt. Letztlich bleibt, wenn man über kein hinreichendes Vorwissen verfügt, nichts anderes übrig, als eine der dort genannten Verteilungen zu unterstellen und eine Vermutung über die zu erwartende Variationsbreite anzusetzen.

Die Probleme, die dabei auftreten können, sollen an folgendem Beispiel erläutert werden: Eine Stichprobe soll die durchschnittlichen Ausgaben von Deutschen für ihre Urlaubsreise liefern. Wenn man einmal von den sehr komplexen

Definitions- und Adäquationsproblemen dieser Aufgabenstellung absieht (Wer gehört zur Grundgesamtheit? Welche Ausgaben im Detail gehören zu den Urlaubsausgaben? Was ist ein Urlaub? Sollen alle oder nur eine Urlaubsreise im Jahr erfasst werden? Sind die Ausgaben pro Person, Haushalt oder Reisegruppe zu erheben? usw.) und sich nur auf die Quantifizierung eines Genauigkeitsanspruchs konzentriert, dann kann man wie folgt vorgehen:

1. Man schätzt die zu erwartenden Durchschnittsausgaben z.B. mit € 3000,- pro Person, d.h. $\overline{x} = 3000$.
2. Man (oder der Auftraggeber) legt fest, dass das Streuungsintervall z.B. nicht größer als ± 5 % sein soll, d.h. e = 0.05 * 3000 = 150.
3. Man setzt das Sicherheitsniveau z.B. mit ca. 95,5 % fest, d.h. t = 2.
4. Man entscheidet sich für eine vermutete Verteilungsform z.B. die

   Rechteckverteilung, d.h. $s_x = s_R = (x_{max} - x_{min})\sqrt{\dfrac{1}{12}}$ (vgl. Abschnitt 2.3.3).

5. Man schätzt die vermutete Bandbreite der Urlaubsausgaben pro Reisendem z.B. zwischen € 100,– und 10000,–, d.h. $x_{min} = 100$; $x_{max} = 10000$.

Gerade die letzten beiden Vermutungen sind natürlich mit großer Unsicherheit behaftet.

Jetzt setzt man die fünf festgelegten Werte in die Daumenpeilung ein und erhält:

$$D \geq 2 \; 2^2 \left[(10000 - 100)^2 \frac{1}{12} \right] \frac{1}{150^2} = 2904$$

Die Stichprobe sollte also mindestens 2904 Fälle umfassen, damit sie, wenn keine gravierenden Abweichungen von den obigen Annahmen auftreten, dem vorgegebenen Genauigkeitsanspruch genügt.

Welchen Einfluss die einzelnen Annahmen auf die Mindestgröße der Stichprobe haben, zeigen folgende Variationen (unter Beibehalten der jeweils restlichen Annahmen):

1. Eine **Veränderung des erwarteten Durchschnitts** hat, wenn dabei das absolute Streuungsintervall nicht verändert wird, keine Folgen für die Stichprobengröße (der Durchschnitt ist in der Fehlerformel gar nicht enthalten).
2. Soll das **Streuungsintervall** – wie oben formuliert – **relativ gleich** bleiben, absolut mit dem Durchschnitt also wachsen oder kleiner werden, dann ver-

langt eine Verdoppelung des Durchschnitts nur noch ein Viertel der Fallzahl (weil das absolute Intervall dann doppelt so groß wird), eine Halbierung des Durchschnitts hat jedoch eine Vervierfachung der Fallzahl zur Folge.

3. Die gleichen Folgen hat eine **Veränderung des Genauigkeitsanspruchs**: Verdoppelung des Intervalls hat ein Viertel, seine Halbierung das Vierfache der Fallzahl zur Folge.

4. Die **Veränderung des Sicherheitsniveaus** von z.b. ca. 95,5 % (t=2) auf ca. 99 % (t=3) hat die Folge, dass die Fallzahl auf das 2,25fache steigt, d.h. um das Quadrat des Quotienten aus dem neuen und dem alten Sicherheitsfaktor t.

5. Ein Fehler bei der Annahme über die **Verteilung der Einzelwerte** hat demgegenüber nur geringe Folgen, wie aus den Schätzformeln im Abschnitt 2.3.3 ersichtlich ist.

6. Wenn man die **Bandbreite** der Urlaubsausgaben falsch einschätzt, so ergibt sich folgendes:

   ▪ Eine Halbierung der **Untergrenze** auf z.b. € 50,- bewirkt lediglich eine marginale Fallzahlveränderung auf 2933.

   ▪ Eine Verdoppelung der **Obergrenze** auf z.b. € 20.000,- hingegen führt zu etwas mehr als dem Vierfachen der ursprünglichen Fallzahl.

Wegen der z.T. extremen Auswirkungen von Unsicherheit bzw. Fehleinschätzungen bei der Bestimmung des notwendigen Mindestumfangs von Stichproben, deren Hauptziel in der Erhebung quantitativer Variablen liegt, sollte man, wenn irgend möglich, anstelle eines unsicheren Annahmenbündels eine zweiphasige Stichprobenerhebung planen.

In der ersten Phase mit relativ wenig Fällen versucht man, einigermaßen verlässliche Schätzwerte für die in die Formel zur Fallzahlbestimmung eingehenden Parameter zu gewinnen. Mit diesen Werten plant man dann die Gesamtfallzahl, die in der zweiten Phase entsprechend realisiert wird (natürlich unter Einschluss der schon in der ersten Phase durchgeführten Interviews). So ein zweiphasiges Vorgehen erfordert normalerweise nur unwesentlich mehr Aufwand als eine einphasige Stichprobe, dauert aber natürlich länger. Man gewinnt dabei aber wesentlich mehr Sicherheit in der Planung der Gesamtstichprobe.

3.8.3   *Mindestgröße bei einstufigen Stichproben*

Die oben geschilderten Schätzungen für Stichproben-Mindestgrößen in Abhängigkeit von Vorwissen und Vorgaben gelten für mehrstufige geschichtete Stichproben, wie sie sich z.b. auf Basis des ADM-Stichproben-Systems für persön-lich-mündliche Befragungen realisieren lassen.

Telefonstichproben – und auch die auf dem ADM-Telefonstichproben-System basierenden Befragungen – sind hingegen in der Regel ungeklumpt. Für sie gelten die in Abschnitt 2.3.3 gegebenen Formeln zur Berechnung des Konfidenzintervalls. Diese unterscheiden sich von den oben benutzten Schätz-formeln für geklumpte Stichproben lediglich um den Faktor $\sqrt{2}$. Da der gesam-te Formelapparat zur Schätzung des Stichprobenumfangs n quadriert wird, geht dieser Vergrößerungsfaktor tatsächlich als Multiplikator 2 in die Schätzung ein.

Mit anderen Worten:

Der notwendige Stichprobenumfang zum Erreichen eines vorgegebenen Genauigkeitsanspruchs bei geschichteten ungeklumpten Stichproben beläuft sich auf exakt die Hälfte des unter 3.8.1 und 3.8.2 geschätzten Umfangs für mehrstufi-ge Stichproben; die dort genannten Schätzformeln müssen also lediglich um den darin enthaltenen Faktor 2 reduziert werden.

Ute Löffler, Kurt Behrens, Christian von der Heyde

4 Die Historie der ADM-Stichproben

Die heute vorliegenden ADM-Stichproben-Systeme für Face-to-Face-Stichproben und für Telefonstichproben haben sich über eine Reihe von Jahren, im F2F-Fall sogar Jahrzehnten, entwickelt. Immer wieder flossen neue Erfahrungen, neue Erkenntnisse aber auch geänderte Gegebenheiten bei den zur Verfügung stehenden Basisdaten und Materialien in die Stichproben-Gestaltung ein. Nachfolgend wird der weite Weg von den Anfängen der Stichprobenziehung in der Bundesrepublik Deutschland nach 1945 bis zur Etablierung der jetzigen ADM Stichproben-Systeme aufgezeigt. Wobei anzumerken ist, dass bis Ende der 90er Jahre des vorigen Jahrhunderts die Telefondichte in Deutschland und hier speziell in den neuen Ländern so niedrig war, dass man die Bevölkerung der gesamten BRD ausschließlich mit Face-to-Face-Stichproben repräsentieren konnte.

4.1   Das ADM-Stichproben-System (F2F) für persönlich-mündliche Befragungen

4.1.1   Die 1950er und 1960er Jahre

Nach dem Zweiten Weltkrieg war es relativ schwierig, Unterlagen, die für eine Stichprobenbildung geeignet waren, zu finden. Soweit bekannt, verwendeten damals die Institute der amerikanischen und britischen Besatzungsmächte als Auswahlgrundlage die Lebensmittelkarten, die von den Ernährungsämtern ausgegeben wurden.

Im Jahr 1953 wurde dann eine Random-Stichprobe entwickelt, bei der in einer ersten Stufe Gemeinden und dann anschließend Adressen aus den Einwohnerkarteien der Gemeinden gezogen wurden. Dieser sogenannte Deming-Plan (nach Prof. William Edwards Deming benannt) ordnete die Gemeinden getrennt nach

Gemeindegrößenklassen bis 2.000 Einwohnern und über 2.000 Einwohnern von Nord nach Süd an und bildete Zonen gleicher Einwohnerzahl, wobei sich die Größe der Zonen nach der Zahl der Befragungsbezirke richtete, die man benötigte. Innerhalb der Zonen sortierte man die Gemeinden nach dem Anteil katholischer Bevölkerung.

Nachdem es sich immer schwieriger gestaltete, auf die Karteien der Einwohnermeldeämter zurückzugreifen, bemühte man sich, die aus der amerikanischen Fachliteratur bekannten Flächenstichproben-Systeme für Deutschland zu adaptieren. In den Jahren 1957/1958 wurden die ersten Flächenstichproben von den Instituten IfD Institut für Demoskopie, Allensbach, und Infratest, München, angewandt.

Eine Weiterentwicklung auf dem Gebiet erfolgte 1961 auf der Basis der Wahlbezirke der damaligen Bundestagswahl. Bei diesem sogenannten Flockenhaus-Emnid-Plan (benannt nach Karl-Friedrich Flockenhaus und Emnid, Bielefeld, die das Verfahren damals in Auftrag gaben) wurden beim Statistischen Bundesamt 50.000 Lochkarten mit regionalen und sozialen Strukturdaten hergestellt. Aus diesen Lochkarten, die jeweils ca. 1.000 Personen repräsentierten, wurde dann eine Stichprobe proportional zur Zahl der Wahlberechtigten in jedem Bezirk gezogen. Hierbei wählte man ein geschichtetes Auswahlverfahren, bei dem Bundesländer, Ortsgrößen und das Ergebnis der vorangegangenen Bundestagswahl als Schichtungsmerkmale verwendet wurden.

Für die gezogenen Bezirke wurden von den Interviewern in Zusammenarbeit mit den Gemeindeverwaltungen die genauen Grenzen festgelegt und Skizzen angefertigt, nach denen Unterbezirke mit jeweils ca. 300 Haushalten differenziert wurden. Durch eine Begehung listete man in den zufällig gezogenen Unterbezirken je ca. 40 Haushalte mit den Namen **aller** Haushaltsmitglieder auf und erhielt somit eine Adressendatei mit ca. 72.000 Haushalten und den darin lebenden Personen, die als Auswahlgrundlage für Bevölkerungsstichproben dienten.

Dieses Verfahren wurde 1963 in dem sogenannten Deming-Wendt-Verfahren (benannt nach Prof. William E. Deming und Friedrich Wendt) verfeinert. Die Schichtung sah hier eine Einbeziehung von vier Gemeindegrößenklassen und mehrere Ziehungsstufen vor. Nach der Gemeindeauswahl wurden Stimmbezirke ausgewählt und dann Segmente. Als Segment wurden eine Reihe von Wohnungen definiert, die offensichtlich zusammengehörten und durch eine Startadresse eindeutig bestimmt waren.

Mitte der 60er Jahre vereinbarte man die erste gemeinsame Beschaffung der Wahlstatistik-Unterlagen, da inzwischen auch andere Institute Flächenstichproben-Pläne auf der Basis von Stimmbezirken nutzten (Contest, Frankfurt; Emnid,

Bielefeld; Infratest, München; Sample, Hamburg; Schaefer-Marktforschung, Hamburg).

Außerdem diskutierte man eine erste Idee, einen gemeinsamen Stichprobenplan für alle Institute zu entwickeln. Obwohl diese Idee zum damaligen Zeitpunkt noch nicht realisiert wurde, war ein erster Ansatz in Richtung des heute vorliegenden ADM-Stichproben-Systems (F2F) gemacht.

Ein erneuter Vorstoß in diese Richtung wurde im Zuge des sogenannten Wendt'schen koordinierbaren Stichproben-Systems (benannt nach Friedrich Wendt) im Jahr 1969 gemacht und schließlich auch erfolgreich umgesetzt.

Angesichts der neuen Bundestagswahl warb Friedrich Wendt für ein gemeinsames Flächenstichproben-System mit folgenden Grundgedanken:

1. Erstellung standardisiert gezogener, gleichwertiger Stichproben für alle beteiligten Institute
2. Möglichkeit der bausteinartigen Zusammenfassung der Institutsstichproben zu einem überschneidungsfreien System für die damalige Bundesrepublik
3. Übereinkunft über gleichartige Vorgehensweisen beim technischen Ablauf der Auswahlstufen, etwa bei den Begehungsregeln oder der Auswahl der Zielpersonen.
4. Schaffung eines „Stichproben**pools**", aus dem bei Bedarf jedem (gegen Entgelt) Stichproben zur Verfügung gestellt werden.

Zunächst wurde die Arbeitsgemeinschaft Leseranalyse (seit 1972: Arbeitsgemeinschaft Media-Analyse), die jeweils mehrere Institute mit ihren Erhebungen betraute, für dieses Konzept gewonnen.

Da damit primär die Interessen der Institute berührt wurden, berief der ADM einen Ausschuss ein, der gegenüber der Arbeitsgemeinschaft Leseranalyse seine Interessen vertreten sollte.

Schließlich erklärten acht Institute im Jahr 1970 ihre Teilnahme an dem Projekt (Contest, Frankfurt; Getas, Bremen; IfD, Allensbach; Marplan, Frankfurt; Markt-Daten-Institut, Frankfurt; Media Markt Analysen, Frankfurt; Sample, Hamburg; Schaefer Marktforschung, Hamburg) zu denen später noch Infratest, München hinzustieß.

Der Realisierung des ersten ADM-Master-Samples stand nichts mehr im Wege.

4.1.2   Die 1970er Jahre

Im Jahr 1971 wurde das erste ADM-Master-Sample ausgeliefert; sowie die ersten Stichproben für die Arbeitsgemeinschaft Leseranalyse gezogen. Auf dieser Basis konnte von nun an kontinuierlich an einer Weiterentwicklung des Stichproben-Systems gearbeitet werden.

Das damalige Kernstück, d. h. die Flächen, die die Auswahleinheiten definierten, bildeten beim ersten ADM-Master-Sample die Wahlbezirke der Bundestagswahl 1969. Das bedeutet, dass bei jeder neuen Bundestagswahl per se Veränderungen in dieser Grundbasis stattfinden, die in neuen Stichproben-Systemen Berücksichtigung finden müssen bzw. sollen. Nachdem sich die Auslieferung des ersten ADM-Master-Sample-Systems aufgrund der zu leistenden umfangreichen Pionierarbeiten, die insbesondere das Einsammeln der Wahlbezirksunterlagen beinhaltete, bis 1971 hinzog, hatte man sich entschieden, auf eine Aktualisierung auf der Basis der Bundestagswahl 1972 zu verzichten. Im Herbst 1975 entschloss man sich jedoch, im Hinblick auf die anstehende Bundestagswahl 1976, eine Erneuerung des ADM-Master-Samples vorzunehmen. Dieses führte zur Gründung eines Auftraggeberkreises, der sich aus zehn ADM-Instituten (Contest, Frankfurt; Getas, Bremen; GfK, Nürnberg; Ifak, Wiesbaden; IfD, Allensbach; Infratest, München; Mafo-Institut, Schwalbach; Markt-Daten-Institut, Frankfurt; Sample, Hamburg; Schaefer-Marktforschung, Hamburg), der Media Micro Census GmbH (für die AG.MA) und den Instituten Marplan und Infas zusammensetzte. Dieser sogenannte „13er Club" wollte jedoch nicht nur eine Aktualisierung der Auswahlgrundlage vornehmen, sondern beschloss zudem eine Flexibilisierung des Systems, die es ermöglichen sollte, das ADM-Master-Sample für Bevölkerungsstichproben aller Art – als sogenanntes Baukasten-System – nutzbar zu machen.

Das Prinzip des Stichproben-Systems blieb jedoch unverändert: Nach wie vor bildete die Wahlbezirksdatei die Auswahlgrundlage, angereichert durch die Informationen Boustedt Zonen (Datenstand: Volkszählung 1970, Gebietsstand: 01.01.77), Stadtbezirke von 40 Großstädten und Zahl der Haushalte pro Wahlbezirk. Auch die Synthetisierung von Wahlbezirken, bei der kleine Wahlbezirke zusammengefasst werden, erfolgte analog zu 1970/71. Man einigte sich jedoch auf eine Untergrenze von 400 Wahlberechtigten (1970/71: 300 Wahlberechtigte).

Die Schichtung erfolgte wiederum durch Anordnung, d. h. kreisweise nach Gemeindegrößenklassen nach Boustedt. (siehe Kapitel 12)

Eine gravierende Änderung bestand in der Festlegung der Anzahl der Sample Points, d.h. der gezogenen Wahlbezirke, pro Netz. Hatten bislang 280 Sample Points ein Netz gebildet, einigte man sich jetzt auf 210 Sample Points, da man so allen beteiligten Instituten die von Ihnen gewünschte Zahl von Netzen zuordnen konnte.

Neu war zudem, dass den beteiligten Instituten nicht nur die „eigenen" Stichproben zur Verfügung standen, sondern das gesamte ursprüngliche Ziehungsband mit allen Wahlbezirken (Wahldatei). Das schaffte die Voraussetzung für die Ziehung institutsinterner Stichproben, die die unterschiedlichen Belange berücksichtigen konnten, d. h. das „Baukasten-Prinzip" wurde realisiert. Zur Auslieferung gelangte dieses ADM-Master-Sample 1978.

Die Regeln für die Verwendung dieses „Baukasten-Systems" mit der Definition von Auswahleinheiten, der Festlegung von Schichtungsmerkmalen, der Mindestanforderung an die Anzahl der Schichtungsmerkmale, Begehungsregeln und Auswahlanweisungen wurden ausführlich in dem Buch „Muster-Stichproben-Pläne" dargestellt. Dieses Buch wurde von Felix Schaefer geschrieben und vom ADM herausgegeben (Schaefer, F. 1979).

In dieses Buch flossen die unterschiedlichsten Stichprobenansätze der Institute genauso ein wie die in mehr als 30 Jahren angesammelten Erkenntnisse und Erfahrungen mit Bevölkerungsstichproben.

4.1.3   Die 1980er Jahre

In der ersten Hälfte der 80er Jahre wurde analog zum Stichproben-System 1978, d.h. nach den gleichen Prinzipien aber auf der Basis der Bundestagswahl 1980, ein Stichproben-System gezogen, das 1982 zur Auslieferung an die beteiligten Institute gelangte. Die nächste Aktualisierung basierte dann auf den Daten der Bundestagswahl 1987. Dazu wurden umfangreiche Vorstudien durchgeführt, die sich insbesondere mit dem Ziehungsverfahren beschäftigten.

Nachdem bereits 1981 Experimente durchgeführt wurden, aus denen hervorging, dass eine feingliedrige Schichtung nach Kreisen kombiniert mit Gemeindegrößenklassen nach Boustedt (siehe hierzu Abschnitt 12 im Anhang) stärkere Schwankungen erzeugte als die gröbere nach Regierungsbezirken und Gemeindegrößenklassen nach Boustedt, widmete man diesem Thema 1988 verstärkte Aufmerksamkeit.

Ursache dafür war nicht zuletzt eine gewachsene Anforderung an die Darstellung regional kleinräumiger Stichproben. Bei der AG.MA wurde dies durch eine Ausweitung der regionalen Medien und deren Wünsche im Hinblick auf die Auswertungsmöglichkeiten sowie durch die Überlegungen über Halbjahresauswertungen oder Trendberichte, d.h. über kleinere Stichprobengrößen, evident.

Bei den Instituten wurden sowieso in der Regel kleinere Stichproben (im Vergleich zur Mediaanalyse der AG.MA) realisiert.

Um einer Erhöhung der regionalen Repräsentanz der Stichproben Rechnung tragen zu können, wurden im Frühjahr 1989 zwei verschiedene Ziehungsverfahren experimentell untersucht. Es handelte sich dabei um ein Verfahren, das von Günther Rösch, Frauenberg, entwickelt wurde (im folgenden Rösch-Verfahren genannt) und um ein Verfahren, das von Ebert + Billmeier, Frankfurt/Main sowie Bureau Wendt, Hamburg und Puidoux entwickelt wurde (im folgenden Ebert/Wendt-Verfahren genannt).

In den bis dato verwendeten Stichproben-Systemen wurden systematische Ziehungen mit Zufallsstart (siehe Kapitel 3.2) realisiert, indem alle Wahlbezirke nach bestimmten Ordnungskriterien angeordnet und dann jeder x-te Wahlbezirk in Abhängigkeit seiner Größe, die durch das Bedeutungsgewicht ausgedrückt wurde, gezogen wurde. Als Bedeutungsgewicht wurde die aus der Zahl der Wahlberechtigten und weiteren kommunalen Daten geschätzte Zahl der Haushalte pro Wahlbezirk verwendet.

Bei den beiden zu testenden neuen Ziehungssystemen wurde im Vorhinein für jede Schichtungszelle anhand des Bedeutungsgewichtes ein Erwartungswert errechnet. Als Maßstab wurde der Anteil der jeweiligen Schichtungszelle an der Grundgesamtheit herangezogen.

Das Rösch-Verfahren arbeitete nun hierarchisch, indem zunächst die größte zu ziehende Stichprobe gezogen wurde und dann alle Unterteilungen von dieser Basis aus gebildet wurden. Die Auswahl erfolgte nach der Vorgabe, dass möglichst geringe Abweichungen zwischen gezogenen Sample Points und Erwartungswerten entstehen. Außerdem wurde auf allen Ziehungsniveaus eine Zufalls-Allokation mit Proportionalität zum Wert der Nachkommastellen realisiert. (siehe Kapitel 3.6)

Das Ebert/Wendt-Verfahren arbeitet iterativ, so dass die Angleichung sowohl an die vorgegebene „krumme" Zellenbesetzung als auch an alle Randverteilungen in dem Sinne optimiert wird, dass lediglich eine Minimaldistanz zwischen dem Erwartungswert und der ganzzahligen Besetzung übrig bleibt, die überdies jeweils nur kleiner als Eins ist.

Als Randverteilungen dienten in beiden Verfahren die Schichtungszellen selbst, die Kreise, die Regierungsbezirke, die Bundesländer und die Gemeindegrößenklassen.

Für die Beurteilung der Eignung des Ziehungssystems wurden drei Kriterien herangezogen:

1. Das Auftreten und die Verteilung von Abweichungen von den Erwartungswerten über sämtliche sinnvoll untergliederbaren Zellenmatrizen und Unterteilungen der Gesamtstichprobe
2. Die Gleichmäßigkeit der Teilstichproben (gemessen an der quadratischen Abweichung) innerhalb größerer Teile (z. B. Netze innerhalb eines Instituts)
3. Die Kombinierbarkeit der einzelnen Netze für den praktischen Einsatz.

Aufgrund der Prüfung der Ergebnisse, die beide Ziehungsverfahren erbrachten, entschied man sich (einstimmig) in der Arbeitsgemeinschaft ADM-Stichproben für das Ebert/Wendt-Verfahren. Im Dezember 1989 kam das neue Stichproben-System für die damalige Bundesrepublik Deutschland (d. h. die westlichen Bundesländer) und West-Berlin zur Auslieferung.

4.1.4 Die 1990er Jahre

Durch die Öffnung der Mauer und die damit einhergehenden Möglichkeiten, auch auf dem Gebiet der damals noch existierenden DDR umfrageforscherisch tätig werden zu können, wurde alsbald innerhalb der Arbeitsgemeinschaft ADM-Stichproben über den Aufbau eines kompatiblen Stichproben-Systems in der DDR nachgedacht. Dieses Stichproben-System sollte insbesondere eine Ankoppelungsmöglichkeit an die damals gerade ausgelieferten Stichproben für die westlichen Bundesländer bieten, um damit auch die Möglichkeit der Bildung von gesamtdeutschen Stichproben zu schaffen. Als Grundlage für die Ost-Stichproben wurde der Wahlbezirksbestand auf der Basis der Wahl zur Volkskammer vom 18.03.1990 sowie der Kommunalwahl vom 06.05.1990 herangezogen.

Mit den umfangreichen Vorarbeiten, die notwendig waren, um eine kompatible Systematik herstellen zu können, wurde Anfang 1990 bereits begonnen. Als sich im Zeitablauf des Jahres die Wiedervereinigung sowie damit verbunden eine Bundestagswahl im Oktober abzeichnete, beschloss man, aus Zeitgründen trotzdem als Basis die Wahlbezirksunterlagen der Volkskammerwahl und der Kommunalwahl beizubehalten.

Dieses ermöglichte bereits im Januar 1991 eine Auslieferung der Stichproben an die Institute. Das gesamte Procedere der Ziehung wurde – soweit möglich – den Stichproben für die westlichen Bundesländer angeglichen. Aufgrund des allseits gemutmaßten Marktforschungsbedarfs in den östlichen Bundesländern umfassten die einzelnen Netze analog zu den West-Stichproben jeweils 210 Points. Zur Ankoppelung an die West-Stichproben konnten gekennzeichnete

Viertel-Stichproben verwendet werden, so dass für gesamtdeutsche Stichproben 262 bzw. 263 Points zur Verfügung standen.

Unmittelbar im Anschluss an die Arbeiten für das Ost-Stichproben-System wurden beide Stichproben-Systeme (West und Ost) überprüft, aktualisiert und weiterentwickelt. Dieses geschah insbesondere im Hinblick auf die Revision der Boustedt-Kriterien und ihrer Zuordnung.

Da es in Ost-Deutschland keine Boustedt-Stadtregionen gab und die westdeutschen Boustedt-Daten aus dem Jahr 1970 stammten, war hier eine Überarbeitung dringend angezeigt, da sie – zumindest in West-Deutschland – die Basis für die Agglomerationsabgrenzungen bildeten.

Bereits seit einigen Jahren hatte sich BIK ASCHPURWIS + BEHRENS, Hamburg, mit der Renovierung und Neu-Klassifizierung des Boustedt-Systems beschäftigt. Mit Hilfe eines multifaktoriellen Ansatzes typologischer Art wurden Agglomerationen um große und mittlere Städte identifiziert (ausführliche Informationen gibt Kapitel 12 im Anhang). Diese „neuen" Stadtregionen flossen 1992 unter dem Begriff „BIK-Stadtregionen" mit einer gleichzeitigen Aktualisierung und Anpassung der Strukturdaten an die neuen Schichtabgrenzungen in das ADM-Master-Sample ein.

Mitte 1993 wurde durch die Umstellung der Postleitzahlen dann bereits die nächste Aktualisierung des Stichproben-Systems fällig. Zudem wurde eine Neuschätzung der Zahl der Privathaushalte notwendig. Denn in den westlichen Bundesländern wurden als Basis immer noch die fortgeschriebenen Volkszählungsdaten von 1987 verwendet, obwohl in den östlichen Bundesländern nach der Maueröffnung und Wiedervereinigung eine erhöhte Scheidungsrate und eine Halbierung der Geburtenrate zu verzeichnen war, und eine erhebliche Wanderungsbewegung von den neuen in die alten Bundesländer einsetzte. Hinzu kam als noch bedeutsamerer Veränderungsfaktor die Immigration von Auslandsdeutschen aus den Ländern des ehemaligen Ostblocks in die Bundesrepublik und dort vorwiegend in die alten Länder.

An dem Stichtag 31.12.1991 verzeichnete man in den westlichen Bundesländern eine Bevölkerungszunahme um ca. 4,5 Mio. Personen und in den östlichen Bundesländern eine Abnahme um ca. 0,5 Mio. Personen.

Diese Aktualitätsdefizite wurden im April und Juni 1994 durch Auslieferung einer Haushaltszahlendatei auf Gemeinde- und auf Wahlbezirksebene, die sich auf den Gebietsstand 31.12.1992 bezogen, ausgeglichen.

Anschließend wurden auch die Vorbereitungen zur Bildung eines neuen Stichproben-Systems, das auf der Grundlage der Wahlbezirksunterlagen für die Bundestagswahl 1994 basieren sollte, vorangetrieben. Anfängliche Überlegungen, diese Neu-Ziehung aus Kostengründen nur für die westlichen Bundesländer vorzunehmen, wurden im Frühjahr 1996 revidiert, so dass das Stichproben-System, Stand 1997, zum ersten Mal auf gesamtdeutscher Basis erarbeitet wurde. Das Stichproben-System umfasste 128 Netze mit jeweils 258 Sample Points, die proportional zu den Privathaushalten über die Bundesrepublik verteilt waren, so dass davon 210 SP auf die alten und 48 SP auf die neuen Länder entfielen. Zusätzlich wurde je Netz eine Aufstockungsstichprobe von weiteren 48 Sample Points in den neuen Ländern gezogen, um die sehr häufigen Stichproben mit disproportionaler Verteilung zu Gunsten der neuen Länder zu unterstützen.

Bei der Ziehung der Auswahlflächen (= Sample Points) wurde eine regionale Schichtung nach Ländern, Regierungsbezirken und Kreisen verschränkt mit den BIK-Gemeindegrößenklassen (siehe Kapitel 12) berücksichtigt, wobei eine Zufallsallokation mit Proportion zum Wert der Nachkommastellen und dann eine systematische Ziehung mit Zufallsstart realisiert wurde. Das führte zu überschneidungsfreien Netzen, die beliebig miteinander kombiniert werden konnten, ohne größere Rundungsfehler befürchten zu müssen.

Die auf die oben genannten Stichproben-Systeme folgenden Aktualisierungen des ADM-Stichproben-Systems (F2F), die 2003 beziehungsweise 2011 an die Mitglieder der ARGE ausgeliefert wurden, werden in Abschnitt 5 beschrieben.

4.2   Ende der 1990er Jahre: Das ADM-Telefonstichproben-System

Ende der 1990er Jahre kamen zwei Entwicklungen zusammen, die letztlich zur Gründung der Arbeitsgemeinschaft ADM-Telefonstichproben und zur Entwicklung des ADM-Telefonstichproben-Systems führten:

- Die Telefondichte in den neuen Ländern überschritt (endlich) den Schwellenwert von 85 % der nach allgemeiner Auffassung mindestens erreicht sein muss, um eine weitgehend verzerrungsfreie Abbildung der Bevölkerung zu gewährleisten.
- Frau Dr. Häder und Herr Dr. Gabler, damals ZUMA, jetzt GESIS, entwickelten ein System, mit dem auch Haushalte oder Personen, deren Telefonanschluss nicht in ein Verzeichnis eingetragen ist, in eine Telefonbefragung einbezogen werden können.

In den westlichen Bundesländern und Berlin (West) war der o.g. Schwellenwert der Telefondichte bereits Ende der 1980er Jahre erreicht worden. Es gab daher im Westen bereits Telefonstichproben für die Repräsentanz der Bevölkerung, die weitgehend auf Basis der damaligen Telefonverzeichnisse erstellt wurden. Das war unproblematisch, weil praktisch jeder Telefonanschluss in einem Verzeichnis veröffentlicht werden musste. Wollte jemand verhindern, dass sein Telefonanschluss in einem Verzeichnis veröffentlicht wurde, dann musste er das ausführlich begründen und dann genehmigen lassen – so fehlten in den Verzeichnissen praktisch nur die Anschlüsse von Personen des öffentlichen Lebens und von Personen, die durch die Veröffentlichung gefährdet würden.

Mit der Wiedervereinigung änderte sich das schlagartig, denn jetzt gab es auf einmal einen neuen Landesteil, der in Telefonbefragungen praktisch nicht einbezogen werden konnte, weil die damalige Telefondichte in den neuen Ländern bei ca. 20 % lag (Gabler, S., Häder, S. und Hoffmeyer-Zlotnik, J. [1998] S. 11), was in etwa der Telefondichte im Westen zu Beginn des Wirtschaftswunders entsprach. Hinzu kam der starke Verdacht, dass die vorhandenen (und von der Deutschen Telekom übernommenen) Anschlüsse überwiegend ehemaligen Kadern der DDR gehörten. Es war also nicht nur aus quantitativen sondern auch aus qualitativen Gründen auf einmal nicht mehr möglich, die gesamte Bevölkerung der BRD mittels Telefonbefragungen zu repräsentieren.

Da die Telekom alle Anstrengungen unternahm, auch die Haushalte in den neuen Ländern an das Festnetz anzuschließen, änderte sich diese Situation aber sehr schnell. Binnen weniger als 10 Jahren wurde in den neuen Ländern das Niveau der Telefondichte erreicht, das im Westen schon bestand, so dass prinzipiell repräsentative Telefonstichproben für Gesamtdeutschland möglich wurden.

Leider tat sich aber eine andere Lücke auf: In den 1980er Jahren hatte das Bundesverfassungsgericht im Zusammenhang mit der damals anstehenden Volkszählung im Westen grundlegende Ausführungen zur informationellen Selbstbestimmung in einem Urteil veröffentlicht. Darin wurde letztlich festgeschrieben, dass jeder selbst darüber entscheiden darf und muss, welche seiner Daten veröffentlicht werden dürfen.

Die Telekom setzte dieses Urteil 1992 insofern um, als es ab diesem Jahr allen Telefonteilnehmern freigestellt war, ob ihr Telefonanschluss in einem Verzeichnis veröffentlicht werden sollte. Dazu wurden alle Telefonbesitzer mit der Aufforderung benachrichtigt, in einem beigefügtem Formbrief der Veröffentlichung zu widersprechen. Ging binnen einer gesetzten Frist kein Widerspruch ein, so wertete die Telekom das als Zustimmung zur Veröffentlichung. Zusätzlich wurde in die Vertragsformulare zur An- oder Ummeldung eines Telefonanschlusses eine kurze Passage aufgenommen, in der angekreuzt werden konnte, ob man der Aufnahme des Telefonanschlusses in ein Verzeichnis zustimme oder widerspreche – eine Begründung dafür wurde nicht mehr verlangt.

Die Folgen dieses Vorgehens waren absehbar:

- Kaum jemand machte sich die Mühe, den Formbrief an die Telekom zurückzuschicken, d.h. nur ganz wenige bereits etablierte Telefonanschlüsse wurden bei der darauf folgenden Auflage aus den Verzeichnissen entfernt.
- Aber der Anteil der Neuanschlüsse oder Ummeldungen, die seitdem nicht mehr in ein Verzeichnis aufgenommen werden, war von Anfang an hoch und steigt weiter, was vor allem darauf zurückzuführen ist, dass die Provider dazu übergegangen sind, einen Anschluss nur noch auf ausdrücklichen Wunsch des Kunden eintragen zu lassen

Das Ergebnis dieser Entwicklung war, dass Personen, die einen Telefonanschluss neu erhielten oder wegen eines Umzugs ummeldeten, in den Telefonverzeichnissen erheblich unterrepräsentiert waren – also die neuen Telefonteilnehmer in der ehemaligen DDR und die mobilen Haushalte in beiden Landesteilen. Dieses Problem wurde durch die Einführung von Random-Digit Dialing (RDD) gelöst. Leider führte RDD in seiner ursprünglichen Form zu ungleichen Auswahlwahrscheinlichkeiten. Erst die von zwei ZUMA-Mitarbeitern 1997 entwickelte Konzeption einer neuen Telefon-Auswahl-Grundlage löste auch dieses Problem; auf dieses so genannte „Gabler-Häder-Verfahren" wird in den Kapiteln 6 und 7 ausführlich eingegangen.

Nachdem also Ende der 1990 Jahre die bis dahin bestehenden Strukturen überwunden waren, die eine repräsentative Abbildung der Bevölkerung der BRD in Telefonbefragungen verhindert hatten, gründeten die an solchen Befragungen interessierten Institute die Arbeitsgemeinschaft ADM-Telefonstichproben. Erklärte Aufgaben der ARGE waren und sind (zitiert aus dem nur den damaligen Sitzungsteilnehmern zugegangenen Protokoll der konstituierenden Sitzung der Arbeitsgemeinschaft ADM-Telefonstichproben am 11.11.1998):

- Die Investition in „ein qualitativ hochwertiges System für Telefonstichproben für die privat verfasste Markt- und Sozialforschung",
- „Die Aktualisierung der ADM-Telefonstichproben einschließlich der jeweiligen Neuerstellung" sowie
- Die Führung und Aktualisierung einer „Datei von Telefonnummern, deren Inhaber ausdrücklich erklärt haben, niemals wieder zum Zweck der Telefonbefragung kontaktiert werden zu wollen. Die Mitglieder verpflichten sich, die dort geführten Telefonnummern für Befragungen zu sperren."

Das ADM-Telefonstichproben-System wird seit Konstitution der Arbeitsgemeinschaft in deren Auftrag von BIK ASCHPURWIS + BEHRENS erstellt. Es wurde erstmals im Spätsommer 1999 an die Mitglieder der Arbeitsgemeinschaft ausgeliefert. Wegen der in den beteiligten Instituten notwendigen Arbeiten zur Etablierung des Systems im jeweiligen Haus wird es in größerem Umfang und als Standardinstrument seit Jahresbeginn 2000 eingesetzt.

4.3   Regionalklassifizierung in den ADM-Stichproben

Bei den ADM-Stichproben für Face-to-Face-Erhebungen handelt es sich um ein mehrstufiges Flächenstichproben-System, bei den ADM-Telefonstichproben um ein Stichproben-System auf Basis von Telefonnummern. Beide werden wegen der damit verbundenen erhöhten Messpräzision (siehe Abschnitt 3.2) aus sehr differenziert geschichteten Auswahlgrundlagen gezogen. Das heißt, dass zur Verbesserung der regionalen Repräsentanz die geographischen Einheiten Landkreise bzw. kreisfreie Städte für die Schichtung und anschließende Ziehung von Stichproben zu einem zellenbezogenen Aufbau Kreise x 10 Gemeindegrößenklassen verknüpft werden. Bei der Differenzierung der Gemeindegrößenklassen finden die BIK-Regionen (siehe Abschnitt 12 im Anhang) mit Ballungsräumen, Stadtregionen, Mittel- und Unterzentren sowohl im Face-to-Face- wie auch im CATI-System Berücksichtigung.

Immerhin leben rund 60 % der Bevölkerung der Bundesrepublik Deutschland in Ballungsräumen und Stadtregionen, für die die Verflechtung der Umlandgemeinden zur Kernstadt kennzeichnend ist. Diese siedlungsstrukturellen Bedingungen und die Stadt-Land-Unterschiede äußern sich in unterschiedlichen demographischen Strukturen, Lebensformen, Einstellungen sowie dem Konsum-. und Mediennutzungsverhalten.

Eine Strukturierung im Schichtungssystem, die sich lediglich auf die politischen Gemeindegrößenklassen und damit ausschließlich auf die absolute Bevölkerungszahl je Gemeinde bezieht, wird für die Schichtung in den ADM-Stichproben als nicht ausreichend angesehen. Die Anwendung der BIK-Regionen mit ihren Strukturtypen schafft die räumliche Differenzierung zur Stichprobenbildung und bei ausreichenden Fallzahlen die Möglichkeit regionalisierter Auswertungen. Dafür ist allerdings Voraussetzung, dass eine Regionalkennung wie zum Beispiel der 8-stellige Amtliche Gemeindeschlüssel, AGS, in den Datensatz eingepflegt ist.

4.3.1   Politische Gemeindegrößenklassen

Um die siedlungsstrukturellen Bedingungen in der Bundesrepublik national wie auch auf Ebene der Bundesländer, Regierungsbezirke oder Landkreise darzustellen und für Analysen zugänglich zu machen, ordnet man die unterschiedlich großen Gemeinden Größenklassen zu. Mit dieser Maßnahme werden vergleichbare Verhältnisse sowohl für die Stichprobenbildung als auch für die Auswertung von Umfragedaten geschaffen. In der Marktforschung gebräuchlich ist eine Einteilung in sieben Klassen, wobei die Gemeinden mit ihrer jeweils aktuellen Bevölkerungszahl zugeordnet werden.

Tabelle T 04-01: Gemeinden und Bevölkerung nach politischen Größenklassen (7 Klassen)

Politische Größenklassen (nach Einwohnerzahl der Gemeinde)		Gemeinden		Bevölkerung insgesamt	
		absolut	*in %*	*absolut*	*in %*
1	unter 2.000 EW	6.094	54,0	4.841.320	5,9
2	2.000 bis unter 5.000 EW	2.319	20,5	7.458.280	9,1
3	5.000 bis unter 20.000 EW	2.188	19,4	21.520.154	26,3
4	20.000 bis unter 50.000 EW	504	4,5	15.178.392	18,6
5	50.000 bis unter 100.000 EW	107	0,9	7.258.816	8,9
6	100.000 bis unter 500.000 EW	66	0,6	12.235.465	15,0
7	500.000 EW und mehr EW	14	0,1	13.259.175	16,2
Gesamt		11.292	100,0	81.751.602	100,0

Gebietsstand: 31.12.2011. Sachdatenstand: Laufende Bevölkerungsfortschreibung der Statistischen Ämter des Bundes und der Länder am 31.12.2010

Die Anwendung von Größenklassen darf nicht darüber hinwegtäuschen, dass trotz der Gebietsreformen der letzten Jahrzehnte noch sehr heterogene Strukturen in den Bundesländern vorherrschen. In Nordrhein-Westfalen etwa wohnen 22 % der Einwohner Deutschlands in nur 3 % aller Gemeinden (nur drei Gemeinden haben weniger als 5.000 Einwohner). In Rheinland-Pfalz wohnen 5 % der Einwohner Deutschlands in 19 % aller Gemeinden. Bei bundesweiten Regionalanalysen und –vergleichen sind die historisch gewachsenen Strukturen, die auch dem föderalen Staatsgebilde geschuldet sind, zu berücksichtigen. Die ausdifferenzierte Siedlungsstruktur mit dicht besiedelten Räumen und eher ländlich strukturierten Gebieten wird geprägt durch demographische Strukturen und Unterschiede im Konsum- und Mediennutzungsverhalten.

Die Zuordnung der Gemeinden ausschließlich nach ihrer Einwohnerzahl (siehe Tabelle 04-01) würde die Zusammenhänge, wie sie zwischen Städten und ihren Umlandgemeinden bestehen, nicht berücksichtigen. Für die Darstellung von Markt- und Sozialforschungsergebnissen ist es aber von Bedeutung, wie unterschiedlich sich die Befragten in den Untersuchungsgebieten (Markt- und Kommunikationsgebieten) verhalten. Deshalb werden in den ADM-Stichproben-Systemen die BIK-Gemeindegrößenklassen verwendet.

4.3.2   BIK-Gemeindegrößenklassen

Im Rahmen der BIK-Systematik (siehe Anhang, Kapitel 12) erhält jede Gemeinde
eine Codierung, die die Zugehörigkeit zur BIK-Region und zum BIK-Regionstyp
(Ballungsraum, Stadtregion, Mittel- oder Unterzentrum beziehungsweise zu keiner Region gehörig) bestimmt. Bei der Differenzierung nach Größenklassen werden die Gemeinden gemäß der Gesamtbevölkerung der jeweiligen Region zugeordnet. Die Klassenbildung mit der Einordnung der Gemeinden erfolgt also nicht
nach der Größe der einzelnen Gemeinde, sondern richtet sich in der Zuordnung
nach der Gesamtmenge der Bevölkerung der Raumeinheit, in die die Gemeinde
durch ihre Verflechtung funktional eingebunden ist.

Die Klassifizierung der BIK-Gemeindegrößenklassen erfolgt nach folgenden Regeln:

- Wenn die Gemeinde zu einer BIK-Region gehört, erhält die Gemeinde die
  Größenklasse, die sich aus der Summe der Bevölkerung aller Gemeinden der
  BIK-Region (Kern + Umland) ergibt.
- Nur wenn die Gemeinde nicht zu einer BIK-Region gehört, wird die Ge-
  meinde nach ihrer tatsächlichen Bevölkerung klassifiziert.

Überwiegend werden auch die Strukturtypen in den BIK-Regionen in den oben
schon gezeigten sieben Größenklassen dargestellt.

Tabelle T 04-02: Gemeinden und Bevölkerung nach BIK-Gemeindegrößenklassen (7 Klassen)

BIK-Größenklassen (nach Einwohnerzahl der BIK-Region)		Gemeinden		Bevölkerung Insgesamt	
		absolut	*in %*	*absolut*	*in %*
1	unter 2.000 EW	2.247	19,9	1.580.575	1,9
2	2.000 bis unter 5.000 EW	710	6,3	2.286.682	2,8
3	5.000 bis unter 20.000 EW	1.313	11,6	6.889.912	8,4
4	20.000 bis unter 50.000 EW	1.841	16,3	9.719.683	11,9
5	50.000 bis unter 100.000 EW	1.299	11,5	8.378.839	10,2
6	100.000 bis unter 500.000 EW	2.644	23,4	24.452.342	29,9
7	500.000 EW und mehr EW	1.238	11,0	28.443.869	34,8
Gesamt		11.292	100,0	81.751.602	100,0

*Gebietsstand: 31.12.2011. Sachdatenstand: Laufende Bevölkerungsfortschreibung der
Statistischen Ämter des Bundes und der Länder am 31.12.2010*

Im Vergleich zu Tabelle 04-01 sieht man deutlich die geringeren Anteile an Gemeinden und Bevölkerung in den kleineren Größenklassen. Diese kleineren und mittleren Gemeinden gehören zu einem größeren Anteil gemäß der BIK-Systematik
als Umlandgemeinden zu Ballungsräumen, Stadtregionen oder Mittelzentren. Der
Einsatz der BIK-Strukturtypen bei der Bildung der Größenklassen schafft die Voraussetzung, Gemeinden nach dem Verflechtungszusammenhang zu gruppieren.
    Die Bevölkerung einer kleineren Gemeinde mit zum Beispiel 1.000 Einwoh-
nern in Großstadtnähe hat in der Regel eine andere demographische Struktur als eine
rein ländlich geprägte ähnlich große Gemeinde. Unterschiede ergeben sich ebenso in
sozialwissenschaftlich relevanten Untersuchungsbereichen und im Verhalten.
    Der Prozess der Suburbanisierung hat dazu geführt, dass das Merkmal „Grö-
ße" einer Gemeinde immer weniger über die sozio-demografische Zusammensetzung einer Gemeinde aussagt, während die Lage zum Kern oder dem weiteren
Einzugsbereich einer Großstadt bzw. einer Kernstadt immer wichtiger wird.
Benutzt man nur die politische Größe einer Gemeinde (= die Zahl der Einwohner) zur Zellenbildung im Stichproben-System, dann vernachlässigt man diesen
Verflechtungszusammenhang. So gehören in der politischen Gemeindegrößenklasse 5.000 – 20.000 Einwohner rund ein Drittel der Gemeinden zu größeren
Verflechtungsgebieten wie Ballungsräumen oder Stadtregionen. In Gemeinden
der politischen Größenklasse 20.000 – 50.000 Einwohner lebt sogar rund die
Hälfte der Bevölkerung in größeren Verflechtungsgebieten.

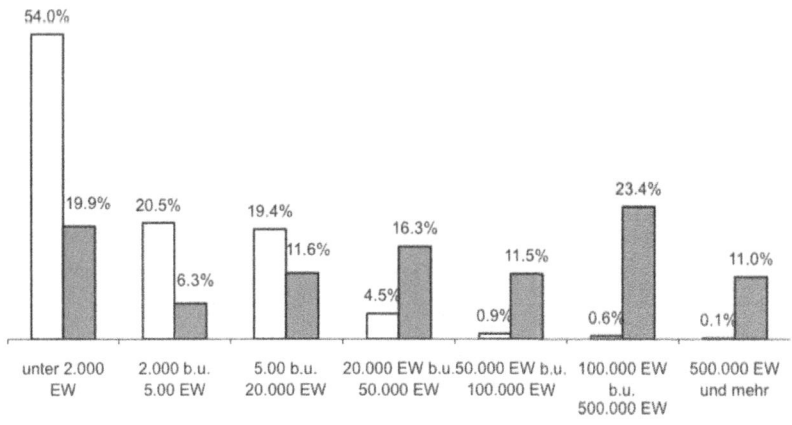

Abbildung A 04-01: Verteilung der Gemeinden nach politischen und BIK-Gemeindegrößenklassen. Gebietsstand 31.12.2011

Für die Stichprobenziehung in den ADM-Stichproben-Systemen werden die Größenklassen auf 10 Einheiten erweitert. Dazu wird die 7er-Systematik in den größeren Einheiten ab 50.000 Einwohnern nach Regionengemeinden im Umland und der Kernstadt bzw. dem Kernbereich weiter differenziert. Da alle Gemeinden ergänzend zur Regionenzugehörigkeit nach Strukturtyp 1 – 4 (Kernbereich, Verdichtungs-, Übergangs- und peripherer Bereich, siehe Abschnitt 12 im Anhang) differenziert werden können, erfolgt die Zuordnung in den zehn Größenklassen zusätzlich nach diesen Strukturtypen.

Unterschieden wird die Kernstadt/der Kernbereich gegenüber den Umlandgemeinden in der jeweiligen Region. Diese Differenzierung folgt der Tatsache, dass sich trotz des generellen Verflechtungszusammenhangs die demographischen Strukturen zwischen den Kernstädten/Kerngemeinden und den Umlandgemeinden unterscheiden und in der Zuordnung zu Größenklassen diese Binnendifferenzierung von unterschiedlich hoch verdichteten Regionen bei der Stichprobenbildung berücksichtigt werden sollte.

Die Gemeinden, die nicht zu einer BIK-Region gehören, werden innerhalb einer Regionalschicht (Landkreise/kreisfreie Städte) entsprechend ihrer tatsächlichen politischen Größe zugeordnet.

Tabelle T 04-03: Zuordnung der BIK-Strukturtypen zu den BIK-Größenklassen in der 10er-Einteilung

Klasse (BIK-GGK)	Bevölkerung in der BIK-Region bzw. in der Gemeinde	Zugehöriger BIK-Strukturtyp
1	unter 2.000 EW	Keine BIK-Region (5)
2	2.000 bis unter 5.000 EW	Keine BIK-Region (5)
3	5.000 bis unter 20.000 EW	alle Strukturtypen (1-5)
4	20.000 bis unter 50.000 EW	Kern-, Verdichtungs-, Übergangs- oder peripherer Bereich (1, 2, 3 oder 4)
5	50.000 bis unter 100.000 EW	Verdichtungs-, Übergangs- oder peripherer Bereich (2, 3 oder 4)
6	50.000 bis unter 100.000 EW	Kernbereich (1)
7	100.000 bis unter 500.000 EW	Verdichtungs-, Übergangs- oder peripherer Bereich (2, 3 oder 4)
8	100.000 bis unter 500.000 EW	Kernbereich (1)
9	500.000 EW und mehr	Verdichtungs-, Übergangs- oder peripherer Bereich (2, 3 oder 4)
10	500.000 EW und mehr	Kernbereich (1)

Tabelle T 04-04: Gemeinden und Bevölkerung nach BIK-Gemeindegrößenklassen

Klassen	Gemeinden		Bevölkerung	
(BIK-GGK)	absolut	in %	absolut	in %
1	2.134	18,9	1.500.410	1,8
2	679	6,0	2.216.771	2,7
3	1.362	12,1	6.978.706	8,5
4	1.784	15,8	8.780.409	10,7
5	1.280	11,3	6.767.177	8,3
6	44	0,4	1.899.198	2,3
7	2.557	22,6	12.269.804	15,0
8	153	1,4	12.159.568	14,9
9	1.095	9,7	7.846.335	9,6
10	204	1,8	21.333.224	26,1
Gesamt	11.292	100,0	81.751.602	100,0

Beide Tabellen:
Gebietsstand: 31.12.2011. Sachdatenstand: Laufende Bevölkerungsfortschreibung der Statistischen Ämter des Bundes und der Länder am 31.12.2010

Christiane Heckel, Oliver Hofmann

5 Das ADM-Stichproben-System (F2F) ab 1997

5.1 Vorgehen bis 2003

Der Grundgedanke dieses Stichproben-Systems für Face-to-Face-Befragungen (F2F) beruht auf der Einteilung der besiedelten Fläche Deutschlands in Stichprobenbezirke, den sog. Sample Points. Das ADM-System kann also als Flächenstichprobe auf Basis von geographischen Einheiten beschrieben werden. Dabei muss jeder Sample Point eindeutig in der Fläche über Straßen und Straßenabschnitte beschrieben werden, und die Menge der Personen und/oder Haushalte, die in dieser Fläche leben, das Bedeutungsgewicht des Sample Points, angegeben werden können.

Alle Sample Points gemeinsam bilden überschneidungsfrei die bewohnte Fläche Deutschlands ab, und alle Bedeutungsgewichte zusammen die Menge der in Deutschland lebenden Bevölkerung.

Jedes bis dahin ausgelieferte Stichproben-System (1971, 1978, 1982, 1989, 1991, 1997) umfasste zwei Basisdateien:

- die Flächen-Beschreibungen; bis 1997 sind das die Wahlbezirke mit Gemeinden, Straßen und Straßenabschnitten, die sogenannten „Begehungsunterlagen"
- und die sogenannten „Bedeutungsgewichte"; das sind bis 1997 die Wahlberechtigten pro Wahlbezirk.

Ergänzend kam die Gemeindedatei dazu, in der hierarchisch alle Wahlbezirke für die gebildeten Points erfasst wurden; sie enthielt die notwendigen systematischen Informationen zu den administrativen und nicht-administrativen Gebietseinheiten zur Schichtung bei der Stichprobenziehung. Beide Bereiche wurden über die

Gemeindekennziffer (jetzt: Amtlicher Gemeindeschlüssel, AGS) auf den jeweils
aktuellen Gebietstand 31.12. abgebildet.

Zu den administrativen Einheiten zählen Gemeinden und Stadtbezirke in
ausgewählten Großstädten, Landkreise und kreisfreie Städte, Regierungsbezirke, Bundesländer sowie die Zuordnung zu (in der Regel sieben) politischen
Gemeindegrößenklassen anhand der Einwohnerzahl der Gemeinde.

Im Rahmen der nicht-administrativen Gebietsgliederungen enthält die
Gemeindedatei die BIK-Regionen als Verflechtungsgebiete von Kernstädten und
Umlandgemeinden auf Basis der Pendlerbeziehungen. Unterteilt werden diese
Verflechtungsräume je nach Größe der Kernstadt und des Umlandes in Ballungs-
räume, Stadtregionen, Mittel- und Unterzentrengebiete. Eine weitere Regional-
klassierung aus dem Bereich der Marktforschung ist die Einteilung in Nielsen-
Gebiete und Nielsen-Ballungsräume.

Bis 2003 wurde das Flächenstichproben-System auf Grundlage der kleinsten
administrativen Einheiten, der Wahlbezirke, zum Stand einer bestimmten Bundestagswahl gebildet. Die Flächeneinteilung auf Grundlage der von den Gemeinden erstellten Wahlbezirksunterlagen erfolgte über die Beschreibung der Straßen
und Straßenabschnitte. Die Anzahl der Wahlberechtigten (Deutsche ab 18 Jahren)
wurde zur Bildung der Bedeutungsgewichte herangezogen.

5.2   Vorgehen seit 2003

Die Aktualisierung des Systems 2003 brach erstmalig mit dieser Vorgehensweise.
Hauptargumente waren:

- die Wahlbezirke in den Kommunen sind i.d.R. keine administrative und mit
  kommunalen Daten unterstützte Gliederung und werden zudem für jede Bundestagswahl neu geschnitten. Damit ist für jede Aktualisierung des Systems
  eine Vollerhebung bei allem Kommunen und/oder kommunalen Rechenzen-
  tren notwendig. Der Zeit- und Kostenbedarf dieses Vorgehens ist immens.
  Die immer stärker werdende Bedeutung von telefonischen Interviews hat
  den Kosten-Nutzen-Aspekt noch zunehmend deutlicher in den Fokus von
  Überlegungen zu einer Systemaktualisierung gestellt.
- die Umstellung auf administrative Gliederungen bietet die Möglichkeit, bei
  der Bildung der Bedeutungsgewichte deutsche und ausländische Einwohner zu berücksichtigen – und nicht nur die Wahlberechtigten, die als einzige
  quantitative Information zu den Wahlbezirken verfügbar sind.

- In den neunziger Jahren sind basierend auf den Daten der Volkszählung 1987 in den Städten ab 80.000 Einwohnern kleinräumige Flächeneinheiten aufgebaut worden, für die laufend Straßenverzeichnisse und Sachdaten zu Bevölkerung und z.T. Haushalten verfügbar sind. Diese basieren auf den Einwohnermelderegistern, und bieten nicht nur Informationen zur deutschen sondern auch zur ausländischen Bevölkerung.

- Durch die Verwendung konstanter Untergliederungen wie Stadt- oder Ortsteile kann auch dem Aspekt, die Aktualisierungsarbeiten künftiger Auswahlgrundlagen kostengünstiger zu gestalten, besser Rechnung getragen werden, da nicht mehr jede Gemeinde angeschrieben, und deren Daten erfasst werden müssen.

- Ein weiterer Aspekt bei der Erhebung der räumlichen Definition der Auswahlflächen ist die inzwischen weitgehend flächendeckend vorliegende Geocodierung des Straßennetzes der Bundesrepublik. Damit ergab sich erstmals die Möglichkeit, Flächen tatsächlich nach räumlicher Nähe optimal abzugrenzen, was bei Wahlbezirken kaum der Fall war. Zusätzlich war auch durch die Verwendung von Straßenverzeichnissen für die gesamte Bundesrepublik eine Abgrenzung von Flächen mittels digitalisierter Straßenangaben ohne Einzelabfrage bei den Kommunen möglich.

- Über die Verbindung „Räumliche Lage einer Straße/eines Straßenabschnitts anhand der Geokoordinaten" mit der „Zahl der Einwohner" lassen sich Auswahlflächen nach den Erfordernissen der Marktforschungsinstitute optimieren, was Größe, Ausschöpfung bei wiederholtem Einsatz im Zeitverlauf und räumlichen Zusammenhang angeht.

- Last but not least erlaubt die Umstellung des Systems von der Wahlbezirksgliederung auf eine auf Straßeninformationen basierende Gliederung die Zuordnung von Startadressen zu den Sample Points. Denn die Verknüpfung der digitalen Straßeninformationen mit dem digitalen Telefonverzeichnis macht es möglich, Interviewern gezielt Startadressen für die Begehung eines Sample Points vorzugeben. Dadurch vermeidet man die sonst mögliche Verzerrung durch die Auswahl von Befragungshaushalten mit differierenden Wahrscheinlichkeiten. (siehe Abschnitt 5.7.2)

Die folgende Tabelle zeigt noch einmal die Unterschiede in der Vorgehensweise der Bildung der alten und neuen Auswahlgrundlage im Überblick.

Tabelle T 05-01: Unterschiede der Vorgehensweise bis 1997 und ab 2003

	ADM 1997	ADM 2003
Flächenbildung	Ca. 80.000 Wahlbezirke, 68.000 nach Synthetisierung	ca. 50 – 60.000 Auswahlflächen (kleine Gemeinden/Stadtteile/aus Straßenabschnitten gebildete Flächen) Verwendung kleinster administrativer Flächeneinheiten bis auf Baublock-Ebene. Systematischer Einsatz amtlicher innerstädtischer Gliederungen und Sachdaten
Flächenabgrenzung über	Straßen und Straßenabschnitte (WBZ-Unterlagen) bzw. Gemeinden bei sog. „Einzellern" (WBZ=Gemeinden)	Straßenverzeichnisse **aller** Gemeinden, Telefon-Adressbestand und Straßenabschnittskoordinaten aus dem NavTech-Bestand
Bedeutungsgewicht	Anzahl Privathaushalte je Gemeinde verteilt auf die Wahlbezirke proportional zu den Wahlberechtigten,	Haushalte gesamt, Deutsche Haushalte gesamt Bevölkerung ab 14 Deutsche Bevölkerung ab 14 jeweils auf Basis der Kommunalstatistik

5.3 Verwendete Basisdateien ab 2003

Das ADM- Stichproben-System F2F besteht aus folgenden Dateien:

- der **Sample Point-Datei** mit allen Information zum Sample Point inklusive den vier alternativen Bedeutungsgewichten (Haushalte gesamt, Haushalte mit deutschem Haupteinkommensbezieher, Bevölkerung ab 14 Jahren, Deutsche Bevölkerung ab 14 Jahren),
- der **Begehungsdatei** mit der Flächendefiniton pro Point über Straßen- und Straßenabschnitte, und
- der **Start-Adressendatei**, die pro Point eine Zufallsauswahl von 10% aller verortbaren Telefoneinträge (ohne Angabe der Rufnummer) enthält.

Zusätzlich wird eine **Gemeindedatei** erstellt und jährlich aktualisiert, die über den Amtlichen Gemeindeschlüssel mit den drei oben genannten Basisdateien verbunden ist und so diese Dateien jeweils den aktuellen Gebiets- und Bevölkerungsständen anpassen kann.

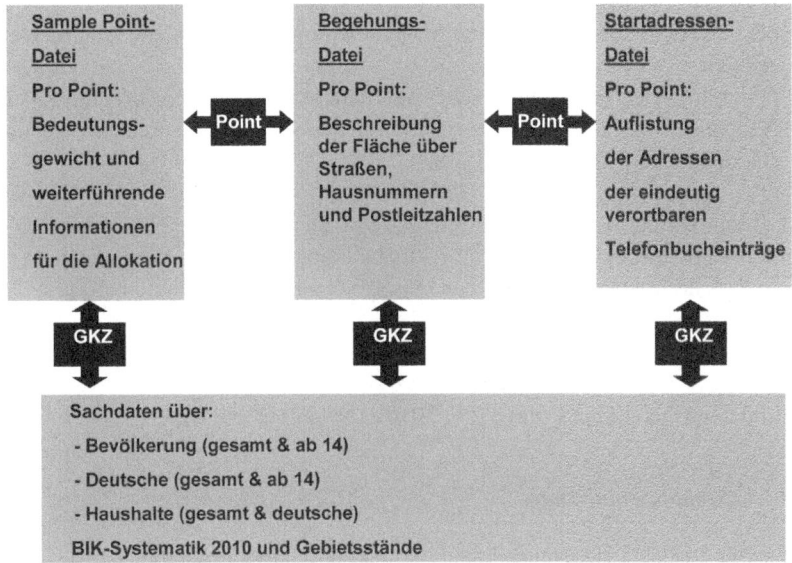

Abbildung A 05-01: Bestandteile des ADM-Stichproben-Systems F2F ab 2003

Die 2003 von BIK ASCHPURWIS + BEHRENS an die Mitglieder der Arbeitsgemeinschaft ADM-Stichproben (F2F) ausgelieferte Auswahlgrundlage enthält

- den Bevölkerungstand zum 31.12.2001
- und den Gebietsstand zum 31.12.2002.

Inzwischen (2011) ist diese Auswahlgrundlage aktualisiert worden; nimmt man als Indikator für die seit 2003 erfolgten Veränderungen bei Adressen und Points die Zahl der neu erstellten Wohngebäude und Wohnungen, dann ergibt sich ein sehr deutlicher Aktualisierungsbedarf:

- In den Jahren von 2002 bis 2007 sind rd. 765.000 neue Wohngebäude entstanden. Die dazugehörigen Hausnummern können im Point-System nicht enthalten sein. Sind dafür auch Straßen neu angelegt worden, enthält das System 2003 diese ebenfalls nicht.

- In diesen 765.000 Wohngebäuden sind rd.1,2 Mio. neue Wohnungen entstanden. Die darin lebenden Haushalte werden mit dem System 2003 nicht mehr erreicht.

- Die regionale Verteilung zeigte deutliche regionale Schwerpunkte von Neubauten, weshalb die Abdeckung durch das System 2003 nicht nur unvollständig sondern auch verzerrt war.

Nach Beschluss der Arbeitsgemeinschaft ADM-Stichproben im November 2008 konnte in 2009 mit den Arbeiten zur Aktualisierung des Systems begonnen werden, so dass der Zeitabstand zwischen den Systemen wieder 8 Jahre beträgt. Das aktuelle System 2010 enthält

- den Bevölkerungstand zum 31.12.2009
- und den Gebietsstand zum 31.12.2010.

5.3.1   Sample Point-Datei

Die bewohnte Fläche der Bundesrepublik muss durch möglichst gleich große und in der inneren Struktur möglichst homogene Einheiten abgebildet werden können. Die Flächeneinheiten müssen groß genug sein, damit für die Bearbeitung dieser Sample Points in der Laufzeit des Stichproben-Systems von mehreren Jahren eine hinreichend große Menge von Haushaltsadressen zur Verfügung stehen: Etwa 600 bis 700 Haushalte stellen ein gutes durchschnittliches Mengengerüst dar.

Je gleichmäßiger die Flächen in der Größe und lokalen Verteilung sind, umso weniger sind Verzerrungen bei der Zufallsziehung der ersten Stufe zu erwarten, d.h. umso erwartungstreuer wird die Stichprobe sein. Allen Flächen wird ein primäres Bedeutungsgewicht für die Ziehung zugeordnet, das der Zahl der Privathaushalte in ihnen entspricht. Damit werden die unvermeidlichen Größenunterschiede zwischen den Sample Points bei der Stichprobenbildung adäquat berücksichtigt.

Voraussetzung für die Flächenbildung über Geokoordinaten ist eine vollständige Straßendatei mit Straßen, Straßenabschnitten und Geokoordinaten. Diese Datei muss korrespondieren mit einer Datei, in der pro Straße und Straßenabschnitt Einwohnerzahlen abgelegt sind.

Das BIK-Modell zur Abgrenzung von Auswahlflächen oder Sample Points konzentriert sich auf die kleinsten administrativen Raumeinheiten, für die Bevölkerungs- und Haushaltszahlen aus der kommunalen Statistik als Soll-Daten zur Verfügung stehen. Die Verfügbarkeit kleinräumiger Daten hat sich erheblich verbessert, und die kontinuierliche Aktualisierung der Kommunalstatistik schafft eine gute Basis zur Installation einer neuen „Flächenstichprobe".

Mit der zu schaffenden Flächeneinteilung im BIK-Modell kann eine über Jahre konstante Regional-Statistik geschaffen werden, für die auch kleinräumig sekundärstatistische Daten verfügbar sind bzw. als gute Schätzungen gebildet werden können.

Die Flächenbildung erfolgt so, dass in den größeren Gemeinden/Städten bestehende innerstädtische Untergliederungen auf Stadtbezirks-/Stadtteil- bzw. Ortsteilebene herangezogen und mit den Straßen- und Straßenabschnittsdateien kombiniert werden. Auf diese Weise wird sichergestellt, dass verfügbare Daten aus der Kommunalstatistik zur Bildung der Flächen einschließlich der Bedeutungsgewichte innerhalb der Städte benutzt werden.

Als erste Notwendigkeit stellte sich heraus, sämtliche Informationen zu Postleitzahl und Ortsteilnamen mitzuführen. Dies kann am Beispiel der Gemeinde Neuhaus an der Elbe gezeigt werden. Der Straßenname „Dorfstraße" kam mit identischen Hausnummern in verschiedenen Ortsteilen dieser Gemeinde vor. Die eindeutige regionale Zuordnung und damit die korrekte Zuweisung zu einem Sample Point ließ sich dabei nur durch den Einbezug der Information über Ortsteil und/oder PLZ erreichen.

Als Prüfprozedur, bevor eine Gemeinde mit allen Straßeninformationen den Algorithmus der Pointbildung über räumliche Nähe durchlaufen konnte, standen also zunächst immer der Check und die anschließende Bereinigung darauf,

- ob Straßennamen doppelt vorkamen (s. Beispiel Neuhaus),

- ob Straßen, die in der Datei der Geokoordinaten nicht gefunden wurden, in anderen Quellen vorkamen,

- ob bei Benutzung von Ortsteilgliederungen auch noch fallweise die Zuordnung von Straßen zu Ortsteilen notwendig wurde, wenn das amtliche Verzeichnis nur Ortsteile nannte, aber in den Geo-Daten Straßen ohne Ortsteileinteilung vorhanden waren.

Als Prüfparameter wurde dafür der Anteil nicht zuordenbarer Telefoneinträge benutzt. Erst wenn dieser Anteil kleiner oder gleich 3 % war, wurde die Nachbearbeitung dieser Gemeinde abgebrochen.

Die Mischung dieser Quellen für die Flächenbildung stellte sicher, dass es nicht zu Verzerrungen in der Auswahlgrundlage kommen konnte, was bei Nutzung nur einer Quelle, z.B. dem Telefonverzeichnis zu befürchten wäre, wenn z.B. alle in einer Straße wohnenden Haushalte ihre Telefonnummern nicht hätten eintragen lassen, und so diese Straße nicht für die Flächenbildung berücksichtigt worden wäre.

Die Pointbildung erfolgte dann über einen Algorithmus, der die Parameter Nähe (in Form der pythagoreisch berechneten Distanz zwischen den Geokoordinaten) und Größe des Points (als Zahl Einwohner pro Straße/Straßenabschnitt) optimierte. Dafür wurde ein bei BIK entwickeltes Programm eingesetzt, nachdem der Einsatz von Fremdprogrammen zu inakzeptablen Laufzeiten geführt hatte. Als Abbruchkriterium für den Prozess des Zusammenfassens von Straßenabschnitten zu Points wurde 2003 die Größe von 600 bis 700 Haushalten nach den Erfahrungen aus der Feldarbeit der Institute gesetzt. Durch den Prozess der Verkleinerung der Haushalte ist dieser Wert bei der Aktualisierung des Systems 2010 besonders in den Großstädten auf rund 800 Haushalte angewachsen.

Diese maschinelle Pointbildung wurde dann wieder über einen Check im Kartografiesystem überprüft. Dabei wurde geschaut, ob sich Straßen verschiedener Sample Points schneiden bzw. kreuzen und ob alle Straßen, die zu einem Sample Point gehören, zusammenhängen und erreichbar sind, ohne einen anderen Sample Point betreten zu müssen. Wichtig vor allem ist, dass die Points in ihrer Begehbarkeit nicht eingeschränkt sind. D.h. dass weder natürliche Hindernisse wie Flüsse oder Bäche ohne Brücken noch Autobahnen, Bahngeleise oder Kanäle den Point zerschneiden.

5.3.2   Begehungsunterlagendatei

Der prägende Begriff dieser Datei „Begehung" resultiert aus dem Vorgehen der Institute in der zweiten Auswahlstufe zur Ermittlung der Haushaltsadressen. (siehe Kapitel 5.6)

Die Begehungsunterlagendatei liefert in systematischer Stimmigkeit zur Sample Point-Datei als Ziehungsbasis die „geographische" Abgrenzung des Sample Points (= Auflistung des Gemeindenamens, der Ortsteile und der Straßen- und Hausnummernabschnitte) sowie die nachträglich eingearbeiteten Zusatzinformationen wie z.B. die zum Zeitpunkt der Erstellung maßgeblichen Postleitzahlen (5-Steller).

Den größten Aufwand bei den Basisdateien im ADM-Stichproben-System stellt die Beschaffung und Pflege dieser Informationen dar. Um diesen Aufwand durch konstante Pointgrenzen zu begrenzen, wurde in 2003 das Modell wie schon beschrieben, verändert. Man erhält jetzt für **jeden** Sample Point eine Straßenliste. In den früheren Systemen wurden kleine Gemeinden häufig nur mit der Information „Gemeinde = 1 Wahlbezirk" oder „Stadtteil = 1 Wahlbezirk" ausgeliefert.

Das führte dann häufig dazu, dass erst in der Begehung durch den Interviewer eines Instituts vor Ort Unstimmigkeiten und Systemfehler erkennbar wurden.

5.3.3 Startadressendatei

Die Startadressendatei bietet als methodische Verbesserung jetzt pro Point eine Zufallsauswahl von 10% aller im Telefonbuch eingetragenen Adressen pro Point an (ohne Angabe der Rufnummer). Damit kann bei der Begehung des Points sowohl eine Klumpung innerhalb einer bestimmten Fläche als auch eine Verzerrung bei der Auswahl der zu befragenden Haushalte vermieden werden. Der Interviewer kann und wird im gesamten Point arbeiten, da eine Start**adresse** und nicht nur – wie in den früheren Systemen – eine Straße und Hausnummer als Start**punkt** vorgegeben sind.

5.3.4 Gemeindedatei

In der Gemeindedatei, die jährlich aktualisiert wird, werden die Angaben zu Haushalten und Bevölkerung sowie zu Schichtungsmerkmalen (administrative und nicht-administrative Zuordnungen) gepflegt. Über den Amtlichen Gemeindeschlüssel sind alle vier Dateien miteinander verknüpfbar.

Der jährliche Mikrozensus des Statistischen Bundesamtes liefert die Normdaten bis zur Regionalebene Regierungsbezirk für die unterschiedlichen Bevölkerungs-Grundgesamtheiten:

- Bevölkerung insgesamt am Ort der Hauptwohnung
- Bevölkerung ab 14 Jahren in Privathaushalten am Ort der Hauptwohnung
- Deutsche Bevölkerung ab 14 Jahren in Privathaushalten am Ort der Hauptwohnung
- Eckdaten für die Zahl der Privat-Haushalte.

Die Normierung der Bevölkerungs- und Haushaltseckdaten auf den Mikrozensus schafft einheitliche Bezugsgrößen sowohl bei der Erstellung des ADM-Stichproben-Systems als auch für die jährliche Aktualisierung der Hochrechnungszahlen. Darüber hinaus basieren auf dem Mikrozensus auch die Strukturdaten zur Gewichtung von Bevölkerungsbefragungen in den einzelnen Instituten und z.B. die Strukturen für das Redressement der Media-Analyse (MA) der AG.MA (Arbeitsgemeinschaft Media-Analyse).

Die Zahl der Gemeinden betrug zum Stand 31.12.2010:
Gesamt   11.442
davon:
- Westliche „alte" Bundesländer (inkl. Berlin)   8.502
- Östliche „neue" Bundesländer   4.620

Wenn sich innerstädtische Gliederungssysteme geändert haben, sind Solldaten für die Bildung der Bedeutungsgewichte in der bisherigen Gliederung nicht mehr zu erhalten. Dies war für Berlin der Fall, da sich die Gliederung unterhalb der Ebene Bezirke komplett geändert hat. Eine Aufteilung in den ehemaligen Grenzen nach West- und Ostberlin war anhand der Städtestatistik nicht mehr machbar und auch angesichts der Veränderungen z.b. im Bezirk Mitte nicht mehr sinnvoll als Unterscheidungsmerkmal. Das F2F-System 2011 enthält jetzt die „Lebensweltlich orientierten Räume" in Berlin (LOR, siehe Statistik Berlin Brandenburg 2008).

In Hamburg gab es eine Umwidmung zu Ortsteilen und neue Ortsteile (Hafencity, Sternschanze), die eine Umverteilung notwendig machten.

Die Gemeindedatei wird jährlich jeweils zum Stand 30.06. und 31.12. von der amtl. Statistik fortgeschrieben. Von BIK mit Bevölkerungs- und Haushaltseckdaten, der BIK-Regionssystematik sowie Größenklassenbildungen angereichert, stehen damit die aktuellen Informationen zur Anpassung der Sample Point-Datei an die veränderten räumlichen Bezüge und demographischen Eck- und Strukturdaten zur Verfügung.

Die fortgeschriebenen Gemeindedateien enthalten somit alle systematisch notwendigen Daten, um die ursprünglich auf dem Gebietsstand 31.12.2010 gezogenen Netze des ADM-Stichproben-Systems (F2F) an die aktuellen Rahmenbedingungen anzupassen. Das gilt vor allem für Regionalstichproben, die „individuell" aus dem Basismaterial gezogen werden.

5.4   Mögliche Grundgesamtheiten

Die oben beschriebenen Basisdateien machen deutlich, dass der Fokus des ADM-Stichproben-Systems (F2F) auf der Abbildung der Bevölkerung liegt, dass jedoch mehrere unterschiedlich definierte Grundgesamtheiten repräsentiert werden können, die man normalerweise Marktforschungs-Untersuchungen zugrunde legen kann.

Von den Unterlagen der Amtlichen Statistik her zielt das System auf Privathaushalte und die darin wohnenden Personen am Ort der Hauptwohnung. Das ist

der weiteste Rahmen für die Grundgesamtheit. Das heißt aber auch, dass sogenannte Anstaltshaushalte und Zweit- bzw. Mehrfach-Wohnsitze von vornherein
ausgeschlossen sind.

Bei den vom System abbildbaren *möglichen* Grundgesamtheiten handelt es
sich immer um eindeutig beschreibbare – und für den Interviewer eindeutig er-
kennbare oder leicht ermittelbare – Teilmengen dieses weitesten Rahmens. Nachfolgend werden einige ohne Probleme abbildbare Grundgesamtheiten angeführt,
ohne dabei auch nur den Anschein einer vollständigen Auflistung erwecken zu
wollen:

- Die engste Form der Eingrenzung schließt nur Personen ein, die (höchstens)
  einmal im Haushalt leben können; also z.b. die den Haushalt hauptsächlich
  führende Person oder der Hauptverdiener.
- Eine etwas weiter gefasste Definition umfasst Personen mit Deutscher
  Staatsangehörigkeit und diese wiederum möglicherweise zusätzlich eingeschränkt auf vorgegebene Altersklasse, z.b. Deutsche ab 18 Jahren.
- Noch weiter gefasst ist die Bevölkerung ab 14 Jahren, die die am häufigsten
  mit dem ADM-Stichproben-System (F2F) abgebildete Grundgesamtheit ist
  – eventuell eingeschränkt auf Haushalte mit deutscher Bezugsperson.
- Durch die Ablösung der Wahlberechtigten ab 18 Jahren als Vehikel für die
  Schätzung des Bedeutungsgewichts, kann das System jetzt auch als Stich-
  probenrahmen für die gesamte Bevölkerung eingesetzt werden, ohne Verzerrungen bei der Auswahl der Flächen befürchten zu müssen. Denn die sehr
  inhomogene Verteilung der Ausländer über die Flächen ist in den jetzt
  verwendeten Systemgrundlagen enthalten.
- Natürlich sind weitere Eingrenzungen möglich, die auf andere Merkmalsträger abzielen, deren Verteilungen statistisch zur Verfügung stehen. Die natürliche Obergrenze dafür bildet die Bundesrepublik Deutschland mit ihren 16
  Bundesländern.
- Man darf aber nicht verkennen, dass auch die Abbildungstreue eines so
  aufwändig gestalteten Stichproben-Systems an seine Grenzen stößt, wenn
  kleine und möglicherweise inhomogen verteilte Gesamtheiten abgebildet
  werden sollen. Zum Beispiel ist es zwar theoretisch möglich, mit dem System auch eine Stichprobe für Ausländer einer bestimmten Nationalität zu
  bilden, der Aufwand für deren Realisierung dürfte allerdings das Budget jedes Auftraggebers sprengen.

Dies alles sind „angestrebte Grundgesamtheiten", die bei der Stichprobenrealisierung in den Untersuchungen beispielsweise durch Nichterreichbarkeit oder

Verweigerungen nie vollständig erfasst werden können. Durch Ausfallgewichtungen (Redressement) kann mit den aus der Statistik verfügbaren Normdaten für eine proportionale Abbildung der angestrebten Grundgesamtheit gesorgt werden.

5.5 Der F2F-Auswahlrahmen 2010

5.5.1 Sample Points

Die gesamte bewohnte Fläche der Bundesrepublik Deutschland wurde für die Stichprobenbildung, wie oben beschrieben, in Teilflächen untergliedert; dabei konnten 52.947 Sample Points durch ihre Abgrenzung und Lage in Gemeinden bzw. Stadtbezirken/Stadtteilen genau lokalisiert und identifiziert werden. Und mit den 52.947 Sample Points liegen gleichzeitig Informationen über die Anzahl der Haushalte und Personen, die in diesen Points leben, vor.

Die insgesamt 52.947 Sample Points umfassen im Schnitt 746 Haushalte pro Point. Ihre Verteilung auf Gemeindegrößenklassen und die Variationsgrenzen der Zahl der Privathaushalte in ihnen können der folgenden Tabelle entnommen werden.

Tabelle T 05-02: Originäre und synthetische Sample Points nach politischer Gemeindegröße. Stand: 31.12.2009

Politische Gemeindegrößenklasse								
	bis unter 2.000 Einw.	2.000 Einw. bis unter 5.000 Einw.	5.000 Einw. bis unter 20.000 Einw.	20.000 Einw. bis unter 50.000 Einw.	50.000 Einw. bis unter 100.000 Einw.	100.000 Einw. bis unter 500.000 Einw.	500.000 Einw. u.m.	Gesamt
Anzahl Sample Points	3.599	4.975	13.720	9.911	4.815	7.806	8.121	52.947
Zahl der Haushalte Maximum	1.582	1.361	1.435	1.475	1.559	1.863	1.869	1.869
Mittelwert	**617**	**681**	**715**	**719**	**723**	**813**	**881**	**746**
Median	605	657	695	700	700	785	868	719
Minimum	22	48	66	62	229	44	42	22

Wie man anhand der durchschnittlichen Haushaltszahl pro Point sehen kann, haben sich die Mühen für eine Optimierung in diesem Punkt gelohnt. Die durchschnittliche HH-Größe von 746 Haushalten schwankt zwischen 617 als niedrigstem Wert und 881 Haushalten als höchstem Wert. Die durchschnittliche Zahl der Haushalte lag im Vorgänger-System, das noch auf Basis der Bundestagswahl 1994 mit der damaligen Wahlbezirkseinteilung erstellt worden war, bei 528 Haushalten, war also für die Feldarbeit der Institute weitaus weniger gut geeignet. Im F2F-System 2003 lag sie bei 713 Haushalten.

Für die Aktualisierungen des Systems 2010 wurde geprüft, ob die Daten über Gebäude der Kataster- und Vermessungsämter eine Alternative zu den kommunalen Informationen und den digitalen Geosystemen darstellen, was Schnell (2008) in seinen Überlegungen für ein neues F2F-Stichproben-System angeregt hatte. Diese Daten waren jedoch noch nicht flächendeckend für alle Bundesländer verfügbar. Davon abgesehen bleiben zwei Probleme: die Ermittlung der Zahl der Wohnhaushalte innerhalb der Gebäude und die Abgrenzung von Haupt- und Nebenwohnsitzen. Beides sind Aspekte, die gelöst sein müssen, bevor man sich mit diesem Modell näher befasst, weil man sonst zwar eine schöne Regionalabgrenzung produzieren kann, den Auswahlflächen aber kein adäquates Bedeutungsgewicht zuzuordnen ist.

5.5.2   *Synthetisierung von Sample Points*

Die Wahlbezirke im ADM-System bis 1997 waren hinsichtlich der Zahl der Wahlberechtigten unterschiedlich groß. Bei der relativ langen Laufzeit eines jeweiligen Stichproben-Systems (ca. 8 Jahre) konnte es vorkommen, dass kleine Sample Points in mehrfach eingesetzten Stichproben-Netzen „ausgeschöpft" wurden. Um diesem Mangel, insbesondere in Gemeinschaftsuntersuchungen beim Einsatz mehrerer Institute, vorzubeugen, werden benachbarte kleine Flächen soweit möglich und sinnvoll zu sogenannten synthetischen Sample Points zusammengefasst. Die angestrebte optimale Größe eines Sample Points sollte in einem neuen System bei 700 Haushalten liegen, wobei die Menge der Haushalte insgesamt bei immer kleiner werdenden Haushalten zwangsläufig ansteigt.

Damit war klar, dass insbesondere bei Gemeinden mit weniger als 1.000 Einwohnern bei einer durchschnittlichen Haushaltsgröße von 2,14 Personen (Mikrozensus 2002, Stat. Bundesamt) Handlungsbedarf bestand.

Um dieses Problem zu lösen, waren – entgegen der grundsätzlichen Direktive zum Aufbau des Systems, kein Sample Point solle Gemeindegrenzen überschreiten – Zusammenfassungen von Gemeinden zu bilden, die nach folgenden Kriterien vorgenommen wurden:

- Zusammenfassungen nur innerhalb eines Kreises
- Zusammenfassungen nur innerhalb einer BIK-Gemeindegrößenklasse (neue Systematik)
- In enger räumlicher Nähe (nach Möglichkeit in einem Gemeindeverband)
- Möglichst 700 Haushalte und mindestens 1.500 Einwohner erreichen

Die Kriterien „innerhalb eines Kreises und innerhalb einer BIK-Gemeindegrößenklasse" hängen mit der Stichprobenziehung für die Institutsnetze zusammen. Denn die Verschränkung von Kreisen mit den 10 BIK-Gemeindegrößenklassen bildet den Schichtungsrahmen für die Allokation der Points.

Insgesamt betraf die Zusammenlegung im System 2010 5.787 Gemeinden der politischen Größenklasse unter 2.000 Einwohner. Davon sind 2.254 Points als singuläre Gemeinden stehen geblieben, 1.345 Points sind aus der Zusammenlegung von Gemeinden entstanden.

Tabelle T 05-03: Originäre und synthetische Points in Gemeinden < 2000 Einwohner

Points insgesamt (aus 5.787 Gemeinden)	3599	100 %
Points, die genau eine Gemeinde oder mehrere Gemeindeteile einer Gemeinde umfassen	2.254	63 %
Synthetische Points aus Gemeinden mit gemeinsamen Grenzen	984	27 %
Synthetische Points aus Gemeinden ohne gemeinsame Grenze, aber mit räumlicher Nähe	361	10 %
* zusätzlich gibt es zwei synthetische Points mit Gemeinden der GKPOL 2 (>2.000 Einw.)		

Eine Menge von 199 Points mit unter 500 Haushalten, die singulär bleiben mussten, weil **keine** Gemeinden oder Gemeindeteile sinnvoll zur Synthetisierung vorhanden waren, ist in der Auswahlgrundlage gesondert markiert. Diese zu kleinen Restpoints ziehen sich über alle politischen Gemeindegrößenklassen. Im Gegensatz zur Auswahlgrundlage 1997 sind aber auch für diese Points Beschreibungen der Fläche mit Straßen und Hausnummern sowie Startadressen vorhanden.

5.5.3   Bedeutungsgewichte

In den Vorläufer-Systemen bis 2003 wurde die Zahl der (deutschen) Privathaushalte am Ort der Hauptwohnung auf Gemeindeebene proportional zur Anzahl der Wahlberechtigten im Wahlbezirk auf die Sample Points (=Wahlbezirke) verteilt, um ihre Bedeutungsgewicht zu schätzen. Das führte, wie schon erwähnt, wegen der inhomogenen Verteilung der Ausländerhaushalte auch innerhalb einer Gemeinde zu verzerrten Schätzern (das war den Instituten natürlich auch schon früher bewusst, musste jedoch in Kauf genommen werden, weil es keine andere durchgängige Basis für eine kleinräumige Gliederung der BRD gab).

Ein Nachfolgesystem muss für neue Flächeneinheiten die verzerrungsfreie Schätzung von Bedeutungsgewichten gewährleisten, um die Auswahlchancen innerhalb einer Schichtungszelle nicht zu verletzen.

Eine Verbesserung gegenüber dem bisherigen System ist die kleinräumige Nutzung innerstädtischer Bevölkerungs- und Haushaltsdaten aus der Kommunalstatistik. D.h. es werden administrative Flächeneinheiten und Sachdaten der Kommunalstatistik verwendet. Nichtadministrative Einheiten, wie z.b. die Postleitzahlengebiete, werden als Hilfsmerkmale in das System eingepflegt.

Als Bedeutungsgewichte wurden gebildet und den Sample Points zugeordnet:

- die Gesamtbevölkerung am Ort der Hauptwohnung,
- die Gesamtbevölkerung a.o.d.H. ab 14 Jahren,
- die deutsche Bevölkerung am Ort der Hauptwohnung,
- die deutsche Bevölkerung a.o.d.H. ab 14 Jahren,
- die Zahl der Privathaushalte am Ort der Hauptwohnung,
- die Zahl der Privathaushalte a.o.d.H. mit deutscher Bezugsperson.

Das geschieht auf folgende Weise:

Je nach Einwohnergröße der Gemeinde werden zunächst alle vorhandenen amtlichen Informationen zu Einwohnern und Haushalten zusammengetragen.

Da die amtliche Statistik Haushaltszahlen nur auf Basis des Mikrozensus bis zur regionalen Ebene Regierungsbezirke (fallweise auch noch kreisfreie Städte) liefert, wird auf das BIK-Haushaltsschätzmodell für die Bildung der gemeindeweisen Haushaltszahlen zurückgegriffen.

Für die Umrechnung dieser Größen auf den Sample Point werden zunächst alle amtlichen Angaben zu Einwohnern und Haushalten benutzt. Bei den Großstädten (ab 100.000 Einwohnern) konnten diese Daten entweder direkt oder durch KOSTAT (Arbeitsgemeinschaft Kommunalstatistik) beschafft werden. Bei den Gemeinden von 20.000 bis 100.000 Einwohnern wurden diese Daten zusammen mit den Stadtteilgliederungen durch Anschreiben direkt abgefragt. Musste ein Stadtteil auf der feinsten vorhandenen Gliederungsstufe doch noch einmal unterteilt werden, erfolgte dies dann proportional zur Zahl der verortbaren Telefoneinträge je Sample Point im betroffenen Stadtteil.

Lediglich bei den Gemeinden zwischen 2.000 und 10.000 Einwohnern wurde die Aufteilung der Bevölkerungs- und Haushaltszahlen pro Gemeinde auf die Auswahlflächen ohne weitere amtliche Eckzahlen, also nur auf Basis der Telefoneinträge pro Point, vorgenommen. Denn in diesen Gemeinden gibt es praktisch nur in Ausnahmefällen solche intrakommunalen Eckdaten.

Dieses Vorgehen wurde während der Erstellung der Auswahlgrundlage 2003 durch den Methodenausschuss des ADM anhand von Zusatzauswertungen geprüft. BIK erhielt den Auftrag, für Gemeinden mit 10.000 bis 20.000 Einwohnern, also Gemeinden, die nahe der kritischen Größenklasse lagen, und für die auch Wahlbezirke vorlagen, beispielhaft den Quotienten „Wahlberechtigte/Telefoneinträge" je Wahlbezirk auszurechen. Wenn dieser Quotient nur gering streute, dann wäre eine genügend hohe Korrelation zwischen beiden Daten gegeben, was die Verwendung der regionalisierbaren Telefoneinträge als Vehikel für die Verteilungsschätzung der Bedeutungsgewichte untermauern würde.

Die Auswertung von 1.078 Wahlbezirken aus 83 Gemeinden in den neuen wie alten Bundesländern zeigte dann, dass die Standardabweichung der aus Wahlberechtigten und zuordenbaren Telefoneinträgen je Wahlbezirk gebildeten Quotienten so klein war, dass eine hohe Korrelation zwischen beiden Merkmalen bestand.

Ebenfalls erkennbar war, dass die Mittelwerte der Quotienten sich zwischen West und Ost unterscheiden, die Standardabweichung aber praktisch gleich war. Das bedeutete, dass auch die niedrige Eintragdichte in den neuen Ländern die Brauchbarkeit der Telefoneinträge zur Flächenbildung nicht beeinträchtigte.

5.6 Stichprobenbildung

5.6.1 Erste Auswahlstufe – Flächen: Bildung der ADM-Stichprobennetze

5.6.1.1 Schichtung der Auswahlgrundlage

Grundsätzlich wird die Ziehung der Sample Points mit Hilfe einer systematischen Zufallsauswahl vorgenommen. Diese setzt eine Anordnung der Sample Points voraus, die als strukturierte Anordnung bezeichnet wird und wie folgt festgelegt worden ist:

- Oberste Anordnungsebene: Bundesländer
- pro Bundesland Anordnung nach Regierungsbezirken
- pro Regierungsbezirk Anordnung nach Kreisen
- pro Kreis Anordnung nach BIK-Gemeindegrößenklassen
- pro BIK-Gemeindegrößenklasse nach Gemeinden, Stadtteilen (sofern mehrere vorhanden sind) und Sample Points, und zwar in absteigender Größe des Bedeutungsgewichts (Haushalte gesamt oder deutsche Haushalte).

Letztlich bedeutet das, dass die Gemeinden und Sample Points vor der Ziehung nach Schichten (Zellen) und innerhalb der Schichten nach Größe angeordnet werden.

Die Ziehung für die benötigten Netze erfolgte dann natürlich schichtweise aber für alle Netze und alle Schichten in einem Zug.

An die Stelle einer linearen Anordnung, die in den früheren Systemen bevorzugt wurde, ist ein Schichtungssystem getreten, das von einem zellenweisen Aufbau ausgeht.

Das Neuartige an dem zellenweisen Schichtungssystem liegt darin, dass ein Optimierungsverfahren eingesetzt worden ist, um die Besetzung der Zellen mit Sample Points zu ermitteln. Die Erwartungswerte für die Besetzung, die im konkreten Fall absolut von der Stichprobengröße abhängig sind, in ihren Relationen aber von der Aufteilung der Bedeutungsgewichte (Haushalte), sind naturgemäß gebrochene Zahlen. Besetzt werden können die Zellen jedoch nur mit ganzen Sample Points. Also musste eine optimale Aufteilung gefunden werden, die nur noch ganzzahlige Werte enthält und die Varianz zwischen den gebrochenen Erwartungswerten und den ganzzahligen Zellenbesetzungen minimiert. Gleichzeitig treten weitere Nebenbedingungen hinzu, dass nämlich die sinnvollen Zusammenfassungen der Zellen zu größeren geographischen Einheiten ebenfalls so wenig wie möglich Abweichungen von den Erwartungswerten aufweisen. Um Klumpeneffekte durch Rundung zu vermeiden, ist die Zufallsrundung nach Cox für die Erstellung der Allokationstabellen verwendet worden (siehe dazu auch Kapitel 3.6).

Die folgende Tabelle gibt einen Überblick. Die Definitionen der Zellen erfolgte durchgängig für alle Bundesländer. Als Gemeindegrößenklassen wurden die neu eingeführten BIK-Gemeindegrößenklassen (auf Basis der 753 BIK-Regionen) verwendet (siehe dazu Kapitel 12).

Um eine mit möglichst geringer Streuung behaftete Stichprobenbildung realisieren zu können, werden die Flächen vor der Stichprobenziehung regional nach Kreisen und Gemeindegrößenklassen (GKPOL oder GKBIK) geschichtet, wobei eine Schicht (wir nennen sie Schichtungszelle) aus allen Gemeinden und den darin abgegrenzten Flächen besteht, die in einem Stadt-/Landkreis liegen und dem gleichen BIK-Strukturtyp angehören.

Neben der Verringerung der Streuung ist bei Flächenstichproben aber auch die Abdeckung der Fläche durch die Stichprobe wichtig, die sog. „regionale Repräsentanz".

Hier spielen die unterschiedlichen Gebietsgliederungen und die Zuordnung der BIK-Strukturtypen zu Gemeindegrößenklassen eine Rolle.

Verwendet man eine rein an der Einwohnergröße orientierte Gebietsgliederung (politische Gemeindegrößenklassen) haben kleinere Gemeinden am Rand von Verflechtungsgebieten (unter 5.000 Ew) eine geringere Auswahlchance, da in einer rein politischen Sortierung nach Einwohnergrößenklasse der Zusammenhang zu einer Agglomeration egal ist. Dieser Aspekt kann bei einer Zufallsauswahl indirekt erfüllt werden, muss aber nicht.

Auch bei großen Stichproben mit haushaltsproportionaler Ziehung nimmt die Auswahlchance kleinerer Gemeinden deutlich ab. Das ist vor allem bei der Einordnung der Gemeinden nach ihrer politischen Größe (=Einwohnerzahl) der Fall.

Etwa 60 % der Gemeinden mit weniger als 2.000 Einwohnern sind Umlandgemeinden in größeren, höher verdichteten Verflechtungsgebieten von Ballungsräumen oder Stadtregionen. Berücksichtigt man vor der Ziehung der Points räumliche Gliederungssystematiken wie z.b. die BIK-Regionen mit den BIK-Strukturtypen zum Aufbau der Schichtungszellen, dann bleibt der räumliche Zusammenhang der Siedlungsstruktur erhalten.

Das Zellensystem für die Ziehung umfasst theoretisch 440 Kreise mal 10 BIK-Gemeindegrößenklassen, macht 4.400 Zellen. In Wirklichkeit sind aber in vielen Kreisen nicht alle BIK-Typen vertreten, zum Beispiel bei den kreisfreien Städten. Daher ergeben sich real tatsächlich nur die in der folgenden Tabelle ausgewiesenen 1.433 besetzten Zellen.

Tabelle T 05-04: Vergleich der Schichtenbildung nach politischer bzw. BIK-Gemeindegrößenklassen

BIK-Gemeindegrößenklasse (Verflechtungsbereich)						
	Anzahl Gemeinden	Anzahl Haushalte	Gemeinden in %	Haushalte in %	in Stichprobe mit 1.000 Fällen	in Stichprobe mit 10.000 Fällen
unter 2.000 Ew.	2.157	685.318	18,9%	1,7%	189	1.885
2.000 bis unter 5.000 Ew	685	1.004.051	6,0%	2,5%	60	599
5.000 bis unter 20.000 Ew	1.354	3.110.623	11,8%	7,9%	118	1.183
20.000 bis unter 50.000 Ew	1.819	4.071.855	15,9%	10,3%	159	1.590
50.000 bis unter 100.000 Ew/RAND	1.334	3.171.472	11,7%	8,0%	117	1.166
50.000 bis unter 100.000 Ew/KERN	44	959.016	0,4%	2,4%	4	38
100.000 bis unter 500.000 Ew./RAND	2.594	5.559.534	22,7%	14,1%	227	2.267
100.000 bis unter 500.000 Ew./KERN	153	6.245.725	1,3%	15,8%	12	134
500.000 Ew. u.m./ RAND	1.098	3.560.474	9,6%	9,0%	96	960
500.000 Ew. u.m./ KERN	204	11.151.632	1,8%	28,2%	18	178
Gesamt	11.442	39.519.700	100,0%	100,0%	1.000	10.000

Politische Gemeindegrößenklasse (absolute Einwohnerzahl)						
	Anzahl Gemeinden	Anzahl Haushalte	Gemeinden in %	Haushalte in %	in Stichprobe mit 1.000 Fällen	in Stichprobe mit 10.000 Fällen
unter 2.000 Ew.	6.216	2.221.560	54,3%	5,6%	543	5.433
2.000 bis unter 5.000 Ew	2.354	3.385.870	20,6%	8,6%	206	2.057
5.000 bis unter 20.000 Ew	2.180	9.805.541	19,1%	24,8%	191	1.905
20.000 bis unter 50.000 Ew	505	7.123.145	4,4%	18,0%	44	441
50.000 bis unter 100.000 Ew	107	3.481.801	0,9%	8,8%	9	94
100.000 bis unter 500.000 Ew.	66	6.346.955	0,6%	16,1%	6	58
500.000 Ew. u.m.	14	7.154.828	0,1%	18,1%	1	12
Gesamt	11.442	39.519.700	100,0%	100,0%	1.000	10.000

Beide Tabellen: Gebietsstand 31.12.2010, Sachstand 31.12.2009

Tabelle T 05-05: Besetzte Zellen des Schichtungssystems Kreis * BIK-Gemeindegrößenklassen (pro Bundesland zusammengefasst)

Bundesland	BIK-Gemeindegrößenklassen (neue 753er-Systematik)										
	1	2	3	4	5	6	7	8	9	10	Ges.
Schl.-Holst-	11	8	9	5	4	4	8	7	5	4	65
Hamburg	--	--	--	--	--	--	--	--	--	1	1
Niedersachs.	26	23	29	20	12	--	23	8	16	2	159
Bremen	--	--	--	--	--	--	--	1	--	1	2
NRW	--	2	18	24	16	6	20	24	11	15	136
Hessen	4	14	19	10	3	--	13	12	9	9	94
Rhld.-Pfalz	22	22	18	15	11	2	16	10	7	3	126
Baden-Würt.	21	32	33	25	21	5	20	17	10	12	196
Bayern	53	47	43	33	19	4	42	22	27	13	303
Saarland	--	--	3	2	1	--	5	4	--	--	15
Berlin	--	--	--	--	--	--	--	--	--	1	1
Brandenburg	13	12	11	10	5	--	6	--	9	7	73
Meckl.-Vorp.	12	12	12	8	6	3	9	3	1	--	66
Sachsen	8	10	10	8	6	4	4	2	5	4	115
Sachs.-Anh.	8	7	7	9	7	2	9	2	1	--	52
Thüringen	16	13	11	14	11	2	14	3	--	--	84
Gesamt	194	202	223	183	122	32	189	115	101	72	1433

Für alle diese Schichten und die sinnvollen Zusammenfassungen wurde vorgegeben, dass die Abweichungen vom Erwartungswert möglichst „kleiner Eins" (also maximal 1 Sample Point) sein sollten. Ferner ist angestrebt worden, dass sich die Netze, aus denen sich die Gesamtstichprobe zusammensetzt, so gut wie möglich gleichmäßig auf die Zellen aufteilen.

5.6.1.2   Ziehung der Sample Points

Die Ziehung selbst geht – eben als systematische Zufallsauswahl – vom Prinzip der Äquidistanz des Bedeutungsgewichts aus. Die Gesamtzahl der Haushalte je Schicht wird durch die Anzahl zu ziehender Sample Points dividiert – das ergibt das Ziehungsintervall. Der Anfangspunkt wird durch eine Zufallszahl zwischen Eins und der Länge des Ziehungsintervalls bestimmt. Die Fläche gilt als ausgewählt, in die der Haushalt fällt, der den Intervallschnitt markiert. Hierbei handelt es sich also um einen zur Verteilung der Privathaushalte proportionalen Ansatz für die Ziehung.

Der Bedarf an Stichproben ist unter den beteiligten Instituten verschieden groß und von der Anlage her wird angestrebt, die Stichproben überschneidungsfrei und beliebig kombinierbar zu halten. Außerdem sollte der mit dem Einsatz der ADM-Stichproben verbundene Aufwand in den Instituten möglichst gering gehalten werden. Das führte zu den sog. Stichprobennetzen, die jedes für sich eine proportionale Abbildung der Bevölkerung der BRD erlaubt. Dieses Prinzip der Stichprobennetze und deren Überschneidungsfreiheit und Kombinierbarkeit ist ein weiteres kennzeichnendes Merkmal des ADM-Stichproben-Systems.

Zur praktischen Umsetzung werden die Stichprobenanforderungen der Institute bedarfsgerecht aufgeteilt. In Anlehnung an die Erfahrungen aus den Vorgänger-Systemen führt das unter Methoden- und Kostenaspekten im 2010er-System zu Stichprobennetzen von 258 Sample Points auf Basis Haushalte gesamt, die folgende Struktur haben:

- Alte Bundesländer   202 Sample Points
- Berlin   13 Sample Points
- Neue Bundesländer   43 Sample Points

Es entstehen so gesamtdeutsche Stichproben (Netze) mit 258 Sample Points, die proportional zu Haushalten gesamt verteilt sind; bezogen auf Haushalte mit deutscher Bezugsperson verschiebt sich die Verteilung der Sample Points leicht disproportional zugunsten der Neuen Bundesländer, weil der Ausländeranteil in den Alten Bundesländern wesentlich höher ist als in den Neuen Bundesländern:

- Alte Bundesländer   200 Sample Points
- Berlin   12 Sample Points
- Neue Bundesländer   46 Sample Points

Aus der Auswahlgrundlage 2010 sind insgesamt 102 Institutsnetze gezogen worden. Dabei wurde in 99 Netzen mit dem Bedeutungsgewicht „Privathaushalte gesamt" gearbeitet und in 3 Netzen mit dem Bedeutungsgewicht „Privathaushalte mit deutscher Bezugsperson". Letzteres, um die zu realisierenden Gesamtheiten der Wahlberechtigten bzw. der Deutschen besser abbilden zu können.

Die Netze für „gesamt" und die Netze für „deutsch" sind in sich jeweils überschneidungsfrei gezogen worden. Auf eine Kontrolle der Überschneidungsfreiheit zwischen „gesamt" und „deutsch" wurde verzichtet, weil diese beiden Netztypen (wegen der unterschiedlichen Auswahlwahrscheinlichkeiten) nicht miteinander kombiniert werden dürfen. Die Überschneidungsfreiheit der Institutsnetze untereinander ist wichtig, um Netze auf jeden Fall innerhalb des Instituts aber auch zwischen verschiedenen Instituten beliebig kombinieren zu können. Als Hilfestellung für die Entscheidung, welche Netze miteinander kombiniert werden sollen, sind alle Allokationstabellen pro Netz mit geliefert worden.

Zur Ziehung der Netze, die für jede der beiden nach Art des Bedeutungsgewichts differenzierten Gruppen getrennt erfolgte, wurde die Auswahlgrundlage zunächst in Schichten nach Kreis verschränkt mit der BIK-GGK (10er-Klassen) geschichtet.

Dabei wurde die neue BIK-Typensystematik eingesetzt, die inzwischen 753 BIK-Regionen umfasst und damit der Veränderung der Verflechtungsbeziehungen Rechnung trägt (siehe Kapitel 12.5).

Bei der Ziehung der Netze meldet das System, wenn die Points in einer Schichtungszelle erschöpft sind. Hier konnte es u.U. notwendig sein, Points mehrfach zu ziehen. Wenn dies – äußerst selten – der Fall war, wurde der Point protokolliert und markiert.

Tabelle T 05-06: Mehrfachziehung von Auswahlflächen

	Flächen und Sample Points	
Ziehungs-häufigkeit	Flächen	Sample Points
0	26.373	0
1	26.565	26.565
2	9	18
3	--	--
Summe 1+2+3	26.574	26.583
Gesamt	52.947	26.583

Die Zahl der mehrfach gezogenen Points fiel 2010 deutlich geringer aus als 1997 und 2003 (0,02 % zu 0,8% zu 9% der gezogenen Points im Gesamtsystem), da zum einen weniger Sample Points (vor allem im Osten) zu ziehen waren, zum anderen die Größe der Points weniger Variabilität aufwies und dadurch eine bessere Verteilung über die Fläche erreicht wurde.

Jedes Mitglied der Arbeitsgemeinschaft ADM-Stichproben (F2F) erhielt bei der Lieferung des Stichproben-Systems sowohl die gesamte Auswahlgrundlage als auch die jeweils bezogenen Netze mit den drei Bausteinen

- Sample Point-Datei
- Begehungsdatei und
- Startadressendatei

Ergänzt wurde die Lieferung mit den Allokationstabellen und einer Übersicht der mehrfach gezogenen Points.

5.6.2   Zweite Auswahlstufe – Haushalte: Auswahl der Befragungshaushalte

Das Ergebnis der ersten Auswahlstufe ist eine Menge zufällig gezogener Sample Points. Damit wurde festgelegt, wo die Befragung stattfinden soll. Die zweite Auswahlstufe soll einen zufällig ermittelten Haushalt ergeben, in dem eine Befragung durchgeführt werden soll (also wer befragt werden soll). Dies setzt zunächst die klare Definition eines Privathaushaltes voraus, welche für die gesamte Laufzeit des Projektes gültig ist. Das Statistische Bundesamt definiert einen Haushalt (derzeit noch) wie folgt: „Als (Privat)Haushalt zählt jede zusammen wohnende und eine wirtschaftliche Einheit bildende Personengemeinschaft (Mehrpersonenhaushalte) sowie Personen, die allein wohnen und wirtschaften (Einpersonenhaushalte)." Damit folgt das Statistische Bundesamt dem „Wirtschaften aus einem Topf"-Prinzip, welches ebenso in mehreren Gesetzestexten verankert ist (vgl. hierzu auch § 16 Bundessozialhilfegesetz (BSHG)). Für den 2011 geplanten Zensus ist die Diskussion um die Haushaltsdefinition dadurch entfacht, dass die Mindestanforderung herabgesenkt wurde: „Einen Haushalt bilden alle Personen, die gemeinsam wohnen." (siehe hierzu: „Zensusgesetz 2011" der Bundesregierung 2009 – ZensG 2011 51 a). Auswirkungen ergeben sich daraus z.B. auf Wohngemeinschaften, die zwar gemeinsam wohnen, jedoch nicht gemeinsam wirtschaften. Grundsätzlich werden mit der Definition Unternehmen und Betriebe, Anstalten, öffentliche Einrichtungen etc. nicht zu Privathaushalten gerechnet. Welcher Definition eines Haushaltes ein Befragungsinstitut auch folgt, wichtig sind die Eindeutigkeit und die Einheitlichkeit der Definition. Eindeutig in dem Sinne, dass es keine Zweifel daran gibt, ob ein ermittelter Haushalt ein Privathaushalt nach Definition ist oder nicht. Einheitlich in dem Sinne, dass dies für jeden zu ermittelten Haushalt gleichermaßen gelten muss.

Ist einmal die Definition eines Haushaltes festgelegt, folgt die Auswahl der Zielhaushalte. Dies geschieht über einen Random Walk. Das Prinzip des Random Walk basiert darauf, dass ein Interviewer zu einem vorgegebenen Startpunkt gebeten wird, von dem aus er mit Hilfe festgelegter Gehregeln (z.B. Hausnummernabwärts; bei Kreuzungen abbiegen und dabei die Straße überqueren; bei Sackgassen auf der gegenüberliegenden Seite umdrehen; etc.) in jedem x-ten (z.B. jeden dritten) Haushalt befragt. Bei Gebäuden mit mehreren Haushalten gibt es eine Vorschrift, ob von oben oder von unten gezählt wird. Dadurch wird die Gestaltungsfreiheit des Interviewers für den von ihm zurückzulegenden Weg so weit eingeschränkt, dass eine Zufallsauswahl entsteht. Für jede mögliche Situation, in die der Interviewer gelangen könnte, muss eine klare Regelung bestehen, so dass der Interviewer zu keinem Zeitpunkt seiner Begehung Zweifel über die Auswahl hat bzw. alternative Möglichkeiten erkennt und nutzen kann.

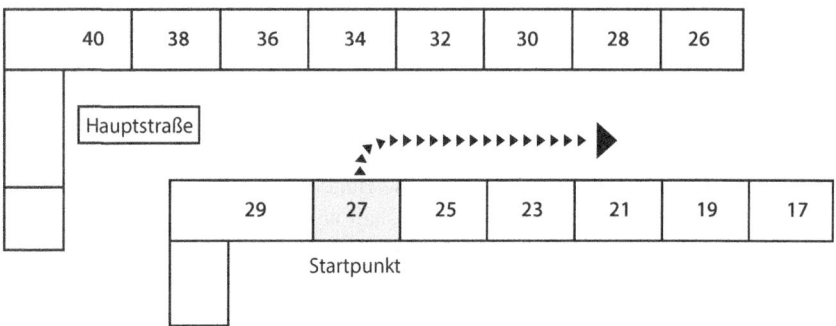

der Interviewer hat die Vorgabe, von dieser Adresse aus

* *im gleichen Stock von rechts nach links,*
* *im Haus von oben nach unten,*
* *auf der gleichen Straßenseite in Richtung absteigender Hausnummern, zu gehen, auf diesem Weg die Haushalte zu zählen und jeden Haushalt auszu-wählen, auf den das ihm vom Institut vorgegebene Auswahlintervall fällt.*

Abbildung A 05-02: Beispiel für einen Begehungsweg mit der Startadresse Willi Meyer, Hauptstraße 27 (Beispiel: TNS Infratest):

Die korrekte Einhaltung des Begehungsweges muss vom Befragungsinstitut regelmäßig überprüft werden, um Abweichungen frühzeitig entgegenzuwirken. Um einen Random Walk durchführen zu können, benötigt der Interviewer also zunächst einen Startpunkt. Aus der „Startadressendatei", welche für jeden möglichen Sample Point konkrete Startadressen bereithält, wird pro Sample Point eine zufällige Haushaltsadresse gezogen.

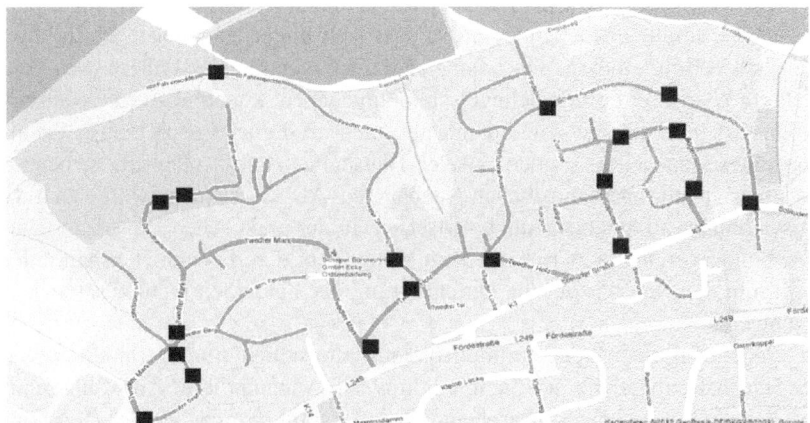

Point 000001 in : 01001000,Flensburg, Stadt, STT 5, PLZ-Gebiet 24944
■ Startadressen

Abbildung A 05-03:   Beispiel für einen Sample Point mit allen Startadresse

Die Tatsache, dass es sich um einen namentlich genannten Starthaushalt handelt und nicht um die Postadresse eines Gebäudes ist besonders wichtig, da gerade in Städten oftmals unter ein und derselben Postadresse mehrere Haushalte aufzufinden sind (z.B. in Hochhäusern). Die Auswahlwahrscheinlichkeit eines Haushaltes würde sich bei größeren Gebäuden mit mehreren Haushalten entsprechend der Zahl der an dieser Adresse befindlichen Haushalte reduzieren. Ein Haushalt mit einer bestimmten Postadresse, unter der noch weitere 4 Haushalte anzutreffen sind, hätte demnach die Auswahlwahrscheinlichkeit von 1/5 gegenüber dem Einfamilienhaus mit nur einem Haushalt. Die gezogene Startadresse muss folglich ein Haushalt sein, um solche Differenzen in den Auswahlwahrscheinlichkeiten zu vermeiden.

Während der Begehung (Random Walk) werden die Haushalte ermittelt. Im Normalfall wird jeder x-te Haushalt (z.B. jeder dritte Haushalt) ausgewählt. Bei der Festsetzung des Auswahlintervalls ist zu beachten, dass mit der Größe des Intervalls die Streuung innerhalb des Sample Points festgelegt wird. Bei einem kleinen Intervall (z.B. jeder 2-te Haushalt) kann demzufolge der Effekt eintreten, dass bei größeren Hochhäusern die Haushalte lediglich einer Hausnummer aufgelistet und später befragt werden. Es ist anzunehmen, dass Familien, die im gleichen Haus leben, einander ähnlicher sind als solche, die auf verschiedene, unterschiedlich große Häuser verteilt sind. Der schon früher erwähnte Klumpeneffekt (siehe Kapitel 3.3) wird also durch ein kleines Auswahlintervall verstärkt.

Der Interviewer ermittelt einen Haushalt anhand des Tür- bzw. Klingelschil-
des. Dabei impliziert der Interviewer, dass sich hinter einem Klingelschild ein
Haushalt verbirgt, müsste dies strenggenommen eigentlich erst überprüfen. Sind
mehrere Namen auf einem Klingelschild angegeben, könnte dies entweder eine
Wohngemeinschaft sein – und damit ggf. nicht in die jetzt noch gültige Definition **eines** Haushaltes, sondern **zweier** Haushalte fallen – oder ein verheirate-
tes Ehepaar mit unterschiedlichen Nachnamen. Als Konsequenz würde sich das
Auswahlintervall unterschiedlich fortsetzen. In der praktischen Umsetzung wird
eine hohe Korrelation zwischen einem Klingelschild und einem Haushalt unterstellt, um dem Interviewer die Durchführung der Feldarbeit nicht zusätzlich zu
erschweren.

Die auf diesem Wege ermittelten Haushalte stellen die Auswahlgesamtheit
der Haushalte innerhalb des Sample Points dar. Anhand dieser Auswahlgesamtheit kann entweder eine Stichprobe durch das Institut gezogen werden (sog. Random Route mit Adressvorlauf) oder der Interviewer versucht bereits während der
Begehung selbst einen erfolgreichen Kontakt herzustellen (sog. Random Route
– die Ergänzung „ohne Adressenvorlauf" lässt man meistens weg).

Bei einem Random Route **mit** Adressvorlauf übermittelt der Interviewer seine aufgelisteten Haushalte an das Befragungsinstitut zurück. Die Liste umfasst
eine zuvor festgelegte Anzahl von Haushalten, aus der dann eine zufällige Stichprobe gezogen wird. Diese Stichprobe wird anschließend ggf. von einem anderen
Interviewer bearbeitet und unterscheidet sich von einer klassischen Adressran-
dom Stichprobe lediglich in der noch nicht ermittelten Zielperson.

Bei einem Random Route **ohne** Adressvorlauf versucht der Interviewer bereits während seiner Begehung einen erfolgreichen Kontakt herzustellen. Er erhält gewissermaßen die Vorgabe, die maximale Anzahl an Nettointerviews aus
der vorgegebenen Zahl zu ermittelnder Haushalte zu realisieren. Der Vorteil dieser Vorgehensweise ist eine kosten- und zeitgünstige Durchführung.

Die über den Begehungsweg ermittelten Haushalte stellen eine Zufallsauswahl dar, bei der zumindest theoretisch jeder Haushalt die gleiche Wahrscheinlichkeit besitzt, ausgewählt zu werden. Der Begehungsweg selbst ist zwar eine
systematische Auswahl, mit der zufälligen Auswahl der Startadresse bzw. des
Starthaushaltes werden sämtliche über den anschließenden Random Walk ermittelten Haushalte festgelegt. Damit stellen auch diese Haushalte eine Zufallsauswahl dar.

5.6.3 Dritte Auswahlstufe – Personen: Auswahl der Zielpersonen

Die erste Auswahlstufe hat eine zufällige Selektion des Sample Points erbracht, die zweite Auswahlstufe eine zufällige Selektion des Haushaltes; in der dritten Auswahlstufe wird eine zufällige Selektion der Befragungsperson innerhalb des zuvor ermittelten Haushaltes vorgenommen.

Zu jeder Studie gehört eine exakte Definition der Grundgesamtheit, die in die Befragung mit einbezogen wird (z.b. Personen ab 14 Jahre in Deutschland). Dies wird dem Interviewer im Vorfeld der Studie mitgeteilt.

Stellt der Interviewer einen erfolgreichen Kontakt mit einer Kontaktperson innerhalb des Haushalts her, findet der Auswahlprozess anhand eines Auswahlschlüssels statt. Die gebräuchlichsten Auswahlschlüssel sind der Schwedenschlüssel und der Geburtstagsschlüssel (Last-Birthday oder Next-Birthday).

Beim **Geburtstagsschlüssel** wird diejenige zur Grundgesamtheit gehörende Person ausgewählt, die entweder als Letzte vor dem Kontaktdatum (Last-Birthday) oder als Nächste nach dem Kontaktdatum Geburtstag (Next-Birthday) hat.

Beim **Schwedenschlüssel** findet eine systematische Auflistung der einzelnen Haushaltsmitglieder der Zielgruppe statt, die Selektion der Zielperson erfolgt dann durch eine vom Befragungsinstitut erzeugte Zufallszahl.

Ermitteln Sie die Zielperson, indem Sie alle Personen der Zielgruppe dem Alter nach geordnet – älteste Person zuerst – auflisten und dann laut Auswahlschlüssel auswählen.

Zielgruppe im Haushalt				Auswahlschlüssel
	Alter	m/w		Alter	m/w	Anzahl Personen in der Zielgruppe
1.			5.			
2.			6.			1 2 3 4 5 6 7 8
3.			7.			1 2 1 2 5 5 6 7
4.			8.			Schlüssel

Je nach Zahl der potentiellen Zielpersonen im Haushalt wird die Person anhand der unter der jeweiligen Haushaltsgröße stehenden Zufallszahl ausgewählt, die in der Auflistung aller potentiellen ZP (siehe linker Tabellenteil) an der entsprechenden Stelle steht.

Abbildung A 05-04: Beispiel für einen Schwedenschlüssel (Beispiel: TNS Infratest)

Der Begriff Schwedenschlüssel geht auf Hermann H. Wolff zurück, Anfang der 1950er Jahre Leiter der Hörerforschung des Nordwestdeutschen Rundfunks.

Er suchte ein Auswahlverfahren in Rundfunkhaushalten, welches auf einer Zufallsauswahl basiert. In einem Aufsatz von Elmo C. wurde ein in Schweden angewendetes Verfahren beschrieben. Der Name Schwedenschlüssel ist also der beispielhaften Anwendung in Schweden geschuldet (zitiert nach: Noelle-Neumann 1998 Fußnote 26 auf Seite 243)

Ende der vierziger Jahre hat Leslie Kish das Verfahren erstmals beschrieben (Kish 1949), daher wird es außerhalb Deutschlands auch Kish Grid genannt.

Beide Verfahren ergeben bei korrekter Anwendung (und das bedeutet beim Geburtstagsverfahren den ständigen Wechsel zwischen last und next Birthday) eine zufällig ausgewählte Befragungsperson innerhalb des ermittelten Haushalts. Sowohl beim Geburtstags-, als auch beim Schwedenschlüssel muss, egal ob während des Auswahlverfahrens oder erst im Fragebogen, die Anzahl der zur Grundgesamtheit gehörenden Personen im Haushalt abgefragt werden. Denn die Auswahlwahrscheinlichkeit ist umso kleiner, je mehr potentielle Zielpersonen zum Haushalt gehören. Die unterschiedlichen Auswahlwahrscheinlichkeiten sind allerdings berechenbar, d.h. durch eine spätere Gewichtung der Daten mit Hilfe einer Umwandlung der Daten von einer Haushalts- auf eine Personenebene können sie dann auch korrigiert werden. Damit folgt diese Auswahlstufe der Prämisse, entweder gleiche Auswahlwahrscheinlichkeiten ex ante zu erzeugen, oder zumindest berechenbare Auswahlwahrscheinlichkeiten zu produzieren, die ex post durch Gewichtung korrigiert werden.

Ist die ermittelte Befragungsperson zum Zeitpunkt des Kontaktes nicht anzutreffen, wird ein Termin vereinbart. Unter keinen Umständen darf an dieser Stelle die Befragungsperson gewechselt werden, da dies die Auswahlwahrscheinlichkeit weniger mobiler Personen verringern, bzw. von Personen, die häufiger zu Hause anzutreffen sind, erhöhen würde. Der Interviewer darf also nicht von einer einmal ermittelten Befragungsperson abweichen. Auch diese Auswahlstufe muss vom Befragungsinstitut regelmäßig überprüft werden.

5.7   Ausschöpfung von Face-to-Face Random-Untersuchungen

Die drei Auswahlstufen (Sample Point; Haushalt; Befragungsperson) ergeben ein verkleinertes Bild der Grundgesamtheit, eine Stichprobe. Ziel dieses Selektionsprozesses ist es, durch eine Schätzung im Anschluss an die Befragung wieder auf die Grundgesamtheit zu schließen (Inferenzschluss). Um ein belastbares Abbild der Grundgesamtheit erstellen zu können, darf die Stichprobe keine systematischen Verzerrungen aufweisen. Weist sie systematische Verzerrungen auf, ist anzunehmen, dass bestimmte Befragungspersonen einer Grundgesamtheit nicht oder in zu geringem Ausmaß vertreten sind. Somit würde die Stichprobe nicht mehr die Grundgesamtheit ganzheitlich repräsentieren und der Inferenzschluss würde zu verzerrten Ergebnissen führen.

Da aber in der Praxis nicht jeder Kontakt zu einem Interview führt, muss die Frage gestellt werden, ob durch Ausfälle (in Form von Verweigerungen, Krankheiten bei der Befragungsperson, Zeitgründen o.ä.) die Stichprobe systematische Verzerrungen aufweist.

Um sich dieser Frage zu nähern, gibt die Ausschöpfung einer Random-Untersuchung einen ersten Hinweis. Die immer wieder in der Öffentlichkeit geführte Diskussion über Werbungs- und Marketingaktivitäten in Privathaushalten hat zur Folge, dass potentielle Befragungspersonen misstrauisch gegenüber Umfragen werden. Unterschiede im beabsichtigten Ziel der Markt- und Sozialforschung gegenüber Marketing und Werbung werden von den Befragungspersonen häufig kaum noch wahrgenommen, weil das immer trickreichere Vorgehen von Direct-Marketing-Vertretern sie verunsichert und verärgert. Dadurch entsteht ein Grundmisstrauen, welches zu generellen Verweigerungen führt. Aber auch Ausfälle durch Krankheit, fehlende Zeit, Nichtantreffen im Haushalt o.ä. gehören zu einer Random-Untersuchung. Um die potentiellen Ausfälle zu sortieren und Ausschöpfungsraten zu berechnen unterscheidet man in der Regel zwischen neutralen (manchmal auch wertneutralen) Ausfällen und nicht-neutralen (oder relevanten) Ausfällen.

5.7.1 Neutrale Ausfälle

Zu den neutralen Ausfällen zählen jene Ausfälle, bei denen anzunehmen oder offensichtlich ist, dass die kontaktierten Adressen nicht zur Grundgesamtheit gehören. Nach der ersten bzw. zweiten Auswahlstufe muss entschieden werden, ob die (durch Begehungsweg) ermittelte Adresse bzw. die (durch Auswahlschlüssel) ermittelte Befragungsperson zur Grundgesamtheit gehören oder nicht. Ein Unternehmen, ein Krankenhaus oder eine Anstalt sind keine Haushalte gemäß der Definition der Grundgesamtheit und gehören demnach ebenso zu den Ausfällen, die keinen Einfluss auf die Repräsentativität der Stichprobe haben, wie eine Erwerbsperson bei der Befragung von Rentnern. Durch die Definition solcher Ausfälle als neutral sieht man gewissermaßen diejenigen Elemente (Adressen bzw. Befragungspersonen) aus der vor Ort ermittelten Auswahlmenge heraus, die nicht zur Grundgesamtheit gehören.

Um die Ergebnisse der Befragung von der Stichprobe auf die Grundgesamtheit hochrechnen zu können, muss diese Stichprobe die Grundgesamtheit repräsentieren können, d.h. aus allen in der Grundgesamtheit enthaltenen Elementen müssen die Einheiten der Stichprobe zufällig und mit berechenbarer Wahrscheinlichkeit ausgewählt worden sein. Ein nicht-existenter Haushalt gehört aber z.b. genauso wenig zur Grundgesamtheit wie eine Person, die nicht zur vorgegebenen Altersgruppe gehört; beide dürfen daher auch nicht in der Nettostichprobe enthalten sein. Mit der Definition der Grundgesamtheit werden also auch gleichzeitig die neutralen Ausfälle festgelegt. Hierzu zählen i.d.R. bei Bevölkerungsbefragungen:

- Haushalt existiert nicht (bei adressenbasierten Stichproben)
- Kein Privathaushalt
- Keine Zielperson im Haushalt gemäß der Definition der Grundgesamtheit
- Sprachschwierigkeiten (falls die Grundgesamtheit die deutschsprachige Bevölkerung ist)

5.7.2   Relevante Ausfälle

Zu den relevanten Ausfällen zählen jene Ausfälle, bei denen der Zielhaushalt oder die Zielperson zur Grundgesamtheit gehören und damit eigentlich zu einem Interview hätten führen sollen. Dies sind in erster Linie Verweigerungen der Kontakt- oder Befragungsperson, Abwesenheit von Personen im Haushalt, Krankheit, mangelnde Zeit etc. Diese nicht geführten Interviews wären theoretisch auswertungsrelevant, denn im Gegensatz zu den neutralen Ausfällen stellen sie einen Teil der Grundgesamtheit dar. Deshalb ist zu untersuchen, inwieweit diese Ausfälle die Nettostichprobe verzerren. Zu den relevanten Ausfällen gehören bzw. können gehören:

- Im Haushalt niemanden angetroffen
- Kontaktperson verweigert (auch in Kombination mit der Angabe von Gründen)
- Zielperson verweigert (auch in Kombination mit der Angabe von Gründen)
- Zielperson nicht angetroffen
- Zielperson nicht in der Lage, ein Interview zu führen/krank

5.7.3   Ausschöpfungsquote

Die oben aufgeführten Auswahlstufen haben dafür gesorgt, dass alle Personen innerhalb der definierten Grundgesamtheit eine Auswahlchance und alle Einheiten der realisierten Stichprobe eine berechenbare Inklusionswahrscheinlichkeit haben.

Da die neutralen Ausfälle jene Ausfälle sind, die nicht zur Grundgesamtheit gehören, reduzieren sie das verwendete Brutto. Um eine Ausschöpfung zu berechnen muss der ursprüngliche Bruttoansatz also um neutrale Ausfälle reduziert werden. Die dadurch gewonnene Anzahl an verbleibenden Adressen wird auf 100 % gesetzt und stellt die Ausgangsmenge für die Berechnung der Ausschöpfungsquote dar:

Tabelle T 05-07: Struktur einer Rücklaufmeldung bei F2F-Stichproben

1.	**Bruttoansatz**	**100**
2.	Neutrale Ausfälle insg.	
2.1	Adresse existiert nicht	
2.2	Kein Privathaushalt	
2.3	Keine Zielperson im Haushalt	
	keine Person im HH spricht deutsch	
	ZP körperlich, geistig nicht in der Lage	
3.	**Verbleibende Adressen**	**100**
4.	Ausfälle gesamt	
4.1	Im Haushalt niemanden angetroffen	
4.2	Kontaktperson verweigert	
4.3	Zielperson nicht angetroffen	
4.4	Zielperson verweigert	
5.	**Durchgeführte Interviews**	

Die Ausschöpfungsquote ist der Anteil der durchgeführten Interviews an den verbleibenden Adressen. Sie hängt, wie man sieht, nicht nur von der Menge der Ausfälle ab, sondern auch davon, welche Ausfallgründe in Absprache mit dem Auftraggeber und kompatibel zu Untersuchungsdesign und –ziel als „neutral" bzw. „relevant" eingestuft werden; das gilt besonders für die beiden grau hinterlegten Ausfallgründe.

Die Nicht-Teilnahme an einer Umfrage wäre prinzipiell kein Problem, wenn man davon ausgehen könnte, dass Verweigerungen zufällig geschehen. Analog zur positiv-zufälligen Teilnahme an einem Interview wäre dann eine negativ-zu-fällige Nicht-Teilnahme im Ergebnis identisch. Schwierig wird es erst, wenn die Verweigerungen bzw. die relevanten Ausfälle systematisch wären, also bestimmten Gruppen von Personen zuzuschreiben sind. Damit ist auch klar, dass nicht so sehr die Höhe der Ausschöpfung als Indikator für die Qualität einer Untersuchung herangezogen werden sollte, als vielmehr die Intensität der Feldarbeit und die Wirksamkeit der Maßnahmen, die zur Verbesserung des Teilnahmeverhaltens der Probanden ergriffen werden.

Es gibt viele Faktoren, die die Teilnahmebereitschaft und damit die Ausschöpfung tangieren; dazu gehören das Thema der Untersuchung, die Definition der Zielgruppe, die Häufigkeit der Rekontaktierung, das Geschick des Interviewers, der Auftraggeber, der dahinterstehende Kunde und viele weitere (siehe z.b. Engel u.a. 2004, Frommhold 2007 oder Porst/Ranft/Ruoff 1998). Die immer wieder selbst erfahrene und in den Medien kolportierte Belästigung durch Direktmarketing-Unternehmen oder die ebenfalls von den Medienberichten geschürte Furcht vor missbräuchlicher Verwendung eigener Daten und mangelndem Datenschutz führen immer stärker zu ablehnender Haltung der potentiellen Befragten gegenüber der Kontaktierung auch durch Marktforschungsinterviewer – wer, der nicht aus der Provenienz stammt, will denn zwischen Marketing und Marktforschung eindeutig unterscheiden können. Auch wenn das Ziel von Markt- und Sozialforschungsprojekten auf die Gewinnung anonymer Information über das Marktgeschehen oder die soziale Situation gerichtet ist, werden immer häufiger die Türen vor der Nase der Interviewer geschlossen bzw. erst gar nicht geöffnet. Mit dieser Ausgangssituation müssen Markt- und Sozialforschungsinstitute heute leider leben.

Das gilt natürlich auch bei schlechten Ausgangssituationen durch z.B. ein schwieriges Thema der Untersuchung. Über Themen wie „Krankheiten" oder „ein beendetes Arbeitsverhältnis" spricht man nicht so gerne wie über „Urlaubsreisen", „Süßigkeiten" oder sein „Auto". Die Ausschöpfungsquoten sind bei einer schlechten Ausgangssituation natürlich grundsätzlich niedriger und nicht vergleichbar mit Ausschöpfungsquoten besserer Ausgangssituationen. Diese Erkenntnis ist in den letzten Jahrzehnten durch entsprechende Tests und Analysen vielfach belegt und bekräftigt worden (vgl. z.B. Engel et.al. 2004). Es ist deshalb unverständlich, wenn auf einer bestimmten Höhe der Ausschöpfung als alleinigem Qualitätsmerkmal der Befragung beharrt wird.

Gerd Meier, Axel Glemser, Christiane Heckel

6   Random-Telefonstichproben

6.1   Relevanz

Telefoninterviews sind als Erhebungsmethode für die Markt- und Sozialforschung in Deutschland von elementarer Bedeutung. Der Jahresbericht des ADM
verzeichnet für 2011 rund 22 Mio. quantitative Interviews; davon wurden 7,5
Mio. per Telefon realisiert. Wenngleich der telefonische Modus von Online als
Nummer Eins unter den Erhebungsmethoden knapp verdrängt wurde, so ist die
herausragende Position der CATI-Befragungen nach wie vor unstrittig. Dies ist
vor allem durch ihre zentrale Funktion für bevölkerungsrepräsentative Studien
begründet.

Gerade hier – aber natürlich auch bei anderen Studienansätzen – werden in
transparenter Art und Weise wissenschaftliche Methoden angewendet, die den
(auch in rechtlicher Hinsicht) besonderen Status der Markt- und Sozialforschung
begründen. Daher wird der Darstellung von Stichprobendesigns, Auswahlverfahren und Schichtungstechniken für Telefonbefragungen in diesem Buch breiter
Raum gegeben.

Vorangestellt wird zunächst eine Erläuterung der Vor- und Nachteile. Dabei sind erstens Aspekte der Kommunikationstechnik und die Optionen für die
Kontaktaufnahme wichtig. Die herausragende Position von CATI-Befragungen
ist zweitens durch die Techniken und Möglichkeiten der Stichprobensteuerung
begründet. Das bedeutet, dass wie in keiner anderen Erhebungsmethode die realisierte Nettostichprobe permanenter Kontrolle und Steuerung unterworfen ist.
Qualitätsmaßstäbe, die oftmals lediglich an Bruttostichproben angelegt werden
(können), gelten bei der telefonischen Befragung auch für die Enddaten der realisierten Nettostichprobe und das macht diesen Mode methodisch besonders relevant.

Selbstverständlich ergeben sich die Vor- und Nachteile eines heute ausdifferenzierten, technisch fortgeschritten Status bei CATI nicht von alleine, sondern bedürfen einer Einbettung in die zeitliche Entwicklung. Hierbei setzt in verschiedenen Facetten immer wieder eine grundsätzliche Fragestellung kritische Akzente: Wie gut können Telefonstichproben die Bevölkerung tatsächlich abbilden? War zu Beginn der Etablierung der telefonischen Befragung noch eher der Aspekt der Ausstattung der Haushalte mit Anschlüssen und Endgeräten kritisch, so ist es heute eher die Frage, wer noch mit Festnetztelefonie erreichbar und dann auch befragungswillig ist, und in welchem Umfang ergänzend auch Mobiltelefonie einbezogen werden sollte.

6.1.1   *Vorteile von Telefonstichproben*

Die Kontaktaufnahme mit dem Zielhaushalt und der Zielperson ist bei Telefonbefragungen günstiger und schneller zu realisieren als bei persönlich-mündlichen Befragungen, weil der Weg des Interviewers zum Zielhaushalt entfällt. Die Telefonbefragungen minimieren in dieser Hinsicht die Kosten und stellen das schnellere Erhebungsinstrument dar. Zudem sind weitere Kontaktversuche bei zunächst nicht erreichten Haushalten wesentlich leichter und kostengünstiger durchzuführen.

Wenn die Daten, wie bei CATI-Interviews (Computer Assisted Telephone Interviews) üblich, gleich in den Computer eingetippt werden, können jederzeit Zwischenauswertungen der Umfrage vorgenommen werden. Und es kann während der Feldzeit problemlos kontrolliert werden, ob der gewünschte Stichprobenumfang in den Schichten bereits erfüllt ist oder ob noch Interviews durchgeführt werden müssen. In diesem Fall werden bei Erreichen der gewünschten Schichtbesetzung keine weiteren Interviews in diesen Schichten mehr zugelassen. Das ist bei persönlich-mündlichen Umfragen nur dann möglich, wenn auch dazu Computer verwendet werden (CAPI = Computer Assisted Personal Interview) **und** die Daten direkt nach der Befragung an das Erhebungsinstitut übermittelt werden. Und selbst dann sind Abstriche an der Steuerungspräzision in Kauf zu nehmen. Bei CATI hingegen führt die hohe Genauigkeit in der Stichprobensteuerung dazu, dass **hinsichtlich der für die Schichtung verwendeten und im Sample-Management-System gesteuerten Merkmale** auf eine Gewichtung üblicherweise verzichtet werden kann. Die Verteilung der Interviews in der Nettostichprobe ist heute wegen der inzwischen bei fast allen Telefonbefragungen üblichen Nettosteuerung zu den Schichtungsvorgaben konform.

Aus Stichprobensicht ist ein weiterer Vorteil der Telefonbefragung darin begründet, dass es im Gegensatz zu persönlich-mündlichen Befragungen keine Notwendigkeit der Klumpung gibt. Die verwendeten Telefonnummern können innerhalb der gewählten Schichten bestmöglich streuen. Bei persönlich-mündlichen Befragungen wird aus Kostengründen in der Regel in einem Sample Point (beispielsweise einer Straße) mehr als 1 Interview durchgeführt, damit der Interviewer nicht nur wegen eines Interviews in das Gebiet reisen muss.

Ein zusätzlicher Vorteil ist gegeben bei Umfragen mittels Festnetztelefonie. Die Ortsvorwahlen bieten in der Regel eine valide regionale Verortung der zugeordneten Haushalte, so dass vielfältige Schichtungsmöglichkeiten vorhanden sind (siehe Kapitel 7.3). Eine gute Schichtung erlaubt präzisere Vorhersagen als eine ungeschichtete Stichprobe (siehe Kapitel 3.2). Dabei wird die Unterschiedlichkeit der Zielpersonen zur Verbesserung der Gesamtstichprobe genutzt, indem möglichst homogene Schichten gebildet werden, so dass der Großteil der Varianz auf die dann noch verbleibenden Unterschiede zwischen den Schichten zurückgeführt werden kann.

Üblicherweise werden die Zielpersonen aus einem Telefonstudio angerufen. Das ermöglicht eine ständige Fachaufsicht, die bei Problemen sofort helfen und Korrekturen bei erkannten Schwächen in der Stichprobenplanung vornehmen kann. Die Supervision der Interviewer im Telefonstudio garantiert auch die korrekte Auswahl des Zielhaushalts und der Zielperson innerhalb des Haushalts sowie die fehlerlose Abarbeitung des Fragebogens. Die Ausschöpfung, speziell der Teilstichproben oder Schichten, ist ebenfalls gut kontrollierbar. Bei anderen Erhebungsformen sind zur Kontrolle Prüfroutinen durchzuführen, die kostenrelevant sind. Auch das trägt zur Kosteneffizienz der Telefonbefragungen bei. Ferner gilt natürlich auch für CATI, wie für jede andere Erhebung mit elektronischem Fragebogen, dass eine geprüfte Programmierung des Instruments die Filterführung wesentlich vereinfacht und komplexere Filterungen erst ermöglicht. Ob darüber hinaus die anonyme Interviewsituation ohne visuellen Kontakt zwischen Interviewer und Befragtem einen – positiven oder negativen – Effekt auf die Datenqualität hat, ist in der Wissenschaft umstritten: Es wird sowohl die Meinung vertreten, dass deshalb bei heiklen Fragen ehrlicher und weniger sozial erwünscht geantwortet wird, als auch die, dass die Anonymität der Befragungssituation das genaue Gegenteil bewirken kann (Meier 1995).

Die genannten Vorzüge lassen zusammen mit einem vergleichsweise günstigen Kostenniveau die Telefonumfrage bei bestimmten Fragestellungen als Erhebungsmethode der Wahl erscheinen. Bei anderen Fragestellungen, insbesondere wenn visuelle Hilfsmittel wie Vorlagen notwendig sind, müssen andere Erhebungsformen genutzt oder die Visualisierung via Internet erreicht werden.

6.1.2   Nachteile von Telefonstichproben

Üblicherweise wird als Grundgesamtheit von bevölkerungsrepräsentativen
Erhebungen die Wohnbevölkerung eines Landes in Privathaushalten am Ort der
Hauptwohnung gewählt. Die Haushalte und Zielpersonen, die über keinen Telefonanschluss verfügen, sind allerdings mittels Telefonumfragen nicht erreichbar.
Eine Telefonbefragung ist daher erst bei einem gut entwickelten Fernmeldesys-
tem und einer entsprechend hohen Nutzungsdichte möglich. Mittlerweile ist aber
selbst in Entwicklungsländern zumindest das Mobilfunknetz so weit ausgebaut,
dass der Anteil der mittels Telefon nicht erreichbaren Zielpersonen sehr gering
und die Aussagekraft von Telefonbefragungen ausreichend groß ist.

Da niemand gezwungen werden kann, seine Telefonnummer in öffentlich
zugängliche Verzeichnisse eintragen zu lassen, und mittlerweile sehr viele Personen auf den Eintrag verzichten, müssen bei der Stichprobenziehung Routinen
eingesetzt werden, um auch diese Haushalte mittels zufällig generierter Telefonnummern zu erreichen. Die Rufnummerngenerierung führt aber auch dazu, dass
viele Telefonnummern zu keinem Kontakt führen, weil die generierte Nummer
(noch) nicht geschaltet ist bzw. genutzt wird. Bei CATI mit Autodialing wählt
ein Computer die Telefonnummern an und vermittelt einen erfolgreichen Kontakt
an die Interviewer, so dass diese von den vergeblichen Kontaktversuchen kaum
etwas mitbekommen, es sei denn, die Anwahl nicht existenter Rufnummern führt
zu geringen Verzögerungen in der Stichprobenabarbeitung. Müssen aber die Interviewer selbst die Rufnummern von Hand anwählen, ist deren Belastung durch
vergebliche Kontaktversuche bei nicht geschalteten Nummern erheblich. Darüber
hinaus gibt es auch immer wieder Anschlüsse, auf die automatische Ansagen geschaltet sind, bei denen nicht immer zweifelsfrei entschieden werden kann, ob es
sich um eine aktive genutzte Rufnummer handelt, oder ob der Anschluss nicht,
noch nicht oder nicht mehr genutzt wird. Dieses Phänomen ist in den Mobilfunk-
netzen noch weit häufiger anzutreffen als im Festnetz.

Auch die wachsende Verbreitung der Mobiltelefonie und die damit einher-
gehende partielle Verdrängung des Festnetzes schaffen neue Herausforderungen.
Diese Entwicklung hat in Deutschland dazu geführt, dass erfreulicherweise nur
noch rund ein Prozent der Bevölkerung überhaupt nicht via Telefon erreicht werden kann. Demgegenüber wird mit der Nutzung von Handys aber teilweise auch
auf einen Festnetzanschluss verzichtet, so dass in manchen Bevölkerungsseg-
menten eine gute Abbildung der Grundgesamtheit mit Festnetzrufnummern allein
nicht mehr ohne Weiteres gewährleistet werden kann. Zur Entscheidung darüber,
in welchem Umfang und wie Mobilnetz-Nummern bei der Stichprobenbildung
berücksichtigt werden sollten, hat die vom ADM initiierte Grundlagenstudie

‚Dual-Frame-Ansätze' Wesentliches beigetragen (siehe dazu Kapitel 8 und ADM 2012).

6.2   Grundlagen

6.2.1   Telefondichte

Die Telefonumfrage ist nicht unproblematisch hinsichtlich der Generalisierbarkeit von Stichprobenergebnissen auf die Gesamtbevölkerung. Natürlich können nur solche Personen interviewt werden, die telefonisch auch erreicht werden. Hier ist der Anteil der Haushalte bzw. Personen wichtig, die über einen Festnetz-Anschluss (mit einer oder mehreren Rufnummern) oder über ein oder mehrere Mobiltelefone (mit je einer Rufnummer) verfügen. Dieser Anteil wird als (haushalts- oder personenbezogene) Telefondichte bezeichnet. Vor Einführung der Mobiltelefonie war die Telefondichte identisch mit der Festnetzdichte, d.h. dem Anteil der Personen bzw. Haushalte, die via Festnetz telefonisch erreichbar waren. Inzwischen ist das Mobilfunknetz in Deutschland wesentlich größer als das Festnetz, so dass man inzwischen bei der Telefondichte differenzieren muss nach

A. Haushalten/Personen, die ausschließlich über eine oder mehrere Festnetz-Nummern erreichbar sind (Festnetz-Only-User)
B. Haushalte/Personen, die sowohl über das Festnetz als auch über das Mobilfunknetz erreichbar sind (Doppelnutzer)
C. Personen/Haushalte, die nur über eine oder mehrere Mobilfunk-Nummern erreichbar sind (Mobile-Only-User).

Da ein Festnetztelefon grundsätzlich stationär und jeder Person im Haushalt zugänglich ist, wird der Festnetzanschluss als Haushaltsmerkmal gewertet, weshalb der Anteil der **Haushalte** A + B zusammen die **Festnetzdichte** bildet. Demgegenüber ist ein Mobiltelefon in aller Regel nur der Person zugänglich, die es bei sich trägt. Deshalb wird der Mobiltelefonbesitz als Personenmerkmal gewertet, so dass der Anteil der **Personen** B + C die **Mobilfunkdichte** bildet. Alle drei Gruppen zusammen bilden natürlich die **Telefondichte**, die Auskunft über die telefonische Erreichbarkeit aller Haushalte oder Personen gibt (je nachdem, auf welchem Niveau man sich bewegen will), ohne den jeweiligen Mode zu spezifizieren.

Die Erstellung von repräsentativen Telefonstichproben mit Festnetznummern ist in Deutschland und in allen andern Ländern mit einer ausreichend hohen Festnetzdichte grundsätzlich möglich, wobei aber auch weiterhin geprüft werden muss, ob die nicht hundertprozentige Erreichbarkeit aller Haushalte die Validität der Ergebnisse von Telefonumfragen einschränkt. ZAW-Rahmenschema und Printmediennorm EN 15707:2008 fordern eine Mindestabdeckung von 85 % der Grundgesamtheit durch die Auswahlgrundlage. Das oben gesagte gilt also besonders dann, wenn in (Teil-)Stichproben oder (Teil-)Regionen der Anteil von Haushalten ohne Festnetznummer diese Marge zwar noch nicht erreicht, ihr aber schon recht nahe kommt. Haushalte ohne Festnetznummer sind solche, die entweder keinen Telefonanschluss besitzen oder nur über Mobilfunkrufnummern erreichbar sind. Die Validität von festnetzbasierten Telefonumfragen bei unzureichender Festnetzdichte ist deshalb eingeschränkt, weil man nicht davon ausgehen kann, dass der Anteil der über Festnetztelefonie nicht erreichbaren Haushalte in allen Bevölkerungsschichten ähnlich hoch ist (siehe hierzu Kreiselmaier und Porst, 1989). In vielen Entwicklungsländern mit unzureichender Dichte an Festnetznummern muss daher auf andere Erhebungsmethoden ausgewichen werden. Zumeist ist aber die Dichte an Mobilfunknummern in diesen Ländern ausreichend hoch, so dass Befragungen per Mobilfunk möglich sind.

6.2.2 Auswahlgrundlagen

Erst zu Beginn der 1980er Jahren war die Festnetzdichte in der damaligen BRD ausreichend groß, um Telefonbefragungen durchführen zu können. Es gab allerdings noch kein CATI und die Telefonbücher lagen nur in schriftlicher Form vor. Deshalb wurden aus diesen Verzeichnissen Stichproben entnommen, indem man mittels systematischer Ziehung mit Zufallsstart auf allen Ziehungsebenen erstens die Bücher, zweitens darin Seiten und drittens darin dann jeweils Einträge selektierte. Die gewählten Einträge listete man für die Interviewer auf, die diese i.d.R. von Hand anwählten. In den Telefonbüchern waren damals fast 100 % der Haushalte mit Telefon verzeichnet, denn wer damals nicht im Telefonbuch stehen wollte, musste eine sogenannte „Geheimnummer" beantragen. Die Vergabe von Geheimnummern wurde jedoch sehr restriktiv gehandhabt. Wegen dieser hohen Eintragsdichte war es nicht nötig, Telefonnummern mittels irgendwelcher Zufallsmethoden zu generieren.

Zu Beginn der 1990er Jahre gab es Anbieter, die die Telefonbücher scannten und Telefonadressen in Computerdateien zur Verfügung stellten. Zudem konnten ab diesem Zeitpunkt die Anwählversuche mittels Autodialing automatisch erfolgen. Da die Telefonnummern nun in einer Datei verfügbar waren, konnte man regional besser schichten als bei Stichprobenziehungen aus den Telefonbüchern. Das war ein sehr bedeutsamer positiver Entwicklungsschritt in der Stichprobenziehung für Telefonumfragen. Auch die ausschöpfungs- und qualitätsorientierte Bearbeitung der Stichproben verbesserte sich während dieser Phase. Durch die automatisierte präzisierte Wiederholungsvorlage nicht erreichter Rufnummern zu anderen Tageszeiten an anderen Wochentagen wurde die Voraussetzung zur Vermeidung des sog. „not at home"-Bias geschaffen.

In die gleiche Zeit fiel die Wiedervereinigung. Das war für Telefonstichproben insofern von großer Bedeutung, als in den neuen Ländern anfänglich ca. 20 % der Haushalte ein Telefon hatten. Erst zur Jahrtausendwende war die Festnetzdichte so hoch, dass die gesamte Bevölkerung auch in den neuen Ländern mit Telefonbefragungen repräsentativ abgebildet werden konnte. So stieg zum Beispiel im Zehnjahreszeitraum von 1993 bis 2003 der Anteil der Privathaushalte mit einem Festnetz-Anschluss in den alten Bundesländern von 94 % auf 97 %, in den neuen Bundesländern stieg er von 30 % auf 94 %.[Quelle: Datensätze der ma Pressemedien 1993 bis 2003 II]

Zusätzlich gab es eine Entwicklung, die zu Problemen in der Stichprobenziehung für Telefonbefragungen führte. Im Zusammenhang mit der für 1983 geplanten und dann 1987 durchgeführten Volkszählung hat das Bundesverfassungsgericht jeder Person das „Recht auf informationelle Selbstbestimmung" zugesprochen (BVerfG-Az-1-BvR-209,-269,-362,-420,-440,-484/83). Im Zuge der Umsetzung dieser Rechtsauffassung im Alltag wurde bestimmt, dass jeder Haushalt selbst entscheiden dürfe, ob seine Telefonnummer veröffentlicht wird oder nicht. Viele Haushalte entscheiden sich gegen die Veröffentlichung der Telefonnummer in entsprechenden Verzeichnissen, was besonders dann zum Tragen kam, wenn ein Telefonanschluss neu beantragt wurde – also besonders häufig bei den Haushalten in den neuen Ländern, die erstmals ein Telefon erhielten, und ebenso in den alten Bundesländern bei Neuanschlüssen im Zusammenhang mit Umzügen. Die eingetragenen Telefonanschlüsse konzentrierten sich also mehr und mehr auf spezielle Bevölkerungsgruppen (Immobile in den alten Ländern) und waren nicht mehr geeignet, die Gesamtbevölkerung adäquat abzubilden. Dieser Trend setzt sich bis heute fort: Der Nicht-Eintrag ist bei neuen Anschlüssen, Änderungen in der technischen Konfiguration und vertraglichen Änderungen der Normalfall. Für den Eintrag braucht es die explizite Zustimmung und ein aktives Vorgehen des Anschlussinhabers.

Deshalb ist es seitdem notwendig, Telefonnummern zufällig zu generieren. Zunächst verwendete man folgende Technik: Von den aus Verzeichnissen gezogenen Nummern wurden die letzten Ziffern gestrichen (üblicherweise die letzten zwei Ziffern) und durch zufällig generierte Nummern ersetzt, was natürlich auch den Nummern eine Auswahlchance gibt, die nicht in Verzeichnisse eingetragen sind. Mitte der 1990er Jahre wiesen Siegfried Gabler und Sabine Häder nach, dass die oben skizzierte Methode zu verzerrten Stichproben führt, weil die Wahrscheinlichkeit der Generierung dieser Nummern u.a. abhängig ist von den unterschiedlichen Eintragdichten in den jeweils zugrundeliegenden Nummernblöcken.

Auf einem Workshop des Zentrums für Umfragen, Methoden und Analysen (ZUMA, heute GESIS) stellten sie dann eine Alternativmethode vor, die seit damals so genannte Gabler-Häder-Methode (Häder, S. & Gabler, S. [1998]). Bei ihrem Verfahren wird zuerst der Auswahlrahmen für Telefonstichproben konstruiert, indem eine Datei mit eineindeutigen Nummernstämmen erstellt wird. Dazu schneidet man von jeder eingetragenen Telefonnummer die letzten Ziffern ab und bereinigt die Menge der so erhaltenen Nummernstämme danach um Mehrfachnennungen. Die Nummernstämme sind also Telefonnummern ohne die letzten Ziffern. Üblicherweise werden die letzten beiden Ziffern gelöscht. Anschließend werden an jeden Stamm alle Ziffern von „00" bis „99" angehängt, so dass aus einem Stamm 100 generierte Nummern entstehen. Das Generierungsverfahren ist also im Vergleich zum ursprünglichen Ansatz nicht diametral unterschiedlich. Bei beiden Verfahren werden Nummern aus der Auswahlmenge 00-99 zufällig eingefügt. Der Unterschied liegt darin begründet, dass jetzt die Randomisierung einmalig bei der Erstellung des Sample Frames durchgeführt wird und nicht mehr Bestandteil einer singulären Stichprobenziehung ist. Der Vorteil dieser Neuerung besteht darin, dass die 100er-Blöcke entdupliziert werden, die Auswahlchance dabei entkoppelt wird von der Eintragdichte im 100er-Block und somit die Inklusionswahrscheinlich der einzelnen Nummern identisch und unabhängig ist von der Menge der Einträge im jeweiligen Block. Über viele Jahre verwendete die Arbeitsgemeinschaft ADM-Telefonstichproben (ARGE) diese Technik, wobei jährlich der Auswahlrahmen neu auf Basis der aktuellen Verzeichnisse erstellt und den Mitgliedsinstituten zur Verfügung gestellt wurde. Das Verfahren führt zu unverzerrten Stichproben, solange zumindest eine Rufnummer jedes vorkommenden Stammes in einem Telefonverzeichnis veröffentlicht ist.

Mit der Privatisierung und Liberalisierung auf dem Telekommunikationsmarkt wechselten mehr Haushalte von der Deutschen Telekom zu alternativen Anbietern. Dies führte dazu, dass auch zahlreiche Nummernstämme nicht mehr in den öffentlichen Verzeichnissen zu finden sind. Die Gabler-Häder-Methode kann daher in ihrer ursprünglichen Form nicht mehr unverzerrte Stichproben garantieren. Der Bias besteht allerdings jetzt weniger in ungleichen Inklusionswahrscheinlichkeiten als vielmehr in einer Auswahlgesamtheit, die eine erhebliche und vor allem systematische Unterdeckung aufweist, und deshalb der Grundge-samtheit nicht mehr adäquat ist. Mittlerweile veröffentlicht die Bundesnetzagen-tur die Nummernräume, die den Telefonanbietern zur Weitergabe an ihre Kunden überlassen sind. Diese werden speziell aufbereitet und der Arbeitsgemeinschaft ADM-Telefonstichproben zur Stichprobenziehung übergeben (siehe Kapitel 7).

6.2.3 Schichtung

Zieht man Stichproben aus Telefonbüchern oder generiert zufällig Rufnummern anhand von Telefonbucheinträgen, bietet sich ebenso wie bei mündlich-persön-lichen Interviews eine Schichtung nach Region und Gemeindegrößenklasse an. Eine Auswahl von Gemeinden wie in der ersten Stufe der ADM-Stichproben für Face-to-Face Interviews und eine Klumpung der Stichprobe auf Gemeindeebene ist nicht notwendig. Sollen also Haushalte gezogen werden, ist eine Zufallszie-hung in einer Stufe möglich.

Schichtungskriterien können alle Gemeindemerkmale sein, mit denen die Telefonnummern über die vom Statistischen Bundesamt zu beziehende Gemeindedatei ergänzt werden können. Das können der Kreis, der Regie-rungsbezirk oder das Bundesland sein. Ebenso kann man nach verschiedenen Gemeindegrößenklassifizierungen schichten, wie die politische Gemeindegröße oder die BIK-Gemeindegrößenklassen (siehe Kapitel 12). Auch können Clus-termerkmale der Gemeinden wie Einzugsgebiet, Randzone oder ähnliches zur Schichtung herangezogen werden. Üblicherweise werden die Telefonnummern nach einer Kombination aus Region und Größenklasse geschichtet.

Damit diese Schichtung möglich ist, muss jede Telefonnummer einer be-stimmten Gemeinde zugeordnet sein, denn der Amtliche Gemeindeschlüssel dient als Vergleicher bei der Ergänzung der Schichtkriterien. Das ist bei in Telefonbü-chern eingetragenen Rufnummern weitgehend problemlos möglich. Bei generier-ten Nummern dagegen ist man sich dieser Zuordnung nicht immer sicher. In der ADM-Festnetzauswahlgrundlage wird daher auch die Häufigkeitsverteilung der Gemeindezuordnungen aller eingetragenen Rufnummern eines Blockes verzeich-net. Die nicht eingetragenen Rufnummern erhalten im Normalfall pro Nummern-block häufigkeitsproportional eine zufällige Gemeindezuordnung. Die Verteilung der zufälligen Zuordnungen entspricht dabei den Häufigkeiten der Zuordnungen der eingetragenen Rufnummern im Nummernblock. Handelt es sich um einen Rufnum-mernblock eines neuen Anbieters (Telekom-Konkurrent) wird diese Zuordnungslo-gik durchbrochen (siehe Kapitel 7). Diese Zuordnung sollte im Interview geprüft und gegebenenfalls mit der erfragten Gemeindezuordnung korrigiert werden.

6.3   Ziehungsmethoden außerhalb des ADM-Telefonstichproben-Systems

Nachfolgend werden gängige Verfahrensweisen der Stichprobenbildung erläutert, wie sie in der Praxis der Marktforschungsinstitute angewandt wurden und werden. Es wird kein Anspruch auf Vollständigkeit erhoben. Die Theorien dieser Verfahren sind an anderen Stellen nachzulesen, z. B. in dem umfassenden Werk von Frey, Kunz und Lüschen [1990]. Dabei ist die Darstellung bewusst auf die in der Praxis bewährten Verfahren beschränkt; eine Beschreibung der aktuellen Telefonstichproben des ADM-Telefonstichproben-Systems gibt Kapitel 7. Die Stichprobenziehung bei Telefonumfragen im Festnetz erfolgt üblicherweise in zwei Stufen. In der ersten Stufe werden Telefonnummern, in der zweiten Stufe dann Personen ausgewählt. Da es hier zunächst nur um die Basisstichproben geht, wird die Personenauswahl erst in Kapitel 7.3 dargestellt.

6.3.1   Auswahl aus Telefonverzeichnissen

Unabhängig davon, ob man sich für eine Random- oder Quotenstichprobe entschieden hat, werden zunächst Telefonnummern zufällig gezogen. Dabei sind uneingeschränkte (reine) oder systematische Zufallsauswahlen (siehe Kapitel 3) aus Telefonbüchern möglich, sofern sich genügend Haushalte in den Verzeichnissen registrieren lassen. In Deutschland ist dieser Anteil nicht mehr hoch genug. Hier müssen daher andere Auswahlgrundlagen genutzt werden, um repräsentative Stichproben ziehen zu können (siehe Kapitel 7). In anderen Ländern, wie z. B. Finnland, ist die Stichprobengenerierung aus Telefonverzeichnissen aber möglich (Callegaro, Steeh, Buskirk, Vehovar, Kuusela & Piekarski; 2007).

Da die Telefonnummern in den meisten Ländern mittlerweile auf elektronischen Datenträgern (meistens CD-ROM) angeboten werden, entfällt die Vorauswahl von Telefonbüchern, wie sie von Frey, Kunz und Lüschen [1990] noch vorgeschlagen wurde, und die Nummern können nach verschiedenen Kriterien geschichtet werden. Dazu werden alle Telefonbucheinträge nach Ländern, anderen regionalen Zuordnungen wie Landkreise und Gemeindegrößenklassen geschichtet und pro Schicht systematisch mit Zufallsstart gezogen. Die Schichtbesetzung wird proportional zur Zahl der Haushalte gewählt, wie sie aus amtlichen Statistiken bekannt ist. Eine ggf. unterschiedlich hohe Telefondichte der Regionen kann somit ausgeglichen werden. Üblicherweise ist diese Gemeindezuordnung eindeutig. Sollte sie jedoch auch über die Hilfsgröße der Vorwahlnummer nicht möglich sein, so werden Wahrscheinlichkeiten für Gemeindezuordnungen

bestimmt. Erst nach erfolgtem Kontakt kann dann eine eindeutige Gemeindezuordnung vorgenommen werden, um die Telefonnummer und das Interview mit
Gemeindemerkmalen zu verknüpfen. Telefonverzeichniseinträge, die komplette
Adressen aufweisen, können zusätzlich auch mit Stadtteilinformationen versehen
werden.

Telefonbücher oder auch elektronische Datenträger mit Telefonadressen
können nie ganz aktuell sein, sie veralten relativ rasch. Sie werden zwar jährlich
neu aufgelegt, doch Aktualitätsprobleme sind durch Neuanschlüsse, Neuvergabe
alter Anschlüsse und Abmeldungen gegeben. Da sich die Gesamtheit der Telefonhaushalte durch Ab- oder Neuanmeldungen ständig ändert, ist eine Aktualisierung
des Auswahlrahmens mindestens einmal im Jahr erforderlich. Trotz dieser Maßnahme führt die permanente Fluktuation zu Fehlkontakten, wenn ein Anschluss,
der noch in den Telefonverzeichnissen enthalten ist, inzwischen abgemeldet wurde. Sollte der Anschluss in der Zwischenzeit aber wieder neu vergeben worden
sein, und nur der Namenseintrag nicht mehr stimmen, so wird der Kontaktversuch
nicht als Fehlkontakt gewertet, weil nicht ein bestimmter Haushalt, sondern eine
bestimmte Telefonnummer in die Stichprobe inkludiert wurde.

Jedoch: Die Nummern, die nach Redaktionsschluss der Telefonverzeichnisse neu geschaltet wurden, können in eine Stichprobe von Telefonverzeichnisein-
trägen **nicht** aufgenommen werden. Dies ist insbesondere dort problematisch, wo
die Zahl neuer Anschlüsse in kurzer Zeit rasch zunimmt. Um auch diese Einträge
berücksichtigen zu können, müssen Telefonnummern zufällig generiert werden.

Ein weiteres Problem der Ziehung aus Telefonverzeichnissen ist in
Mehrfacheinträgen zu sehen. Wenn Nummern mehrfach eingetragen sind, haben
sie natürlich auch eine erhöhte Chance, ausgewählt zu werden. Diese mehrfach
eingetragenen Nummern müssen vor der Ziehung auf einen Eintrag reduziert
werden.

Zusätzliche Schwierigkeiten entstehen durch Haushalte, die mit mehreren
verschiedenen Einträgen und Nummern in den Telefonverzeichnissen verzeichnet
sind. Dieses kann vor der Stichprobenziehung praktisch nicht identifiziert und
somit auch nicht korrigiert werden. Dies gilt vor allem für die ISDN- und DSL-
Technik, bei der jedem Haushalt zwei oder mehr Einträge mit verschiedenen Telefonnummern ermöglicht werden. Diese Haushalte haben eine erhöhte Chance
ausgewählt zu werden und in die Stichprobe zu gelangen. Die unterschiedliche
Auswahlwahrscheinlichkeit kann nur nachträglich durch eine Gewichtung korrigiert werden. Dazu ist es notwendig, die Zahl der Telefonbucheinträge des Haushalts zu erfragen (siehe Meier, 2007).

6.3.2   Auswahl mit zufällig generierten Telefonnummern

In den letzten Jahren hat der Anteil der Haushalte, die ihre Telefonnummer nicht
veröffentlichen lassen, in vielen Ländern stetig zugenommen. In der früheren
BRD waren Anfang der neunziger Jahre diese nicht eingetragenen Telefonnummern mit einem Anteil von weniger als 5 % noch kein Problem für die Repräsentativität von Stichproben. Da mittlerweile der Anteil nicht eingetragener Telefonhaushalte in der BRD und in den meisten andern Ländern auch mehr als 20 %
beträgt (Gabler und Häder, 1997, Follmer und Smid, 1998; Meier und Ignaczak,
1998. Laut Eurobarometer 2011 liegt der Anteil inzwischen in den Staaten der
EU sogar bei 27 % (Dezember 2011, Quelle; Europäische Kommission (Hrsg.):
Haushaltsumfrage zur E-Kommunikation, Bericht Welle EB 76.4, Juni 2012),
kann man in Deutschland und in vielen anderen Ländern nicht mehr von der Repräsentativität von Stichproben auf alleiniger Basis von Telefonverzeichnissen
ausgehen. Auch die wegen der Vergabe von Neuanschlüssen noch nicht in den
Telefonverzeichnissen registrierten Haushalte können mit Stichproben auf Basis
dieser Verzeichnisse nicht erreicht werden. Um beide Gruppen von Haushalten in
Telefonstichproben berücksichtigen zu können und so ein repräsentatives Abbild
aller Telefonhaushalte zu schaffen, müssen Telefonnummern zufällig generiert
werden.

In Ländern, in denen Telefonnummern eine einheitliche Länge aufweisen
und einer bekannten Systematik folgen, lassen sich Telefonnummern relativ einfach zufällig generieren. Man spricht dann von „Random Digit Dialing (RDD)".
In den USA zum Beispiel folgen die Telefonnummern einer einfachen Systematik: Nach der dreistelligen Ortsvorwahl folgt ein „Prefix" mit ebenfalls drei
Ziffern, welcher die Region innerhalb des gewählten Ortsnetzes codiert. Dann
folgt stets eine Folge von vier Ziffern. Cooper (1964) war der erste Forscher,
der sich diese Systematik zu Nutze machte und die letzten vier Ziffern zufällig
generierte, um Telefonnummern zu erzeugen. Leider wurde durch die Generierung von vier Ziffern auch eine große Menge nicht existenter Telefonnummer
erzeugt. Deshalb hat sich in den USA eine andere Methode durchgesetzt, die
Mitofski-Waksberg-Methode (siehe Brick & Tucker, 2007). Bei dieser Methode
werden Kombinationen aus Vorwahl, Prefix und zwei folgenden Ziffern aus dem
Telefonverzeichnis (schon in den 1960er Jahre war das in den USA ein elektronischer Datenträger von AT&T) zufällig gezogen. Dann werden diese Nummernstämme durch zwei weitere Zufallsziffern ergänzt. Es wird geprüft, ob diese Nummer zu einem Haushalt gehört. Nur wenn dies der Fall ist, verbleibt der
Nummernstamm im Auswahlrahmen. Für die Stichprobenziehung werden dann
in einem zweiten Schritt die Telefonnummern erzeugt, indem Zufallsziffern die

verbleibenden Nummernstämme ergänzen. Es handelt sich demnach hier um eine Stichprobenziehung in zwei Stufen. Waksberg (1978) konnte nachweisen, dass die Auswahlwahrscheinlichkeit der im Auswahlrahmen verbleibenden Telefonstämme proportional zur Anzahl der Haushalte ist, die diesen Stamm in ihrer Telefonnummer aufweisen.

Leider sind in vielen Ländern, anders als in den USA, die Telefonnummern unterschiedlich lang und folgen keiner Systematik (so auch in Deutschland). Hier ist es mit vertretbarem Kostenaufwand nicht möglich, Telefonnummern komplett aus Zufallsziffern aufzubauen. Sollen also Stichproben in diesen Ländern gezogen werden, könnte man zufällige Telefonnummern nach folgendem Verfahren generieren: Man ersetzt die letzte Ziffer oder die letzten beiden Ziffern einer tatsächlich existierenden Nummer aus dem Telefonbuch durch eine bzw. zwei Zufallsziffern. Dieses Verfahren wird als Randomized-Last-Digit-Methode (RLD) bezeichnet. Die RLD-Methode weist jedoch einen bedeutsamen Nachteil auf: Die Inklusionswahrscheinlichkeiten der Haushalte sind unbekannt und mit Sicherheit unterschiedlich groß, da sie von der Eintragsdichte im jeweiligen Nummernblock abhängen. Die Gabler-Häder-Methode (siehe Kapitel 6.2.2) hat diesen Nachteil nicht. Hier werden die nichteingetragenen und die eingetragenen Telefonnummern im richtigen Verhältnis gezogen – im Gegensatz zur RLD-Methode, bei der zu viele eingetragene und zu wenige nicht eingetragene Rufnummern ausgewählt werden (Gabler und Häder, 1998).Generell muss aber bei Verwendung von Zufallsziffern wegen der geringen Kompatibilität von politischen Grenzen und Telefonnetzgrenzen damit gerechnet werden, dass die entstehenden Telefonnummern nicht der Gemeinde angehören, aus der der Nummernstamm entnommen wurde. Es muss daher im Interview ermittelt werden, welcher Gemeinde der Telefonhaushalt angehört, und ob der Telefonhaushalt zur Grundgesamtheit gerechnet werden kann oder nicht. Es muss natürlich ebenso ermittelt werden, über wie viele Festnetztelefonnummern ein Haushalt verfügt, um die Auswahlwahrscheinlichkeiten nivellieren zu können.

Mittlerweile veröffentlicht in Deutschland die Bundesnetzagentur alle Nummernbereiche, die diese Behörde den Telefonanbietern zur Weitergabe an ihre Kunden zur Verfügung gestellt hat. Nicht alle Nummern sind genutzt. Aber es lässt sich aus diesen Daten ein Universum aller in Deutschland möglichen Telefonnummern erstellen, das bestens als Auswahlgrundlage für Telefonstichproben dienen kann (siehe Kapitel 7).

In den USA hingegen geht man wegen der deutlichen Zunahme der „Area Codes" in den letzten Jahren und der damit einhergehenden Verringerung der Trefferrate bei rein zufällig generierten Nummern mehr und mehr zu einem Auswahlverfahren über, das listenbasiert ist (Tucker, Lepkowski und Piekarski, 2002).

Zudem hat dieses Verfahren im Vergleich zur Mitofski-Waksberg-Methode den Vorteil, eine Stichprobenziehung in einem Schritt zu ermöglichen. Man benötigt somit nicht mehrere Stufen, was die Präzision einer Stichprobe grundsätzlich verbessert, da die mit der Mehrstufigkeit in der Regel verbundene Klumpung entfällt. Man erkauft sich diese Vorteile allerdings mit dem schon erwähnten gravierenden Nachteil, dass die Verzeichnisse nicht mehr alle Telefonhaushalte beinhalten, so dass eine verzerrte Abbildung zu erwarten ist.

6.4 Mobilfunk als Herausforderung für Telefonstichproben

Die Bundesnetzagentur weist in ihrem Jahresbericht für 2011 eine Penetrationsrate des Mobilfunks von 140% aus (http://www.bundesnetzagentur.de/cln_1912/ DE/Sachgebiete/Telekommunikation/Marktbeobachtung/MarktbeobachtungTK_ node.html). Bei dieser Messgröße wird die Gesamtzahl der bisher vergebenen SIM-Karten auf die Gesamtheit der Einwohner bezogen. Als realistische Angabe für die Zwecke der Markt- und Sozialforschung, wie die Nutzung von Mobilfunk in der Bevölkerung sich tatsächlich darstellt, ist diese Angabe leider nur wenig brauchbar. Zum einen natürlich ist die Berechnung über die Gesamtmengen von SIM-Karten und Bevölkerung viel zu grob. Hier müsste ein Schätzer verwendet werden, der besser auf Individualebene aufsetzt und erst zum Schluss eine aggregierte Aussage trifft. Zum anderen ist die zu Grunde gelegte Anzahl von SIM-Karten mit großer Wahrscheinlichkeit zu hoch, denn auf jeden Fall sind gewerbliche und technische Nutzung eingeschlossen. Ferner dürften auch solche SIM-Karten mitgezählt sein, die noch nicht an private Endnutzer ausgegeben sind, oder von diesen nicht mehr genutzt werden (z.B. abgelaufene Prepaid-Karten). Trotz dieser Relativierungen ist die Entwicklung auf dem Mobilesektor aber beeindruckend.

Die Zunahme und starke Verbreitung der Mobilfunknutzung als solches ist allerdings nicht zwangsläufig ein Problem für festnetzbasierte CATI-Befragungen, sondern nur dann, wenn dieses Wachstum gleichzeitig auch dazu führt, dass auf Festnetzanschlüsse verzichtet wird. Das bedeutet, dass zur Einschätzung, wie gut die Grundgesamtheit der Bevölkerung mit Festnetzstichproben abgedeckt werden kann, vor allem die Zahl derjenigen von Bedeutung ist, die ausschließlich Mobilfunk nutzen, die sog. Mobile-Only-User. Doppelnutzer, die über beide Telefoniearten erreichbar sind, hingegen „stören" die Festnetzstichprobe solange nicht, wie im Nutzungsverhalten bzw. der tatsächlichen Erreichbarkeit keine Verzerrungen entstehen. Als zweiter Aspekt kommt bei der Beurteilung die Möglichkeit hinzu, dass es systematische Unterschiede zwischen den Mobile-Only-Usern und der erreichbaren Festnetzpopulation gibt.

Diese beiden Probleme lassen sich mit Befragungsergebnissen quantifizieren. Exemplarisch wird hier auf Ergebnisse aus dem F2F-Omnibus von TNS Infratest zurückgegriffen, der auf einer ADM-F2F-Stichprobe beruht. Auf andere Surveybefunde wird flankierend verwiesen.

Tabelle T 06-01: Haushalte und Personen nach Telefonanschlussart

Haushalte in %	Erhebungsjahr													
haushaltsgewichtet	1999	2000	2001	2002	2003	2004	2005	2006	2007	2008	2009	2010	2011	2012
Festnetzanschluss*	95,2	93,3	92,8	92,4	92,9	91,1	90,6	90,2	89,8	89,6	89,2	90,5	88,5	89,2
nur Mobilfunk	1,6	3,6	5,0	5,8	5,5	7,4	7,8	7,6	8,3	9,3	8,2	8,0	10,0	9,3
Telefon-HH insg.	96,8	96,9	97,8	98,2	98,4	98,5	98,4	97,8	98,1	98,9	98,9	98,5	98,9	99,0
kein Telefonbesitz	3,2	3,1	2,2	1,8	1,6	1,5	1,6	2,2	1,9	1,1	1,1	0,8	0,9	0,8
Personen in %	Erhebungsjahr													
personengewichtet	1999	2000	2001	2002	2003	2004	2005	2006	2007	2008	2009	2010	2011	2012
Festnetzanschluss*	96,5	94,9	94,5	94,1	94,4	93,0	92,6	92,4	92,0	91,7	91,4	92,7	91,4	91,8
nur Mobilfunk	1,3	2,7	3,9	4,5	4,4	5,9	6,4	6,0	6,7	7,5	6,4	6,0	7,5	7,0
Telefon-HH insg.	97,8	97,6	98,4	98,6	98,8	98,9	98,9	98,4	98,7	99,2	99,2	98,7	99,3	99,3
kein Telefonbesitz	2,2	2,4	1,6	1,4	1,2	1,1	1,1	1,6	1,3	0,8	0,8	0,6	0,6	0,6

ab 2007 inkl. Hybridanschlüsse, ab 2008 inkl. Telefonie via Fernsehkabel
Quelle: TNS Infratest F2F-Bus (bis 2010: N ~ 30.000 p.a.; ab 2011: N ~ 20.000 p.a.)

Im Hinblick auf die Abdeckung der Grundgesamtheit durch eine Festnetz-Auswahlgrundlage ist zunächst die Ebene der Haushalte zu betrachten. Da CATI-Bevölkerungsbefragungen letztlich zumeist aber Personenstichproben sind und zudem die Mobilfunknutzung weniger ein Haushalts- und eher ein Personenmerkmal darstellt, ist gleichermaßen die Personenebene relevant. 2012 waren laut TNS Infratest – immer noch! – knapp unter 90 Prozent der Haushalte und etwas mehr als 90 Prozent der Personen mit dem Festnetz zu erreichen. Dem stehen knapp 10 Prozent der Haushalte (und weniger als 10 Prozent der Personen) gegenüber, die auf das Festnetz verzichten und nur Mobilfunk nutzen. Haushalte bzw. Personen ohne Telefonbesitz spielen praktisch keine Rolle mehr. In der dargestellten Zeitreihe wird erkennbar, dass seit der Jahrtausendwende der Anteil der Mobile-Only-User zunächst stark zunahm, um dann ab 2007/08 eher zu stagnieren. Parallel dazu sank die Erreichbarkeit via Festnetz. Auch der Anteil derer, die gar nicht über Telefon verfügen, sank auf weniger als 1 Prozent. Es ist auch festzuhalten, dass der Rückgang beim Festnetz bei weitem nicht das Niveau der Zugewinne beim Mobilfunk erreicht. Diese Entwicklungstendenzen passen im Übrigen recht gut zu den Befunden der Bundesnetzagentur, die ebenfalls ein sehr dynamisches Wachstum bis 2006/07 dokumentiert und eine sich daran anschließende Saturierungsphase – wenngleich, wie oben erwähnt, auf einem insgesamt höheren Niveau.

Aufgrund der allgemeinen Charakteristika von F2F-Erhebungen dürften die hier gezeigten Befragungsergebnisse eine eher konservative Schätzung darstellen. Der Schluss liegt nahe, dass mit der persönlichen Befragung vor Ort mobile Personen eher schlechter zu erreichen und somit in einer Stichprobe unterrepräsentiert sind. Dies führt dann zu einer Unterschätzung der Mobilfunkverbreitung. Wird demgegenüber in CATI-Befragungen mit Mobilfunknummern gearbeitet, so werden mit hoher Wahrscheinlichkeit eher progressive – also tendenziell etwas überschätzte – Mobile-Only-Anteile ausgewiesen, da per Mobiltelefon genau diese Gruppe am besten zu erreichen ist, und somit die Gefahr der Überschätzung zunimmt.

Gleichwohl passen die Ergebnisse aus anderen Erhebungen gut zu den Befunden des dargestellten F2F-Ansatzes: Der Tageszeitungsdatensatz der MA weist für 2012 knapp 92 Prozent der Haushalte mit Festnetzanschluss aus und rund 8 Prozent Mobile-Only-User. Die EVS des Statistischen Bundesamtes kommt für das Jahr 2004 auf rund 4 % Mobile-Only-Haushalte. Als weitere Quelle zu Angaben über die Höhe des Anteils der „Nur-Handys" wird häufig das „Eurobarometer" der EU-Kommission zitiert. Bei dieser Befragung wird zunächst nach dem Besitz von Handys im Haushalt gefragt, dann nach dem Festnetz; und dabei wird nicht differenziert nach „virtuellen" Festnetzanschlüssen (Angebote, bei denen man neben der Handynummer auch eine Festnetznummer erhält). Für Deutschland wurde für den Winter 2011 ein Anteil von 11 % der Haushalte ermittelt, die nur über ein Handy zu erreichen sind, 14 % sind nach dieser Erhebung nur über das Festnetz zu erreichen. [Eurobarometer Spezial 381, hierzu S. 14].

Im Hinblick auf die demographische Beschreibung der Mobile-Only-User und den Vergleich mit der Bevölkerung insgesamt, bzw. derjenigen Teilpopulation, die mit Festnetz zu erreichen ist, lassen sich die folgenden Profile schlaglichtartig zusammenfassen.

Tabelle T 06-02: Telefonnutzung nach soziodemographischen Gruppen

Personen nach	Geschlecht		Altersgruppen					
	M	F	14-19	20-29	30-39	40-49	50-59	60++
Deutschland insg.	48,5	51,5	6,6	12,7	12,1	18,4	16,4	33,8
personengewichtet								
Festnetzanschluss*	47,9	52,1	6,9	12,0	12,3	19,3	16,7	32,8
nur Mobilfunk	56,1	43,9	6,7	30,8	18,2	17,4	15,2	11,7
Telefon-HH insg.	48,5	51,5	6,8	13,3	12,7	19,1	16,7	31,4
Kein Telefonbesitz	55,9	44,1	5,9	7,2	4,3	9,5	25,0	48,1

Personen nach	Formal höchstem allgemeinen Bildungsabschluss				
	ohne Abschluss	*Schüler*	*Volks- u. Haupts.*	*mitt. Reife/ POS*	*Abitur/ Fachhs.*
Deutschland insg.	1,7	4,2	30,8	35,3	27,6
personengewichtet					
Festnetzanschluss*	1,5	4,4	29,7	35,6	28,5
nur Mobilfunk	4,2	2,4	41,4	33,8	17,4
Telefon-HH insg.	1,7	4,2	30,8	35,2	27,6
Kein Telefonbesitz	7,8	4,7	36,8	19,7	30,0

Tabelle T 06-02: Fortsetzung

Privat-HH nach	Haushaltsnettoeinkommen							
	< 750 €	< 1500 €	< 2000 €	< 2500 €	< 3000 €	< 4000 €	< 5000 €	> 5000 €
Deutschland insg.	7,3	24,9	17,0	15,3	11,9	14,6	4,5	4,5
haushalts- gewichtet								
Festnetzan- schluss*	5,3	22,9	17,2	16,0	12,7	15,9	5,0	5,0
nur Mobil- funk	23,4	41,5	15,3	9,7	5,4	3,6	0,6	0,5
Telefon-HH insg.	7,3	24,9	17,0	15,3	11,9	14,6	4,5	4,5
Kein Tele- fonbesitz	35,8	44,8	11,2	6,9	1,3	0,0	0,0	0,0

* ohne Hybridanschlüsse, inkl. Telefonie via Fernsehkabel
Quelle: TNS Infratest F2F-Bus 2012, N ~ 20.000

Die Festnetzpopulation deckt sich demnach recht gut mit der Bevölkerung insgesamt. Es gibt kaum nennenswerte Unterschiede. Allenfalls bei den niedrigsten Einkommensschichten ist in der Festnetzpopulation eine Unterrepräsentation zu konstatieren.

Tabelle T 06-03: Telefonnutzung nach Regionen

Privat-HH nach	Nielsengebiete								
haushaltsgewichtet	D	I	II	IIIa	IIIb	IV	V	VI	VII
Festnetzanschluss*	89,2	91,1	89,4	91,9	92,5	92,5	84,9	77,4	86,1
nur Mobilfunk	9,3	7,7	8,6	6,7	6,5	6,4	13,4	20,2	12,5
Telefon-HH insg.	98,5	98,8	98,0	98,6	99,0	98,9	98,3	97,6	98,6
Kein Telefonbesitz	0,8	0,9	0,7	0,5	0,3	0,6	1,4	2,0	0,8

* inkl. Hybridanschlüsse und Telefonie via Fernsehkabel
Nielsengebiete I: Schleswig-Holstein, Hamburg, Niedersachsen, Bremen; II: Nordrhein-Westfalen; IIIa: Hessen, Rheinland-Pfalz, Saarland; IIIb: Baden-Württemberg; IV: Bayern; V: Berlin; VI: Brandenburg, Mecklenburg-Vorpommern, Thüringen; VII: Sachsen-Anhalt, Sachsen
Quelle: TNS Infratest F2F-Bus 2012, N ~ 20.000

Hingegen weisen die Mobile-Only-User ein eigenständiges Profil aus: Diese Personen sind häufiger männlich, vorwiegend im Alter zwischen 20-29 Jahren, haben eher ein geringeres Einkommen und tendenziell einen formal niedrigen (oder noch keinen) Schulabschluss; und sie leben vor allem in den neuen Bundesländern und in Berlin. Auch in Bezug auf diese Populationsstrukturen ergibt sich ein analoges Bild in der media analyse Pressemedien 2011. Der Anteil der Personen beispielsweise ab 14 Jahren, die nicht im Festnetz zu erreichen sind, wird dort mit 6 % ausgewiesen. In der Untergruppe 20 bis 29 Jahre, die die höchste Handy-Dichte aufweist, liegt der Anteil der Mobile-Only-User dort aber mehr als doppelt so hoch bei 14 %.

Die Entwicklung im Mobilfunk stellt telefonische Bevölkerungsbefragungen also vor die große Herausforderung, eine möglichst auch dauerhaft tragfähige Systematik für eine adäquate Abdeckung der Grundgesamtheit sicher zu stellen. Spezielle Schwerpunktstudien leiden schon heute erheblich unter „blinden Flecken" der Festnetz-Auswahlgesamtheit; beispielsweise Untersuchungen, die sich an Jugendliche und junge Erwachsene in den neuen Bundesländern richten. Bereits in naher Zukunft aber könnten auch allgemeine Bevölkerungsbefragungen von einer erheblichen Unterdeckung betroffen sein, wenn der nächste Entwicklungsschub auf dem Sektor Mobilfunk kommt. Angesichts dieser Gesamtsituation war es höchste Zeit, Lösungsansätze für die Mobile-Only-Problematik zu entwickeln und empirisch auf Praktikabilität zu testen (siehe weiter hierzu Kapitel 8).

Christiane Heckel, Axel Glemser, Gerd Meier

7 Das ADM-Telefonstichproben-System

Die Arbeitsgemeinschaft ADM-Telefonstichproben (ARGE) setzt seit 1999 einen gemeinsamen Auswahlrahmen für Festnetzstichproben ein und seit 2006 auch für das Mobilnetz. Von Anfang an ist mit der jährlicher Aktualisierung des/der Sample Frames die BIK ASCHPURWIS + BEHRENS GmbH beauftragt.

Seit Beginn der gemeinsamen Nutzung einer Telefon-Auswahlgrundlage gibt es auch die „ADM-Sperrdatei", in der Rufnummern gelistet sind, die von Personen genannt wurden, die auf keinen Fall für Zwecke der Markt- und Meinungsforschung telefonisch angesprochen werden wollen. Alle ADM-Mitglieder mit Telefonstudio sind verpflichtet, solche Sperrwünsche unverzüglich an diese Sperrdatei zu melden, ihre Stichproben vor jeder Arbeits-Schicht mit dieser Datei abzugleichen und gesperrte Rufnummern sofort aus ihren Stichproben zu löschen.

Die erst relativ späte Generierung des Auswahlrahmens für Mobilfunkstichproben resultiert daraus, dass nur ein äußerst kleiner Teil der Mobilfunknummern in Verzeichnisse eingetragen ist, so dass erst die Veröffentlichung der an die Provider vergebenen Nummernkreise durch die Bundesnetzagentur eine Basis geschaffen hat, auf der diese Generierung aufbauen konnte. In den folgenden Abschnitten wird die Erstellung der Auswahlrahmen für die beiden Telefonnetze (Fest und Mobil) detailliert beschrieben. Es folgt dann die Beschreibung der darauf aufbauenden Stichproben.

Die Grundanforderung an einen Telefon-Auswahlrahmen ist es, die Wohnbevölkerung in Privathaushalten am Ort der Hauptwohnung (das ist die primär mit den ADM-Telefonstichproben zu repräsentierende Grundgesamtheit) in Deutschland prinzipiell abbilden zu können. Allerdings gibt es eine Gruppe von Personen, bei denen dies nicht gelingen kann (zur Größe dieser und der folgenden Gruppen vgl. Kapitel 6.4):

- Haushalte und die darin lebenden Personen, die weder über ein Handy noch einen Festnetzanschluss verfügen, sind aus diesem Auswahlrahmen von vornherein ausgeschlossen, da sie telefonisch nicht kontaktiert werden können.

Und es gibt zwei weitere Gruppen, die nur in einem der beiden Auswahlrahmen enthalten sind:

- Personen, die nur ein Handy ohne jede zusätzliche – ggf. virtuelle (z.B. Genion oder Vodafone@home) – Festnetznummer besitzen, sind nur im Sample Frame für Mobilfunknummern enthalten.
- Personen, die ausschließlich über einen Festnetzanschluss nicht jedoch über ein Handy erreichbar sind, sind natürlich nur in der Auswahlgrundlage für Festnetznummern enthalten.

Die größte Gruppe der Privathaushalte und der darin lebenden Personen kann sowohl über das Festnetz als auch über Mobilfunknummer(n) kommunizieren, ist also auch in beiden Sample Frames enthalten, was für die Stichprobenbildung und die Designgewichtung durchaus von Vorteil ist (siehe Kapitel 8).

7.1   Erstellung des Auswahlrahmens für das Festnetz

7.1.1   *Ausgangsdaten*

7.1.1.1   Telefonanschlüsse

Zur Zahl der real geschalteten Rufnummern in Deutschland erhält man viele unterschiedliche Angaben, von denen jedoch keine eine verlässliche Information bietet.

Die Bundesnetzagentur veröffentlichte in ihrem Jahresbericht 2011 die Entwicklung der **Anzahl der Telefonanschlüsse für Sprachkommunikation**. Die Anschlussarten im Festnetz werden von Schmal- und Breitband abgedeckt, wie die folgende Tabelle zeigt, und sind immer noch zu gut der Hälfte Analoganschlüsse.

Tabelle T 07-01: Entwicklung der Telefonanschlüsse

Telefonan- schlüsse/- zugänge und Anteil der Telekom- Wettbewer- ber in Festnetzen	2009			2010			2011e		
	Ge- samt- bestand in Mio	Telekom- Wettbewerber- anteil		Ge- samt- be- stand in Mio	Telekom- Wettbe- werber-anteil		Ge- samt- be- stand in Mio.	Telekom- Wettbe- werber-anteil	
		in Mio.	in %		in Mio.	in %		in Mio	in %
Schmalband:									
Analogan- schlüsse	20,01	1,71	8,5 %	18,67	1,72	9,2 %	17,53	1,73	9,9 %
ISDN-Basis- anschlüsse	12,15	4,20	34,6 %	11,63	3,94	33,9 %	11,00	3,58	32,5 %
ISDN-PMX- Anschlüsse	0,11	0,03	27,7 %	0,10	0,03	28,7 %	0,10	0,03	30,1 %
Öffentliche Telefonstel- len	0,08	0,00	2,0 %	0,07	0,00	2,1 %	0,07	0,00	2,1 %
Breitband:									
Telefonie über Kabel- TV-Netze	2,30	2,30	100,0 %	2,90	2,90	100,0 %	3,60	3,60	100,0 %
Sprachzu- gänge über entbündelte DSL- Anschlüsse (VOIP)	3,85	3,80	98,7 %	4,86	4,77	98,1 %	5,68	5,45	96,0 %
Summe Anschlüsse/ Zugänge	**38,50**	**12,29**	**31,3 %**	**38,23**	**13,36**	**34,9 %**	**37,98**	**14,39**	**37,9 %**

Quelle: in Anlehnung an Bundesnetzagentur, Tätigkeitsbericht 2010/2011, S.31, Angaben inkl. Eigenbedarf, 2011e = vorläufige Werte

Bemerkenswert ist hier der deutlich gestiegene Anteil der Telekom-Wettbewerber. Die Zahl der Telefonanschlüsse sagt allerdings noch nichts über die damit verbundenen Rufnummern aus. Ein ISDN-Basisanschluss kann theoretisch zwischen drei und 10 Rufnummern umfassen, ein Anschluss bei einem Kabelanbieter kann je nach Kundenwunsch zwischen 2 und 5 Rufnummern aufweisen. Die Zahl der existierenden Rufnummern liegt also deutlich über der Zahl der Telefonanschlüsse.

7.1.1.2   Sprachkanäle

Als weitere Einheit hat die Bundesnetzagentur bis 2007 noch die **Menge der Sprachkanäle** pro Anschluss ausgewiesen. Da bei VOIP-Anschlüssen (Voice Over IP ist die auf dem Internet basierende Telefonie) die Unterscheidung von Datenkanal und Sprachkanal aufgehoben ist, spielt diese Größe inzwischen keine Rolle mehr.

7.1.1.3   Rufnummern

„Rufnummern" sind die mit einer Ortsnetzkennzahl versehenen Telefonnummern, die zu einem Telefonanschluss erteilt werden. Hier sind die Relationen von Anschlussart zu Menge der Rufnummern wie folgt:
Schmalband-Anschlüsse

- 1 Analog-Anschluss = 1 Rufnummer
- 1 ISDN-Basisanschluss = 3 bis 10 Rufnummern (Empfehlung 10) (Maximale Obergrenze 100)
- 1 ISDN-Primärmultiplexanschluss = 500 Rufnummern (Maximale Obergrenze 10.000)

Breitband-Anschlüsse

- 1 VOIP/DSL-Anschluss = je nach Anbieter 1 bis zu 10 Rufnummern: Telekom 1 bei analog/10 bei ISDN; Arcor bis zu 10; 1&1 4; Alice 1; Freenet 3
- 1 Kabel-TV-Anschluss = je nach Anbieter 2 bis zu 5 Rufnummern

Als dritte Größe wird von der Bundesnetzagentur seit Mitte Mai 2005 die Menge der den Anbietern zugeteilten Rufnummern veröffentlicht, inklusive des Telekom-„Altbestandes" vor 1998. Diese Bestandszahl nach Vergabe nimmt aber keine Rücksicht auf die tatsächlich technisch aktiven Rufnummern. Im März 2012 lag allein der Gesamtbestand bei 229,5 Mio. zugeteilten Rufnummern. Um sich dem unbekannten, technisch aktiven Bestand zu nähern, werden bei der Erstellung der Auswahlgrundlage weitere nachfolgend beschriebene Schritte unternommen. Die Auswahlgrundlage 2011 umfasste dann tatsächlich 116,8 Mio. Festnetznummern.

7.1.1.4 Telefonbucheinträge

Als vierte Größe, die jedoch nicht mehr von einer amtlichen Quelle veröffentlich wird, gibt es die Menge der Einträge von Rufnummern in amtlichen Telefonverzeichnissen, reduziert auf die Menge der privaten Einträge. Diese Zahl ist seit 1998 deutlich rückläufig: Von 1998 bis Januar 2012 sind rund 10 Mio., das sind rund 32 % der 1998 vorhandenen privaten Einträge, aus öffentlichen Verzeichnissen verschwunden. Dieser Verlust an Einträgen steht in keiner Relation zur Entwicklung der Festnetzanschlüsse.

Es wird an dieser Stelle deutlich, dass man eine Stichprobenziehung rein auf Basis eines öffentlich zugänglichen Telefonverzeichnisses, wie z.B. noch bei SCHNELL [2008, S.365] beschrieben, nicht mehr für repräsentative Stichproben einsetzen kann. Man erreicht nur den Teil der Privathaushalte, der schon lange über den Anschluss verfügt und bei der Telekom Kunde ist. Praktisch alle Rufnummern-Wechsler, sei es durch Umzug oder Wechsel des Anbieters, fehlen in dieser Art von Verzeichnissen.

7.1.2 *Bildung der Rufnummern im Rahmen der Auswahlgrundlage: Erweiterung des Gabler-Häder-Modells*

Grundgedanke des Gabler-Häder-Modells ist es, die zu geringe Menge der eingetragenen Rufnummern durch geeignet generierte Rufnummern zu ergänzen, um damit möglichst das Universum aller aktiven Rufnummern verzerrungsfrei abzubilden.

Dazu werden alle eingetragenen Rufnummern pro Vorwahl in sog. „Hunderter-Blöcken" zusammengefasst. Dann werden – nach Redundanzbeseitigung – alle auf Basis dieser Hunderter-Blöcke möglichen Rufnummern von 00 bis 99 generiert.

Je weniger Einträge als Basis zur Verfügung stehen, umso problematischer wird dieses Verfahren. „Es besteht die Gefahr, dass vermehrt (insbesondere neue) Blöcke nicht erfasst werden können, da keine einzige Nummer aus dem jeweiligen Block auf der CD-ROM eingetragen ist." [Deutschmann/Häder, S. 79]

Der Markteintritt der Telekom-Wettbewerber (besonders auch mit DSL-Angeboten) hat diese Problematik verschärft. Der massive Rückgang an Telekom-Rufnummern seit 2004 ist vor allem auf die Einbrüche im Festnetz zurückzuführen (von 2004: 36,8 Mio. auf 2011: 23,4 Mio. Anschlüsse im Schmalband-Bereich, das ist ein Rückgang von 13,4 Mio.) [http://www.geschaeftsbericht.telekom.com/site0411/de/kf/daten-aus-dem-konzern/index.php]. Da diese hauptsächlich das

Telefonbuch speisen, wirkt sich dieser Verlust direkt auf die Zahl der Einträge aus.

Als Ausweg aus dieser Situation bot sich 2005/2006 erstmals die Möglichkeit, die Menge der vergebenen Rufnummern besonders im Bereich der Wettbewerber mit der Liste der vergebenen Rufnummern der Bundesnetzagentur zu erweitern.

Nach ersten Rufnummerntests, in denen Rufnummernblöcke mit null oder 1-2 Einträgen auf technische Erreichbarkeit getestet wurden, zeigte sich, dass in diesen neuen Rufnummernblöcken viele existente aber nicht gelistete Rufnummern lagen.

Daher entschloss sich die Arbeitsgemeinschaft ADM-Telefonstichproben 2007, das Gabler-Häder-Modell zu modifizieren. Hätte man weiter mit dem bisherigen Verfahren gearbeitet, wäre die Menge der Rufnummern gesamt in 2007 sogar zurückgegangen und die Wettbewerbsverhältnisse wären nicht korrekt abgebildet worden. Das ursprüngliche Gabler-Häder-Modell basierte nur auf den eingetragenen Rufnummern. Je geringer diese Einträge wurden, umso niedriger war die Abdeckung aller Telefonanschlüsse durch das Generierungsverfahren. Rufnummernblöcke, in denen kein einziger Eintrag existierte, wurden überhaupt nicht generiert, auch wenn sich dort tatsächlich aktive Anschlüsse befanden.

Das Vorgehen zur Erstellung der Auswahlgrundlage erfolgt seit 2007 in Stufen. Benutzt wird dazu eine aktuelle Liste aller vergebenen Rufnummernblöcke der Bundesnetzagentur (Altbestand vor 1998 und Neubestand). Diese Liste der vergebenen Rufnummernblöcke bildet die Basis und wird mit den Informationen aus den aktuellen Telefonbucheinträgen zu Ort und PLZ angereichert.

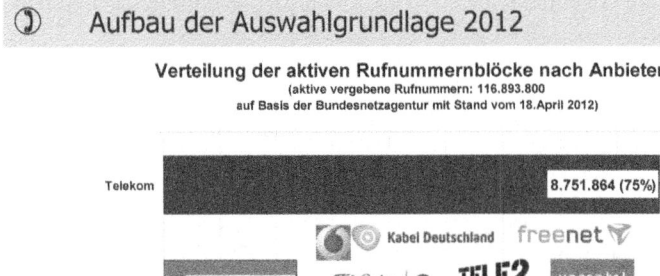

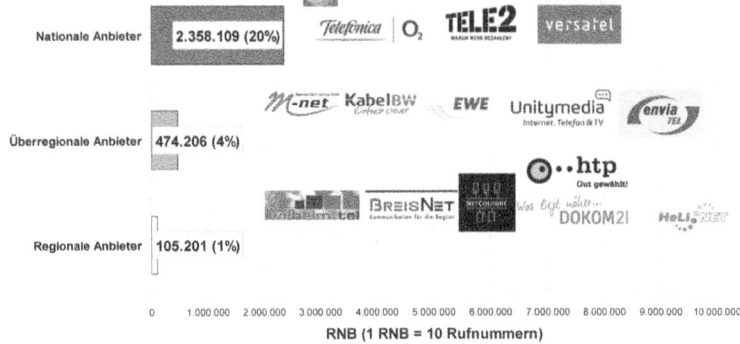

Abbildung A 07-01: Verteilung der Rufnummernblöcke nach Anbietern

Quelle: Endstand der aktiven Rufnummernblöcke nach Ausschlussstufen, auf Basis Bundesnetzagentur mit Stand April 2012

Aus der Auswahlgrundlage ausgeschlossen werden nur solche Anbieter, die ausschließlich gewerbliche Anschlüsse vorhalten, und „veraltete" Rufnummernblöcke der Telekom, die seit 1999 keinen einzigen privaten Eintrag aufweisen.

Die von der Bundesnetzagentur vergebenen Rufnummernblöcke werden durch die Wettbewerber der Telekom sehr unterschiedlich stark genutzt. Das führt dazu, dass in einzelnen vergebenen Blöcken noch keine Rufnummern geschaltet sind. Um bei der Generierung von Rufnummern solche leeren Blöcke auszuschließen, wurde für die Erstellung der Auswahlgrundlage 2008 erstmalig ein technisches Prüfverfahren für die vier größten Wettbewerber der Telekom eingesetzt. Dieses Verfahren wurde 2009 auf alle Telekom-Wettbewerber ausgeweitet.

Dieses veränderte Generierungsverfahren mit stärkerem Einbezug der Wettbewerber der Telekom, aber auch die Veränderung der technischen Infrastruktur (DSL-Anschlüsse für reine Datenübertragung, VOIP-Technik) machen die Nutzung von Technik zur Leitungskontrolle notwendig. Sie wird im Zuge der Generierung eingesetzt, um bei Blöcken ohne jeglichen Eintrag zu prüfen, ob sie überhaupt aktive Nummern enthalten, und so die Menge der technischen Fehlkontakte zu minimieren.

Die Auswahlgrundlage bildet seit 2007 die Menge aller von der Bundesnetzagentur vergebenen Rufnummernblöcke ab, unter Auslassung sog. leerer „Reserve-Blöcke". Damit wird, anders als bisher, nicht nur das Universum aller möglichen Telekom-Festnetzrufnummern abgebildet, sondern auch das der Telekom- Wettbewerber.

① Aufbau der Auswahlgrundlage 2012

Universum aller Festnetz-Telefonnummern

Nummern,
die auf RNB
ohne Eintrag
basieren
=
40,83 Mio.
(35%)

Nummern,
die
auf RNB
mit Einträgen
basieren
=
76,1 Mio.
(65%)

Die Auswahlgrundlage umfaßt **116,9 Mio. Rufnummern.** Diese Rufnummern sind jeweils in Blöcken von 10 Rufnummern (RNB) zusammen gefasst.

→ 76,1 Mio. Rufnummern basieren dabei auf Rufnummernblöcken mit einem Eintrag im Telefonbuch. Davon sind 20,31 Mio. Rufnummern (21,16 mit Fax) im Telefonbuch eingetragen (nach allen Bereinigungsstufen der rein gewerblichen Rufnummern)

→ und 40,83 Mio. Rufnummern wurden auf Basis von vergebenen Rufnummernblöcken generiert, die keinen Eintrag im Telefonbuch aufweisen, um auch nicht eingetragen Teilnehmer in diesem Nummernbereichen zu erreichen.

→ **Damit sind jetzt alle Rufnummern privater Telefonprovider, die von der Bundesnetzagentur vergeben sind, Element der GG.**

Abbildung A 07-02: Struktur der Festnetz-Auswahlgrundlage 2012

Durch den Einbezug der Liste der vergebenen Rufnummernblöcke der Bundesnetzagentur hat sich die bis dahin einheitliche Struktur von Hunderter-Blöcken aufgelöst. Seitdem sind in der jährlich zur Generierung bereitgestellten Block-Liste sowohl Rufnummernblöcke, die 10 Nummern umfassen, als auch solche mit 100 Rufnummern und sogar solche mit 1.000 Rufnummern enthalten. Kennzahlen auf Basis von Blöcken sind also nicht mehr mit den Vorjahren vergleichbar, da die Listenstruktur jährlich variiert. Hier werden aber Anstrengungen unternommen, die Vergleichbarkeit mit früheren Auswahlgrundlagen wieder herzustellen.

Trotz des Wechsels der Basis für die Nummerngenerierung weg von den Einträgen und hin zu von der Bundesnetzagentur vergebenen Rufnummernblöcken werden die Einträge weiterhin benötigt, da nur diese die Informationen über die tatsächliche Länge der geschalteten Rufnummern und die regionale Verortung liefern. Es geht inzwischen aber nicht mehr nur um die Zahl der Einträge, sondern zusätzlich wird es immer wichtiger zu wissen, in welchen Rufnummernblöcken welchen Betreibers diese Einträge zu finden sind.

7.1.3 Verortung der generierten Rufnummern mit Regionalwahrscheinlichkeiten

Eine wichtige Voraussetzung für den Einsatz des CATI-Stichproben-Systems ist die Möglichkeit, eine Schichtung der Rufnummern nach Kreisen und/oder Klassifizierungen der Gemeindegröße für die Ziehung der Stichprobe vornehmen zu können.

Dazu muss jede Rufnummer, egal ob eingetragen oder generiert, eine Regionalzuordnung erhalten.

Die Telefon-Einträge werden auf Basis von Ortsnamen und Vorwahlnummern verarbeitet. Jedem Ort wird der Amtliche Gemeindeschlüssel zugeordnet. Damit sind alle eingetragenen Rufnummern eindeutig einer Gemeinde zugeordnet. Um zusätzlich in Großstädten eine Stadtteilzuordnung des Eintrags vorzunehmen, kommen der Postleitzahl, Straße und Hausnummer Bedeutung zu. Diese Angaben werden aber zum Teil auf Wunsch des Teilnehmers weggelassen oder nur verkürzt angegeben, zum Beispiel nicht alle Stellen der Postleitzahl oder bewusst fehlende Straßenangaben. Nur die Ortsangabe ist immer vollständig vorhanden.

Parallel dazu wird als systematische Datei die Liste aller Standard-Kombinationen von Vorwahl und Orten/Ortsteilen der Regulierungsbehörde aufgearbeitet, d.h. Orten und Ortsteilen der Amtliche Gemeindeschlüssel zugeordnet und fehlende Gemeinden ergänzt.

Insgesamt gibt es (Gebietstand: 12/2011)
- 5200 Vorwahlnummern,
- 412 Kreise,
- 11.292 Gemeinden und
- ca. 15.240 Orte (postalisch gültige Ortsnamen).

Da sich die Grenzen von Vorwahlbereichen, PLZ-Bereichen und amtlichen Gemeinden überschneiden, kann es in einem Nummernblock mehrere regionale Zuordnungen geben. Komplizierter wird es bei den generierten Rufnummern. Von den generierten Nummern weiß man nicht, zu welcher Gemeinde diese Rufnummern gehören. Ihnen werden daher, soweit möglich, die Regionalwahrscheinlichkeiten zugeordnet, die sich aus den regionalisierbaren Einträgen im gleichen Rufnummernblock ergeben. Es gibt aber auch Rufnummernblöcke, in denen es keinen einzigen Eintrag oder zumindest keinen regionalisierbaren Eintrag gibt. Um auch diesen Rufnummern Regionalwahrscheinlichkeiten zuordnen zu können, wird nach dem Typ des Telefonproviders unterschieden. Diese Information wird bei der Generierung der Auswahlgrundlage aus der Liste der Bundesnetzagentur eingespeist. Gestört wird dieses Vorgehen durch die sog. Rufnummernportierung, d.h. die kostenpflichtige Mitnahme der Rufnummer bei Providerwechsel vom alten zum neuen Provider; da dies aber nur sehr selten passiert und außerdem nie den Vorwahlbereich verlassen kann, ist diese Unschärfe zu vernachlässigen.

Je nach Typ des Telefonproviders werden die auf Basis der Einträge vorhandenen Informationen zur Vergabe von Regionalwahrscheinlichkeiten unterschiedlich stark innerhalb des Ortsnetzes verdichtet, wobei mit folgenden Regeln der Regionalzuordnung die bisher besten Erfahrungen gemacht wurden:

Die folgenden drei Gruppen werden unterschieden:

- Rufnummern-Blöcke der Telekom
  Rufnummernblöcke der Telekom haben die Größe von 10 oder 100 Nummern. Das ist ein Indiz dafür, dass sie aus dem Altbestand der Telekom stammen, und bei der Vergabe das Schema des analogen Rufnummernaufbaus eingehalten wurde. Diese Art der Blöcke erhält daher ihre Orts-Information aus den benachbarten 10er oder 100er-Blöcken mit Einträgen.
- Rufnummern-Blöcke von nationalen + überregionalen Providern
  Rufnummernblöcke von nationalen/überregionalen Anbietern sind 1000er-Blöcke, die bereits dem digitalen Vermittlungsschema folgen, und daher eine weit größere regionale Streuung aufweisen. Hinzu kommen Unterschiede in der regionalen Verfügbarkeit der Angebote (DSL, Kabelnetz).
  Hier wird pro Ortsnetzvorwahl (n=5.200) aus den Einträgen der neuen Anbieter dieser Gruppe eine Verteilung ermittelt, mit welcher Wahrscheinlichkeit eine Rufnummer ohne Gemeinde- und Stadtteilinformation zu einer bestimmten Gemeinde/einem Stadtteil gehört. Die Rufnummern ohne eine Orts- und Stadtteilinformation dieser Anbieter erhalten dann anhand dieser Verteilung eine oder mehrere regionale Zuordnungswahrscheinlichkeiten.

Die maximale Obergrenze der regionalen Zuordnungen wird pro Ortsnetz-vorwahl bestimmt.

- Rufnummern-Blöcke von regionalen Providern
  Rufnummernblöcke von regionalen Anbietern sind 1000er-Blöcke, die dem digitalen Vermittlungsschema folgen, aber einen klar abgegrenzten regionalen Raum umfassen (z.b. Wilhelm, Angebot der Stadt Norderstedt). Hier wird ebenfalls pro Vorwahlbereich aus den Einträgen der jeweiligen einzelnen Anbieter eine Verteilung ermittelt, mit welcher Wahrscheinlichkeit eine Rufnummer ohne Gemeinde- und Stadtteilinformation zu einer bestimmten Gemeinde/einem Stadtteil gehört. Die Rufnummern ohne eine Orts- und Stadtteilinformation dieser Anbieter erhalten dann anhand dieser Verteilung eine oder mehrere regionale Zuordnungswahrscheinlichkeiten. Die maximale Obergrenze der regionalen Zuordnungen wird pro Vorwahl und Anbieter bestimmt.

Nach Abschluss dieser Verarbeitungsstufe verfügt man über einen Auswahlrahmen für Festnetznummern, der pro Rufnummer die Information über die Art der Rufnummer bietet (Eintrag/generierte Nummer), den Provider, der diesen Nummernbereich laut Bundesnetzagentur zugewiesen bekommen hat, und eine regionale Zuordnungswahrscheinlichkeit, die eine Stichprobenbildung der Festnetzrufnummern nach Gemeinden proportional zur Verteilung der Privathaushalte oder anderer Verteilungskriterien erlaubt. Da die Regionalzuordnung, wie oben geschildert, beim Großteil der Nummern auf Wahrscheinlichkeitszuordnung beruht, ist es natürlich angeraten, sie im Interview mittels entsprechender Abfrage zu verifizieren.

7.2   Erstellung des Auswahlrahmens für Mobilfunk

7.2.1   Ausgangsdaten

Um den Auswahlrahmen theoretisch zu beschreiben, kann man auf die Menge der Mobilfunknummern verweisen, die durch die Bundesnetzagentur an diverse Anbieter von Mobilfunkdiensten vergeben wurden: Das sind 2012 rund 371 Mio. Nummern.

Die Zahl der Teilnehmer, genauer sollte man sagen die Zahl der SIM-Karten mit Mobilfunkrufnummern, egal ob Prepaid (SIM-Karten, deren Guthaben vorab durch den Teilnehmer bezahlt wird) oder Postpaid (Handy-Verträge, bei denen der Teilnehmer nach Nutzung monatlich abrechnet) lag nach Schätzung der Bundesnetzagentur Ende 2011 bei 112,0 Mio. Damit ist rein rechnerisch jedem

Bewohner der Bundesrepublik mehr als eine SIM-Karte zuzuordnen (Penetrationsrate von 137%).

Von den an die Provider vergebenen 371 Mio. Nummern kann man aber Nummern aus dem Auswahlrahmen ausschließen, die von den Providern für rein technische Zwecke genutzt werden, und solche, die zwar schon durch die Netzagentur zugewiesen wurden, aber noch nicht von den Providern an Kunden vergeben wurden. Bewährt hat sich dabei die Betrachtung von 10.000er Blöcken, über die man Informationen zusammenstellen kann. Da ist zum einen die Menge der Einträge der Telefonbuch-CD, dann haben sich Internetrecherchen als sinnvoll herausgestellt, denn für Kontakte wird gern eine Handynummer angegeben, sei es auf Wohnungssuche, im Vereinsleben oder für geschäftliche Zwecke. Zusätzlich kann man auch Sites nutzen, die Angaben über die Tarifierung der Rufnummernblöcke enthalten, um Nutzern Hinweise auf versteckte Kosten zu geben. Dann gibt es auch Blöcke, die für technische Dienste der Anbieter oder Mailboxen reserviert sind, und von daher auch für eine Befragung ausscheiden. Auf diese Weise lassen sich 10.000er Rufnummernblöcke spezifizieren, die zusammen einen vermutlich für die Kommunikation nutzbaren Bestand von rund 267 Mio. Rufnummern für die Auswahlgrundlage 2012 bilden.

Die Zahl der Telefonbucheinträge für Mobilfunknummern beträgt dagegen nur 2,1 Mio. (Stand Januar 2012).

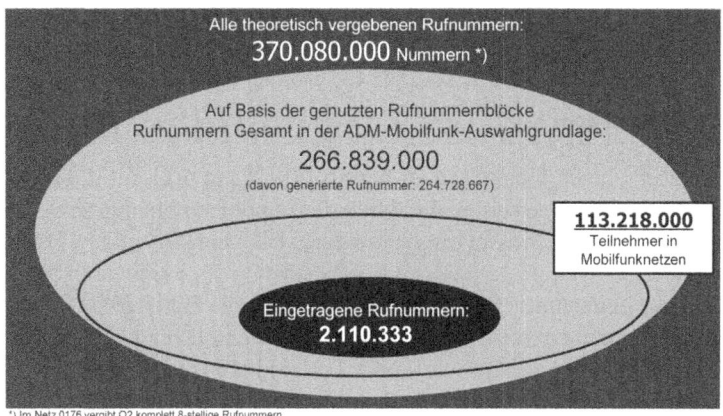

Abbildung A 07-03: Volumendifferenzierung der Mobilfunknummern

Es gibt zurzeit in Deutschland vier Netzbetreiber (T-Mobile, Vodafone, E-Plus und O²), aber weit mehr Mobil-Service-Provider, die innerhalb der Netze ihre Dienste zur Verfügung stellen (z.b. TALKLINE, Mobilcom, Debitel, base, simyo usw.) Je nach Vertragsart unterscheidet man Prepaid oder Postpaid, als weitere Differenzierung gibt es noch den Begriff der sog. „Discounter", die mit sehr kostengünstigen Angeboten ohne großen Service am Markt agieren. Als Beispiele können BILDMobil, smobile, Simply, Simyo, ALDI-TALK genannt werden. Die vier Netzbetreiber weisen jedoch deutlich unterschiedliche Kundenstrukturen auf, wie z.b. die Dual-Frame-Studie des ADM 2012 gezeigt hat. Vergleicht man die Befragten, die mindestens ein Handy neben dem Festnetz nutzen (Doppelnutzer), mit der Gruppe, die ausschließlich das Handy nutzt (Mobile-Only-User), im Hinblick auf die benutzten Netze, dann zeigt sich (vgl. die folgende Abbildung) bei den Mobile-Only-Usern eine deutliche Präferenz für günstige Angebote in den Telekom-Konkurrenz-Netzen. Damit kommt dem Merkmal „Vorwahl" – und daraus abgeleitet „Netzbetreiber" – für mögliche Schichtungen der Rufnummern eine besonders Bedeutung zu. Denn eine Zuordnung von Regionalkennungen wie beim Auswahlrahmen für das Festnetz ist hier leider nicht möglich.

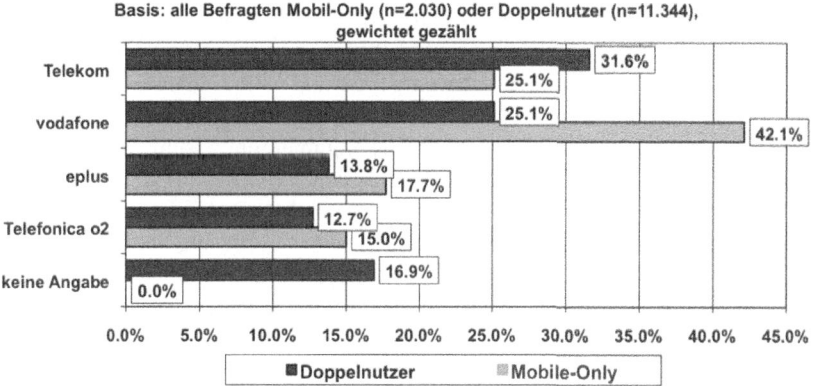

Abbildung A 07-04: Verteilung der Gruppen „Mobil-Only" und Doppelnutzer nach Netzbetreibern

Quelle: Datensatz ADM-Dual-Frame, 2012, eigene Zählung

Häufig wird als Problem bei der Schichtung von Mobilfunkstichproben nach Netzbetreibern die angeblich mangelnde Trennschärfe der Netzvorwahl genannt, denn zwischen den Anbietern wandernde Kunden verwischen durch Nummernportierung die Validität dieses Merkmals.

Unter „Portierung" versteht man die Möglichkeit, beim Wechsel des Netz-Anbieters im Mobilfunk seine Handy-Rufnummer **mit der Vorwahl** mitzunehmen. Man kann also z.b. seine von T-Mobile vergebene Rufnummer 0171-xxx beim Anbieterwechsel zu eplus mitnehmen und ist dann nach wie vor unter der gleichen Rufnummer 0171-xxx erreichbar, obwohl diese Vorwahlnummer eigentlich zu T-Mobile gehört und eplus normalerweise unter anderen Vorwahlnummern anbietet. 2010 haben jedoch gerade einmal 0,5 % aller Mobilfunkteilnehmer von dieser Möglichkeit Gebrauch gemacht (Quelle: EU-Kommission, Digital Agenda Scoreboard 2011, S. 12 und Bundesnetzagentur, Tätigkeitsbericht 2010/2011, Tele-Kommunikation, S. 50). Der Grund für die geringe Nutzung der Nummernportierung dürfte darin liegen, dass dafür beim alten Provider eine Gebühr (derzeit 30 €) erhoben wird. Die durch Nummernportierung verursachte Verzerrung einer über das Merkmal „Vorwahl" oder Netz-Anbieter (der ja aus der Vorwahl ermittelt wird) geschichteten Stichprobe, ist also eher zu vernachlässigen.

7.2.2   Erstellung der Auswahlgrundlage

Zunächst wird pro Vorwahl der tatsächlich gültige Rufnummernbereich ermittelt. Dieser Schritt ist der zeitaufwendigste, denn es gibt leider keine offiziellen Quellen der Anbieter darüber, welche Rufnummernbereiche tatsächlich aktiv sind, und welche Rufnummern darin vergeben sind. Alle Anbieter sehen dies als eine wettbewerbsrelevante Information an, und verweigern darüber die Auskunft. Man hat also nur die Möglichkeit, sich das Nummernuniversum, wie schon beschrieben, über sekundäre Quellen zu erschließen.

Aus allen verfügbaren Informationsquellen wird pro Anbieter auf 10.000er Block-Ebene, oder, wenn die Informationen feiner vorliegen, auch auf 1.000er Block-Ebene ein Listenblatt erstellt, das Auskunft darüber gibt, welche Rufnummernblöcke innerhalb einer Vorwahl aktiv genutzt werden und welche (noch) inaktiv sind.

Diese Listen bilden die Grundlage der Generierung der Rufnummern, was bedeutet, dass man alle theoretisch möglichen Rufnummern in einem als aktiv erkannten 10.000er oder seltener 1000er Block generiert.

Die folgende Zusammenstellung zeigt für April 2012 pro Mobilfunk-Vorwahl das für den jeweiligen Vorwahlbereich von der Bundesnetzagentur vergebene Nummernvolumen und die Zahl der Rufnummern, die in Blöcken liegen, die (noch) nicht genutzt werden, d.h. (noch) „gesperrt" sind. Dieser Anteil korreliert mit dem „Alter" des Vorwahlbereichs: „Junge" Vorwahlnummern, also erst 2004 oder später vergebene, weisen eine andere Belegung aus als länger am Markt etablierte Vorwahlen, und auch eine andere Kundenstruktur, wie die schon zitierte Dual-Frame-Studie des ADM belegt. Wie die Nummernbereiche innerhalb einer Vorwahl an Nutzer vergeben werden, ist von Anbieter zu Anbieter unterschiedlich. Einige geben zunächst nur Teilbereiche frei, andere erlauben eine Vergabe innerhalb der gesamten Vorwahl. Soweit dieses Anbieterverhalten bekannt und nutzbar ist, fließt es in die Routinen zur Erstellung der Auswahlgrundlage ein.

Tabelle T 07-02: Struktur der Mobilfunk-Auswahlgrundlage

Vor-wahl	Betreiber	Gesamtvo-lumen Ruf-nummern	Anzahl Rufnum-mern in gesperrten Blöcken	Anzahl nutzbarer Rufnum-mern Gesamt (= Frame)	Anzahl Einträge	Ein-trag-dichte	Anzahl generierte Rufnum-mern	Anzahl Teilneh-mer	Abdeck-ung Frame/Teilneh-mer
01511		10.000.000	1.400.000	8.600.000	81.253	0,9%	8.518.747		
01512		10.000.000	3.100.000	6.900.000	46.605	0,7%	6.853.395		
01514		10.000.000	6.900.000	3.100.000	4.127	0,1%	3.095.873		
01515		10.000.000	1.300.000	8.700.000	49.152	0,6%	8.650.848		
0160		10.000.000	9.600.000	400.000	0	0,0%	400.000		
		9.000.000	1.200.000	7.800.000	52.020	0,7%	7.747.980		
0170		10.000.000	600.000	9.400.000	100.200	1,1%	9.299.800		
0171		10.000.000	1.300.000	8.700.000	243.636	2,8%	8.456.364		
0175		10.000.000	1.600.000	8.400.000	382.153	4,5%	8.017.847		
		9.880.000	1.200.000	8.680.000	73.854	0,9%	8.606.146		
		100.080.000	**28.200.000**	**71.880.000**	**1.035.937**	**1,4%**	**70.844.063**	**35.100.000**	**206%**
01520		10.000.000	1.600.000	8.400.000	15.315	0,2%	8.384.685		
01522		10.000.000	1.600.000	8.400.000	16.251	0,2%	8.383.749		
01523		10.000.000	7.400.000	2.600.000	806	0,0%	2.599.194		
01525		10.000.000	3.500.000	6.500.000	8.824	0,1%	6.491.176		
0162		10.000.000	1.700.000	8.300.000	29.193	0,4%	8.270.807		
0172		10.000.000	1.654.000	8.346.000	298.790	3,6%	8.047.210		
0173		10.000.000	1.627.000	8.373.000	162.170	1,9%	8.210.830		
0174		10.000.000	1.400.000	8.600.000	40.074	0,5%	8.559.926		
		80.000.000	**20.481.000**	**59.519.000**	**571.423**	**1,0%**	**58.947.577**	**36.461.000**	**163%**

Vor-wahl	Betreiber	Gesamtvo-lumen Ruf-nummern	Anzahl Rufnum-mern in gesperrten Blöcken	Anzahl nutzbarer Rufnum-mern Gesamt (= Frame)	Anzahl Einträge	Ein-trag-dichte	Anzahl generierte Rufnum-mern	Anzahl Teilneh-mer	Abdeck-ung Frame/ Teilneh-mer
01570	e·plus +	10.000.000	9.470.000	530.000	49	0,0 %	529.951		
01573		10.000.000	5.700.000	4.300.000	883	0,0 %	4.299.117		
01575		10.000.000	8.400.000	1.600.000	0	0,0 %	1.600.000		
01577		10.000.000	2.070.000	7.930.000	5.000	0,1 %	7.925.000		
01578		10.000.000	5.600.000	4.400.000	1.655	0,0 %	4.398.345		
0163		10.000.000	1.500.000	8.500.000	24.374	0,3 %	8.475.626		
0177		10.000.000	1.540.000	8.460.000	102.290	1,2 %	8.357.710		
0178		10.000.000	1.580.000	8.420.000	23.627	0,3 %	8.396.373		
		80.000.000	35.860.000	44.140.000	157.878	0,4 %	43.982.122	23.062.000	191 %
0176	O₂	100.000.000	17.500.000	82.500.000	223.369	0,3 %	82.276.631		
0179		10.000.000	1.200.000	8.800.000	121.726	1,4 %	8.678.274		
		110.000.000	18.700.000	91.300.000	345.095	0,4 %	90.954.905	18.595.000	491 %
Gesamt		370.080.000	103.241.000	266.839.000	2.110.333	0,8 %	264.728.667	113.218.000	236 %

Quellen: Anzahl Teilnehmer, Bundesnetzagentur 1. Quartal 2012, Anzahl Einträge, generierte Nummer, ADM CATI Mobil-Auswahlgrundlage 2012

7.3 Stichprobenbildung

Anders als beim ADM-Stichproben-System für F2F-Befragungen sind die ADM-Festnetz-Stichproben üblicherweise zweistufig angelegt. Auf der ersten Auswahlstufe werden Telefonnummern selektiert, die direkt mit dem Haushalt verbunden sind. Die Personenauswahl innerhalb des Haushalts stellt die zweite Stufe der Stichprobe dar. Demgegenüber sind Mobilfunkstichproben sehr häufig einstufig, weil mit der ausgewählten Mobilfunknummer direkt die das Handy besitzende Person ausgewählt ist. Deshalb und wegen der unterschiedlichen Schichtungs-möglichkeiten unterscheiden sich die Beschreibungen für Festnetz- und Mobil-funkstichproben.

7.3.1 ADM-Stichproben für das Festnetz

7.3.1.1 Erste Auswahlstufe – Telefonnummern

Auch das ADM-Design für telefonische Befragungen lässt sich für den Bereich des Festnetzes als haushaltsproportionale Flächenstichprobe auffassen. Die

Regionalverortung der Rufnummern führt dazu, dass die Stichprobe nach Kriterien der amtlichen Gebietssystematik geschichtet werden kann und dass den Schichten für die Ziehung Bedeutungsgewichte – also Angaben der amtlichen Statistik – zugewiesen werden können. Das praktische Vorgehen lässt sich in mehrere Schritte aufgliedern:

- Die Definition der Grundgesamtheit – sachlich, zeitlich, örtlich – muss vorliegen.
- Die Kenntnis über das Befragungsgebiet ist in eine elektronische Datei umzusetzen. Üblicherweise liegt eine Datei aller Gemeinden Deutschlands vor. Diese umfasst den amtlichen Gebietsschlüssel, Gemeindename und einige weitere beschreibende Merkmale, wie Anzahl der Haushalte, Bevölkerung im Alter ab X Jahren, etc. In dieser Datei ist also zunächst ein Kennzeichen zu setzen, welche Gemeinden zum Untersuchungsgebiete gehören und welche nicht. Beispielhaft könnte das Bundesland Nordrhein-Westfalen (NRW) als Untersuchungsgebiet ausgewählt werden.
- Anschließend sollen die Gemeinden des Untersuchungsgebietes geschichtet werden. Das bedeutet, dass innerhalb des Untersuchungsgebiets eine Feingliederung vorgenommen wird. Typischerweise orientiert sich diese wiederum an der Gebietssystematik. Der Grad der Untergliederung – mit dem grundsätzlichen Ziel einer möglichst kleinräumigen Aufteilung – orientiert sich an der anvisierten Fallzahl und der Verteilung der Population. Es ist darauf zu achten, dass nicht zu viele Schichten mit dann zu kleinen Sollbesetzungen entstehen. Im Beispiel könnte in NRW eine Schichtung nach Regierungsbezirken und BIK-Gemeindegrößenklassen vorgenommen werden.
- Als nächstes folgt die Allokation. Hierbei wird die Verteilung der Grundgesamtheit im Schichtungstableau auf die Stichprobengröße umgerechnet. Dabei entstehen zunächst gebrochen-rationale Soll-Besetzungen in den Schichten. Die Rundung der Nachkommabestandteile darf aus stichprobentheoretischen Gründen nicht per kaufmännischer Rundung erfolgen, sondern es muss mit einer Zufallsrundung gearbeitet werden. Hier hat sich das COX-Verfahren bewährt (siehe Kapitel 3.6). Zudem muss das Rundungsprogramm eine iterative Prozesskomponente enthalten und kontrollieren, dass die Summen der zufallsgerundeten Zellenwerte einer Schicht auch mit den zufallsgerundeten Werten der Randverteilung übereinstimmen. Abschließend kann dann das Ergebnis dieser Allokation auf die der jeweiligen Schicht angehörigen Gemeinden verteilt werden, wobei dies per Zufallsauswahl proportional zum Bedeutungsgewicht erfolgen muss. Das Ergebnis dieses Prozesses ist im gewählten Beispiel eine Liste aller Gemeinden

NRWs mit der Zahl zu realisierender Interviews pro Gemeinden bzw. der Zahl auszuwählender Rufnummern hierfür, wobei die regionale, geschichtete Verteilung dieser Angaben der Verteilung der Grundgesamtheit entspricht.

▪ Dann folgt – als vorletzter Schritt – die Auswahl der Rufnummern aus der Auswahlgrundlage. Dabei wird pro Gemeinde per einfacher Zufallsauswahl die entsprechende Anzahl Rufnummern selektiert. Der Auswahlmechanismus muss zusätzlich dafür Sorge tragen, dass Rufnummern, die bereits für eine andere Studie gezogen worden sind, nicht nochmals ausgewählt werden. Ebenso sollen natürlich auch Rufnummern nicht gezogen werden, die aufgrund ihres Eintrags eindeutig auf einen gewerblichen Anschluss verweisen.

▪ Direkt vor Beginn der Feldarbeit und danach an jedem Tag der Feldzeit wird die Stichprobe als letzter Schritt vor der Kontaktaufnahme mit der ADM-Sperrdatei abgeglichen. Dabei werden alle Telefonnummern, von denen bekannt ist, dass sie generell nicht für Forschungszwecke angerufen werden dürfen, ausgesteuert.

Die Stichprobenrealisierung im Feld kann entweder als Brutto- oder als Nettosteuerung erfolgen. Bei der Bruttosteuerung erfolgt die Abarbeitung gemäß der Anordnung und Sortierung der Bruttostichprobe. Bei der Nettosteuerung sichert ein sog. Sample-Management-System (SMS) die zum Schichtungstableau konforme Verteilung der Interviews ab; das Ergebnis der Allokation wird also auch an dieser Stelle als Sollvorgabe verwendet. Das SMS regelt, dass bei erreichtem Zellensoll keine weiteren Rufnummern aus der betreffenden Schicht mehr angewählt werden. Es stellt auch sicher, dass im Feldverlauf die Zellen gleichmäßig entsprechend ihren Endproportionen gefüllt werden, so dass auch Zwischenstände, die häufig zu inhaltlichen Kontrollen verwendet werden, der Sollstruktur weitgehend entsprechen. Es verwaltet das Wiedervorlagemanagement nicht-erreichter Anschlüsse und die Substitution für nicht-genutzte Nummern und Verweigerungen. Empfehlenswert ist für generierte Rufnummern, mit einer Abfrage von Postleitzahl und Wohnort die Gemeindezuordnung im Interview zu prüfen. Sollte es hier zu einer Änderung kommen, muss diese auch in der Schichtzuordnung der Rufnummer nachvollzogen und dann das Interview vom SMS in der richtigen Zelle verbucht werden. Die Regionalverortung ist im Normalfall auf Ebene der Bundesländer, Regierungsbezirke und Kreise sehr zuverlässig und stabil. Ist eine gemeindekonforme Aussteuerung der Nettostichprobe nötig, sollte diese Abfrage auf jeden Fall gemacht werden; bei Stadtteilen ohnehin. Im o.g. Beispiel wäre eine solche Kontrolle und ggf. Aktualisierung der Gemeinde allein schon deshalb nötig, weil nur so eine valide Schichtkonformität hergestellt werden kann, da sich mit einer Änderung der Gemeinde in der Regel auch der Bik-Typ ändern wird.

Mit dieser Operationalisierung lassen sich nahezu alle Studientypen im Bevölkerungsbereich realisieren. Gleichwohl gibt es spezielle Konstellation, die gesondert erwähnt werden müssen.

Das Befragungsgebiet muss, wie oben erläutert, hinsichtlich seiner äußeren Grenzen und seiner Binnendifferenzierungen vollständig anhand der amtlichen Gebietssystematik beschrieben werden können. Ist dies nicht der Fall, kommt es bei der Schichtung und Gebietsauswahl zu Ungenauigkeiten, die erst im Rahmen des Interviews geklärt werden können. Ein relativ häufig vorkommendes Beispiel für solche Unschärfen ist eine Untersuchung, die eine Schichtung nach Vertriebsgebieten erfordert. Vertriebsgebiete orientieren sich typischerweise an der PLZ-Systematik, die vielfach nicht deckungsgleich mit der amtlichen Einteilung ist. Erfolgt durch Auskunft der Zielperson mit PLZ und Ort im Interview dann eine Änderung der Verortung, so kann es hier auch zu einem Wechsel in andere Vertriebsgebiete kommen. In ungünstigen Fälle kann dies sogar zu Abbrüchen führen, weil die aktualisierte Gebietsinformation anzeigt, dass der Haushalt außerhalb des Befragungsgebietes liegt, oder in ein anderes Vertriebsgebiet gehört, für das die erforderliche Zahl von Interviews bereits erreicht ist.

Für den Fall, dass es sich um eine regionale Schwerpunkterhebung handelt und/oder die Schichtung so kleinräumig gewählt ist, dass unterhalb der amtlichen Gemeindegrenze abgegrenzt werden muss, erweist sich mitunter auch die angestrebte Überprüfung und Aktualisierung der Verortung als problematisch. In manchen Städten gibt es lediglich nummerierte Stadtbezirke, die der Bevölkerung nicht geläufig sind. Auch namentlich definierte Stadtbezirke sind nicht allen Bewohnern bekannt – vor allem dann nicht, wenn es sich um künstliche Gebilde handelt, die nur bedingt deckungsgleich sind mit den historischen gewachsenen Ortskernen. Valide Zuordnungen sind hier nur noch mit Straßen- und Straßenabschnittsregistern möglich; dies birgt jedoch auch die Gefahr von vermehrten Abbrüchen, da diese Auskünfte nicht von jeder Person freigiebig gegeben werden. Eine generalisierbare Lösung gibt es für diese Probleme nicht, vielmehr muss für jede einzelne Studie dieses Typs ein singulär adäquater Ansatz entwickelt werden. Hierbei ist auch die Verfügbarkeit von sekundärstatistischen Informationen ein entscheidender Aspekt.

Grundsätzlich ist ein disproportionaler Ansatz kein größeres Problem, solange einerseits konsistente Teilgebiete vorliegen und andererseits nicht zu viele Teilgebiete angestrebt werden. Für die Allokation ist ein disproportionaler Ansatz einfach solange zu zerlegen, bis eine Reihe von in sich wiederum proportionalen Teilgebieten vorliegt. Somit können dann mehrere separate Allokationen für jedes Gebiet einzeln durchgeführt werden. Die Auswahl der Rufnummern kann dann wiederum gemeinsam vorgenommen werden, indem die Allokationsergebnisse wieder zusammengefügt werden. In der Praxis sind hier oftmals forschungsökonomische Kompromisse zu schließen zwischen einer theoretisch wünschenswerten hochdifferenzierten Disproportionalität und dem Gebot schlanker Umsetzbarkeit kleiner Budgets. Die oben dargestellten Schwierigkeiten der flächentreuen Realisierung der Stichprobe bei kleinräumiger Studienanlage und/ oder nicht-kompatibler Gebietssystematik verschärfen sich bei disproportionalen Designs erheblich – insbesondere dann, wenn die Flächenabbildung nach dem Bruttokonzept realisiert werden soll.

Mit dem ADM-Design können auch Studien für eingeschränkte Zielgruppen, also solche, die sich nicht auf die Gesamtbevölkerung beziehen, realisiert werden. Hierbei ergeben sich zwei verschiedene Verfahrensvarianten.

- Ist die Grundgesamtheit auf Gemeindeebene statistisch beschreibbar und können Haushalts- und Personendaten dazu beschafft werden, kann man das Bedeutungsgewicht für die Allokation auf Basis dieser Daten bestimmen. Dies wäre beispielsweise der Fall, wenn Personen im Alter zwischen 30 und 65 befragt werden sollen, wo man Allokation und Stichprobensteuerung an der Verteilung dieser Personengruppe über die zu repräsentierende Fläche orientieren kann, da die Daten dazu aus der Kommunalstatistik entnommen werden können. Natürlich ist nicht in jedem Haushalt eine Person dieser Zielgruppe anzutreffen. Das bedeutet, dass diese Inzidenz bei der Kostenkalkulation relevant ist. Praktisch und methodisch führen solche Fehlkontakte dann zu nicht verwertbaren Ausfällen, die auch keine weitere Relevanz zur Gewichtung und Hochrechnung der Ergebnisse haben.
- Liefert die amtliche Statistik keine Grundzahlen für die angestrebte Zielgruppe auf Gemeindeebene, sollen bspw. Raucher befragt werden, muss ein anderes Vorgehen gewählt werden. Allokation und Bruttostichprobe werden in diesem Fall wie bei jeder normalen Bevölkerungsstichprobe konzipiert. Zur Kostenkalkulation wird zunächst eine Inzidenz geschätzt, die dann später überprüfbar ist. Da keine Zahlenangaben zur Gruppe der Raucher vorliegen, muss jedoch ein anderes Steuerungs- und Gewichtsmodell gewählt werden. Das Solltableau für die Nettosteuerung wird dabei haushaltsproportional angelegt, und es werden die Fehlkontakte in den Haushalten mitgezählt, in denen kein Raucher lebt. Darüber hinaus wird in diesen Fällen ein Kurzinterview geführt, in dem die wesentlichen demographischen Variablen des Haushalts abgefragt werden. Diese Kurzinterviews werden als Ergänzung der Vollinterviews mit Rauchern für Gewichtung und Hochrechnung benötigt, die beide – mangels offizieller Zahlen für die Zielgruppe – auf der Ebene der Gesamtbevölkerung ansetzen.

7.3.1.2   Zweite Auswahlstufe – Personen innerhalb des Haushalts

Soll eine Personen-Stichprobe realisiert werden, wird üblicherweise nicht jede Person des Haushalts befragt. Es muss also in einer zweiten Stufe der Stichprobenziehung innerhalb des Haushalts eine Person für die Befragung ausgewählt werden.

Hierzu wurden verschiedene Zufallsverfahren entwickelt, die im Bereich der telefonischen Befragung praktikabel sind (einen umfassenden Überblick gibt Gaziano, 1988). Es gibt Verfahren, die der Personenauswahl bei persönlichen Interviews entsprechen, die mit einem Zufallsverfahren (Schwedenschlüssel oder Kish-Selection-Grid) arbeiten. Dabei müssen alle Personen, die zur Grundgesamtheit zählen, nach vom Institut festgelegten Regeln dem Sample Management System zumindest virtuell genannt werden. Eine Zufallsauswahl zeigt dann an, welche Person zu befragen ist (siehe Abschnitt 5.6.3).

Eine andere gängige Methode ist das Geburtstagsverfahren. Hierbei fragt man nach der Person, die von allen zur Grundgesamtheit zählenden Personen des Haushalts zuletzt Geburtstag hatte. Bei einer anderen Variante des Verfahrens fragt man nach der Person, die als nächste Geburtstag hat. Auch wenn dieses Verfahren kein Zufallsverfahren im engeren Sinne ist, kann man damit eine Zufallsauswahl ausreichend gut simulieren, wie Studien belegen (O'Rourke und Blair, 1983). Mittlerweile gibt es den Vorschlag, die Geburtstagsmethode durch einen Zufallsschritt zu ergänzen, indem ein Datum per Zufall bestimmt und dann die Person des Haushalts ausgewählt wird, die entweder als letzte vor diesem Datum oder als erste nach diesem Datum Geburtstag hat (Häder & Hader; 2009, S. 93).

Der Vorteil des Geburtstagsverfahrens liegt in der hohen Praktikabilität während der Kontaktphase und in dem geringen zeitlichen Aufwand, der dafür notwendig ist, weil nur ein Minimum an anscheinend „unverfänglicher" Informationen zur Zielpersonenauswahl benötigt wird. Zudem gibt es kaum Rückfragen von den Kontaktpersonen, warum gerade diese Person ausgewählt wurde, weil diese Methode irgendwie plausibel erscheint. Zusätzlich erreicht man hiermit eine günstig geringe Verweigerungs- und Abbruchquote (siehe hierzu Dillman, Gallegos und Frey, 1976: Die ersten Momente eines Telefoninterviews, und damit das Auswahlverfahren, sind entscheidend für die Höhe der Verweigerungsrate; siehe dazu auch Meier, Schneid, Stegemann und Stiegler, 2005).Es gibt aber auch einen grundsätzlichen Nachteil dieses Verfahrens: Seine korrekte Anwendung ist nur durch direktes Mithören zu kontrollieren, da dazu geeignete Kontrolldaten im Interview praktisch nie erhoben werden.

Man erhält bei Befragung von nur einer Person im Haushalt eine Nettostichprobe, die auf der Ebene der Personen zu viele kleine und zu wenige große Haushalte ausweist. Mit der Transformation bzw. Designgewichtung korrigiert man dieses bewusst eingegangene Missverhältnis und überführt durch die Multiplikation der Datensätze mit der Anzahl der Zielpersonen im Haushalt die ursprüngliche Haushalts- in eine Personenstichprobe (siehe Abschnitt 5.6.3). Theoretisch kann auf die Transformation bzw. Designgewichtung verzichtet werden, wenn die Haushaltsgröße als Schichtungsmerkmal eingeführt und bereits bei der Auswahl darauf geachtet wird, dass eine korrekte Verteilung der Interviews nach Haushaltsgröße erreicht wird. Da aber die Haushaltsgröße vor dem Kontakt nicht bekannt ist, ist dieses Verfahren weniger praktikabel, denn es führt zu einer Erhöhung der Fehlkontaktrate, weil einige kontaktierte Haushalte und deren Personen nicht befragt werden dürfen.

Eine zweite Möglichkeit, die Transformation zu vermeiden, ist die Auswahl mehrerer Personen pro Haushalt. Wenn man den gegenseitigen Einfluss und die Ähnlichkeit der Personen eines Haushalts als relativ unwichtig erachtet und wenn die Belastung des Haushalts durch mehrere Interviews nur gering erscheint, kann man diese Auswahlmöglichkeit erwägen. Dann ist eine einstufige Auswahl von Personen möglich. Dabei werden alle auswählbaren Personen der Haushalte nach festen Regeln – virtuell – in einer Reihe aufgelistet und die zu befragenden Personen werden über die Haushalte hinweg nach dem systematischen Zufallsverfahren ausgewählt. Da die durchschnittliche Haushaltsgröße für Personen ab 14 Jahren bei zwei liegt, wird prinzipiell jede zweite Person aus dieser virtuellen Liste befragt. Das bedeutet, dass kleine Haushalte übersprungen werden können, also keine Personen in diesen Haushalten befragt werden, und dass in großen Haushalten auch mehrere Personen gezogen werden. Weil die Personen über die Haushalte hinweg in einer Reihe aufgelistet werden, kann man dieses Auswahlverfahren als „Personenkette" bezeichnen. Man erspart sich mit dieser Methode zwar die Transformation, aber man geht wegen der großen Belastung der Haushalte auch das Risiko einer erhöhten Verweigerungsquote ein, was letztlich der Stichprobenqualität und, wegen der Tendenz zur Uniformität der Antworten, der Datenqualität schadet.

7.3.2   ADM-Stichproben für das Mobilnetz

Mobilfunkstichproben können im Gegensatz zum Festnetz als einstufige Personenstichproben aufgefasst werden. Mit der Auswahl der Rufnummer ist im Normalfall auch die Person festgelegt, da die Endgeräte im privaten Bereich zumeist nicht gemeinsam benutzt werden (vgl. dazu Häder/Häder (Hrsg:),2009, S.92). Für den Fall, dass das Handy doch mehrfach genutzt wird, sollte eine systematische Zufallsauswahl unter den Nutzern umgesetzt werden. Prinzipiell eignen sich dazu Verfahren wie sie oben (Abschnitt 7.3.1.2) beschrieben sind, bedürfen jedoch einer Anpassung an die spezifische Auswahlsituation.

Die Rufnummernstichprobe kann im Mobilfunkbereich als einstufige einfache Zufallsauswahl oder als geschichtete Auswahl operationalisiert werden. Das Konzept der multistratifizierten Flächenstichprobe kann hier allerdings nicht angewendet werden, weil eine Regionalisierung der Mobilnummern einerseits nicht direkt vorliegt und andererseits auch per Modellbildung nicht befriedigend lösbar ist. Dies ist vor allem dadurch bedingt, das für Mobilnummern kaum Telefonbucheinträge vorhanden sind, die die Basis von möglichen Regionalkennzeichen bilden. Beim Mobilfunk sind nur 2 Mio. der rund 70 Mio. validen Nummern eingetragen, das sind rund 3 Prozent. Im Vergleich mit rund 45 Prozent im Festnetz (ca. 20 Mio. Einträge bei ca. 47 Mio. validen Festnetznummern) wird deutlich, dass auf dieser äußerst kleinen Basis keine verlässliche Regionalisierung für die insgesamt rund 250 Mio. Nummern der Auswahlgrundlage aufgesetzt werden kann. Insbesondere gelingt dies nicht, weil zu viele Rufnummernblöcke gar keinen Eintrag aufweisen. Aus diesem Mengengerüst folgt auch, dass keine regionale Schichtung vorgenommen werden kann. Das Regionalisierungsdefizit hat über das Stichprobendesign hinaus weitere Konsequenzen. Auch die Umsetzung von Regionalstudien – entweder als Schwerpunktstudie oder als räumlich disproportionale Stichproben-Anlage – wird erheblich erschwert, da die Mobilnummern ex-ante nicht regional gefiltert werden können. Das bedeutet, dass im Rahmen der Feldarbeit leider Screeningeffekte unvermeidbar sind und in der Folge erhebliche Mehrkosten für Fehlkontakte in Kauf zu nehmen sind. Es gilt dabei eine einfache Faustregel: Je kleiner die räumliche Differenzierung im Befragungsgebiet und je stärker die Disproportionalität desto aufwändiger die Feldarbeit durch vermehrte Fehlkontakte. Die fehlende Regionalisierung ist deshalb das derzeit größte Manko für den generellen Einsatz von Mobilfunkstichproben.

Als mögliche Schichtkriterien stehen für Mobilfunkstichproben derzeit nur die Kennzeichen der Netzbetreiber in der Auswahlgrundlage und/oder die unterschiedlichen Vorwahlnummern zur Verfügung. Auf das in diesem Zusammenhang weitgehend zu vernachlässigende Problem der Nummernportierung wurde schon in Abschnitt 7.2.1 eingegangen.

Nicht vernachlässigen kann man jedoch das Problem der Zuordnung von Schichtgewichten, die für die Allokation einer geschichteten Stichprobe benötigt werden. Da gibt es leider nur zwei wenig befriedigende Möglichkeiten:

▪ Die Nutzung der von der Bundesnetzagentur jährlich veröffentlichten Teilnehmerzahl für jeden der vier Netzanbieter. Diese basiert auf den Meldungen der Netzanbieter über die von ihnen insgesamt registrierten SIM-Karten und enthält keinerlei Differenzierung nach geschäftlicher, technischer oder privater Nutzung, Im- oder Ex-Portierung, aktiv oder nicht mehr aktiv genutzter SIM-Karte usw.

- Die Nutzung der Zahl der für die einzelnen Vorwahlen im Auswahlrahmen enthaltenen Nummern. Hier fußt man zwar auf einem für die private Kommunikation vermutlich nutzbaren Nummernbestand, man weiß aber nicht, wie viele dieser Nummern derzeit tatsächlich genutzt werden.

Beide Allokationsgrundlagen sind also prinzipiell für den Bruttoansatz einer Mobilfunkstichprobe relevant. Sie sagen leider nichts darüber aus, wie die vier Netzanbieter bzw. die Vorwahlnummern in der Nettostichprobe verteilt sein sollen.

Die Tabelle T 07-02 in Kapitel 7.1 enthält u.a. die von der Bundesnetzagentur mitgeteilte Teilnehmerzahl. Wie wenig Differenzierung für sie möglich ist und wie weit sie von dem theoretisch möglichen (Spalte 3) und dem vermutlich für Kommunikation nutzbaren (Spalte 5) Nummernraum abweicht, ist ebenfalls zu erkennen. Wichtig ist dabei aber nicht nur die Gesamtgröße der Abweichung, sondern auch deren unterschiedliche Höhe auf Ebene der Netzanbieter. Denn das führt leider zu sehr großen Unterschieden in den Allokationstableaus, je nachdem ob diese auf der Teilnehmerzahl oder der Framegröße basieren.

Und das beantwortet indirekt auch die Frage nach der Relevanz dieser Verteilungen für die Nettostichprobe. Derzeit ist kein Kriterium bekannt, das die Validität der einen gegenüber der anderen Verteilung stärkt. Es ist also sinnvoll, die Bruttostichprobe nach solchen Strukturen zu schichten, man sollte sich aber davor hüten, sie ungeprüft auf die Nettostichprobe zu übertragen.

Auch bei der Stichprobenrealisierung im Rahmen der Feldarbeit gilt es, bei Mobilfunkstichproben ein paar Besonderheiten zu berücksichtigen:

- Zu Beginn des Gesprächs muss vor dem Start des eigentlichen Interviews geprüft werden, ob sich der Gesprächspartner derzeit im Ausland befindet. Sollte dies der Fall sein, ist der sofortige Abbruch des Interviews zu empfehlen, da dem Teilnehmer sonst mitunter recht hohe Roaming-Gebühren entstehen. In Einzelfällen kann möglicherweise auch versucht werden, einen Termin zu vereinbaren, zu dem sich die betreffende Person wieder in Deutschland befindet. Da der HLR-Lookup nicht direkt vor dem Interview erfolgen kann, muss man leider mit dieser Möglichkeit rechnen (siehe Kapitel 8.3.4.1).

- Eine zweite Vorabprüfung ist ebenfalls erforderlich: Interviews der Markt- und Sozialforschung sollen normalerweise die Bevölkerung ab 14 Jahren repräsentieren. Und darüber hinaus werden nur in ganz seltenen Ausnahmefällen Interviews mit Kindern unter 14 Jahren geführt. Der Handybesitz ist jedoch natürlich auch bei Kindern gegeben, so dass hier eine Vorabklärung notwendig ist und Abbrüche in Kauf zu nehmen sind.
- Bei den meisten Studien wird eine Regionalisierung des Interviews gewünscht. Hierzu sollten im Interview Postleitzahl und Wohnort erhoben werden. Die Abfrage sollte nicht frei, sondern mit einer hinterlegten Datenbank erfolgen. Auf Basis dieser Angaben können dann für die anschließenden Analysen weitere Regionalkennzeichen ergänzt werden.
- Zu den Interviewzeiten kann folgendes festgehalten werden: Mobilfunkstichproben der Bevölkerung können wie gewöhnliche Festnetzstichproben zu den üblichen Abendzeiten realisiert werden. Das erscheint einerseits vor allem vor dem Hintergrund von gemischten Ansätzen mit Festnetz- und Mobilnummern sehr sinnvoll, um mögliche Umstellungseffekte und Unterschiede beobachten zu können. Andererseits ermöglich natürlich gerade die mobile Telefonie tagsüber deutlich bessere Erreichbarkeiten.

7.4   Ausschöpfungsstatistik bei Telefonstichproben

7.4.1   Festnetz-Stichproben

Nach Abschluss einer jeden Studie wird eine Ausschöpfungsmeldung erstellt, um das Niveau und die Ausfallstruktur der Stichprobenrealisierung zu dokumentieren. Die Ausschöpfungsquote gilt vielfach als der zentrale Indikator für die Stichprobengüte. Sie ist aber nur **ein** Hinweis auf die Qualität einer Befragung. Insbesondere gibt es keinen zwingenden Zusammenhang zwischen Ausschöpfung und Verzerrung: So kann eine Studie mit hoher Ausschöpfung durchaus stärker verzerrt sein, als eine mit mittlerer oder niedriger Ausschöpfung. Für den Bias ist eher entscheidend, mit welchem Grad an Systematik bestimmte Teilpopulationen ausfallen. Die Abbildungsgüte einer Stichprobe ist daher besser vor dem Hintergrund von individuellen empirischen Analysen zur Datenqualität zu beurteilen (Schneekloth/Leven 2003).

Die europäischen Norm für Printmedienanalysen (EN 15707:2008. Printmedienanalyse – Begriffe und Dienstleistungen) fordert nicht, im Hinblick auf die Stichprobenqualität eine bestimmte minimale Ausschöpfungsrate zu erreichen. Vielmehr wird postuliert, dass die Ausschöpfung, wie auch die gesamte

Feldarbeit ausführlich zu dokumentieren sei. Hierzu sei insbesondere Vorgehen, Umfang, Frequenz der Kontaktierung und Substitutionen im Sample von Interesse, da es Hauptziel sein müsse, eine möglichst hohe Ausschöpfung zu erreichen. Die dort vorgeschlagenen Kategorien zur Messung von Ausfällen entsprechen den Erwartungen.

Darüber hinausgehend wird bei Studien, die in einem stärker akademisch geprägten Umfeld anzusiedeln sind, bei der Ausschöpfungsberechnung und Darstellung üblicherweise zwischen stichprobenneutralen und stichprobenrelevanten oder auch systematischen Ausfällen unterschieden. Ein stichprobenneutraler Ausfall stört im Gegensatz zum stichprobenrelevanten Ausfall die Abbildungstreue der Stichprobe nicht (siehe auch Kapitel 5.7). Ausfälle aus nicht existierenden Telefonnummern können als **stichprobenneutral**, Ausfälle aus existenten Telefonnummern dagegen müssen in der Regel als **stichprobenrelevant** gewertet werden.

Vor allem bei zufallsgenerierten Festnetz-Nummern, aber auch bei Verzeichnisstichproben gibt es Telefonnummern, bei denen trotz Freizeichen kein Kontakt zustande kommt. Es ist nicht immer zweifelsfrei erkennbar, ob die gewählten Nummern tatsächlich existieren und der dazugehörige Haushalt während der Befragungszeit einfach nicht zu erreichen ist, oder ob es sich um „tote" Anschlüsse, also um nicht existente Telefonnummern handelt, denn nicht bei allen „toten" Anschlüssen gibt es einen eindeutigen Rückmeldecode. Man kann z.B. in der eigenen Steuerungsanlage für den Festnetz-Anschluss (z.B. der „Fritz-Box") festlegen, ob ein Frei-Zeichen oder ein Besetzt-Zeichen rückgesendet wird, wenn der Anschluss tatsächlich gerade „besetzt" ist, weil mit jemand anderem gesprochen wird.

Es gibt noch keine Konvention, ab wie vielen Kontaktversuchen man eine Telefonnummer als final nicht erreichbar aussteuert. In der Praxis werden häufig Telefonnummern mit mehr als fünf Kontaktversuchen an verschiedenen Tagen und Uhrzeiten als neutrale Ausfälle gezählt, weil Untersuchungen gezeigt haben, dass mehr Kontaktversuche weder zu einer nennenswerten Verbesserung der Ausschöpfung beitragen noch die Qualität der Stichprobenstruktur wesentlich verbessern (Brückner, Hormuth und Sagawe, 1982; Blasius und Reuband, 1995). Der ADM hat seine Mitgliedsinstitute auf maximal 10 Kontaktversuche verpflichtet, es sei denn Methodik oder Zielsetzung eines Projekts erfordern eine höhere Kontaktintensität. Dadurch, dass in vielen Telefonstudios das Anwählen der Telefonnummern durch den Computer vorgenommen wird ("Autodialing"), wird die Durchführungszeit durch die vergeblichen Kontaktversuche nicht gestört oder verzögert. Mit der Autodialing-Methode sind prinzipiell unbegrenzt viele Kontaktversuche möglich, sollten aber trotzdem nicht durchgeführt werden, um die potentiellen Befragten nicht zu verärgern. Im Handwählverfahren dagegen sind die vergeblichen Kontaktversuche tatsächlich kostenrelevant und mindern auf lange Sicht die Arbeitsmotivation der Interviewer. Wenn zufallsgenerierte Nummern verwendet werden sollen, wozu hier wegen der Stichprobengüte geraten wird, ist deshalb der Einsatz eines Autodialers im Grunde genommen unverzichtbar.

In Tabelle T 07-03 wird eine hinsichtlich der darin genannten Ausfallkategorien in der Markt- und Sozialforschung typische Ausschöpfungsmeldung für Telefonbefragungen dargestellt. Darin wird eine Unterteilung in drei Abschnitte vorgeschlagen. Aufgrund des zufälligen Generierungsverfahrens sind in der Ausgangsstichprobe etliche Rufnummern enthalten, die eindeutig nicht zu einem geschalteten Anschluss für Telefongespräche verweisen. Solche Nummern werden vor der Ausweisung von neutralen und nicht-neutralen Ausfällen abgezogen, so dass eine Bereinigung des Ausgangsbruttos stattfindet.

Tabelle T 07-03: Struktur einer Rücklaufmeldung bei Festnetz-Projekten

1.	**Bruttoansatz**	**100**
2.	nicht verwendbare Nummern insg.	
2.1	Telefonnummer nicht geschaltet	
2.2	Fax/Modem	
2.3	falsche Regionalzelle	
3.	**Bereinigtes Brutto**	**100**
4.	neutrale Ausfälle insgesamt	
4.1	kein Privathaushalt	

	maximale Kontaktzahl (10) erreicht	
	keine Person im HH spricht deutsch	
	ZP körperlich, geistig nicht in der Lage	

5.	**Verbleibende Telefonnummern**	**100**
6.	Ausfälle gesamt	
6.1	Teilnehmer nimmt nicht ab	
6.2	besetzt	
6.3	privater Anrufbeantworter	
6.4	Abbruch des Interviews	
6.5	KP beschäftigt/Termin	
6.6	KP verweigert Auskunft	
6.7	ZP krank	
6.8	ZP beschäftigt/Termin	
6.9	ZP verweigert Auskunft	
6.10	kein Termin möglich	
7.	**Durchgeführte Interviews**	

Nachfolgend werden einige für Allgemeine Bevölkerungsbefragungen typische Größenordnungen angeführt, ohne auf Besonderheiten regionaler Art, hinsichtlich möglicher Subpopulationen und/oder besondere Steuerungsanforderungen einzugehen.

Mit Prozentanteilen zwischen rund 54 und 58 Prozent ist der Großteil des Bruttoansatzes auf nicht-geschaltete Rufnummern zurückzuführen. Diese falschen Rufnummern werden fast vollständig von den Autodialern erkannt und somit nicht zum Interviewer durchgestellt. Es handelt sich dabei zum überwiegenden Teil nicht um Einträge, sondern um generierte Rufnummern, was im Sinne des Verfahrens ein zu erwartendes Ergebnis ist. Die weiteren Ausfallkategorien auf der Stufe der Bruttobereinigung liegen weit unterhalb dieser Kategorie im niedrigen Bereich unter 10 Prozent. Insgesamt schwankt der Anteil der Kategorie „nicht verwendbare Nummern insgesamt" im Normalfall zwischen 58 und 65 Prozent. Dass Rufnummern in der Stichprobe enthalten sind, die als Ausfälle in der Kategorie „Fax/Modem" landen, resultiert ebenso aus dem Generierungsverfahren, denn Faxnummern können nur dann ex-ante eliminiert werden, wenn sie als Einträge im Telefonbuch gelistet sind. In der Kategorie „falsche Regionalzelle" können je nach konkretem Studiendesign stark unterschiedliche Häufungen nachgewiesen werden; bei bundesweiten Untersuchungen ist diese Kategorie jedoch obsolet.

Neutrale Ausfälle umfassen in Summe rund weitere 8 bis 13 Prozent. Dabei spielen vor allem Kontakte eine Rolle, die im gewerblichen oder institutionellen Bereich liegen. Nicht-private Nummern können vor der Ziehung nur ausgeschlossen werden, wenn ein Eintrag dahintersteht, der als gewerblich erkannt wurde. Durch die Generierung sind jedoch auch Nummern enthalten, für die ein solcher Ausschluss ex-ante nicht machbar ist.

Zwischen den neutralen Ausfällen und den stichprobenrelevanten stehen die Ausfälle, die durch Nummern entstehen, die trotz entsprechender Intensität der Feldarbeit nicht kontaktiert werden konnten; sowie durch Personen, die aus unterschiedlichen Gründen nicht interviewbar sind. Die Einstufung dieser (grau hinterlegten) Ausfälle als „neutral" oder „stichprobenrelevant" kann natürlich nur in Abstimmung mit dem Auftraggeber und unter Beachtung des Untersuchungsdesigns und des Untersuchungsziels erfolgen.

Auf die Nennung von Ausfallraten im Bereich der stichprobenrelevanten Ausfälle wird hier verzichtet, da es zu viele Einflussfaktoren auf die projektspezifischen Ausschöpfungsstrukturen gibt, als dass hier typische Werte angegeben werden könnten. Neben den o.g. Designmerkmalen der Stichprobe spielen darüber hinaus das Thema der Untersuchung, die Möglichkeiten der Ansprache der KP/ZP, die Felddauer und die Befragungszeiten eine ganz entscheidende Rolle.

Hinzuweisen ist noch, dass je nach Thema und Zielgruppe der konkreten Untersuchung die Liste der Ausfallgründe zu erweitern ist. Sollen z.b. Personen befragt werden, die eine Fernreise in den letzten zwölf Monaten durchgeführt haben, so ist das Vorhalten eines entsprechenden Ausfallgrundes nötig, um diejenigen Personen zu identifizieren und auszusteuern, die nicht auf Reisen waren.

Den Abschluss der Darstellung bildet die Zahl der durchgeführten Interviews, deren Anteil an den „verbleibenden Nummern" die im jeweiligen Projekt erreichte Ausschöpfung bildet. Sie hängt nicht nur, wie oben erwähnt, von der Höhe der „relevanten Ausfälle" ab, sondern auch und vor allem davon, welche Ausfallkategorien in Absprache mit dem Auftraggeber und in Übereinstimmung mit den Untersuchungszielen als „relevant" eingestuft werden.

7.4.2   Mobilfunk-Stichproben

Eines der Kernprobleme im Bereich des Mobilfunks ist die im Vergleich zum Festnetz deutlich schwächere Erkennungsgüte der Autodialer im Hinblick auf die rückgemeldeten Digitalcodes. Zum einen liegt das daran, dass die Mobilnetzbetreiber die Signalverarbeitung weniger standardisiert durchzuführen scheinen als die Festnetzprovider, und außerdem teilweise auch unternehmensspezifische Codes verwendet werden. Zum anderen zeigen die Autodialer der verschiedenen Hersteller Unterschiede in der Signalinterpretation. In der Praxis zeigt sich das vor allem darin, dass bei Freizeichen einerseits und bei Mobilboxen andererseits nicht immer zweifelsfrei entschieden werden kann, ob die jeweilige Nummer tatsächlich genutzt wird und nur temporär kein Kontakt hergestellt werden kann, oder ob der Anschluss nicht bzw. noch nicht oder nicht mehr aktiv ist und lediglich die Ansage bzw. Signalcodierung falsch geschaltet ist. Diese rückgemeldeten Signale sind aber zusammen mit der Zahl der Kontakte und der Interviews die Berechnungsgrundlage für die Ausschöpfungsmeldungen. Es ist daher empfehlenswert, Mobilfunknummern zusätzlich einem sog. HLR-Lookup zu unterziehen, um mehr Sicherheit bei der Entschlüsselung der Signale zu bekommen (siehe Kapitel 8.3.4.1).

Bei Mobilfunkstichproben bzw. auch bei gemischten Ansätzen empfiehlt es sich, im Vergleich zur Tabelle T 07-03 weitere Kategorien zu ergänzen: Sofern der Mobilfunkteilnehmer sich zum Zeitpunkt des Anrufs im Ausland befindet, sollte das Interview höflich aber schnell abgebrochen werden, damit der kontaktierten Person keine Roaming-Gebühren entstehen. Ein entsprechender Ausfallgrund ist vorzusehen. Alternativ dazu können aber natürlich die Interviewer so geschult sein, dass klar ist, dass solche Fälle in der Kategorie „falsche Regionalzelle" erfasst werden. Im Bereich der qualitätsneutralen Ausfälle sind zwei Ausfallgründe zu ergänzen: „Diensthandy" und „Person unter 14 Jahren". In einer Reihe von Fällen werden Mobiltelefone als Bereitschaftsgeräte eingesetzt. Hier kann kein Interview eingeholt werden, da die Leitung für die originären Zwecke freizuhalten ist. Auch hier kann bei entsprechender Interviewerschulung der Ausfall unter „kein Privathaushalt" subsummiert werden, sofern eine darüber hinaus gehende Differenzierung nicht weiter von Interesse ist. Handys werden auch von Kindern genutzt. Da mit der Auswahl der Rufnummer im Mobilfunk auch die Zielperson feststeht, kann es vorkommen, dass ein Kind das Gespräch auf seinem eigenen Gerät entgegen nimmt. Hier wird konform zu den Standesregeln der Markt- und Sozialforschung selbstverständlich kein Interview durchgeführt, weshalb ein entsprechender – in der Regel „neutraler" – Ausfallgrund vorzusehen ist

Axel Glemser, Gerd Meier, Christiane Heckel

8 Dual-Frame: Stichprobendesign für CATI-Befragungen im mobilen Zeitalter

8.1 Lösungsansätze für die Mobile-Only-Problematik

Die Zahl der Haushalte respektive Personen, die statt eines Festnetzanschlusses nur noch per Mobilfunk erreichbar sind, hat, wie in Kapitel 6.4 dargestellt, eine Größe erreicht, die es geraten sein lässt, sich über ihre Einbeziehung in die Stichprobenbildung Gedanken zu machen. Dabei sind für die Markt- und Sozialforschung besonders zwei Fragen von Bedeutung:

1. Wie kann ein adäquates Stichprobendesign beschrieben und praktisch umgesetzt werden?
2. Welche Auswahlgrundlage ist dazu nötig?

Für den zweiten Aspekt wurde schnell klar, dass für Deutschland nur die Generierung von Mobilfunknummern eine adäquate Lösung darstellt (Glemser 2007). Entsprechend wurde die ADM-Auswahlgrundlage für Mobilfunk mit einer Zufallsgenerierung aufgesetzt, die zudem aus Effizienzgründen eine Abstützung anhand von Referenzlisten der Bundesnetzagentur sowie technischen Vorprüfungen beinhaltet (siehe Kapitel 7.2).

Im Hinblick auf das Stichprobendesign – basierend auf der Entscheidung, mit randomisierten Zufallsnummern zu arbeiten – gibt es grundsätzlich zwei verschiedene Vorgehensweisen für einen Mixed Mode Ansatz:

- Screening-Design
- Overlap-Design

Beim „Screening-Design" wird versucht, zusätzlich zur Festnetzstichprobe aus ergänzenden Mobilfunknummern gezielt die Mobile-Only-User in die Stichprobe zu integrieren. Da für Mobilnummern keine entsprechende Kennung vorliegt, führt dieses Vorgehen logischerweise zu Fehlkontakten in erheblichem Umfang. Die meisten über Mobilfunk erreichten Personen, sind auch über Festnetz zu erreichen, und werden daher mobil nicht interviewt. So entstehen hier Ineffizienzen für die Feldarbeit und Telefonkosten, die nicht zu vollständigen Interviews führen. Besonders angesichts der vergleichsweise kleinen Population der Mobile-Only-User ist dieser Weg für Deutschland nicht zielführend. Gleiches gilt auch für das umgekehrte Konstrukt einer Mobilstichprobe plus Screening-Integration der exklusiven Festnetznutzer aus einer Festnetzstichprobe. Demgegenüber zeichnet sich das „Overlap-Design" durch die Vermeidung solcher Screenings, Abbrüche und Fehlkontakte aus. In beiden Modes wird dabei jedes mögliche Interview realisiert, vollkommen unabhängig davon, welche Telefonausstattung der Person insgesamt zur Verfügung steht.

In den USA hat die AAPOR (American Association for Public Opinion Research) 2008 eine „Cell Phone Task Force" gegründet und wesentliche Grundlagenarbeit zu diesem Themenfeld geleistet. Sie empfiehlt für Befragungen, die bevölkerungsrepräsentativ sein sollen, Mobilfunknummern in den Auswahlrahmen mit einzubeziehen. [AAPOR,2008,S.51]. Die Begriffe „Overlap-Design" und „Dual-Frame" gehen auf die Arbeiten dieser Gruppe zurück, wobei sich „Overlap-Design" mehr auf das Stichprobendesign bezieht, während „Dual-Frame" verdeutlicht, dass solche Designs dann aus zwei Auswahlmengen gezogen werden müssen.

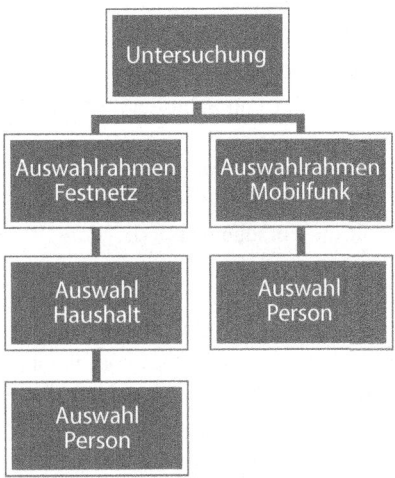

Abbildung A 08-01: Stichprobenbildung im Dual-Frame-Ansatz

Quelle: Siegfried GABLER/Öztas AYHAN, „Gewichtung bei Erhebungen im Festnetz und über Mobilfunk: Ein Dual Frame Ansatz, in: Siegfried GABLER/Sabine HÄDER (Hrsg.): Mobilfunktelefonie – Eine Herausforderung für die Umfrageforschung, ZUMA Nachrichten Spezial, Bd. 13, 2007, S. 39 – 45

Auch für Deutschland empfehlen viele Forscher (z. B. Häder & Häder; 2009), zukünftig Mixed-Mode-Studien mit Mobilfunk- und Festnetzbefragungen durchzuführen. Bei dem von M. Häder, S. Gabler und S. Häder durchgeführten Mixed-Mode-Projekt „CELLA 1" (CELLA wird aus den in den USA üblichen Begriffen für die beiden Modes „CELL-Phone" – also Mobilfunk – und „LAnd-Line" – also Festnetz – gebildet) (Häder, Häder 2009), folgt die Stichprobenziehung einem Dual-Frame-Ansatz bzw. Overlap-Design. Für die Kombination der beiden Substichproben wird ein Gewichtungsverfahren mittels Nivellierung der Inklusionswahrscheinlichkeiten vorgeschlagen, das in der Dokumentationstiefe weit über das Niveau der bisherigen Arbeiten hinausgeht. Die CELLA-Studie hat nachgewiesen, dass Mobilfunkbefragungen in Deutschland praktikabel sind. Es ist aber noch zu erforschen, wie die beiden Substichproben für Gesamtaussagen geeignet kombiniert werden können (siehe Meier, 2009). Vor allem an dieser Stelle setzt dann der ADM mit seiner Grundlagenstudie zu Dual-Frame an.

Mit diesen beiden Grundlagenstudien für Deutschland ist die Lösung des Mobile-Only-Problems hierzulande große Schritte vorangekommen:

- Der methodische Ansatz wurde ausdifferenziert und hat sich bewährt

- Eine geeignete Auswahlgrundlage existiert
- Ein Ziehungsdesign liegt vor
- Ein Gewichtungsprocedere zur Nivellierung ungleicher Auswahlwahrschein-
  lichkeiten und zur Korrektur von Schiefen im Mode-Mix ist entwickelt

Jedoch verbleibt ein Problembereich, der derzeit nicht gelöst ist. Es gibt für generierte Mobilnummer keine Regionalkennzeichen. Hieraus ergeben sich gleich
mehrere Restriktionen für die Forschungspraxis:

- Mobilfunkstichproben können nicht nach regionalen Kriterien geschichtet
  werden.
- Mobilnummern können bei der Selektion vorab nicht gefiltert werden, wenn
  nur in begrenzten Regionen interviewt werden soll.
- Regional disproportionale Stichproben sind mitunter sehr ineffizient in der
  Feldarbeit, weil die Verteilung im Bruttoansatz weitestgehend proportional
  ist und somit nicht zur Zielverteilung passt.

Für viele Mediauntersuchungen, regionale Schwerpunktuntersuchungen und
Surveys mit niedrigem Budget ist daher der Dual-Frame-Ansatz derzeit kaum
geeignet.

8.2   Stichprobe und Gewichtung in CELLA-1

In der CELLA-Studie, der für Deutschland ersten Grundlagen-Untersuchung,
wird vorgeschlagen, künftig telefonische Bevölkerungsbefragungen, als Mixed-
Mode-Ansatz sowohl über das Festnetz als auch das Mobilfunknetz zu realisieren. Für die Gesamtstichprobe werden auf Bruttoebene zwei Sub-Stichproben aus
getrennten Auswahlgrundlagen gezogen. Bei diesem Dual-Frame-Ansatz wird im
Rahmen der Feldarbeit kein Screening durchgeführt, um spezielle Telefonnutzer
im einen oder dem andern Telefonnetz zu finden, sondern es wird jede Person der
Zielgruppe unter der erreichten Nummer befragt unabhängig von ihrer Telefonnutzung im komplementären Netz (Overlap-Design).
    Die erhobenen Daten werden anschließend durch eine Designgewichtung
miteinander kombiniert, indem die Inklusionswahrscheinlichkeiten korrigiert
werden. Das Gewichtungsverfahren basiert auf folgendem Ansatz: Die Inklusionswahrscheinlichkeit für die Person i entspricht der Summe der Wahrscheinlichkeiten für diese Person, in die Festnetzstichprobe und/oder die Mobilfunkstichprobe zu gelangen.

$$\pi_i \approx \pi_i^F + \pi_i^C, i = 1, \dots, N$$

$$\pi_i \approx k_i^F \frac{m^F}{M^F} \cdot \frac{1}{z_i} + k_i^C \frac{m^C}{M^C}, i = 1, \dots, N$$

$m^{F/C}$	Anzahl Nummern in der Stichprobe (Festnetz/Mobil)
$M^{F/C}$	Anzahl gültiger Rufnummern insg. (Festnetz/Mobil)
$k_i^{F/C}$	Anzahl Rufnummern (Festnetz/Mobil), über die der Haushalt/die Person erreicht werden kann
z_i	Anzahl Zielpersonen im Haushalt

Teilweise sind diese Parameter bekannt (Stichprobengrößen m^F, m^C), teilweise sind sie durch sekundäre Recherchen und externe Daten mehr oder minder einfach zu ermitteln (Anzahl Rufnummern in Deutschland insgesamt in den beiden Netzen M^F, M^C). Und schließlich sind weitere Parameter zu spezifizieren, die idealerweise im Interview erfragt werden (Anzahl Rufnummern für die Erreichbarkeit pro Netz [k_i^F, k_i^C] und Anzahl Zielpersonen im Haushalt z_i). In der CELLA-Studie allerdings werden k_i^F und k_i^C mit Annahmen festgelegt – ohne entsprechende Nachfragen bei den Zielpersonen.

8.3   ADM-Dual-Frame

8.3.1   Hintergrund, Ziele

Der ADM hat in seiner grundlegenden Forschungsarbeit zum Dual-Frame-Ansatz wie in der CELLA-Studie den Weg des Overlap-Designs eingeschlagen. Die Alternative einer nachträglichen Schichtung von Mobile-Only, Festnetz-Only o.ä. erscheint nur auf den ersten Blick aussichtsreich. Denn die dazu benötigten Referenzwerte sind oft gar nicht verfügbar, oder haben nicht das erforderliche Qualitätsniveau, und versagen spätestens bei der (teilweise auch regionalen) Spezifizierung von Subpopulationen. Für einen auf dieser Basis generalisierbaren Ansatz fehlen also die Voraussetzungen.

Im ADM-Dual-Frame-Ansatz werden deshalb die Grundlagen der CELLA.-Studie aufgegriffen und einige kritische Punkte weiter entwickelt. Diese Weiterentwicklung richtet sich vor allem auf das Gewichtungsprocedere und zwar auf die folgenden zwei Details:

Erstens erscheint es besser, anstelle des Ansatzes von Annahmen Instrumente zur Abfrage der Rufnummernausstattung zu etablieren, wie sie zum Beispiel in den Demographischen Standards (Statistisches Bundesamt 2010) angeboten werden. Dieser Punkt ist insbesondere in den USA ausführlich diskutiert worden. KEETER et.al [2008] und MOKRZYCK et.al. [2009] machen neben der Gruppe der „nur über Handy erreichbaren" auch die Gruppe der „funktionalen Handy-Nutzer" aus. Das sind Personen, die zwar über Festnetzanschluss **und** Mobiltelefon verfügen, aber nur äußerst schwer über ihre Festnetznummer erreicht werden können. Diese Gruppe wächst in den USA derzeit schneller als die eigentlichen „Nur-Handys". Es wird daher bei Dual-Frame-Ansätzen empfohlen, neben der konkreten Erreichbarkeit auch die Wahrscheinlichkeit der Erreichbarkeit respektive die Art der Nutzung zu erheben [siehe dazu auch BOYLE et.al., 2009]

Zweitens wird im Hinblick auf unplausible Ergebnisse und Effekte der unterschiedlichen Stichprobenrealisierungen in Fest- und Mobilfunknetz die fehlende Validierung des Gewichtungsverfahrens bemängelt. Dies ist vor allem deshalb bedenkenswert, weil in CELLA-1 an keiner Stelle die Stichprobenrelation Festnetz – Mobilfunk ex-ante diskutiert und begründet wird, oder Überlegungen angestellt werden, ob, warum und wie diese Relation ex-post geprüft und ggf. gewichtet werden sollte.

Das vom ADM getragene Projekt baut auf den bisherigen Forschungen der CELLA-Untersuchung auf. Dabei werden für die Dual-Frame-Gewichtung im Overlap-Design die o.g. Kritikpunkte aufgenommen und einer Lösungen zugeführt. Damit werden drei Ziele verfolgt:

- Anwendung eines Mess-Instrumentariums zur empirischen Erhebung der Nummernausstattung der Haushalte und Personen, um künftig nicht mit – mehr oder minder realitätsnah gesetzten – Annahmen arbeiten zu müssen.
- Verbesserung des Gewichtungsverfahrens durch Etablierung von veränderten Parametern für die Schätzung der Rufnummern im Festnetz und im Mobilfunknetz insgesamt.
- Verbesserung des Gewichtungsergebnisses im Hinblick auf Einflüsse, die sich aus dem Mischungsverhältnis der verschiedenen Sample Frames ergeben.

8.3.2 Studiensteckbrief

Der ADM hat für sein Forschungsprojekt eine Arbeitsgruppe eingerichtet, an der sich interessierte Institute beteiligen konnten. Mehr als zehn Institute wirkten an der Gestaltung des Fragebogens mit. An der Institutsgruppe, die sich mit Methodik im Allgemeinen und mit Gewichtung im Speziellen auseinandersetzte, waren fünf Häuser beteiligt. Ein ADM-Institut war zum einen mit der Koordination der Forschergruppe und zum anderen mit der Datenaufbereitung und Koordination der Feldarbeit beauftragt. Über diese Beteiligten hinaus wurde die Studie von einer breiten Gemeinschaft von 41 Mitgliedern des ADM getragen und gefördert. Details zur Organisationsstruktur und Methode des Projektes sind dem Forschungsbericht zu entnehmen (https://www.adm-ev.de/index. php?id=forschungsprojekte).

Untersuchungsskizze:

> - Grundgesamtheit:
>   Deutschsprachige Wohnbevölkerung in Deutschland ab 14 Jahren
> - Stichprobe:
>   ADM Stichprobensystem für Festnetz- und Mobilfunk; 4.000 Fälle Festnetz plus 10.000 Fälle Mobilfunk; für die Feldarbeit gleichmäßig aufgeteilt auf fünf Mitgliedsinstitute
> - Organisation:
>   Zentrale Koordination von Feldarbeit, Datenhandling, Auswertung und Gewichtung; Feldzeit: September bis Dezember 2011; Anrufzeiten: Mo.-Fr.: 17:00-20:30, Sa.+So.: 14:00-18:30 Uhr

8.3.3   Instrumente zur Messung der Telefonnummernausstattung

Der Dual-Frame-Ansatz baut darauf auf, die unterschiedlichen Auswahlchancen per Gewichtung zu korrigieren. Dazu ist es folglich unerlässlich, einige Abfragen in das Fragebogeninstrument zu integrieren, mit denen die für die Auswahlchancen konstitutiven Parameter erhoben werden. Diese sind:

- Anzahl Zielpersonen im Haushalt (auf Pers. ab 14 reduzierte Haushaltsgröße)
- Anzahl Zielpersonen, die das angerufene Handy nutzen
- Anzahl Festnetznummern, über die der Haushalt erreichbar ist
- Anzahl Mobilfunknummern, über die der Befragte persönlich erreichbar ist

Wesentlich ist hierbei die telefonische Erreichbarkeit, d.h. die Festnetznummern und insbesondere die Mobilfunknummern sollten auch geschaltet sein. Zudem ist es von Bedeutung, dass alle diese Informationen für die Befragten beider Stichproben erfragt werden.

Für die Befragten der Mobilfunkstichprobe war es zudem erforderlich, regionale Merkmale zu erfragen, da eine regionale Verortung über die Ortsnetzkennzahl wie bei Festnetzstichproben nicht möglich ist. Erhoben wurden deshalb Postleitzahl und Ort, weil damit eine Zuordnung des AGS (Amtlicher Gemeinde-Schlüssel) mittels einer hinterlegten Tabelle möglich war.

8.3.4   Schätzung der geschalteten Rufnummern im Fest- und im Mobilnetz

Häder/Häder (2009) schlagen bei der Operationalisierung der Gewichtung vor, für die Parameter M^F und M^C, die für die Anzahl Rufnummern im jeweiligen Netz insgesamt stehen, die Totalgrößen der jeweiligen Auswahlgrundlagen für Festnetz und Mobilfunk zu verwenden. Alternativ könnte man auch, wie bei Hoffmann [2007] experimentell realisiert, die Menge der für Sprachtelefonie benutzten Kanäle verwenden. Für die Ermittlung dieser Zahl werden die Angaben der Bundesnetzagentur zur Menge der Handynummern und der Menge der existenten Sprachkanäle benutzt (nicht der Rufnummern!). Diese Angabe ist jedoch mit Aufkommen der VOIP-Technik nicht mehr valide genug.

Beim CELLA-Ansatz bilden die Gesamtgrößen der Auswahlgrundlagen zusammen mit den Stichprobengrößen die jeweiligen Auswahlsätze. Allerdings gilt es zu bedenken, dass die so berechneten Auswahlsätze „unbereinigt" in dem Sinne sind, dass die Sample Frames auch generierte Rufnummern umfassen und davon wiederum ein erheblicher Teil sich im Rahmen der Feldarbeit als nicht-existent erweist. Wenn nun die Hitrate in beiden Netzen in etwa gleich groß wäre, genügte eine solche Operationalisierung des Auswahlsatzes. Es zeigten sich jedoch Unterschiede in der Trefferrate gültiger Rufnummern im Festnetz und Mobilfunk, so dass diese „unbereinigte" Berechnungsgrundlage unbefriedigend ist, weil das Transformationsgewicht dadurch verzerrt wird.

Die ADM-Auswahlgrundlage für Festnetz umfasste 2011 rund 118 Mio. Nummern; die Auswahlgrundlage für Mobilfunk 248 Mio. Nummern. Die Frames stehen somit in Relation von ca. 1:2 zueinander. Diese Relation ändert sich, wenn für M^F und M^C auf eine Schätzung der Zahl für private Gespräche gültiger, also technisch geschalteter, Rufnummern gewechselt wird. Dieser Wert wurde für den Mobilfunk mittels der HLR-Technologie geschätzt. Für das Festnetz basierte die Schätzung auf den Stichprobenbearbeitungs- und Rücklaufinformationen, die von den Feldinstituten berichtet wurden.

8.3.4.1   Bereinigung des Mobilfunk-Brutto mittels HLR-Lookup

Im Mobilnetz sind bei den Statusinformationen der Rufnummern aus der Bruttostichprobe institutsspezifische Unterschiede bei den Autodialern erkennbar hinsichtlich der Erkennungsgüte von ungültigen Rufnummern und der Behandlung derselben im Samplemanagement. Zur Vereinheitlichung und Verbesserung der Klassifizierung wurden deshalb Informationen aus einem HLR-Lookup hinzugenommen. HLR steht für „Home Location Registry". Mittels einer Suchanfrage an dieses elektronische Verzeichnis können Mobilfunknummern qualifiziert und mit Zusatzinformationen angereichert werden.

Die GSM-Netze für mobile Telefonie bestehen nicht nur aus Kanälen für die Sprachkommunikation, sondern zu einem erheblichen Umfang auch aus Systemkomponenten zur Steuerung der Netzkommunikation. In diesem System müssen also auch die Informationen vorgehalten werden, ob, wie und wo eine Mobilfunknummer erreicht werden kann.

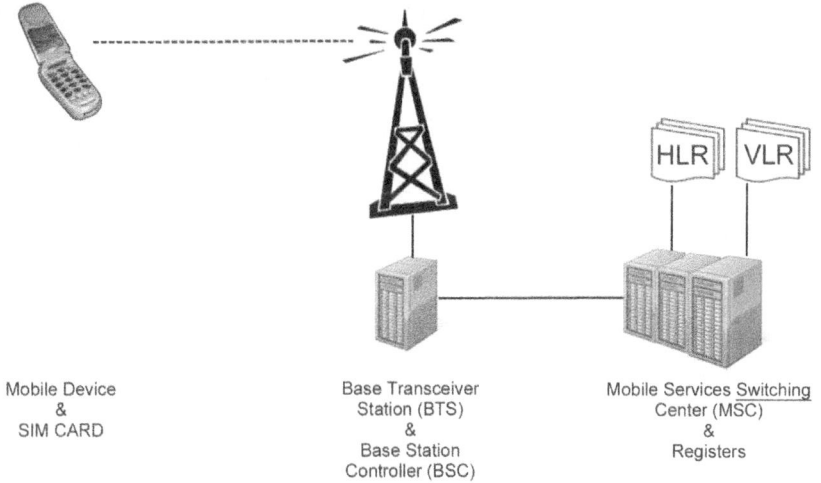

Mobile Device	Base Transceiver	Mobile Services Switching
&	Station (BTS)	Center (MSC)
SIM CARD	&	&
	Base Station	Registers
	Controller (BSC)	

Abbildung A 08-02:   Funktionsübersicht zum HLR-Lookup

Die Mobiltelefone melden sich an den einzelnen Funkmasten an. Diese halten gesteuert über ihre jeweilige Basisstation (BSC) Kontakt zu zentralen Schaltungseinheiten (MSC), die ihrerseits miteinander verbunden sind. An den zentralen Schaltungsknoten (MSC) sind verschiedene Register als verteilte Datenbanken (HLR, VLR) angekoppelt, die die Schaltungszustände speichern und so die Netzkommunikation steuern. Im Visitor Location Register (VLR) sind temporären Statusinformationen abgelegt (Lokation, Verkehrsdaten, etc.). Das HLR speichert die semi-permanenten Merkmale wie Rufnummer selbst (International Mobile Subscriber Identity = IMSI), das Dienstprofil, und die temporären Kennungen des VLR.

Soll nun ein Telefongespräch an ein Handy vermittelt werden, wird anhand der Zielrufnummer das HLR ermittelt, in dem sich die Stammdaten des Teilnehmers befinden. Das HLR gibt die MSC-Adresse zurück, in dessen VLR der Teilnehmer gerade angemeldet ist. Anhand der VLR-Daten dieses MSC wird die Location Area des Teilnehmers ermittelt. In allen Funkzellen, die zu dieser Location Area (LA) gehören, wird anschließend das Rufsignal ausgestrahlt.

Das HLR ist eine verteilte Datenbank mit Informationen zu jeder Mobilfunknummer. Jede SIM-Karte hat eine eindeutige IMSI, die den Primärschlüssel zu einem Eintrag im HLR darstellt. Als Parameter wird eine Mobilfunknummer angegeben, für die nachgeschlagen wird, ob die Nummer gültig und aktiv ist und ob und wo sie sich derzeit in Funkreichweite befindet. Darüber hinaus werden der Mobile Network Code (MNC), der Mobile Country Code (MCC), die IMSI und Informationen darüber gespeichert, ob die Nummer derzeit im Roaming ist und ob sie ursprünglich in einem anderen Mobilfunknetz registriert war – Mobile Number Porting (MNP).

Zur Abschätzung der Zahl gültiger Rufnummern im Mobilnetz M^C wurden nach Feldende alle Nummern der benutzten Bruttostichprobe, bei denen kein Kontakt zu Stande kam, mit einem HLR-Lookup zusätzlich geprüft. Folgende Ausfallgründe gehen in die Berechnung ein.

- Ungültige und aktuell im Ausland befindliche (Roaming) Rufnummern gemäß HLR
- Geschäfts-/Faxnummern
- Ausgeschaltete Nummern gemäß HLR und 10 Anwahl-Fehlversuchen

Diese Kontrollen ergaben in Summe einen Anteil von 72 % unbrauchbaren Nummern. Das bedeutet, dass aus den rund 248 Mio. Mobilnummern in der ADM-Auswahlgrundlage für die Gewichtungstransformation rund 70 Mio. Rufnummern als Wert für den Parameter M^C relevant sind.

8.3.4.2   Bereinigung des Festnetz-Brutto

Im Festnetz gibt es keine zu HLR-Lookup komplementäre Technologie. Es wird daher ausschließlich auf die Informationen aus der von den Feldinstituten zurück gelieferten Bruttostichprobe zurückgegriffen, was wegen der validen und einheitlichen Struktur der Rückmeldecodes im Festnetz unproblematisch ist.

Im Rahmen der vorliegenden Problemstellung sind folgende Ausfallgründe von Interesse und bei der Schätzung der gültigen Rufnummer vom Total des Frames abzuziehen:

- Telefonnummer nicht geschaltet
- Fax/Modem
- kein Privathaushalt
- Firmen Anrufbeantworter

In Summe lag der Anteil dieser Ausfälle bei 60 %. Dieser Wert stellt keine singuläre Messung dar, sondern entspricht den generellen Erfahrungen der ADM Institute. Das bedeutet, dass aus den rund 118 Mio, Telefonnummern in der ADM-Auswahlgrundlage für die Gewichtungstransformation rund 47 Mio. Rufnummern als Wert für den Parameter M^F relevant sind.

In der Zusammenschau dieser Befunde bestätigt sich die Ausgangsthese, dass die Hitraten in Festnetz und Mobilfunknetz unterschiedlich sind.

Auswahlrahmen-Relation: 118 Mio. Festnetz : 248 Mio. Mobilfunk ≈ 1 : 2,1
Relation nach Bereinigung: 47 Mio. Festnetz :   70 Mio. Mobilfunk ≈ 1 : 1,5

Die Korrektur führt in Summe dazu, dass der Mobilfunkbestandteil der Stichprobe gegenüber dem Festnetz im Vergleich zur Umsetzung bei CELLA-1 an Gewicht verliert.

8.3.5   Konzept der Stichprobenmischung ex-ante/ex-post

Bei Dual-Frame-Stichproben im Overlap-Design ist die Entscheidung zu treffen, wie groß die angestrebten Nettostichproben im Festnetz und im Mobilfunknetz sein sollen. Die CELLA-Studie sieht vor, jeweils 1.000 Interviews in den beiden Modes zu realisieren. Eine Begründung für dieses Mischungsverhältnis wird nicht angegeben. Ebenso wird nicht geprüft und diskutiert, ob eine Anpassung der realisierten Interviews bspw. an Marktanteile von Festnetz und Mobilfunk empfehlenswert ist.

Für eine 1:1-Mischung der beiden Teilstichproben spricht zunächst die Tatsache, dass die vorliegenden empirischen Befunde zur Mobile-Only-Penetration
auf einen Anteil von rund 10% der Haushalte schließen lassen. Solche Angaben basieren in der Regel auf F2F-Messung und dürften vermutlich eher eine
Messung am unteren Rand des Konfidenzintervalls sein. Auf jeden Fall handelt
es sich um eine eher kleinere Subpopulation. Spiegelbildlich dürfte dies für die
Gruppe der Festnetz-Onlys gelten; allerdings liegen dazu kaum empirische Be-
lege vor. Eine Abweichung von der 1:1-Mischungsrelation birgt daher potentiell
die Gefahr, entweder für die eine oder die andere Randpopulation nicht genügend
Fälle zu realisieren.

Wenn jedoch Mobilfunkstichprobe und Festnetzstichprobe im Vergleich
unterschiedliche (z.b. demographische) Strukturen aufweisen, so bedeutet dies,
dass über die Mischung der beiden Stichprobenbestandteile ein unerwünschter
Einflussfaktor auf die Daten gegeben ist. Es stellen sich somit zwei Fragen:

- Zu welchen Ergebnissen kommt der Gewichtungsansatz, wenn verschiedene
  ex-ante Mischungen vorliegen?
- Welche Mischung ist ex-ante zu empfehlen, welche sollte ex-post realisiert
  oder per Gewichtung hergestellt werden?

Insbesondere vor dem Hintergrund bewusst disproportional gewählter Ansätze
ist ein vertieftes Verständnis der Auswirkungen der Stichprobenmischung im
Zusammenspiel mit der Gewichtung nötig.

Mit Hilfe einer Modellrechnung lässt sich im Hinblick auf die erste Frage
erläutern, dass die CELLA-Gewichtung Disproportionalitäten nicht vollständig
korrigiert. Mit den in der ADM-Studie vorhandenen Daten ist eine Mischung
1:2,5 Festnetz : Mobilfunk gegeben. Es wurden per Zufallsziehungen aus diesen
Daten weitere Mischungsrelationen generiert: 1:1 und 2:1 Festnetz : Mobilfunk.
Alle drei Datenbestände wurden designgewichtet analog zur CELLA-Studie, das
heißt für die Parameter M^F und M^C sind hier die Totals der beiden Auswahlgrundlagen eingesetzt.

Tabelle T 08-01: Strukturverschiebungen bei unterschiedlicher Mischung von Festnetz zu Mobilfunk (Datenbasis: ADM-Dual-Frame, eigene Berechnungen gemäß CELLA Designmodell)

Mischung: 1:2,5 Festnetz : Mobilfunk				
Stichprobe	only?	ungewichtet		designgewichtet
Festnetz	ja	640	4,6%	941	16,1%
Festnetz	nein	3346	23,9%	1166	19,9%
Mobilfunk	nein	8007	57,1%	2611	44,5%
Mobilfunk	ja	2021	14,4%	1143	19,5%
Gesamt		14014		5861	
Effektivität					62,4

Mischung: 1:1 Festnetz : Mobilfunk				
Stichprobe	only?	ungewichtet		designgewichtet
Festnetz	ja	640	8,0%	941	15,5%
Festnetz	nein	3346	42,0%	2053	33,8%
Mobilfunk	nein	3183	39,9%	1940	31,9%
Mobilfunk	ja	803	10,1%	1140	18,8%
Gesamt		7972		6074	
Effektivität					73,6

Mischung: 2:1 Festnetz : Mobilfunk				
Stichprobe	only?	ungewichtet		designgewichtet
Festnetz	ja	640	10,7%	941	14,9%
Festnetz	nein	3346	56,0%	2839	45,0%
Mobilfunk	nein	1592	26,6%	1404	22,3%
Mobilfunk	ja	401	6,7%	1119	17,8%
Gesamt		5979		6303	
Effektivität					70,43

Es zeigt sich, dass mit sinkendem Anteil von Mobilfunkinterviews auch der Anteil der Mobile-Only-User leicht fällt. Umgekehrt verhält es sich mit dem Anteil der Personen, die ausschließlich im Festnetz telefonieren. Ebenso wird erkennbar, dass die Stichprobenzusammensetzung einen Einfluss auf die Effektivität der Gewichtung hat. Offen ist hier jedoch, wo genau das Optimum liegt (siehe Kapitel 8.3.6).

Es wird daher im ADM-Ansatz vorgeschlagen, bei Dual-Frame-Ansätzen mit Overlap-Design die beiden Stichprobenbestandteile im Anschluss an die Designgewichtung zu proportionalisieren und zwar durch eine faktorielle Gleichgewichtung der sogenannten „Doppelnutzer-Gruppen", also derjenigen Personen in der Festnetz- wie auch der Mobilfunkstichprobe, die sowohl über das Festnetz wie auch über Mobilfunk zu erreichen sind. Dieser Maßnahme liegt die Annahme zugrunde, dass in diesen beiden Modes die gleiche Grundgesamtheit jeweils abbildungstreu repräsentiert wird.

Mit dieser Berechnung werden gleiche Potenziale für die betreffenden Teilgruppen hergestellt – und das unabhängig vom a priori gewählten Stichprobenmischungsverhältnis. Die genaue Berechnung wird in Kapitel 8.3.7 dargestellt.

8.3.6   Simulation zum Stichprobenmix: Festnetz- und Mobilfunknummern in der Stichprobe

Neben der Korrektur und Justierung des Mode-Mix in der realisierten Nettostichprobe, stellt sich natürlich die gleiche Frage für die Ausgangsstichprobe: Welches ist das „richtige" Mischungsverhältnis und wie lässt sich dieses bestimmen? Unter dem „richtigen" Mischungsverhältnis soll jenes verstanden werden, das den höchsten Wert der Stichprobeneffektivität für die Stufe der adjustierten Designgewichtung aufweist. Dieses Maximum lässt sich mit einer Folge von Simulationsrechnungen bestimmen.

Bei den Simulationsrechnungen wurden aus den Befragungsdaten jeweils Zehntausend Stichproben gezogen mit bewusst gewähltem unterschiedlichem Mischungsverhältnis Festnetz zu Mobilfunk von 10:90 bis 90:10 in 5er und 10er Schritten. Jede dieser Stichproben wurde gewichtet. Ausgewiesen sind in Tabelle T 08-02 die Stufe 2 (Designgewichtung plus Potentialausgleich) und die Stufe 3 (nach Redressment). Anschließend wurde die Effektivität berechnet, sowie die Anteile der Gruppen Mobile-Only-User und Festnetz-Only-User bestimmt. Für jedes Mischungsset wurden anschließend die Mittelwerte, Standardabweichung, Minimum und Maximum ermittelt. Für die Simulation wurden – getrennt für die Festnetz- und die Mobilfunkstichprobe – einige Obergrenzen festgelegt, wobei fehlende Werte durch die jeweiligen Mittelwerte ergänzt wurden:

- Zielpersonen im Haushalt <= 4
- Mitbenutzer des angerufenen Mobiltelefons ab 14 Jahren <= 3
- Festnetznummern im Haushalt <= 4
- Mobilnummern je Befragungsperson <= 4.

Für die Bewertung des Mischungsverhältnisses der Stichprobe sind die Ergebnisse der adjustierten Designgewichtung nach Potentialausgleich (Stufe 2) relevant und nicht jene nach der Ausfallgewichtung (Stufe 3). Eine Randanpassung ist aus statistischer Sicht nicht zwingend notwendig, die Designgewichtung hingegen ist für unverzerrte Schätzungen unerlässlich.

Die bei der adjustierten Designgewichtung erzeugte Varianz der Gewichte ist der Ausgangspunkt für die weiteren Schritte. Insbesondere das Effektivitätsmaß (siehe Kapitel 3.7) ist hier relevant. Es gibt den Einfluss der Gewichtung auf den Stichprobenfehler an. Das Effektivitätsmaß basiert auf der Varianz der Gewichtungsfaktoren – je größer deren Varianz, desto größer ist auch der Einfluss auf den Stichprobenfehler und desto kleiner ist die Effektivität. Das Effektivitätsmaß gibt in Prozent der Fälle an, wie groß bei Verwendung des Gewichts die effektive Fallzahl bei einem Merkmal ist, das mit den in der Gewichtung verwendeten Merkmalen nicht korreliert. Die effektive Fallzahl entspricht der Anzahl Befragter, die bei einer uneingeschränkten Zufallsauswahl den gleichen Stichprobenfehler produziert hätte. Das Effektivitätsmaß drückt also das Verhältnis der effektiven Fallzahl zur realisierten Fallzahl als Prozentwert aus.

Tabelle T 08-02: Simulation zum Stichprobenmix

Anteil Mobilfunknummern	Gewichtungs-Stufe	Anzahl Samples	Effektivität Mean %	Std. Dev.	Mobile only Mean %	Std. Dev.	Festnetz only Mean %	Std. Dev.
10 % Mobilnummern	Design	10000	37,1	0,8	11,1	1,2	23,9	0,3
nC= 444, nF=3986	Redressement	10000	21,0	1,0	8,9	1,1	27,4	0,5
20 % Mobilnummern	Design	10000	57,0	0,4	11,1	0,8	23,9	0,2
nC= 998, nF=3986	Redressement	10000	31,9	1,0	9,7	0,8	24,7	0,3
25 % Mobilnummern	Design	10000	62,6	0,2	11,1	0,6	23,9	0,2
nC= 1330, nF=3986	Redressement	10000	35,6	1,1	10,6	0,7	23,5	0,3
30 % Mobilnummern	Design	10000	65,9	0,1	11,1	0,6	23,9	0,1
nC= 1710, nF=3986	Redressement	10000	39,7	1,0	10,7	0,6	21,4	0,2
35 % Mobilnummern	Design	10000	67,4	0,1	11,1	0,5	23,9	0,1
nC= 2150, nF=3986	Redressement	10000	42,8	1,1	10,8	0,6	19,6	0,2
40 % Mobilnummern	Design	10000	67,3	0,1	11,1	0,4	23,9	0,1
nC= 2660, nF=3986	Redressement	10000	44,7	1,1	10,9	0,5	18,6	0,2
45 % Mobilnummern	Design	10000	66,0	0,2	11,1	0,4	23,9	0,1
nC= 3260, nF=3986	Redressement	10000	45,4	0,9	10,8	0,4	18,6	0,1
50 % Mobilnummern	Design	10000	63,4	0,2	11,1	0,3	23,9	0,1
nC= 3990, nF=3986	Redressement	10000	45,4	0,8	10,9	0,4	18,6	0,1
55 % Mobilnummern	Design	10000	59,9	0,2	11,1	0,3	23,9	0,1
nC= 4870, nF=3986	Redressement	10000	44,3	0,7	10,9	0,3	18,5	0,1
60 % Mobilnummern	Design	10000	55,6	0,2	11,1	0,2	23,9	0,1
nC= 5980, nF=3986	Redressement	10000	42,4	0,6	10,9	0,3	18,5	0,1
65 % Mobilnummern	Design	10000	50,4	0,1	11,1	0,2	23,9	0,0
nC= 7410, nF=3986	Redressement	10000	39,6	0,4	10,9	0,2	18,5	0,1
71 % Mobilnummern	Design	1	42,8	0,0	11,1	0,0	23,9	0,0
nC= 10028, nF=3986	Redressement	1	39,7	0,0	11,5	0,0	12,4	0,0
75 % Mobilnummern	Design	10000	38,4	0,5	11,1	0,1	23,9	0,4
nC= 10028, nF=3340	Redressement	10000	36,8	0,4	11,6	0,0	12,0	0,2
80 % Mobilnummern	Design	10000	31,6	0,7	11,1	0,1	23,9	0,7
nC= 10028, nF=2510	Redressement	10000	31,6	0,5	11,6	0,1	12,0	0,4
90 % Mobilnummern	Design	10000	16,5	0,8	11,1	0,2	23,9	1,4
nC= 10028, nF=1113	Redressement	10000	18,4	0,9	11,9	0,2	11,1	0,8

nC= Anzahl Fälle Mobilfunk, nF= Anzahl Fälle Festnetz
Designgewichtung: ADM Gewichtungsmodel Stufe 2 (= Korrektur der Inklusionswahrscheinlichkeiten
plus Potentialausgleich),
Redressement = ADM Gewichtungsmodell Stufe 3 (Ausfallgewichtung inkl. Designgewichtungen)
71 % Mobilfunknummern entspricht der originär realisierten Stichprobe
Quelle: ADM Forschungsprojekt Dual-Frame

Die Tabelle T 08-02 gibt diese Berechnungen wieder für das ADM-Dual-Frame-Design. Zum einem wird deutlich, dass die Designgewichtung einschließlich Proportionalisierung dazu führt, dass stabile Anteilswerte für Mobile-Only-User und Festnetz-Only-User ausgewiesen werden. Hier ist somit ein entscheidender Unterschied zur Operationalisierung der Dual-Frame-Gewichtung in CELLA 1 erzielt: Die Messung der Telefonnutzung ist nicht mehr abhängig vom vorgewählten Mode-Mix der Stichprobe (Vgl. dazu auch Tabelle T 08-01). Zum anderen sprechen die Ergebnisse im Hinblick auf die Effektivität der Stichprobe nach Designgewichtung dafür, zwischen 30 und 40 Prozent Mobilfunkinterviews in der realisierten Stichprobe anzustreben. Ein Verhältnis von 60 Prozent Festnetznummern zu 40 Prozent Mobilfunknummern ist zwar optimal, die nur geringfügigen Unterschiede der Effektivität rechtfertigen jedoch auch eine Dämpfung der entstehenden Mehrkosten für die telefonische Feldarbeit bei 70 Prozent Festnetz und 30 Prozent Mobilfunk. Ab einem Anteil von 20 Prozent Mobilfunknummern in der Stichprobe bis zu einem Anteil von etwa 60 Prozent Mobilfunknummern bewegt sich die Effektivität der adjustierten Designgewichte in einem vertretbaren Rahmen, geringere und auch höhere Mobilfunknummernanteile vergrößern die Varianz der Gewichtungsfaktoren dagegen erheblich. Dies gilt für die erweiterten Designgewichte, im Wesentlichen aber auch mit Blick auf die Gewichte nach dem Redressement. Zudem ist darauf hinzuweisen, dass bei einem Mobilfunk-Anteil unter 30 Prozent auch die Effektivität der Redressement-Gewichtung in die kritische Zone abrutscht.

8.3.7 Gewichtungsprocedere – Durchführung

Die Gewichtung erfolgt in drei Schritten: Zunächst werden die unterschiedlichen Auswahlchancen bereinigt. Im zweiten Schritt erfolgt die Proportionalisierung der beiden Stichproben zur Dämpfung mode-spezifischer Effekte. Im dritten Schritt erfolgt im Redressement die Anpassung an demographische Strukturen der amtlichen Statistik zum Zweck der Verbesserung der Punktschätzer abhängiger Variablen.

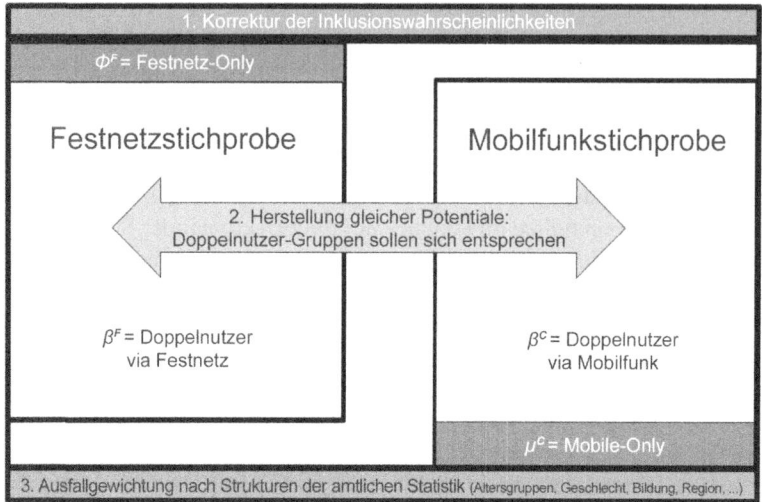

Abbildung A 08-03: Darstellung des Gewichtungsprocedere

Abbildung A 08-03 verdeutlicht den Ablauf der Gewichtung: Die Designgewichtung im ersten Gewichtungsschritt bezieht sich auf die Gesamtstichprobe. Im zweiten Schritt wird für die Berechnung der Multiplikationsfaktoren auf die designgewichteten Fälle der beiden Doppelnutzergruppen zurückgegriffen, um darauf aufbauend die jeweilige Modestichprobe zu proportionalisieren. Im dritten Schritte erfolgt die Ausfallgewichtung wiederum für die Gesamtstichprobe.

Designgewichtung Dual-Frame

Die Designgewichtung (Transformation) dient zur Korrektur der unterschiedlichen Auswahlchancen. Bei dieser Studie wird der Gewichtungsansatz vom Grundsatz analog zur CELLA-Studie verwendet. Allerdings werden zwei Änderungen vorgenommen. Erstens wird eine weitere Korrektur der Inklusionschancen vorgenommen, indem berücksichtigt wird, wie viele Personen das angerufene Mobiltelefon nutzen. Zweitens wird für die Parameter M^F und M^C anstelle des Totals der Auswahlgrundlagen, wie oben beschrieben, der jeweilige Schätzwert für die Zahl der gültigen Rufnummern in den beiden Netzen eingesetzt.

$$\pi_i \approx k_i^F \frac{m^F}{M^F} \cdot \frac{1}{z_{HH}} + k_i^C \frac{m^C}{M^C} \cdot \frac{1}{z_{Mobil}}, i = 1, \dots, N$$

$m_i^{F/C}$ Anzahl Nummern in der Stichprobe (Festnetz/Mobil)

$M_i^{F/C}$ Anzahl gültiger Rufnummern insg. (Festnetz/Mobil)

$k_i^{F/C}$ Anzahl Rufnummern (Festnetz/Mobil) über die der Haushalt/die Person erreicht werden kann

Z Anzahl Zielpersonen im Haushalt

Z_{Mobil}^{HH} Anzahl Personen, die das Handy nutzen

Die Werte für die Parameter k_i^F und k_i^C sowie z_{HH} und z_{mobil} werden in der Befragung erhoben. Zusätzlich wird natürlich auf die jeweils erreichte Fallzahl normiert.

Proportionalisierung

Um die beiden Stichproben ihrem Anteil an der Grundgesamtheit entsprechend zusammenzufügen, wird eine weitere proportionalisierende Transformation durchgeführt. Unter der Annahme, dass in beiden Teilstichproben die sogenannte Doppelnutzer-Gruppe jeweils richtig abgebildet ist, werden in beiden Teilstichproben gleiche Potenziale für diese Teilgruppe hergestellt.

Festnetz: *Mobilnetz:*

$$X_{Festnetz} = \frac{Trafo * \Sigma_{ungew} * \left(D_2 + \dfrac{F_1 * D_2}{D_1} \right)}{\left(H_2 + 2D_2 + \dfrac{F_1 * D_2}{D_1} \right) * (D_1 + F_1)}$$

$$X_{Mobil} = \frac{Trafo * \Sigma_{ungew}}{\left(H_2 + 2\beta_2 + \dfrac{F_1 * D_2}{D_1} \right)}$$

mit den Parametern:

H_2 $= \sum Trafo$ für Teilgruppe ,Mobile-Only'

D_2 $= \sum Trafo$ für Teilgruppe Doppelnutzer aus Mobilnetzstichprobe

D_1 $= \sum Trafo$ für Teilgruppe Doppelnutzer aus Festnetzstichprobe

F_1 $= \sum Trafo$ für Teilgruppe ,Festnetz-Only'

Σ_{ungew} $= 14.014$ (ungewichtete Fallzahl)

Diese eher komplexe Darstellung zur Proportionalisierung lässt sich in der Operationalisierung letztlich auf den unten gezeigten Dreisatz zurückführen, in den die designgewichteten Fälle (der Stufe 1) der beiden Doppelnutzergruppen als die Parameter β^F und β^C eingehen, wie sie in Abbildung A 08-03 benannt wurden. Sie werden ergänzt mit den jeweiligen Multiplikationsfaktoren (*Prop^F*,

$Prop^C$), um die beiden Befragtengruppen zu nivellieren. Hält man einen der beiden Faktoren fest, ergibt sich der andere durch Einsetzen der bekannten bzw. fixen Größen in die Dreisatz-Gleichung. Anschließend ist lediglich eine Normierung auf die ursprüngliche Gesamtfallzahl durchzuführen:

$$Prop^F * \beta^F = Prop^C * \beta^C$$

$$Prop^F = \frac{1}{Prop^C}, \quad Prop^C = \frac{1}{Prop^F}$$

β^C Anzahl transformationsgewichteter Fälle Doppelnutzer via Mobilfunk
β^F Anzahl transformationsgewichteter Fälle Doppelnutzer via Festnetz

Redressement

In der darauf folgenden Gewichtung des Gesamtdatenbestandes wird dieser an die Angaben der amtlichen Statistik angepasst. Diese Gewichtung wurde per iterativem Randsummenverfahren realisiert zuzüglich einer Normierung auf die Gesamtfallzahl. Der Mikrozensus 2010 wurde als Sollvorgabe verwendet. Der Forschungsbericht dokumentiert die Passung der Gewichtungsränder und die Häufigkeitsverteilung der Gewichtungsfaktoren im Detail.

Gewichtungsprocedere – Ergebnisübersicht

Die Ergebnisse des Gewichtungsverfahrens über die verschiedenen Stufen hinweg kann im Hinblick auf die Telefonie-Nutzung mit folgender Tabelle veranschaulicht werden:

Tabelle T 08-03: Vergleich der Stichprobenstrukturen nach den Gewichtungsschritten

	ungewichtet		1. Schritt Design		2. Schritt Proportionalisierung		3. Schritt Demographie-Gewichtung	
	n	%	n	%	n	%	n	%
Mobile-only	2030	14	2450	17	1764	13	1741	12
Doppelnutzer via Mobile	7998	57	6847	49	4738	34	5126	37
Doppelnutzer via Festnetz	3346	24	2713	19	4738	34	4548	32
Festnetz-only	640	5	2004	14	2774	20	2600	19

8.3.8   Abbildung demographischer Merkmale

Unterschiedliche Teilnahmebereitschaft und verschiedenes Ausmaß an Erreichbarkeit in der befragten Population können im Rahmen der Feldarbeit zu verschiedenen Verzerrungen führen. Es liegt daher nahe zu untersuchen, welche spezifischen Effekte im Dual-Frame-Ansatz auftreten und wie diese im Vergleich zu bekannten Phänomenen in klassischen Festnetzstichproben zu bewerten sind. Es werden hier keine differenzierten Modellrechnung o.ä. für Non-Response präsentiert, sondern in einem ersten Schritt lediglich einfache Mittelwertverteilungen berechnet und dargestellt einerseits im Vergleich zu den amtlichen Daten und andererseits im Vergleich der beiden Stichprobenmodes. Dabei wird das adjustierte Designgewicht verwendet (= Gewichtungsstufe 2, Korrektur aller Auswahlchancen plus Potentialausgleich).

Tabelle T 08-04: Soziodemographie im Mode-Vergleich: Mittelwerte ausgewählter Variablen in % (adjustiertes Designgewicht)

	Amtlich	Gesamt Sample	Festnetz Sample	Mobile Sample
Geschlecht				
männlich	49,0	47,3	41,6	54,6
weiblich	51,0	52,7	58,4	45,4
Altersgruppen				
14-29 Jahre	20,9	20,7	11,9	32,2
30-39 Jahre	13,8	13,8	10,8	17,6
40-49 Jahre	19,3	20,2	18,9	21,9
50-59 Jahre	16,2	18,5	20,3	16,3
>= 60 Jahre	29,8	26,7	38,2	11,9
Bildungsabschluss				
noch Schüler	3,8	4,3	3,3	5,5
keinen/Volks- u. Hauptschule	40,4	24,1	27,3	20,1
Realschule, POS	29,0	33,8	32,9	35,0
Abitur, Fachhochschulreife	26,8	35,5	34,1	37,4
Berufstätigkeit				
berufstätig	55,0	55,6	48,7	64,3
in Ausbildung	12,0	10,5	7,0	15,0
nicht berufstätig	8,0	9,8	9,6	10,1
Rentner	25,0	23,3	33,9	9,7

Quelle: ADM-Dual-Frame – eigene Berechnungen (N ~ 14.000)

Die Tabelle zeigt für die Variablen Geschlecht und Altersgruppen sowie Berufstätigkeit, dass die Dual-Frame-Ergebnisse näher am amtlichen Vergleich des Mikrozensus liegen als eine reine Festnetz- oder gar reine Mobilfunkstichprobe. So wird z.B. die typische stärkere Vertretung von Frauen in CATI-Festnetz-Befragungen durch einen spiegelbildlichen „Männerüberschuss" in der Mobilfunk-Stichprobe für das Gesamtbild in Dual-Frame gut ausgeglichen. Ähnliche Effekte zeigen sich auch bei den Altersgruppen 14-29 Jahre bzw. bei der Gruppe 60+. Sind im Festnetz die jüngere Gruppe unterrepräsentiert und die Ältere überrepräsentiert, so sind die Verhältnisse in der Mobilfunk-Stichprobe umgekehrt. Auch hier profitiert die Gesamtstichprobe von dem Mode-Mix, so dass sich in Summe eine deutlich bessere Passung zur amtlichen Referenz ergibt. Bei der Variablen Berufstätigkeit werden die im Festnetz typischerweise unterrepräsentierten Kategorien „berufstätig" und „in Ausbildung" durch die Mobilfunk-Stichprobe angehoben und entsprechend die überrepräsentierte Kategorie der Rentner gesenkt.

Weniger positiv fällt das Ergebnis bei der verbleibenden Variablen aus: Beim formal höchsten Bildungsabschluss kann der Dual-Frame-Ansatz keine bessere Passung aufzeigen als die Festnetzstichprobe. Einerseits ist das sehr bedauerlich, weil bei diesem Aspekt der Sozialstruktur regelmäßig die stärksten Verzerrungen in CATI-Befragungen auftreten, und hier eine Verbesserung wünschenswert wäre. Andererseits ist mit diesem Befund klargestellt, dass dieser Bias wohl „telefontypisch" ist, und in der Optimierung der Abdeckung der Grundgesamtheit nicht der entscheidende Hebel für eine diesbezügliche Verbesserung gegeben ist.

Insgesamt zeigen soziodemographische Analysen beim Dual-Frame-Ansatz eine verbesserte Abbildung der demographischen Struktur gegenüber dem klassischen Festnetz-Design. Das bedeutet auch für die Ausfallgewichtung weniger Justierungsbedarf und damit die Option auf eine verbesserte Effektivität der Gesamtstichprobe. Im Übrigen zeigen im Dual-Frame-Ansatz die designgewichteten Verteilungen kleinere Differenzen zu den amtlichen Daten als die ungewichteten Rohdaten. Dies kann durchaus auch als Beleg für die Konsistenz des Stichproben- und Gewichtungsansatzes verstanden werden.

8.4   Fazit

Das Gewichtungsprocedere des ADM-Dual-Frame-Designs stellt eine Weiterentwicklung des CELLA-Ansatzes dar. Für Deutschland legen diese beiden Forschungsarbeiten damit die wesentlichen methodischen Grundsteine zur Integration von Mobilfunk in CATI-Befragungen.

Bei der ADM-Studie werden die in CELLA teils unbekannten Parameter der Designtransformation durch Messung im Rahmen der Befragung einerseits und andererseits durch Schätzung per externem technischen Check präzisiert.

Darüber hinaus wird mit der Proportionalisierung (Gewichtungsstufe 2) der Doppelnutzer-Gruppen in den beiden Stichproben ein Standard für ein robustes und kontrollierbares Verhältnis von Mobilfunk- und Festnetzbefragung entwickelt. Vor diesem Hintergrund konnte per Simulationsrechnung gezeigt werden, wie eine optimale Stichprobenmischung Mobilfunk – Festnetz ex-ante zu gestalten ist und ggf. wie eine möglichst kostenminimierende Variante aussehen könnte. Als Kriterium dient hierbei die Stichprobeneffektivität nach adjustiertem Designgewicht (= Stufe 2). Darüber hinaus ist mit diesem Procedere nun auch ein Verfahren gegeben, das bewusst gewählte Disproportionalitäten im Mode des Stichprobenansatzes, ex-post wieder auflösen kann. Die Gewichtungsstufe 2 zeigt, wie sich Effekte unterschiedlicher Teilnahmebereitschaft und Erreichbarkeit in den beiden Modes ausgleichen lassen. Hierzu besteht sicherlich weiterer Forschungsbedarf.

Darüber hinaus gilt es bei der Messung von Fragen zur Telefon-Ausstattung auch zu bedenken, dass hier ein unmittelbarer Zusammenhang zum Erhebungsinstrumentarium gegeben ist, und die Schätzung solcher Parameter im Hinblick auf einen möglichen Bias kritisch hinterfragt werden sollte. Messungen von Mobile-Only- oder Festnetz-Only-Anteilen weisen in verschiedenen Erhebungsverfahren jeweils unterschiedliche Werte auf. Im vorliegenden CATI-Mode wird vermutlich eher eine progressive Schätzung vorgenommen, hingegen dürften mit den klassischen F2F-Verfahren eher konservative Werte erhoben werden.

Aus empirischer Sicht kann festgestellt werden, dass der Dual-Frame-Ansatz zu Verbesserungen der realisierten Stichprobe führt. Die designgewichteten Verteilungen der meisten Merkmale liegen näher am Vergleichsmaßstab amtlicher Statistiken als die Ergebnisse der klassischen Festnetzstichprobe. Lediglich die Messung des Bildungsabschlusses ist weiter problematisch, denn der aus den Festnetzstichproben bekannte Bias bleibt bestehen. Damit liegt der Schluss nahe, dass ein Gutteil dieser Verzerrung auf den telefonischen Ansatz an sich zurückgeht und weniger auf Coverageprobleme zurückzuführen ist.

So sollte die künftige Forschung für die Ursachensuche auch Aspekte wie unbewusste Falschauskünfte, soziale Erwünschtheit o.ä. nicht aus dem Blick verlieren. Eine Optimierung des Instruments ist hier geboten und möglicherweise wäre das Thema Bildungsniveau besser eines für indirekte Abfrage anstelle des konkreten Erfragens von Abschlüssen. Allerdings ist dabei immer die Anforderung nach Kompatibilität zur amtlichen Referenz unverzichtbar. Wegen des durchaus vergleichbaren Abdeckungsgrades der Bevölkerung durch Fest- und

Mobilnetz stellt sich zudem die Frage, ob nicht auch mit einer reinen Mobilfunk-
stichprobe die Bevölkerung adäquat abgebildet werden kann. Angesichts der dargestellten Befunde zur demographischen Struktur der Mobilstichprobe insgesamt
ist dieser Ansatz derzeit nicht sinnvoll: hier sind die stärksten Verzerrungen im
Modevergleich festzustellen.

Ein zweiter empirischer Aspekt bezieht sich auf die demographische Beschreibung der Mobile-Only-User. Das charakteristische Profil dieser Gruppe
wurde bisher zumeist mit F2F-Befragungsdaten beschrieben (vgl. Kapitel 6.4).
Die CATI-Messung in der ADM-Dual-Frame-Studie bestätigen diese Befunde
und zeigen nahezu analoge Strukturen: Die Gruppe der Mobile-Only-User wird
vor allem durch jüngere Personen im Alter 20-29 gestellt, die zu den Nicht-Er-
werbstätigen zu rechnen sind. Dabei kann man dann aber noch die Gruppe der
Studenten von der der Arbeitslosen unterscheiden, die besonders in den Bundesländern mit geringer Wirtschaftskraft die größten Anteile der Mobile-Only-User
stellt. Die Gruppe der Festnetz-Only-User wird dagegen von den Personen ab 70
Jahren geprägt.

Im Hinblick auf die künftige Umsetzung von Dual-Frame-Surveys lassen
sich auf der Basis der ADM Grundlagenstudie einige Erkenntnisse besonders herausstellen, die für die Forschungspraxis relevant sind.

- Erstens ist der methodische Rahmen für Stichprobenansatz, Mode-Mix und
  Gewichtung weitestgehend gesichert. Jetzt liegen für diese Arbeitsschritte
  dezidierte, erprobte Verfahrensweisen vor. Insbesondere sind die Empfehlungen zur Mischung der Netzstichproben ex-ante und zu ihrer Proportionalisierung ex-post von hohem praktischen Nutzen.
- Die Grundlagenstudie dokumentiert zweitens auch das Instrumentarium zur
  Messung der Rufnummernausstattung der Personen. Hier ist ein weiterer
  wichtiger Schritt für die Etablierung dieses Fragenkatalogs in der Markt-
  und Sozialforschung unternommen worden. Nur wenn die entsprechenden
  Indikatoren erhoben werden, ist die Dual-Frame-Designgewichtung korrekt
  durchführbar.
- Ein dritter und letzter Aspekt bezieht sich auf den Einsatz des HLR-Ver-
  fahrens zur Nummernprüfung. Angesichts der Vielzahl nicht-existierender
  aber generierter Rufnummern im Mobilbereich ist es zweckmäßig, Mobil-
  stichproben einer solchen Gültigkeitsprüfung vor Beginn der Feldarbeit zu
  unterziehen, um keine unnötigen Effizienz-Verluste für die Feldarbeit zu
  riskieren.

Christian von der Heyde

9 Einwohnermeldeamts-Stichproben (EWA-Stichproben)

9.1 Vor- und Nachteile

Eine Einwohnermeldeamts-Stichprobe ist eine Stichprobe auf der Basis von Adressen aus Einwohnermeldeämtern. Sie kann nur dann gezogen werden, wenn das Projekt, für das sie benutzt werden soll „im öffentlichen Interesse" liegt. Was darunter zu verstehen ist, schreiben beispielsweise (Medert/Süßmuth, 1986 S. 135): „Zu verstehen ist unter diesem unbestimmten Rechtsbegriff ... nicht ausschließlich ein hoheitliches Interesse, sondern das **wohlverstandene Interesse der – innerstaatlichen – Allgemeinheit**, dem ein soziologisch/gesellschaftlicher Bezug immanent ist."[Hervorhebung im Original].

Konkret interpretiert die öffentliche Verwaltung diese Vorschrift im Meldegesetz dahingehend, dass bei Aufträgen (halb-)staatlicher Institutionen im Regelfall das Vorliegen öffentlichen Interesses unterstellt wird. Demgegenüber wird Aufträgen privater Institutionen i.d.R. öffentliches Interesse abgesprochen. Will man für solche Aufträge trotzdem Adressen aus Einwohnermelderegistern verwenden, ist man in erheblichem Begründungszwang. Dieser ist umso größer, als nur in einigen neuen Ländern das Vorliegen öffentlichen Interesses durch die zentrale Verwaltung (Innenministerium) geprüft wird, während in allen anderen Ländern jede einzelne Gemeinde prüfen muss: Jedes Gemeinde- oder Stadtoberhaupt folgt dabei seinem eigenen Rechtsverständnis (im Rahmen des sog. pflichtgemäßen Ermessens).

Zusätzlich muss ein Institut, das Adressenauskünfte haben will, der Gemeinde eine sog. Unbedenklichkeitsbescheinigung – vom Innenministerium des Sitz-Landes für zwei Jahre Gültigkeitsdauer ausgestellt – vorlegen (auf Verlangen in beglaubigter Kopie). Dadurch entfällt dann aber die Prüfung auf

"Seriosität" des Auskunft suchenden Instituts, die sonst jede Gemeinde zusätzlich machen müsste.

Die Hürden für EWA-Stichproben sind also hoch. Sie sind allenfalls gerechtfertigt durch die methodischen Vorteile, die solche Stichproben gegenüber anderen Verfahrensweisen haben:

- EWA-Stichproben führen – entsprechendes Stichprobendesign vorausgesetzt – zu für alle Zielpersonen gleichen Auswahlwahrscheinlichkeiten, erfüllen also das in Kapitel 2.3.1 formulierte Repräsentativitätskriterium bestmöglich.
- EWA-Stichproben erlauben volle Kontrolle über die Brutto-Stichprobe sowohl bei der Adressenziehung als auch bei der Strukturkontrolle.
- Sie erlauben aber auch volle Kontrolle über die Feldarbeit, weil einerseits der Interviewereinfluss auf die Zielpersonenauswahl ausgeschlossen ist und andererseits die durchgeführten Interviews anhand von demografischen Informationen je Adresse, die vom Einwohnermeldeamt mitgeliefert werden, auf korrekte Einhaltung der Befragungsvorschriften geprüft werden können.
- Schließlich sind sie wegen dieser mitgelieferten Informationen auch geeignet, die Ausfallprozesse mit Demographiedaten verknüpft zu analysieren.

EWA-Stichproben verbinden also höchste Regelgebundenheit mit höchster Kontrollsicherheit und Dokumentierbarkeit. Sie sind deshalb die Bevölkerungsstichproben, die derzeit den besten methodischen Ruf haben.

Man darf aber auch ihre Nachteile nicht verschweigen: Ein Nachteil ist die fehlende Aktualität der Melderegister. Geburten, Sterbefälle, Zu- und Fortzüge werden erst nach einer gewissen Zeit im Melderegister realisiert. Außerdem werden alle Personen unabhängig davon, ob es sich um einen Haupt- oder Nebenwohnsitz handelt, im Melderegister geführt, so dass Personen mit mehreren Wohnsitzen auch in mehreren Dateien enthalten sind. Ausführlich wird darauf in den Kapiteln 2.2.1 und 2.2.2 eingegangen. Ein weiterer Nachteil ist der sehr große Aufwand, der notwendig ist, um dem hohen methodischen Anspruch gerecht zu werden. Er resultiert daraus, dass die in der ersten Stufe ausgewählten Gemeinden die Pflicht haben, nicht nur das Auskunftsbegehren zu prüfen (das wurde schon erwähnt), sondern dass sie auch dafür Sorge tragen müssen, dass ihre eigentlichen hoheitlichen Aufgaben durch die Adressenlieferung, nicht beeinträchtigt werden. Man hat als Institut keinen Anspruch auf Adressenlieferung, sondern ist darauf angewiesen, dass die individuelle und pflichtgemäße Prüfung durch die Gemeinde positiv ausfällt. Die Folgen sind ausführlicher nachzulesen bei Albers, I. in Gabler/Hoffmeyer-Zlotnik 1997:

- Nicht jede Gemeinde ist sofort bereit, die gewünschten Adressen zu liefern oder das Auskunftbegehren zu prüfen, so dass vom ersten Anschreiben bis zur Lieferung der Adressen aus der letzten Gemeinde nicht selten mehrere Monate vergehen.

- Häufig erfährt man erst nach mehrmaligem Kontakt, dass die Gemeinde es ablehnt, die Adressen zu liefern, was langwierige Verhandlungen zur Folge hat, die auch damit enden können, dass man die Gemeinde austauschen muss.

- Die Adressen werden in sämtlichen denkbaren Formaten (und einigen unvorstellbaren) auf sämtlichen verfügbaren Trägern (vom Papierstreifen über vollständige Einwohnerlisten – "ziehen Sie die benötigten Adressen doch bitte selbst" – bis zur CD-ROM) geliefert, so dass erheblicher Aufbereitungsaufwand anfällt.

- Die Adressenlieferung wird mit der Erhebung von Gebühren verknüpft, die im Zuge steigender Defizite der öffentlichen Hände teilweise exorbitante Größenordnungen annehmen.

Wenn man bereit ist, diesen Zeit- und Kostenaufwand zu tragen, und noch dazu ein Projekt hat, das in öffentlichem Interesse liegt, dann allerdings kann man mit dem "Rolls Royce der Umfrageforschung" seine Befragungsergebnisse "einfahren".

9.2   Stichprobendesign

Stichproben auf der Basis von Adressen aus Einwohnermeldeämtern (EWA-Stichproben) haben aus forschungsökonomischen Gründen grundsätzlich ein zweistufiges Design. In der ersten Auswahlstufe werden zunächst Gemeinden ausgewählt, um den Aufwand sowohl bei der Adressenbeschaffung als auch in der anschließenden Feldarbeit in begrenzbarem Rahmen zu halten. In der zweiten Auswahlstufe werden dann Adressen der zu befragenden Personen aus dem Register der Einwohnermeldebehörde selektiert. Im Einzelnen geht man normalerweise wie folgt vor:

9.2.1   Grundgesamtheit

Die Grundgesamtheit der Befragung sind Personen, die in der Bundesrepublik gemeldet sind. Weitere Einschränkungen (z.b. Alter, Geschlecht, Nationalität, verheiratet/nicht verheiratet, Region, Gemeindegröße uvm.) sind ohne weiteres möglich. Die Abbildung derartiger Untermengen der Gesamtbevölkerung ist sogar einer der wesentlichen Vorteile der EWA-Stichproben. Denn die Auswahl der Zielpersonen aus der Datei kann gezielt auf solche Untermengen eingeschränkt werden, so dass Fehlkontakte wegen nicht zur Zielgruppe gehörender Personen in der Feldarbeit weitgehend ausgeschlossen werden können (auf die möglichen Abbildungsprobleme wegen der fehlenden Aktualität der Einwohnerdateien wurde schon in Kapitel 2.2 hingewiesen).

9.2.2   Erste Auswahlstufe: Sample Points bzw. Gemeinden

In der ersten Stufe werden, wie schon erwähnt, Gemeinden ausgewählt. Dazu wird zunächst jeder Gemeinde der zu repräsentierenden Region eine möglichst genaue Schätzung der Zahl der zur Grundgesamtheit gehörenden Personen als **Bedeutungsgewicht** zugeordnet. Die dazu notwendigen Daten liefern meistens die Bevölkerungs-Fortschreibung und/oder der Mikrozensus.

Anschließend wird die Auswahlgesamtheit – das sind immer noch die Gemeinden mit ihrem Bedeutungsgewicht – nach regionalen Kriterien also z.b. nach Kreisen und BIK-Gemeindegrößenklassen **geschichtet** und innerhalb der Schichten (Zellen) z.b. nach Größe oder Amtlichem Gemeindeschlüssel sortiert. Proportional zur Summe der Bedeutungsgewichte in den Schichten (Zellen) wird dann eine **Allokation** gerechnet (siehe Kapitel 3.6). Diese Allokation bestimmt die Verteilung der Sample Points auf die Zellen. Zahl und Größe der Sample Points hängen davon ab, wie viele Adressen ins Feld gegeben werden sollen und wie viele Adressen ein Interviewer bearbeiten soll.

Mittels **systematischer Ziehung mit Zufallsstart** in jeder Zelle, werden dann die Gemeinden ausgewählt. Das Auswahlintervall bestimmt sich dabei in jeder Zelle als Quotient des Bedeutungsgewichts und der Zahl der Sample Points. Eine Gemeinde ist ausgewählt, wenn das Ziehungsintervall auf sie trifft. Bei größeren Gemeinden oder einem kleinen Ziehungsintervall (d.h. einem großen Auswahlsatz) kann das Intervall mehrfach auf die gleiche Gemeinde fallen. Das bedeutet, dass auf diese Gemeinde mehrere Sample Points entfallen und deshalb später ein Mehrfaches von Adressen gezogen werden muss.

Damit ist die erste Auswahlstufe abgeschlossen. Sie hat zu einer Gemeindeauswahl in Proportion zur Verteilung der Grundgesamtheit geführt.

9.2.3   Zweite Auswahlstufe: Personen

In jeder ausgewählten Gemeinde muss nun eine je Sample Point gleiche Zahl von Adressen ausgewählt werden. Normalerweise wird die angeforderte Adressenzahl 20 % bis 30 % höher sein als die vorher festgelegte Klumpengröße für die Feldarbeit, weil man einerseits Adressen, die auf den gleichen Haushalt fallen, eliminiert und andererseits eine ggf. zufällig von der Sollstruktur abweichende demografische Verteilung (Alter und Geschlecht) der Bruttoadressen aussteuern will.

Praktisch jede Gemeinde (mit den zu Anfang des Kapitels erwähnten Ausnahmen, die dann umso mehr Aufwand verursachen) ist heute an ein regionales Rechenzentrum angeschlossen oder hat eine eigene Datenverarbeitung. Deshalb kann auch fast jede Gemeinde eine **systematische Ziehung mit Zufallsstart** für die Adressenselektion durchführen. Wenn das nicht der Fall ist, kann man ohne Probleme auf eine Namensanfangs- oder Geburtstags-Auswahl wechseln.

Die von den Gemeinden gelieferten Adressen müssen anschließend für die Feldarbeit vorbereitet werden. Das heißt insbesondere, dass man per Augenschein und ggf. Zählung prüfen muss, ob tatsächlich eine repräsentative Stichprobe der Einwohner (ggf. der eingeschränkten Zielgruppe) der Gemeinde geliefert wurde. Außerdem werden die oben beschriebenen Bereinigungen von Doppeladressen, ggf. Anstaltshaushalten (soweit man sie erkennen kann) und Strukturproblemen vorgenommen.

Man gibt dann eine für jeden Sample Point gleiche Zahl von Adressen in die Feldarbeit. Dadurch hat man eine in der Bruttostichprobe vollständig proportionale Abbildung der Grundgesamtheit mit für alle Adressen identischen Auswahlwahrscheinlichkeiten erzielt, mithin eine Bruttostichprobe, die keinerlei Designgewichtung mehr erfordert.

Die Realisierung der Stichprobe im Feld, die Organisation und die Dokumentation der Feldarbeit, die Ausschöpfungsmeldung, die Beurteilung des Felderfolgs usw. entsprechen weitestgehend den schon im Zusammenhang mit dem ADM-Stichprobensystem für F2F-Befragungen gemachten Ausführungen (siehe Kapitel 5.7). Deshalb kann auf ihre Wiederholung an dieser Stelle verzichtet werden.

Gerd Meier, Jochen Hansen

10   Quotenverfahren

Die Quotenstichprobe ist, wie in Abschnitt 1.1.3 bereits erwähnt wurde, die in der Marktforschung am häufigsten verwendete „nicht-zufällige" Stichprobe. Grundsätzlich soll eine Stichprobe Aussagen über die Grundgesamtheit ermöglichen. Normalerweise ist der Schluss von der Stichprobe auf die Grundgesamtheit nur dann zulässig, wenn eine repräsentative Zufallsstichprobe gezogen wurde. Die Repräsentanz erlaubt den sogenannten „Repräsentationsschluss", den induktiven Schluss von der Stichprobe auf die Grundgesamtheit.

In der Markt- und Meinungsforschung hat sich in der Praxis jedoch auch die Quotenstichprobe als ein Verfahren, das zu Repräsentationsschlüssen herangezogen wird, etabliert, obwohl sie nicht zufällig gezogen wird.

Bei der Quotenstichprobe werden einzelne Merkmale in ihrer Verteilung vorgegeben. Das sind die sogenannten Quoten, die

- neben der regionalen Verteilung (z.B. Bundesländer, Regierungsbezirke) und Gemeindegrößen
- auch Merkmale wie z.b. Geschlecht, Alter, Berufstätigkeit und Berufsstellung des Befragten bestimmen,

und die alle zusammengenommen die Grundgesamtheit im gewünschten Verhältnis (in der Regel proportional, in Ausnahmefällen auch disproportional) widerspiegeln.

Die Auswahl der Befragungspersonen selbst obliegt den Interviewern, die aber in ihrer Auswahlfreiheit durch die Quoten eingeschränkt werden.

Das Quotenverfahren wurde in den USA entwickelt und wird in Deutschland seit Ende der vierziger Jahre in der Markt- und Meinungsforschung eingesetzt.

In der Vergangenheit gab es immer wieder Vorbehalte gegenüber Quotenstichproben, die heute weitgehend ausgeräumt sind. Quotenstichproben finden bei repräsentativen Bevölkerungsumfragen allgemeine Akzeptanz in der Markt- und Meinungsforschung. Für das Auffinden von Befragungspersonen aus kleinen Grundgesamtheiten sind sie meistens die einzige praktikable und kostengünstige Alternative. Ein mehrstufiger Random-Ansatz, bei dem Personen ermittelt werden sollen, die z.b. über 70 Jahre alt sind und das Internet nutzen, ist zwar durchführbar, aber im Kosten-Leistungs-Vergleich fast unbezahlbar. Hier bietet sich das Quotenverfahren geradezu an.

10.1 Anforderungen an Quotenstichproben

Natürlich können nur solche Merkmale zur Quotierung herangezogen werden, von denen die Verteilung in der Grundgesamtheit bekannt ist. Hierfür müssen ausreichend aktuelle Quellen verfügbar sein. Zudem sollten diese Merkmale für Interviewer leicht erkennbar oder mühelos zu erfragen sein, sie sollten also nicht erst durch intensives Forschen der Interviewer zu erschließen sein.

In der Fachliteratur wird immer wieder davon ausgegangen, dass Quotenmerkmale besonders geeignet sind, wenn sie hoch mit dem Untersuchungsgegenstand korrelieren. Zum Beispiel hält es Kreienbrock für „erstrebenswert, nach solchen Merkmalen zu quotieren, die eine hohe Assoziation oder Korrelation zu den Untersuchungsmerkmalen besitzen." (Kreienbrock, 1993; S. 194)

Damit verbindet sich leicht das Missverständnis, Ergebnisse aus Quotenstichproben seien nur repräsentativ für eng mit den Quotenmerkmalen korrelierende Befunde. Verkannt wird, dass mit dem Quotenverfahren primär das Ziel verfolgt wird, eine Stichprobe möglichst frei von systematischen Verzerrungen zu rekrutieren. Deshalb soll mit der Vorgabe von Quoten der Ermessensspielraum der Interviewer bei der Auswahl der Zielpersonen beschränkt werden, wozu hohe Korrelationen zwischen Quoten und Erhebungsmerkmalen nicht erforderlich sind.

Wenn es Merkmale gibt, die mit dem Untersuchungsgegenstand korrelieren, wird man sie als Quotenmerkmal in Betracht ziehen, denn durch sie lässt sich die Streuung innerhalb der Stichprobe verringern – ähnlich wie durch Schichtung bei der Random-Stichprobe. Aber daraus leitet sich keinesfalls eine Voraussetzung für gute Quotenstichproben ab.

Tatsächlich gibt es für die meisten Studien, besonders die Bevölkerungsumfragen, nur relativ wenige Merkmale, die sich als Quotenmerkmale eignen. Das sind regionale Merkmale, wie z.B. Bundesland, Regierungsbezirk und Gemeindegröße, soziodemographische Merkmale wie z.b. Geschlecht, Alter, Berufstätigkeit, Haushaltsgröße (die Zahl der Personen im Haushalt), und Merkmale der sozialen Schicht wie z. B. Stellung im Beruf oder ähnliches. Für diese demographischen Merkmale stehen Quellen wie der amtliche Mikrozensus oder die große Media-Analyse zur Verfügung, die jährlich auf breiter Stichprobenbasis erhoben werden und somit Merkmale genügend sicher und aktuell schätzen können.

Andere sekundärstatistische Quellen, aus denen oftmals Quotenmerkmale entnommen werden, sind die vorhandenen Markt-Media-Untersuchungen, die, soweit sie eine ausreichende Basis an Interviews aufweisen, durchaus für die Auswahl geeignet sind. Hier findet man dann z.b. die Zusammensetzung von Tütensuppen-Verwendern, Jeans-Käufern oder ähnlichem und kann zielgruppenspezifische Quotenmerkmale vorgeben.

Die regionalen Merkmale bewirken die Auswahl der Einsatzorte der Interviewer. Im ADM-Stichproben-System werden diese zufällig gezogen. Die Auswahl der Haushalte und der Personen liegt dann in der Verantwortung der Interviewer, die die Quotenvorgaben beachten müssen.

Zur Erstellung der Quotenvorgaben wird die Struktur der Grundgesamtheit in den Quotenmerkmalen auf Stichprobengröße berechnet. Dabei muss gerundet werden. Dazu kann man z.b. das Zufallsverfahren nach Cox (1987) einsetzen, das die Rundung per Hand ersetzt und auch Zellen mehrdimensionaler Tabellen unter Beachtung der Spalten- und Zeilensummen runden kann. So werden auch keine Zellen schon vor der Stichprobenerstellung ausgeschlossen, was für die Repräsentativität der Stichproben sehr wichtig ist.

Wenn alle Quotenvorgaben beachtet werden (was kontrolliert werden muss), entspricht die Stichprobe bei proportionalen Quoten einem verkleinerten Abbild der Grundgesamtheit. Das gilt mit Sicherheit für die Quotenmerkmale – und nach durchgeführten empirischen Tests mit hoher Wahrscheinlichkeit auch für nicht quotierte Kriterien. Bei disproportionalen Quoten weist die Stichprobe die gewünschten disproportionalen Strukturen auf.

Nachstehend ist eine Quotenmatrix als Beispiel dargestellt. Die darin gewählte Regionalverteilung benutzt die Regierungsbezirke als Verteilungsmerkmal, wobei der Gebietsstand dem von 1999 entspricht, obwohl einige Länder die Regierungsbezirke – wahrscheinlich aus Kostengründen – inzwischen abgeschafft haben. Für die regionale Verteilung der Interviews gerade bei Quotenstichproben ist es jedoch durchaus sinnvoll, diese „veraltete" Flächendifferenzierung weiter zu verwenden (zumindest solange dafür noch valide Daten vorhanden sind), denn für die im Beispiel dargestellte Quotenmatrix für 1000 Interviews wäre eine Verteilung nur nach Bundesländern wahrscheinlich zu grob, eine Verteilung nach Kreisen hingegen wäre viel zu fein.

Tabelle T 10-01: Quotenmatrix **vor** kontrollierter Zufallsrundung (Beispiel: Verteilung von 1000 Personen ab 14 Jahren)

Regierungsbezirk	Ges.	Gemeindegröße (in TSD)					Geschlecht		Altersgruppen										
		-5	-20	-100	-500	500+	m	w	-19	-24	-29	-34	-39	-44	-49	-54	-59	60-69	70+
Schleswig-Holstein	34,44	11,11	8,99	8,62	5,72	0	16,45	17,99	2,39	2,07	3,05	3,07	3,37	2,44	2,85	2,46	3,7	4,49	4,55
Hamburg	20,15	0	0	0	0	20,15	9,29	10,86	1,15	1,21	2,08	1,98	1,85	1,38	1,45	1,3	2,21	2,47	3,07
Braunschweig	20,99	2,46	5,63	4,98	7,92	0	10,09	10,9	1,49	1,51	1,68	2,24	1,44	1,72	1,82	1,66	1,97	2,89	2,89
Hannover	26,55	3,5	5,13	10,03	1,68	6,21	12,58	13,97	1,67	1,84	2,04	2,39	2,51	1,58	2,27	1,84	2,7	3,73	3,84
Lüneburg	20,31	5,73	7,63	6,95	0	0	9,88	10,43	1,53	1,04	1,7	1,76	1,91	1,58	1,71	1,53	2,3	2,53	2,72
Weser-Ems	29,6	2,7	11,8	10,97	4,13	0	14,1	15,5	2,28	2,38	2,61	2,81	2,5	2,87	1,79	1,94	2,24	4,24	3,94
Bremen	8,07	0	0	0	1,5	6,57	3,77	4,3	0,48	0,44	0,65	0,75	0,71	0,64	0,62	0,63	0,8	1,1	1,25
Düsseldorf	62,7	0	2,9	17,57	21,99	20,24	29,6	33,1	3,66	3,07	5,79	5,51	5,93	4,65	5,02	5,21	5,65	9,25	8,96
Köln	49,45	0,06	6,8	22,16	9,73	10,7	23,6	25,85	3,42	3,22	3,89	4,82	4,65	3,58	4,42	3,92	4,23	6,82	6,48
Münster	31,29	0	6,17	15,32	9,8	0	14,92	16,37	2,41	2,18	2,73	2,91	3,09	2,14	2,82	2,24	2,5	4,19	4,08
Detmold	24,34	0	6,48	12,34	5,52	0	11,54	12,8	1,6	1,58	2,16	2,72	1,93	1,92	1,57	1,35	2,37	3,48	3,66
Arnsberg	45,68	0	5,86	18,69	14,12	7,01	21,76	23,92	3,06	3,06	3,23	3,79	4,63	3,33	3,62	3,32	4,23	6,88	6,53
Darmstadt	42,34	1,7	13,73	14,28	5,88	6,75	20,17	22,17	2,55	2,62	3,29	4,03	3,75	3,13	3,72	3,25	4,11	5,81	6,08
Gießen	15,9	0,99	7,59	4,89	2,43	0	7,63	8,27	1,08	0,78	1,28	0,93	1,41	0,98	0,89	0,9	1,1	1,65	1,74
Kassel	18,53	2,21	9,23	4,66	2,43	0	8,86	9,67	1,07	1,18	1,34	1,26	1,66	1,59	1,61	0,81	1,56	2,22	2,45
Koblenz	12,8	10,0	1,43	1,37	0	0	6,14	6,66	1,4	1,15	1,1	1,4	1,66	0,98	0,77	0,81	1,36	1,89	1,37
Trier	6,42	3,7	1,43	1,29	0	0	3,14	3,28	0,31	0,69	0,29	0,53	0,67	0,59	0,52	0,1	0,8	0,95	0,97
Rheinhessen-Pfalz	24,28	8,44	5,57	5,12	5,15	0	11,58	12,7	1,63	1,7	1,73	2,25	2,22	1,64	2,23	1,78	2,19	3,64	3,27
Stuttgart	43,62	5,39	15,41	15,4	1,31	6,11	20,91	22,71	2,98	2,95	3,48	4,27	3,97	3,45	3,44	2,78	4,44	5,97	5,89
Karlsruhe	30,81	2,7	11,58	6,78	9,75	0	14,67	16,14	2,04	1,79	2,78	2,33	2,86	2,88	2,04	2,35	2,76	4,19	4,21
Freiburg	24,75	5,32	9,78	7,27	2,38	0	11,79	12,96	1,8	1,79	2,02	1,85	2,65	1,93	1,86	1,88	1,82	3,29	3,38
Tübingen	19,87	4,36	7,33	5,62	2,56	0	9,54	10,33	1,59	1,41	1,71	1,58	1,85	1,81	1,56	1,14	1,89	2,61	2,56
Oberbayern	45,95	10,3	15,38	6,06	1,26	12,95	21,49	24,46	2,99	3,06	3,72	4,52	4,0	4,17	3,23	3,98	4,21	5,88	6,19
Niederbayern	14,3	5,95	5,98	2,37	0	0	7,04	7,26	1,14	0,62	1,64	1,64	1,58	1,26	1,06	1,0	1,13	1,89	1,7
Oberpfalz	13,38	4,83	4,64	2,25	1,66	0	6,65	6,73	1,02	0,94	1,13	1,06	1,28	1,08	1,15	0,73	1,34	1,71	1,66
Oberfranken	14,02	5,1	4,96	3,96	0	0	6,65	7,37	0,92	1,03	1,17	0,96	1,71	1,34	0,77	0,71	1,48	1,95	1,98
Mittelfranken	19,95	3,61	5,61	2,67	8,06	0	9,45	10,5	1,44	1,16	1,67	1,4	1,72	1,33	1,84	1,36	1,94	2,66	2,74
Unterfranken	16,07	6,56	5,98	1,97	1,56	0	7,64	8,43	1,31	1,52	1,53	1,69	2,08	1,48	1,73	0,8	1,55	2,07	2,09
Schwaben	20,53	6,03	7,42	4,14	2,94	0	9,76	10,77	1,73	0,93	1,65	1,23	2,08	1,48	1,73	1,14	2,09	2,53	2,89
Saarland	13,51	0	6,26	4,89	2,36	0	6,37	7,14	0,87	0,62	1,11	1,07	1,07	1,16	1,12	0,81	1,37	2,02	2,03
Berlin (West)	25,1	0	0	0	0	25,1	11,63	13,47	1,42	1,37	2,07	2,32	2,48	1,42	2,3	2,18	2,6	2,94	3,62
Berlin (Ost)	16,52	0	0	0	0	16,52	7,87	8,65	1,52	1,31	1,46	1,56	1,86	1,42	1,16	1,11	1,68	1,93	1,51
Brandenburg	33,35	12,76	7,29	10,01	3,29	0	16,1	17,25	3,42	2,28	2,23	2,86	2,98	3,03	2,26	1,96	3,63	4,64	3,39
Meck.-Vorp.	22,9	9,75	4,92	4,81	4,42	0	11,53	12,37	2,49	1,62	1,62	1,77	2,98	1,95	1,95	1,37	2,41	3,47	2,27
Chemnitz	22,85	6,76	6,74	4,33	5,02	0	10,6	12,25	1,97	1,39	1,42	1,42	2,23	1,81	2,07	1,56	2,11	3,46	3,46
Dresden	23,38	6,83	4,25	6,11	6,19	0	11,02	12,36	2,34	1,38	2,09	1,96	1,96	1,97	1,6	1,84	2,28	3,12	2,98
Leipzig	14,83	2,95	4,05	1,69	6,14	0	7,03	7,8	1,36	0,71	1,26	1,26	1,47	1,01	1,27	0,69	2,01	2,11	1,72
Dessau	7,53	2,83	1,26	3,44	0	0	3,53	4,0	0,56	0,38	0,74	0,66	0,7	0,63	0,66	0,43	0,78	1,15	0,84
Halle	12,22	4,7	1,14	2,7	3,68	0	5,88	6,34	1,16	0,38	1,36	0,99	1,08	1,03	1,1	0,71	1,25	1,76	1,4
Magdeburg	16,53	6,17	2,7	4,29	3,37	0	7,94	8,59	1,37	1,33	0,97	1,23	1,47	1,29	1,34	1,26	1,57	2,44	2,0
Thüringen	33,19	13,27	5,52	8,64	5,76	0	15,79	17,4	3,14	1,95	2,54	2,28	3,79	2,96	2,58	2,47	3,24	4,35	3,89
Gesamt	1000	178,77	247,82	266,45	168,65	138,31	475,78	524,22	73,76	63,64	81,7	89,38	97,04	78,53	79,71	69,93	95,77	136,98	133,56

Tabelle T 10-02: Quotenmatrix **nach** kontrollierter Zufallsrundung (Beispiel: Verteilung von 1000 Personen ab 14 Jahren)

Regierungsbezirk	Gesamt	Gemeindegröße (in TSD)					Geschlecht		Altersgruppen										
		-5	-20	-100	-500	500+	m	w	14-19	20-24	25-29	30-34	35-39	40-44	45-49	50-54	55-59	60-69	70+
Schleswig-Holstein	34	11	9	8	6	0	16	18	2	2	4	3	3	2	2	3	4	4	5
Hamburg	20	0	0	0	0	20	9	11	2	1	2	1	2	1	2	1	2	3	3
Braunschweig	21	2	6	5	8	0	11	10	1	1	1	3	1	2	2	2	2	3	3
Hannover	27	3	5	11	2	6	13	14	2	1	2	3	3	2	2	2	3	3	4
Lüneburg	21	6	8	7	0	0	10	11	1	1	3	2	2	2	2	1	2	2	3
Weser-Ems	29	3	12	10	4	0	13	16	2	2	3	3	3	2	2	1	3	4	4
Bremen	9	0	0	0	2	7	4	5	1	1	0	0	1	1	1	0	1	1	2
Düsseldorf	62	0	2	18	21	21	30	32	3	4	6	6	6	5	5	5	5	10	7
Köln	50	1	6	23	10	10	25	25	4	3	4	5	5	3	4	4	4	7	7
Münster	32	0	7	15	10	0	16	16	2	3	3	3	3	2	2	3	2	4	5
Detmold	24	0	6	13	5	0	11	13	2	2	2	2	2	2	1	2	2	3	4
Arnsberg	46	0	6	18	14	8	22	24	3	3	3	4	4	4	4	3	4	7	7
Darmstadt	42	2	14	14	6	6	20	22	1	2	3	4	3	3	3	4	3	9	7
Gießen	13	1	8	4	0	0	6	7	1	1	1	1	1	1	1	0	1	2	3
Kassel	15	2	9	2	2	0	7	8	1	1	1	1	2	1	1	1	1	2	3
Koblenz	19	10	5	2	2	0	10	9	1	1	1	2	2	2	2	3	1	1	3
Trier	6	4	1	1	0	0	3	3	1	1	1	0	0	0	1	0	0	1	1
Rheinhessen-Pfalz	25	8	6	5	6	0	12	13	2	2	2	2	2	2	2	2	2	3	2
Stuttgart	43	5	15	16	1	6	21	22	1	3	4	5	5	3	3	2	4	5	3
Karlsruhe	31	3	12	13	3	0	14	17	3	1	3	2	2	3	1	3	3	5	2
Freiburg	25	5	10	8	2	0	11	14	1	1	2	3	2	2	2	2	2	3	3
Tübingen	20	4	8	6	2	0	10	10	1	1	3	5	5	1	1	1	1	1	1
Oberbayern	45	10	15	7	1	12	22	23	3	1	2	0	2	1	2	1	2	3	2
Niederbayern	14	6	6	2	0	0	7	7	1	1	2	2	2	1	1	0	1	1	1
Oberpfalz	13	5	6	2	0	0	6	7	1	1	1	1	1	1	1	1	1	2	1
Oberfranken	14	5	5	2	1	1	7	7	1	1	1	1	2	2	1	0	1	1	1
Mittelfranken	19	4	5	4	0	6	9	10	1	1	2	2	1	1	2	1	2	2	2
Unterfranken	17	7	6	2	2	0	8	9	2	2	1	1	2	1	2	1	2	2	1
Schwaben	21	6	7	5	3	0	12	9	1	1	2	1	2	2	2	2	2	2	2
Saarland	13	0	0	0	0	25	13	13	1	1	1	1	1	3	3	3	3	5	4
Berlin (West)	25	0	0	0	0	17	10	16	4	0	2	2	4	1	1	2	2	4	3
Berlin (Ost)	17	12	8	10	3	0	7	13	3	1	2	1	3	1	1	1	2	2	1
Brandenburg	33	10	4	5	5	0	15	17	1	2	2	3	2	2	2	2	3	4	3
Meck.-Vorp.	24	7	6	6	4	0	12	12	1	1	1	3	2	2	3	2	3	2	1
Chemnitz	23	6	5	6	6	0	11	13	1	1	1	2	1	2	1	3	3	5	2
Dresden	23	3	5	4	6	0	10	8	1	1	1	2	2	2	1	1	2	4	4
Leipzig	15	5	5	3	4	0	7	8	1	1	1	1	2	1	1	1	1	2	2
Dessau	7	6	1	0	3	0	3	8	1	0	0	0	0	2	1	0	1	1	1
Halle	13	6	3	2	5	0	6	8	1	2	2	1	2	2	1	2	2	3	2
Magdeburg	16	14	6	3	4	0	8	8	1	2	2	0	3	2	1	0	2	3	1
Thüringen	34	9	9	5	0	0	16	18	4	2	2	3	3	3	2	3	4	4	4
Gesamt	1000	179	248	267	168	138	475	525	74	64	81	89	97	79	79	70	96	137	134

10.2   Quotenkontrolle

Wie das obige Beispiel zeigt, hat der Interviewer kaum Freiheiten in der Auswahl der Zielperson. Auch der manchmal vorgetragene Einwand, subjektive Präferenzen des Interviewers lassen ihn nur Zielpersonen auswählen, die vornehmlich aus der gleichen „sozialen Umgebung" (Mayntz, Holm und Hübner, 1972) kommen, so dass die Zielpersonen den Interviewern in vielen Merkmalen ähneln, trifft nicht generell zu.

Als Beispiel ist nachstehend ein Quotenplan abgebildet, wie er einem Interviewer zugeschickt wird:

Quotenplan   Projekt-Nr.:_____

Zu befragen sind **3** Personen, die
hin und wieder Kaugummi einkaufen

Befragungsort ist:	Ihr Wohnort			
Befragungstage sind:	Montag,08.November 2012 bis Dienstag, 16. November 2012			
Bitte befragen Sie:	**Geschlecht:**			
	Männer		1	1
	Frauen	1		
	Alter:			
	14 – 19 Jahre	1		
	20 – 29 Jahre			
	30 – 39 Jahre		1	1
	40 – 49 Jahre			
	Schulbildung:			
	Volksschule		1	
	Weiterführende Schule	1	1	
	Berufstätigkeit:			
	Berufstätig		1	1	1
	Nicht berufstätig			

WICHTIG: Halten Sie unbedingt die vorgegebenen Quotenmerkmale ein!
Den Quotenplan schicken sie bitte mit den erledigten Interviews zurück.

Notieren Sie auf der Rückseite bitte vollständig und leserlich Namen und Anschriften der befragten Personen. Pro Haushalt darf nur eine Befragung durchgeführt werden. Vergessen Sie nicht, das Adressenprotokoll zu unterschreiben.

Falls Sie Rückfragen haben, rufen Sie im Institut an. Tel: ......

Bei Bevölkerungsstichproben werden in der Regel auch Quotenmerkmale zur sozialen Schichtung vorgegeben (z. B. der Berufskreis des Hauptverdieners oder die berufliche Stellung der Zielperson), so dass die Interviewer durch die Quotenvorgaben gezwungen sind, Befragte auch außerhalb ihrer eigenen sozialen Schicht zu rekrutieren. Dass sich die Interviewer bei der Quotenstichprobe die Auswahl keineswegs leichter machen als bei der Random-Stichprobe, zeigt folgende Gegenüberstellung:

Tabelle T 10-03: Quota-Random-Vergleich der Interviewerprotokolle. (Auszug aus: Noelle-Neumann und Piel, 1983; S. 230)

		Quota	Random
		%	%
War es leicht oder schwer, den Befragten für das Interview zu gewinnen?			
	Sehr leicht	18	30
	Ziemlich leicht	36	33
	Mittel	29	18
	Etwas schwierig, sehr schwer	17	19
Werden bei Quote Sympathische bevorzugt?			
Der/die Befragte ist nach meinem Eindruck			
	mir persönlich sympathisch	78	79
	mittel sympathisch	10	11
	eher unsympathisch	12	10
Wo wohnt der Befragte?			
	Erdgeschoss oder Keller	36	35
		Quota	Random
		%	%
	1. Obergeschoss	26	26
	2. Obergeschoss oder höher	22	18
	Ganzes Haus	16	21

In der Literatur wird diskutiert, wie man Verzerrungen in Quotenstichproben vermeiden kann (siehe hierzu z. B. Schmidtchen, 1962). Zu den wesentlichen Bedingungen, die einen Repräsentationsschluss auch bei Quotenstichproben ermöglichen, sind zu zählen:

1. Die Befragungen sollten auf möglichst viele Interviewer verteilt werden.
2. Das Interviewernetz sollte möglichst heterogen, ähnlich der Bevölkerungsstruktur, zusammengesetzt sein.
3. Die Quotierung sollte objektiv und spezifisch sein.
   Die Quotenanweisung darf dem Interviewer z.B. keinen Spielraum für Interpretationen geben. Man sollte also beispielsweise nicht die Quote vorgeben: eine Person der unteren sozialen Schicht. Stattdessen kann der Beruf des Befragten oder der Beruf des Hauptverdieners als Quotenmerkmal verwendet werden.
4. Der Fragebogen sollte entweder mehrere Themen beinhalten oder nicht allzu deutlich auf mögliche Experten hinweisen.
5. Die Zahl der Interviews pro Interviewer muss gering sein.
6. Die Interviews sollten zu einem hohen Prozentsatz in den Wohnungen durchgeführt werden. Interviews auf der Straße führen zu einer Überrepräsentierung des mobileren, aktiveren Teils der Bevölkerung. Eine Ausnahme hiervon ist gegeben, wenn die Grundgesamtheit zum mobileren und aktiveren Teil der Bevölkerung gehört.
7. Das Interviewernetz sollte zentral geleitet werden. Dazu gehören auch regelmäßige Kontrollen auf die Einhaltung der Anweisungen und korrekte Durchführung der Interviews.
8. Das Interviewernetz muss langfristig sehr gleichförmig, möglichst zentral verwaltet und geschult werden.
9. Das Institut sollte ausreichend Erfahrungen mit dem Quotenverfahren haben.

Alle diese Grundsätze sollten sorgfältig beachtet werden, denn so bekommen auch Extremgruppen die ihnen angemessene Chance, befragt zu werden.

Gleichzeitig wird verhindert, dass Zielpersonen ausgewählt werden, die sich in vielerlei Hinsicht ähneln, also relativ homogen sind. Wenn darauf geachtet wird, dass das Interviewerfeld möglichst heterogen ist und jeder Interviewer nur wenige Befragungen durchführt, erhält man eine Stichprobe ausreichend heterogener Zielpersonen.

Durch die Vorgabe mehrerer Quotenmerkmale muss die Auswahlfreiheit der Interviewer genügend eingeschränkt werden, damit persönliche Vorlieben der Interviewer nicht zum Tragen kommen können. Im Extremfall sind die Interviewer gezwungen, viele Personen vergeblich zu kontaktieren, weil deren Merkmale nicht passend sind. Mehrere Quotenmerkmale und die Einschränkung der Auswahlfreiheit helfen auch zu vermeiden, dass sich Interviewer zu häufig an Kategorienmitten orientieren. Kaplitza (1975) allerdings versichert, dass drei Quotenmerkmale ausreichen, optimale Ergebnisse zu erzielen. Weitere Quotenmerkmale würden zu keiner nennenswerten Verbesserung der Stichprobe führen. Mit von Auftrag zu Auftrag wechselnden Quotenvorgaben kann vermieden werden, dass Interviewer subjektive und verzerrende Auswahlpräferenzen entwickeln.

10.3   Zusammenfassende Bewertung

Das Quotenverfahren wird in der deutschen Markt- und Sozialforschung häufig eingesetzt, und zwar keineswegs nur bei breiten Bevölkerungsumfragen, sondern insbesondere bei Studien mit speziellen Zielgruppen und mit relativ kleinen Stichproben. Das Quotenverfahren richtig zu handhaben, setzt intensive Erfahrungen und relativ breite Interviewernetze voraus.

Gegenüber den Random-Stichproben ist es vor allem zeitsparend. Quotenstichproben erfordern aber eine möglichst große Zahl von Interviewern, also relativ hohe Kosten der Interviewer-Rekrutierung, -Schulung und -Netzpflege, ganz abgesehen von den Kosten des Interviewer-Einsatzes (die praktisch proportional mit der Zahl der Interviewer steigen).

Der Einsatz der Quotenstichproben empfiehlt sich bei vielen Aufgaben auch deshalb, weil sich dieses Verfahren verglichen mit Random-Stichproben als weniger schwerfällig erwiesen hat – und zwar ohne, dass damit Informationsverluste verbunden sind.

Dass sich Auftraggeber und Institute Kosten- und Zeitvorteile von Quotenstichproben versprechen, ist allein keine Entscheidungsgrundlage. Nur wenn Quotenstichproben die oben genannten Anforderungen erfüllen und sich in der praktischen Anwendung bewährt haben, sind sie zu Random-Stichproben methodisch gleichwertige und bei manchen Problemstellungen sogar überlegene Alternativen. Im Zweifel empfiehlt sich, den Einfluss der verschiedenen Stichprobentechniken auf die Ergebnisse feldexperimentell zu überprüfen: Nach Experimenten in der Werbeträgerforschung des Instituts für Demoskopie, Allensbach, variieren die Ergebnisse aber viel stärker zwischen verschiedenen Fragetechniken als zwischen Quoten- und Random-Stichproben – wenn beide Techniken adäquat angewendet werden (Köcher und Tennstädt, 1980; Tennstädt und Hansen, 1982). So wichtig es also ist, bei der Bewertung der Qualität von Umfragedaten auf sorgfältig durchgeführte Stichproben zu achten, darf doch nicht verkannt werden, dass andere Größen, wie z. B. der Fragebogen, oft einen stärkeren Einfluss auf die Ergebnisse haben als die Stichprobentechnik.

11   Sonderstichproben

Dieses Kapitel beschäftigt sich mit zwei Auswahlmethoden, die aus dem Rahmen der Anlage von bevölkerungsrepräsentativen Stichproben fallen. Das ist zum einen die sog. Zeitintervallstichprobe, die als einzige Methode geeignet ist, Personen, die an einem interessierenden Ereignis teilnehmen und es z.B. in einer Befragung beurteilen sollen (also z.b. Messebesucher, Fluggäste, Teilnehmer einer Kreuzfahrt, Besucher eines Fußballspiels u.ä.), in adäquater Weise abzubilden.

Zum andern handelt es sich um Online-Stichproben, die aus den unterschiedlichsten im Abschnitt 11.2 aufgeführten Gründen derzeit noch nicht in der Lage sind, die Gesamtbevölkerung repräsentativ abzubilden. Trotzdem werden diese Stichproben immer häufiger eingesetzt, was hauptsächlich darauf zurückzuführen sein dürfte, dass Online-Befragungen sehr schnell und kostengünstig durchgeführt werden können, und außerdem bei speziellen Zielgruppen durchaus erfolgreich sind, wenn eine adäquate Auswahlgrundlage verfügbar ist.

Christian von der Heyde

11.1   Zeitintervallstichproben

Normalerweise hat man es in der Umfrageforschung mit Grundgesamtheiten – und entsprechenden Stichproben – zu tun, deren Einheiten durch bestimmte „dauerhafte" Eigenschaften oder Merkmale definiert sind: Z.B. Deutsche ab einem bestimmten Alter, Unternehmen einer bestimmten Branche und/oder Größe, Bewohner bestimmter Regionen usw. Bei Erhebungen für diesen Typ von Grundgesamtheiten handelt es sich um die statistische Messung einer **Bestandsmasse**, weil hier der Bestand von Einheiten mit bestimmten Eigenschaften zu einem festgelegten Zeitpunkt gemessen wird.

Daneben gibt es Grundgesamtheiten, die zu einem festgelegten Zeitpunkt gemessen werden, und dadurch definiert sind, dass ihre Elemente bestimmte Handlungen vollziehen oder an bestimmten Ereignissen teilnehmen. Das Merkmal, das sie zum Element einer Grundgesamtheit macht, ist also zeitlich punktueller Natur. Die Besucher einer Messe, die Passagiere eines Fluges, Geburten u.ä. gehören zu solchen Massen, aber auch das Lesen einer Zeitung, Fernsehen, Auto fahren sind Handlungen, mit denen die Zugehörigkeit zu solchen Massen definiert werden kann. Wegen der zeitlich punktuellen Natur dieser Merkmale ist die statistische Erfassung solcher Einheiten immer auf einen Zeitraum bezogen; der entsprechende Typ von Grundgesamtheit wird als **Ereignismasse** bezeichnet.

Da es Personen sind, die an Ereignissen teilnehmen oder Handlungen vollziehen, sind solche Ereignismassen prinzipiell auch in der Obermenge „Bevölkerung" zu identifizieren (in Parenthese deshalb, weil sie natürlich eindeutiger, als hier geschehen, definiert werden muss). Mittels entsprechender Kontaktfragen kann man die zur Ereignismasse gehörenden Personen grundsätzlich aus der Menge aller Personen herausfiltern und anschließend befragen. In Mediastudien beispielsweise werden auf diese Weise die Nutzer verschiedener Medien mittels (Filter-)Fragen aus der Bestandsmasse „Bevölkerung ab 14 Jahren" selektiert und zu den genutzten Medien befragt.

Es gibt aber auch Ereignismassen, die sich einer solchen Filterung aus Bestandsmassen entziehen. Sei es, weil ihr Anteil in der Bevölkerung zu klein ist, und deshalb das oben geschilderte Vorgehen zu unökonomisch wäre (z.b. die Ermittlung von Bahnreisenden zwischen Ulm und Augsburg im Rahmen eines Projekts für den Verkehrsverbund Schwaben), sei es, weil nur ein Teil der interessierenden Grundgesamtheit in der Bundesrepublik Deutschland lebt (z.B. die Passagiere auf internationalen Flügen der Lufthansa), sei es, weil das Ereignis selbst – durch die am Ereignis teilnehmenden Personen – spontan beurteilt werden soll (z.b. die Erhebung des spontanen Eindrucks eines Open Air Concerts oder der aktuellen Bewertung einer Messe durch deren Besucher).

In all diesen Fällen versagen die normalen Instrumente der Stichprobenbildung, weil sie darauf aufbauen, dass es eine bestehende Grundgesamtheit (und eine adäquate Auswahlgrundlage) gibt, aus der – wie aus einer Urne – eine Stichprobe gezogen werden kann. Das Stichprobendesign, mit dem auch solche Ereignismassen abgebildet werden können, ist die Zeitintervallstichprobe.

11.1.1   Grundprinzip

Bei der Zeitintervallstichprobe geht man davon aus, dass eine Handlung/ein Ereignis an einem bestimmbaren Ort zu einer bestimmbaren Zeit stattfindet. Daher ist eine orts- und zeitorientierte Stichprobe möglich, in der an ausgewählten Orten zu ausgewählten Zeiten die Personen erfasst werden, die am Ereignis teil- oder die Handlung vornehmen.

Am Beispiel einer Stichprobe von Messebesuchern sollen die Grundzüge des Stichprobendesigns erläutert werden. Das Beispiel wird auch deshalb gewählt, weil Messebefragungen eine zusätzliche Komplikation aufweisen, an der auch gleich die Fallstricke von Zeitintervallstichproben aufgezeigt werden können:

- Man hat auf dem Messegelände eindeutig bestimmbare Auswahl-wahrscheinlichkeiten nur an den Ein- und Ausgängen, an denen ein Besucher an einem Messetag i.d.R. nur einmal vorbeikommen kann. An diesen Punkten kann man die Besucher aber nicht inhaltlich zur Messe befragen. Denn am Eingang wissen die Besucher noch nichts über die Messe – sie waren ja noch nicht drin, am Ausgang dagegen lassen sie sich kaum noch befragen, weil sie keine Zeit mehr haben.

- Eine Befragung auf dem Messegelände andererseits lässt zwar messebezo-gene Fragenkomplexe zu, führt aber zu dem Problem, dass man die Aus-wahlwahrscheinlichkeiten für die Befragten nicht mehr bestimmen kann: Die Wege der Besucher auf dem Messegelände und in den Hallen sind nicht korrekt nachvollziehbar, so dass die Häufigkeit, mit der ein Besucher an ei-nem (mehreren) Befragungspunkt(en) vorbeikommt und ausgewählt werden kann, nicht bestimmbar ist. Es kommt dabei nicht darauf an, wie häufig ein Besucher tatsächlich um ein Interview gebeten wird, sondern darauf, wie häufig er hätte gebeten werden können, also auf die Auswahlwahrscheinlich-keit und nicht auf die realisierte Häufigkeit.

Wegen dieser Problematik ist es bei Messebefragungen notwendig, zwei parallele Stichproben durchzuführen:

1. Eine **erste Stichprobe an den Eingängen** mit dem Vorteil bestimmbarer Auswahlwahrscheinlichkeiten. Hier erfasst man in einem Kurzfragebogen nur wichtige Strukturdaten über die Messebesucher, erhält also wegen der eindeutigen Auswahlwahrscheinlichkeiten eine hochrechenbare Information über die **Besucherstruktur.**

2. Eine **zweite Stichprobe innerhalb der Messehallen** mit der Möglichkeit, die **messebezogenen Fragenkomplexe** stellen zu können. Wenn man dann diese zweite Stichprobe (in der man die gleichen Strukturfragen wie in der Eingangsbefragung zusätzlich stellt) auf die Struktur der Eingangsbefragung abbildet (gewichtet), erhält man die messebezogenen Daten in proportionaler Abbildung zur Besucherstruktur. Hier ist also ganz dezidiert eine Designgewichtung notwendig, um die Unkenntnis über die Auswahlwahrscheinlichkeiten der Befragung in den Messehallen auszugleichen.

11.1.2 Stichprobendesign

Für beide Stichproben wird ein mehrstufiges, differenziert geschichtetes Design gewählt, da – wie später zu sehen ist – Zeitintervallstichproben mit einem hohen Risiko für Klumpeneffekte belastet sind, dem man durch entsprechende Anstrengungen bei der Schichtung begegnen sollte.

11.1.2.1 Erste Auswahlstufe: Befragungsorte

Die beiden Auswahlgrundlagen für die beiden Stichproben sind natürlich unterschiedlich.

Im einen Fall sind es alle Eingänge zum Messegelände (aber nicht die Durchgänge zwischen den Hallen, es sei denn, nur die Besucher bestimmter Hallen sollen repräsentiert werden), im andern Fall die gesamte Fläche der Ausstellung. Für die Eingangsbefragung bildet man – wenn nötig und sinnvoll – eine Stichprobe der Eingänge, wobei die Auswahlgrundlage tunlichst nach Kriterien geschichtet wird, die mit Struktur und/oder Frequenz der Besucherströme korreliert sind.

Für die Hallenbefragung erstellt man eine Flächenstichprobe aus allen von Besuchern begehbaren Flächen – auch hier möglichst nach vorheriger Schichtung nach Merkmalen, die mit Besucherstruktur und/oder -frequenz korrelieren. Man kann z.B. erwarten, dass Hallen/Stände mit Großfirmen möglicherweise von spezifischen Besuchern und häufiger frequentiert werden als Hallen, in denen nur kleine Firmen mit Randsortimenten ausstellen.

Nach dieser ersten Stufe liegen also die Orte fest, an denen Befragungen durchgeführt werden sollen.

11.1.2.2 Zweite Auswahlstufe: Zeitintervalle

Eine Messe ist an bestimmten Tagen zu bestimmten Zeiten geöffnet. Diese Tage und Zeiträume bilden die Auswahlgrundlage für die zweite Auswahlstufe. Wieder wird die Auswahlgrundlage nach – in diesem Fall zeitlichen – Kriterien geschichtet, die mit den Besucherströmen korrelieren (Zusätzlich muss sie natürlich nach den Befragungsorten geschichtet sein). Man kann beispielsweise erwarten, dass Privatbesucher eher zum Wochenende, Geschäftsleute eher an Werktagen die Messe besuchen werden, die Entfernung zwischen Besucherwohnort und Messeort (leicht) korreliert mit dem Besuchstag, Jugendliche eher an Nachmittagen zur Messe kommen usw.

Ziel dieser Schichtung ist es, die Messebesucher so zu differenzieren, dass möglichst homogene Schichten entstehen. Dann reichen wenige Zeitintervalle je Schicht, um die Besucher dieser Schicht hinreichend zu repräsentieren.

Die Zeitintervalle der Auswahlgesamtheit ergeben sich prinzipiell als Menge von exakt definierten Zeitabschnitten, die alle Befragungsorte und den gesamten Öffnungszeitraum abdecken. Aus ihnen wird die Stichprobe gezogen.

11.1.2.3 Dritte Auswahlstufe: Besucher

Hat man Ort und Zeit ausgewählt, an denen Besucher befragt werden sollen, kann man innerhalb dieser Ort-Zeit-Räume die Zielpersonen auswählen. Die geeignete Technik dazu ist es, sich eine Linie am Einsatzort zu denken, deren Überschreiten den Besucher als potentielle Zielperson qualifiziert. Normalerweise befragt man jedoch nicht jede Person, die die gedachte Linie überschreitet, sondern trifft hier wieder eine Unterauswahl durch Abzählen eines vorher festgelegten Auswahlintervalls.

Wenn alle diese Auswahlstufen korrekt und kontrolliert abgewickelt werden, erhält man – wie oben schon beschrieben – eine die Messebesucher repräsentierende Stichprobenkombination, d.h. man hat das Ziel der Stichprobenplanung erreicht. Die Präzision der damit erhältlichen Abbildung ist umso höher, je differenzierter geschichtet wird (Schichteneffekt) und je mehr Zeitintervalle ausgewählt werden bzw. je weniger Personen je Zeitintervall befragt werden (Klumpeneffekt).

11.1.3   Optimierung

Den Auftrag für eine Messebefragung erhält man meistens vom Messeveranstalter oder von einem Aussteller. Das bedeutet, dass man einen Auftraggeber hat, der über Vorwissen über die zu erwartenden Besucherströme und -strukturen verfügt. Dieses Vorwissen ist von großem Nutzen, wenn es – wie immer bei solchen Aufträgen – um die Optimierung des Studienansatzes geht.

Der Auftraggeber kann z.b. mitteilen, das Messegelände habe fünf für Besucher offene Eingänge (zusätzlich gibt es oftmals weitere Eingänge, die nur von Ausstellern benutzt werden dürfen), 10 Messehallen und sei von Donnerstag bis Montag jeweils von 8.00 bis 18.00 Uhr geöffnet. Im Vorjahr seien 500.000 Besucher gezählt worden. Dann weiß man:

* Je Stunde gehen ungefähr 2.000 Besucher durch einen der Eingänge.
* Je Tag bewegen sich rund 100.000 Besucher in den Hallen.

Was man mit dem oben genannten Vorwissen des Auftraggebers nicht beantworten kann, sind beispielsweise die folgenden Fragen:

* Wie stark schwankt die Besucherfrequenz je Tag, Stunde, Eingang und in Kombination dieser Elemente?
* Wie viele Personen passieren (differenziert nach Tag, Ort und Stunde) die Hallendurchgänge?
* Gibt es besonders frequentierte Gänge in den Hallen?
* Gibt es Orte, an denen zu bestimmten Zeiten besonders viel/wenig Besucher zu erwarten sind (z.B. Veranstaltungen)?
* usw.

Diese und ähnliche Daten sollte man aber im Vorfeld einer Messe zumindest schätzen können, wenn man den Stichprobenansatz optimieren will. Denn für die Optimierung hat man nur die folgenden vier Parameter:

1. Zahl der Befragungspunkte.
2. Zahl und Länge der Zeitintervalle je Punkt.
3. Größe des Auswahlintervalls (ggf. variiert je Befragungspunkt und/oder je Zeitintervall).
4. Zahl der einsetzbaren Interviewer.

Um im Beispiel zu bleiben: Wählt man für die Eingangsbefragung jeden Eingang aus (also keine Stichprobe), befragt man an jedem Tag je Eingang in 2 Intervallen zu jeweils 2 Stunden (die man versetzt anordnen sollte, damit die gesamte Öffnungszeit abgedeckt wird) und wählt man im Zeitintervall jeden 10. Besucher aus, so erhält man einen Auswahlsatz von 1/25; bei unveränderter Gesamtzahl der Besucher würde man also rund 20.000 Interviews erhalten.

Man weiß dann aber nicht, wie viele Interviewer man an welchem Ort zu welcher Zeit an welchem Tag braucht, um aus dem im einzelnen Zeitintervall anfallenden Besucherstrom genau jeden zehnten Besucher befragen zu können. Man muss also die Möglichkeit einplanen, wenn das Vorwissen so gering ist wie im Beispiel, dass man kurzfristig vor Ort den Stichprobenplan (und das sind die in ihm verankerten Vorgaben für die oben genannten Parameter) an die tatsächlichen Gegebenheiten anpassen muss.

Das schafft nur dann keine zusätzliche Unsicherheit (d.h. keine zusätzlichen Probleme mit der Hochrechnung), wenn man die Durchführung des Stichprobenplans und ggf. seine Variation stets unter Kontrolle hat. Letztendlich muss man – wie bei jeder anderen Stichprobe auch – immer wissen, mit welcher Auswahlwahrscheinlichkeit (welchem Auswahlsatz) jedes einzelne Interview zustande gekommen ist.

11.1.4 Kontrolle

Oben wurde darauf hingewiesen, wie wichtig die ständige Kontrolle der Stichprobenrealisierung ist. Das betrifft aber nicht nur den Stichprobenplan und ggf. seine Variation sondern bei Zeitintervallstichproben in besonderem Maße die Feldarbeit selbst.

Diese läuft ohne jede Adresse ab, d.h. man hat keine Basis, um – wie sonst üblich – im Nachhinein zu kontrollieren, ob die Interviews korrekt und mit der richtigen Zielperson durchgeführt wurden. Die adressenlose Feldarbeit hat den Vorteil, dass Datenschutzfragen – die in der Primärforschung immer breiteren Raum einnehmen und die Teilnahmebereitschaft immer stärker tangieren – nicht auftreten. Sie bedeutet aber auch, dass die Feldarbeit nur im Hinblick auf die Einhaltung der Auswahlvorschriften kontrolliert werden kann, d.h. nur als **Kontrolle vor Ort**.

Die Repräsentativität der Zeitintervallstichprobe hängt ausschließlich davon ab, dass die formalen Vorschriften für die Zielpersonenauswahl exakt eingehalten werden. Halten sich die Interviewer nicht an die Orts- und Zeitvorgaben, so können – wenn Ort und Zeit mit den Besucherstrukturen oder der Frequenz

korrelieren – gravierende Hochrechnungsprobleme auftreten: Vielleicht gibt es
einen (kleinen Neben-) Eingang, der nur Einheimischen bekannt ist, und dessen
Missachtung dann eine Unterschätzung dieser Personengruppe zur Folge hätte;
vielleicht gibt es besonders starke Frequenzen zu einzelnen Zeitpunkten (z.B. im
Zusammenhang mit den Ankunftszeiten öffentlicher Verkehrsmittel), an denen
die Interviewer das Auswahlintervall nicht einhalten können. Wenn sie diese Abweichung nicht an den Stichprobenplaner weitergeben, hat das zumindest eine
Unterschätzung der Gesamtzahl der Besucher zur Folge.

Noch offensichtlicher wirkt ähnliches Fehlverhalten beim Auswahlintervall,
wenn davon einzelne Besucherströme betroffen sind: Ein Interviewer will es vielleicht besonders gut machen und befragt bevorzugt asiatisch aussehende Besucher (in der irrigen Annahme, dass Besucher umso wichtiger seien, von je weiter
weg sie kommen), ein anderer lässt sich zu schnell von eiligen Geschäftsleuten
mit einer Absage überrumpeln, ein Dritter lässt seine Zielpersonen unbeobachtet
das Laptop-Interview ausfüllen und riskiert so u.U. den Verlust der bis dahin gemachten Interviews oder die spielerische Eingabe mehrerer Interviews von der
gleichen Zielperson. All diese und ähnliche Abweichungen von den Vorgaben
können wegen des geringen Gesamtauswahlsatzes (also des großen Hochrech-
nungsfaktors) zu Verzerrungen der Ergebnisse führen, die nicht mehr auszugleichen sind.

Deshalb ist eines bei Zeitintervallstichproben unabdingbar: **Der Supervisor
vor Ort**! Er **muss** die Einhaltung der Auswahlvorschriften kontrollieren und er
kann – wenn diese Kontrolle ihn nicht auslastet – Troubleshooting vor Ort machen. Er ist letztlich die Seele des Projekts. Und das gilt nicht nur für die methodische Stringenz sondern auch die Motivation der eingesetzten Interviewer. Wer
jemals eine Messebefragung betreut hat, weiß, wie frustrierend manchmal ein
solcher Einsatz sein kann (Versnobte Modezare und ihr Publikum können auch
für den besten Interviewer ein hartes Brot sein). Motivierte Interviewer sind viel
eher bereit, sich den formalen Vorschriften zu beugen, und benötigen daher viel
weniger Kontrollaufwand als frustrierte, auf das Ende ihres Einsatzes fixierte. Die
Motivation der Interviewer ist deshalb der halbe Weg zum Gelingen des Projekts
– nicht nur bei Zeitintervallstichproben, aber hier besonders.

Gerd Meier, Christiane Heckel

11.2   Online-Stichproben

11.2.1   Online-Stichproben – eine Alternative?

Bei einigen Marktforschungsaufgaben genügt es nicht, Informationen nur über den mündlich-akustischen Kanal auszutauschen, beispielsweise wenn Bilder von Verpackungen gezeigt und beurteilt werden müssen. Dazu sind telefonische Befragungen nicht geeignet. Stattdessen muss man auf „Face-to-Face-Interviews" oder schriftliche Interviews zurückgreifen. Seit das Internet so populär ist, dass die meisten Haushalte auch über das Web erreichbar sind, können nun auch Internet-Befragungen mit Online-Stichproben dazu verwendet werden. Diese Art der Erhebung hat also den Vorteil, visuelle Hilfsmittel nutzen zu können. Ein weiterer Vorteil ist die schnelle und kostengünstige Kontaktierung von Befragungspersonen.

Viele Marktforscher schätzen daher die relativ leichte und schnelle Erreichbarkeit von Personen via elektronischer Mails. Zudem befürchten nach unserer Beobachtung nicht wenige Forscher, dass zukünftig einige große Marktforschungsinstitute den Service hinsichtlich Face-to-Face-Befragungen einschränken könnten. Die Alternative wären auch dann Mailbefragungen, wenn große Stichproben benötigt werden und visuelle Hilfsmittel nötig sind. Für eine rasche und kostengünstige Durchführung spricht demnach die web-basierte Erhebung, wenn die Hauptprobleme der Erstellung von Online-Stichproben für bevölkerungsrepräsentative Studien gelöst sind.

Im Jahr 1998 wurden als Hauptprobleme für „repräsentative" Online-Stichproben die Definition der Grundgesamtheit, die Selbstselektion mit systematischen Ausfällen und die fehlende Auswahlgrundlage genannt. Diese Probleme führten dazu, dass man keine echten Zufallsstichproben ziehen könne, und daher auch keine Verallgemeinerung auf die Grundgesamtheit der Deutschen oder der Internet-Nutzer möglich sei (Bandilla, 1998; Hauptmanns, 1998; Hauptmanns und Lander, 2001].

Die rasante Verbreitung des Internets würde dieses Problem jedoch sehr schnell lösen können, so die einhellige Meinung am Anfang des Jahrtausends (Wildner und Conklin, 2001).

Hat sich diese Prognose bewahrheitet? Bei den dem ADM angehörenden Instituten ist von 2000 bis 2011 der Anteil der quantitativen Interviews, die online durchgeführt werden, von 3 % auf 36 % gestiegen. Dieses Wachstum ging zu Lasten der persönlich-mündlichen Interviews (minus 16 %) und der schriftlichen Befragung (minus 14 %) (ADM 2011). Diese Steigerung ist allerdings überwiegend auf die internetbasierte Befragung spezieller Zielgruppen zurückzuführen, für die der Auftraggeber häufig die E-Mail-Adressen zur Verfügung stellt.

Der steigende Anteil von Online-Befragungen bedeutet also nicht, dass inzwischen alle Deutschen über das Internet für Befragungen erreichbar sind. In Deutschland hatten laut Statistischem Bundesamt im Jahr 2011 77 % aller Haushalte einen Zugang zum Internet. Wechselt man die Perspektive von Haushalten zu Personen, dann waren 79 % aller Deutschen innerhalb der letzten 3 Monate online (Statistisches Bundesamt IKT 2011).

Im Umkehrschluss bedeutet dies aber auch, dass 23 % aller Haushalte bzw. 21 % aller Personen nicht online aktiv sind. Laut Non-Liner Atlas 2012 (Iniative D21 2012) gab es 2012 einen Anteil von 21 % Personen, die sich auch in den nächsten 12 Monaten keinen Internet-Anschluss im Haushalt anschaffen wollen. Die Steigerungsraten beim Internetanschluss betragen seit 2006 nur noch rund 3 % jährlich (Statistisches Bundesamt IKT 2011), von 2010 auf 2011 stagnierte der Anteil: „Dies lässt darauf schließen, dass es in absehbarer Zeit keine Vollversorgung mit Internetanschlüssen geben wird. Zugleich sind die Online-Nutzer immer noch eher männlich, jung und höher gebildet als die Nicht-Nutzer. Einfache Online-Stichproben können folglich nicht für die Gesamtbevölkerung repräsentativ sein." (Maurer und Jandura, 2009, S. 65) Dies zeigen die Anteile der NON-Liner nach wie vor deutlich: Frauen (30 % NON-Liner), Personen, die 70 Jahre und älter sind (70 % NON-Liner), und Personen mit Volksschul-Abschluss ohne Lehre also mit einer formal niedrigen Bildung (40 % NON-Liner) sind noch immer schlecht via Internet zu erreichen. Formale Bildung, Einkommen, regionale Verfügbarkeit von Technologie und Hemmungen hinsichtlich der Techniknutzung sind Gründe für diese nach wie vor deutlichen Unterschiede.

Alle Deutschen über das Internet zu erreichen, um sie zu befragen, ist daher auch heute nach wie vor nicht möglich. Und damit ist auch klar, dass es bevölkerungsrepräsentative Online-Stichproben heute nach wie vor nicht geben kann. Die Europäische Printmediennorm (EN 15707:2008, S. 12) formuliert dazu: „Im Allgemeinen entsprechen internetbasierte Ansätze der Stichprobenziehung noch nicht den Erfordernissen der Methoden der Stichprobenziehung und es ist noch nicht klar, ob internetbasierte Methoden der Stichprobenziehung die Anforderungen an Zufallsstichproben und/oder Quotenverfahren werden erfüllen können." Schnell meint sogar: „So modern der Einsatz von Internet-Surveys auch erscheinen mag – die schwerwiegenden methodischen Probleme aller Formen von Internet-Surveys werden den Einsatz dieser Erhebungsform für fast alle ernsthaften wissenschaftlichen Zwecke lange Zeit unmöglich machen." (Schnell 2012 S. 291)

Neben dem Problem, die angestrebte Grundgesamtheit – die Wohnbevölkerung der BRD – nicht via Internet erreichen zu können (Coverage-Problem),

fehlt aber für bevölkerungsrepräsentative Studien auch eine geeignete Auswahlgrundlage, aus der man mit berechenbaren Auswahlwahrscheinlichkeiten eine
Zufallsstichprobe ziehen könnte (Sampling-Problem). Um allen Personen der
Grundgesamtheit zumindest eine Chance zu geben, in die Auswahl einer Stichprobe zu gelangen, müsste eine Liste aller E-Mail-Adressen existieren. Im Internet kommen die Probleme der Mehrfachadressen und der unterschiedlichen
Nutzungshäufigkeit von diversen Kommunikationskanälen (Websites, Einladung
per E-Mail vom Provider, Foren usw.) hinzu. Mit diesen Einschränkungen wächst
ebenfalls das Problem der Ausschöpfung (Nonresponse-Problem). Bethlehem
und Biffignandi kommen zum Schluss: „For general-population surveys, such a
sampling frame is usually not available." (Bethlehem und Biffignandi 2012 S. 65)
    Laut Couper und Coutts sind Online-Befragungen besonders anfällig für Co-
verage-Fehler: „Die meisten Fragestellungen beziehen sich auf eine Zielpopulation, die über die Population der Internetnutzer hinausgeht, es sei denn, die
Zielpopulation wird im Voraus explizit auf die zum Zeitpunkt der Untersuchung
aktiven Internetnutzer eingeschränkt." (Couper und Coutts 2004 S. 219) Die Internet-Nutzer alleine sind aber praktisch nie von Interesse. Stattdessen werden
immer wieder aus in Online-Befragungen gewonnenen Daten Aussagen über „die
Bevölkerung" extrahiert, ohne auf das oben geschilderte Coverage-Problem hinzuweisen. Die Seriosität solcher „Forschungsergebnisse" darf bezweifelt werden.
    Online-Access-Panels sind in ihrer Rekrutierung und Aussagekraft auch kei-
ne Alternative (s. Punkt 11.2.2.2). da eben nicht **alle Teile der Bevölkerung** online erreichbar sind, sie also unter dem gleichen Coverage-Problem leiden. Geißler
nennt als Coverage-Problem bei Online-Stichproben ebenfalls die Beschränkung
auf die Menge der Internet-Nutzer: „Bei Online-Befragungen in Deutschland
kann man bislang nur die Internetnutzer erreichen (ca. 75 % der Bevölkerung).
Ältere Menschen über 70 Jahren und Nichtnutzer können nur schwierig erreicht
werden." (Geißler 2012).
    Den Stichprobenproblemen steht jedoch eine Reihe von Vorteilen gegenüber:
„For applications where the representational challenges are of less concern, Web
surveys offer opportunities for new ways to ask survey questions." (Couper und
Miller 2008, S. 834) Diese neuen Möglichkeiten sind:

- Nutzung visueller Hilfsmittel
- Schnelle und kostengünstige Kontaktierung von Befragungspersonen
- Die Personen können den Fragebogen dann ausfüllen, wenn es ihnen zeitlich
  am besten möglich ist.
- Sie werden nicht durch Interviewer beeinflusst.

- Programmierte Befragung mit Filterführungen in Abhängigkeit der vorherigen Antworten, zufällige Reihenfolgen bei Antwortkategorien, Konsistenzprüfungen am Ende des Interviews. (Wenn der Befragte jedoch den Eindruck gewinnt, er werde „gegängelt", sind diese Vorteile dahin und führen zu Nonresponse.)
- Aufzeichnung von Befragtenverhalten im Rahmen von Usabillity-Tests oder Impliziten Verfahren
- Experimentelle Studien und andere Forschungsdesigns: hier profitiert besonders die qualitative Forschung vom Web. Ethnografischen Ansätzen, virtuellen Tagebüchern und diversen anderen Verfahren bieten sich völlig neue Möglichkeiten.

Online-Befragungen werden daher heute besonders in der Zielgruppenforschung eingesetzt. Für eingeschränkte Populationen, z. B. Mitarbeiter eines Unternehmens, Studierende einer Universität oder Ärzte in bestimmten Regionen, sind Auswahlgrundlagen vorhanden und damit Online-Studien möglich. Liegen Listen aller E-Mail-Adressen oder Facebook-Accounts vor, sind alle zufallsbasierten Auswahlmethoden anwendbar: einfache, geschichtete (wenn Schichtungsmerkmale vorhanden sind), gestufte oder systematische Zufallsziehung.

Die kostengünstige Kontaktaufnahme macht die Online-Befragung dann zur Erhebungsmethode erster Wahl, wenn schwer zu kontaktierende Personengruppen befragt werden sollen (z. B. Andrews, Nennecke & Preece, 2003) – allerdings vorausgesetzt, man kennt die Adressen. Duplay schlägt beispielsweise der Pharmaindustrie vor, Ärzte online zu kontaktieren, wenn sie sonst nur schwer zu erreichen oder aus Kostengründen sonst nicht aufzusuchen sind (Duplay 2006).

Wenn man dann für jede Person nur eine einzige E-Mail-Adresse hat, also sowohl multiple Adressen derselben Person als auch inaktive Adressen eliminieren konnte, kann man aus diesen Adressenlisten Zufallsstichproben ziehen oder – bei kleinen Populationen – eine Vollerhebung durchführen.

Solche Situationen findet man bei Mitarbeiter- oder Kundenbefragungen eines Unternehmens vor. Allerdings sollte dann der E-Mail-Versand der Fragebogen oder die Aufforderung zum Besuch der Website, auf der der Fragebogen installiert ist, flankiert werden durch passende Öffentlichkeitsarbeit, damit die entsprechende E-Mail nicht ausgefiltert oder übersehen wird. Ein Beispiel für eine solche Vorgehensweise ist die Tourismusstudie von Lohmann & Schmücker (2009). Die Grundgesamtheit waren Personen, die die Online-Reservierung einer deutschen Großstadt in einem definierten Zeitraum genutzt haben. Diese Definition stellt sicher, dass jede Einheit der Grundgesamtheit über eine valide elektronische Mailadresse verfügt. Aber selbst nach dem kurzen Zeitraum von weniger als einem halben Jahr waren fünf Prozent der Adressen nicht mehr aktiv. Ein weiteres Ergebnis ist, dass ohne Erinnerungsschreiben weniger als ein Drittel der ausgewählten Personen teilnehmen. Mit Erinnerungsschreiben stieg die Ausschöpfung auf über 70% innerhalb einer Woche. Diese Studie bestätigt die Ausschöpfungsquoten anderer Forscher, die zudem konstatieren, dass in mixed-mode-Erhebungen die Ausschöpfung web-basierter Befragungen niedriger ist als die anderer Befragungen. Lozar Manfreda et al. (2008) berichten, Internet-Befragungen führten zu 33,6%, alle anderen Befragungen zu 44,4% Ausschöpfung. Zu ähnlichen Ergebnissen kommt die Meta-Analyse von Shih & Fan (2007).

Für größere Populationen liegen allerdings in der Regel keine Listen vor. Zudem gilt aber auch generell, dass – anders als das Telefon – das Internet höhere Zugangsvoraussetzung beinhaltet: geeignete Hardware, eine Anschlusstechnik und technisches Know How. Dies und die Unterschiede, die sich in der Internet-Nutzung nach wie vor zeigen, lassen einen Versorgungsgrad der Bevölkerung von 90% und mehr, wie er beim Telefon schon existiert, auch auf längere Sicht fraglich erscheinen.

11.2.2 Methoden des Sampling für Online-Befragungen

11.2.2.1 Ansätze ohne Zufallssteuerung

Hierunter fallen alle Erhebungsansätze, die die Teilnehmer einer Befragung ohne eine primäre Auswahlgrundlage ermitteln, die also ausschließlich auf der Selbstselektion und dem Interesse der Teilnehmer basieren.

1.   Willkürliche Selbstselektion auf einer Website

Dazu gehören Web-Befragungen zu Unterhaltungszwecken, wie z. B. „Die Frage des Tages" auf der Website des Hamburger Abendblatts. Jeder, der dazu Lust hat, kann seine Meinung mit „Ja" oder „Nein" abgeben, d. h. es ist eine reine Selbstrekrutierung, die ein Stimmungsbild der Personen wiedergibt, die mitgemacht haben, mehr nicht. Aber auch sogenannte „Umfrage"-Ergebnisse auf Basis von Äußerungen registrierter Nutzer auf einer Web-Plattform, sog. „Votings", wie z.B. **http://www.nexthamburg.de/stadtwerkstatt**, gehören in diese Gruppe.

Allen solchen Befragungen ist gemeinsam, dass die Auswahlwahrscheinlichkeit für keinen der Teilnehmer bestimmt werden kann, dass also die Grundvoraussetzung für Repräsentativität nicht gegeben ist. Im vorliegenden Fall liegt das daran, dass nur auf **einer** Website das Angebot zur Teilnahme an einer Befragung geschaltet ist und ausschließlich die Teilnehmer selbst entscheiden, ob sie an der Befragung teilnehmen wollen. Die Selektion ist daher in der Regel auf dreifache Weise eingeschränkt – und möglicherweise verzerrt:

- Nur die Personen, die mehr oder weniger zufällig auf die entsprechende Website gelangen, haben überhaupt eine Teilnahmechance.
- Nur diejenigen, die sich für das angebotene Befragungsthema interessieren, werden sich zur Teilnahme entschließen.
- Die Teilnahme ist in der Regel unkontrolliert, so dass jeder so häufig teilnehmen kann, wie er will.

2.   Offene WWW-Befragungen

Die Einladungen werden so breit wie möglich über viele Websites mit hoher Kontaktfrequenz gestreut mit dem Ziel, die aus dem Einladungsangebot resultierende Verzerrungsneigung möglichst zu reduzieren. Aber auch hier gilt weiterhin, dass jeder mit verschiedenen IP-Adressen teilnehmen kann, so oft er will; und dass es natürlich nicht möglich ist, im Vorhinein die Größe der Auswahlgesamtheit und damit dann auch die Auswahlchance eines Teilnehmers zu bestimmen. Um das Interesse an der Befragung zu erhöhen und so die Effekte der Selbstselektion zu reduzieren, werden Incentives verlost (möglichst zielgruppenneutral) und angeboten, über die Ergebnisse der Studie zu informieren. „Wenn aber ein rationaler Nutzer einen Nutzen in der Umfrage sieht und sich für eine Teilnahme entscheidet, kann dies [...] zu einer verzerrten Stichprobe bzw. verzerrten Ergebnissen führen. Bei der Personengruppe, die sich letztendlich befragen lässt, ist also von einer hohen Motivation bzw. starkem Interesse, speziell an dieser oder allgemein an Befragungen teilzunehmen, auszugehen. Diese spezielle Art der Motivation unterscheidet die Teilnehmer von den Nicht-Teilnehmern und ist mit hoher Wahrscheinlichkeit mit bestimmten Internet-Nutzungsformen aber auch sozialstrukturellen Hintergrundfakten korreliert." (Hauptmanns und Lander, 2001, S. 37)

Diekmann spricht hier von Befragungen mit uneingeschränkt selbstrekrutierter Teilnehmerschaft (Diekmann 2009). Ein Beispiel ist die W3B-Befragung, die zwar seit Jahren mit steigenden Teilnehmerzahlen für sich wirbt, aber trotzdem nicht den grundsätzlichen Fehler der willkürlichen Auswahl beseitigen kann.

Eine Unterform hat die Studie „Perspektive Deutschland", die von 2001/2002 bis 2005/2006 durchgeführt wurde, dargestellt. Hier wurde versucht, mittels einer relativ kleinen CATI-Befragung die Online-Interviews zu gewichten, in einem zweistufigen Gewichtungsverfahren, das dem sog. „Propensity Score Weighting" (Börsch-Supan et.al., 2004) ähnelt. In einem zweistufigen Gewichtungsprozess wurde die Entscheidung für die Teilnahme an einer Online-Befragung in die Faktoren Internet-Zugang und Teilnahmebereitschaft zerlegt, wobei letzteres auch die Neigung zur Teilnahme als Gewichtungsmerkmal einbezog. Die erheblich schwankenden Ergebnisse in regionalen Auswertungen der Jahreswellen dieser Studie haben aber deutlich gezeigt, dass diesem Verfahren Grenzen gesetzt sind.

3.   Selbstrekrutierte Freiwilligenpanels (Non-Probability Internet-Panels oder opt-in Panels)

Dies ist die einfachste Form von Online-Access-Panels und daher weit verbreitet. Über diverse Websites, auf denen Banner, AdLayer oder ähnliches stehen, werden Personen für die Teilnahme an in der Regel mehreren Befragungen geworben. Dazu gehören auch sogenannte Online-Rekrutierungstechniken wie E-Mail-Kampagnen, Websitepartnerschaften, aber auch offline-Quellen wie Gutscheine oder die Rückseiten von Kinokarten. Man spricht hier auch von passiver Rekrutierung, da die möglichen Teilnehmer sich selbst rekrutieren. Auch hier verhindert die Selbstrekrutierung es, eine Auswahlchance zu bestimmen. Da man aber die wichtigsten sozio-demografischen Strukturdaten der Panelteilnehmer kennt und zur Auswahl für die einzelnen Befragungen nutzen kann, ähnelt diese Art der Panelnutzung der Quotenstichprobe (siehe Kapitel 10) – allerdings einer Quotenstichprobe mit passiver Rekrutierung.

Die Antwort-Raten, die man als „Response-Rate" aus diesen Panels erhält, haben mit der klassischen Ausschöpfung nichts zu tun. Sie geben an, wie viel Personen aus ausgewählten Zielgruppen im Panel an der jeweiligen Befragung tatsächlich teilgenommen haben. Daher empfiehlt die AAPOR in diesen Fällen besser von einer Teilnehmerrate zu sprechen oder der Rate der komplett beendeten Interviews (AAPOR 2011). Diese Teilnehmerrate kann anzeigen, wie hoch der Aufwand ist, Panel-Mitglieder zu einer speziellen Befragung zu rekrutieren. Sie kann damit ein Hinweis auf die Qualität eines solchen Online-Accesspanels sein. (ESOMAR 2008)

Als eine Unterform wird in den USA auch das sog. „River Sampling" genannt. Dabei soll durch immer wieder neue Rekrutierung („Angeln") von Befragungswilligen „aus dem Strom der Internet-Nutzer" die Panel Mortalität sinken. Auch hier kranken das Anwerbeverfahren und die Stichproben an den für passive (Selbst-)Rekrutierung genannten Kritikpunkten; das Verfahren ist also eher als bedenklich einzustufen (vgl. DiSogra, 2008, und AAPOR, 2011).

11.2.2.2 Zufallsgesteuerte Ansätze

Hier wird analog zu Couper und Coutts unterschieden zwischen zufallsgesteuerten Stichproben auf Basis von Listen und Stichproben, die offline gewonnen wurden (Couper und Coutts 2004).

1 Intercept-Befragungen

Sind Besucher einer Website die Ziel-Population, dann können Stichproben gezogen werden, die denen der Messestichproben (siehe Kapitel 11.1) ähneln. Hier wird jeder n-te Besucher einer Website ausgewählt, um die Selbstselektion der Befragten zu vermeiden. Maurer und Jandura (2009) ebenso wie Schnell (2008) ordnen diese Befragungen trotzdem den willkürlichen Verfahren zu, da die Häufigkeit des Besuchs der Website innerhalb eines definierten Zeitraums (nämlich der Feldzeit) die Auswahlwahrscheinlichkeit beeinflusst, und man keine Erkenntnisse über die Merkmals-Unterschiede zwischen Teilnehmern und Nichtteilnehmern hat. Couper und Coutts (2004) benennen diese Art der Befragung „Intercept Survey" und zählen die Stichprobenziehung zu den wahrscheinlichkeitsbasierten Auswahlmethoden, die im Gegensatz zu Nicht-Zufalls-Methoden den „Nonresponse"-Fehler abschätzen können.

Liegen bereits Erfahrungen vor, wie viele Besucher im Erhebungszeitraum zu erwarten sind, lässt sich anhand der gewünschten Stichprobengröße das Ziehungsintervall festlegen. Pfleiderer (2001) plädiert dafür, in der Erhebung selbst die Besuchshäufigkeit zu messen und die Daten dann damit zu gewichten. Ob damit das Problem der Erreichbarkeit seltener Nutzer wirklich gelöst wird, bleibt jedoch fraglich.

Die Firma INTERROGARE, die Tools für die Ziehung solcher Website-Stichproben anbietet, spricht bei der Ziehung auf Basis von Cookies nach dem n-ten-User von bis zu 20 % Ausschöpfung (Rieber, 2009). Diese relativ niedrigen Rücklaufquoten sind aber nach Couper und Miller (2008) als Warnsignal zu verstehen, bei der Interpretation der Ergebnisse auch die Nicht-Teilnahme im Blick zu behalten, denn diese Personengruppe kann deutlich andere Ansichten über die Website haben als die Teilnehmer. Für Schnell (2008) sind zusätzlich neben der fehlenden Kontrolle der Nicht-Teilnehmer und der nicht vorhandenen Möglichkeit, Verweigerer doch zu einer Teilnahme zu bewegen, auch diese niedrigen Antwortraten ein Grund, diese Art der zufälligen Ziehung dennoch als „wissenschaftlich wertlos" zu charakterisieren.

2   Mixed-Mode-Befragungen mit Wahl der Teilnahmemethode

Bei dieser Form der Online-Erhebung wird zunächst per Face-to-Face-Befragung oder CATI-Erhebung der erste Kontakt hergestellt, und dann den Befragten als Antwortoption das Web angeboten. Bei Befragungen privater Haushalte ist der Anteilswert der Web-Präferenz noch niedrig, bei Unternehmensbefragungen dagegen ist der Anteil schon deutlich höher. (Höglinger et al., 2009).

Dillmann kommt auf Basis einer Analyse des RDD-Haushaltspanels von GALLUP zum Schluss, dass die Stichprobenqualität verbessert werden kann, wenn man auch die klassische schriftliche Befragung bei Personen, die nicht über Internet antworten wollen oder können, mit einbezieht (Rookey et. al. 2008). Eine spezielle Form des Mixed-Mode-Ansatzes wird bei der IMA-Methode verfolgt. (siehe unten 11.2.4)

3   Aktiv rekrutierte Online-Access-Panels

Die „Standards zur Qualitätssicherung für Online-Befragungen" definieren Online-(Access)-Panels als einen „Pool von registrierten Personen, die sich bereit erklärt haben, an Online-Befragungen teilzunehmen." (ADM 2001, S. 6) „Nur wenn die Rekrutierung der Panelteilnehmer aktiv – analog einer Stichprobenziehung – erfolgt, können die Panelteilnehmer als repräsentativ für die Gesamtheit oder definierte Teilgruppen der Internetnutzer angesehen werden. Die Selbstselektion der Teilnehmer macht passiv rekrutierte Panels für repräsentative Befragungen ungeeignet." (ADM 2001, S. 7; vgl. dazu auch ESOMAR 2008)

„Mund-zu-Mund-Propaganda" als Rekrutierungsverfahren (wie z. B. beim InnofactPanel verwendet) scheidet für aktiv rekrutierte Online-Panels aus, da Personen, die von sich aus gegenüber dem Institut ihre Teilnahmebereitschaft bekunden, aus methodischen Gründen nicht berücksichtigt werden. Nutzung und Pflege des Panels sind immer wichtiger als die reine Größe eines Panels. Augenmerk sollte auch auf die Zusammensetzung des Panels (welche Gruppen sind wie stark vertreten) und die Panelmortalität gelegt werden (vgl. dazu Knapp, 2004). Leider gibt es für Deutschland keine Untersuchung, wie viele Personen Teilnehmer in mehreren Panels sind. Couper und Miller kommen im Jahr 2008 zur eher ernüchternden Erkenntnis, dass sich in den Panels mehr und mehr immer wieder die gleichen befragungswilligen Personen wiederfinden, die die Selektivität in diesen Panels erhöhen, egal welche Form der Rekrutierung man wählt (Couper und Miller 2008). Solche Bedenken werden verstärkt durch Websites wie **www.Umfragenvergleich.de**, die dafür werben, mit Online-Umfragen möglichst viel

Geld und Incentives zu verdienen. Eine gute Checkliste für Beurteilung der Qualität von Online-Access-Panels bietet ESOMAR (2008).

Wegen der Fülle von Informationen, die man normalerweise über die Teilnehmer eines Online-Access-Panels hat, kann man daraus natürlich Stichproben mit sehr differenzierten Quotenvorgaben ziehen und im Rücklauf kontrollieren (um den Begriff „Schichtung" zu vermeiden, der normalerweise mit Zufalls-Stichproben verknüpft ist). Bei Personen, die zugesagt haben, an einem Panel teilzunehmen, ist über ein sogenanntes doppeltes „Opt-in" sicherzustellen, dass der Teilnehmer tatsächlich über die angegebene E-Mail erreichbar ist. Einige Panels prüfen zusätzlich auch die Gültigkeit der registrierten Bankverbindung der Teilnehmer. Eine einfache Zusage reicht hier nicht aus. Pro Teilnehmer werden neben sozio-demografischen Informationen auch Konsuminformationen u. a. erfragt, sodass man, wie schon erwähnt, entsprechend aus dem Panel quotieren kann.

Rein online rekrutierte Panels, die nur über Websites einladen, haben, wie bereits oben gezeigt, den Nachteil, weitgehend nur ein bestimmtes Nutzerspektrum anzusprechen. Low-User und weniger internet-affine Menschen fehlen häufig in diesen Panels.

Daher versuchen Panelanbieter die Rekrutierung offline **und** online zu betreiben, um eine breitere Vielfalt an möglichen Teilnehmern zu bieten.

Nachteilig an solchen Adress-Pools ist, dass man derzeit nur die Merkmale, die man als Quotenvorgabe genutzt hat, nachher in der realisierten Panel-Stichprobe analog zum Stichprobenansatz wiederfindet. Sobald man weitere Merkmale betrachtet, die nicht quotiert waren, erhält man in der Regel abweichende Ergebnisse zu Stichproben, die bevölkerungsrepräsentativ offline gewonnen wurden. Blasius und Brandt (2009) haben zum Beispiel die Frage untersucht, inwieweit eine vorherige Quotierung nach Alter, Geschlecht und Bildung die spätere Gewichtung von Daten aus einem Online-Access-Panel erspart und Strukturen wie aus einer offline erhobenen Untersuchung liefert. Dazu wurde der ALLBUS 2002 mit einer so quotierten Stichprobe aus einem Online-Panel verglichen. Der erste Befund der Autoren war, dass man die Grundgesamtheit auf 18-49jährige einschränken musste, da die nötigen Fallzahlen für die Bevölkerungsgruppe oberhalb dieser Altersgrenze durch das Online-Panel (damals) nicht bereitgestellt werden konnten. Für die so verkleinerte Grundgesamtheit ergaben sich aber bei Merkmalen wie Haushaltsgröße, Familienstand, Konfessionszugehörigkeit, Fragen politischer Selbstbeteiligung, Einschätzung der wirtschaftlichen Situation oder Religiosität, die nicht Quotenmerkmale waren, deutliche Abweichungen.

Auch a priori geschichtete Stichproben aus Online-Access-Panels können also derzeit das Adäquationsproblem und die unbekannten Inklusionswahrschein-

lichkeiten – also die mangelnder Repräsentativität von online gewonnenen Stichproben in Deutschland – nicht lösen. Hofmann et.al. (2001) kommen bei einem
Vergleich zwischen online und offline durchgeführten Copytests ebenfalls zur
Empfehlung, mehr Variablen beim Screening und der Quotierung aus dem Panel
vorzusehen.

Eine beachtenswerte Variante bietet FORSA.OMNINET an. Hier werden
telefonisch rekrutierte Personen für Panel-Erhebungen vorgehalten, die über PC
bzw. Set-Top-Box am Fernsehen angesprochen werden können, um auch Gruppen vorzuhalten, die über das Internet nicht erreichbar sind. „Das omninet funkti-
oniert über eine Übertragungsbox, die den Fernseher der Panelmitglieder mit dem
Telefonnetz verbindet und so eine Online-Schaltung zu ihnen erlaubt." (Güllner
und Schmidt, 2004, S. 17) Geplant war bis Ende 2004 das Panel auf 60.000 Personen aufzustocken. Dass es 2009 noch immer nur rund 10.000 Haushalte anbietet,
zeigt, wie kostenintensiv und aufwändig dieser Weg ist. In den USA gibt es mit
dem NETWORK **Knowledge-Panel**™ eine vergleichbare Konstruktion.

Einen ähnlichen Ansatz verfolgt auch das „German-Internet-Panel" (GID)
der Universität Mannheim. Dort werden zunächst auf Basis einer Face-to-Face-
Stichprobe nach ADM-System Haushaltsadressen gesammelt. Diese Haushalte
werden mit einem Ankündigungsanschreiben zu einer Befragung eingeladen. Im
Rahmen des Rekrutierungsinterviews werden dann Personen im Alter von 16 bis
75 Jahren am Ende des Interviews gefragt, ob sie an einem Online-Panel teilnehmen wollen. Haushalten, die nicht über die für die Internet-Nutzung notwendige
Technik verfügen, wird diese Technik zur Verfügung gestellt, und sie erhalten
eine entsprechende Schulung. Zurzeit umfasst das Panel ca. 1.500 Personen.
Diese werden alle 2 Monate zu einer Online-Befragung eingeladen. Leider sind
bisher (Februar 2013) keine Informationen über das Teilnahmeverhalten der Probanden in den verschiedenen Phasen des Panelaufbaus und bei den anschließenden Befragungen verfügbar, so dass eine Beurteilung der Qualität dieses Panels
derzeit nicht möglich ist [Quelle: **http://reforms.uni-mannheim.de/internet-
panel/home/index.html**].

Auch das GESIS Institut hat ein „GESIS Online Panel der Sozialwissenschaften" aufgebaut. Die Rekrutierung dieses Panels erfolgt auf Basis der Teilnehmer des ALLBUS. Dabei sind nach Aussage der Autoren drei Auswahlstufen
zu beachten: (1) die Möglichkeit, via Internet zu agieren (= Coverage), (2) die
generelle Teilnahmebreitschaft an solch einem Panel und (3) die aktuelle Teilnahmebereitschaft an verschiedenen Befragungen (= Non-Response). Nach Aussage
der Autoren führen die Coverage-Probleme der ersten Auswahlstufe zu den größten Abbildungsproblemen. Daher plädieren die Autoren dafür, die Teilnehmer mit
Geräten zur Internet-Nutzung auszustatten. (Bosnjak, M., und andere 2013).

Wenn man, wie im GID realisiert und für das GESIS-Panel vorgeschlagen, den Probanden, die das Internet privat noch nicht nutzen können, das dafür
notwendige Equipment zur Verfügung stellt und die ggf. notwendige Schulung
durchführt, hat man mit dem oben beschriebenen Vorgehen die beiden derzeit
größten Probleme von Online-Panels – die Abbildungstreue und die Bestimmung
der Auswahlwahrscheinlichkeiten – gelöst, so dass „nur noch" das Teilnahmeverhalten über die verschiedenen Anwerbungsphasen hinweg als Problem bleibt.
Beide Ansätze zeigen aber deutlich, dass damit der Kostenvorteil von Online-
Befragungen weitgehend verloren geht.

Die Reduzierung der Teilnahmerate über die Stufen des Auswahlprozesses
zu einem Online-Panel ist jedoch leider nicht zu vernachlässigen. Bandilla et.al.
(2009) kommen bei einer Auswahl von Probanden aus dem ALLBUS, der Face-
to-Face erhoben wird, auf eine Teilnahmerate zum Online-Follow-Up von gerade
mal 11 % der ursprünglichen Stichprobe. Die Autoren äußern daher eher Skepsis,
ob man mit Panels wirklich Aussagen für „die Deutschen" machen kann.

Das sogenannte LISS-Panel (Longitudinal Studies for the Social Sciences),
das 2006 von der niederländischen Regierung ins Leben gerufen wurde, ging
ähnlich vor und machte auch ähnliche Erfahrungen. Es startete mit einer Ein-
wohnermelderegister-Stichprobe von 9.844 Haushalts-Adressen. Das Anwerbe-
Interview von ca. 10 Minuten Dauer machten drei Viertel der Haushalte mit. In
diesen Haushalten wurde jeweils eine Zielperson für das Web-Panel angewor-
ben. Das waren immerhin noch 64 % der Haushalte. Im Web-Panel nahmen dann
tatsächlich aber nur noch 48 % der ursprünglich angesprochenen Haushalte teil.
(Bethlehem und Biffignandi, 2012, hierzu S. 67f). Damit liegt die Teilnahme an
diesem zufallsrekrutierten Online-Panel aber noch deutlich über dem oben zitier-
ten Beispiel der Rekrutierung aus dem ALLBUS.

Als Fazit dieser Ausführungen muss man leider sagen, dass auch aktiv rekrutierte Online-Panels derzeit nur bedingt die Qualität von zufallsbasierten ad hoc
Stichproben erreichen.

4   Befragungen mit listenbasierten Stichproben aus Populationen

Wenn eine Komplettliste aller E-Mail-Adressen (z. B. in einem Unternehmen,
in Universitäten, Vereinen, Interessengruppen etc.) vorliegt, kann man uneingeschränkt zufällig eine Stichprobe ziehen, oder, wenn sinnvoll, diese vorher noch
nach in der Liste verfügbaren Merkmalen schichten.

Für Schnell (2008) sind nur diese Online-Stichproben wirkliche Zufallsstichproben. Sie sind beschränkt auf sehr eingegrenzte Zielgruppen. Es gibt aber

auch weit größere und offenere Gruppen, die man über eine E-Mail-Einladung mit Link auf eine Website-Befragung lenken kann, z. B. die registrierten Nutzer eines E-Mail-Dienstes wie Vodafone oder gmx oder die registrierten Nutzer eines Newsletters oder einer Website. Die Aussagen, die man auf Basis solcher Zufallsbefragungen erhält, gelten jedoch immer nur für die jeweils repräsentierten Gruppen, und sind nicht zu verallgemeinern.

Man kann sich daher derzeit (Frühjahr 2013) nur dem Statement von Rainer Schnell anschließen: „Die schwerwiegendsten methodischen Probleme aller internetgestützten Befragungen liegen in der Stichprobenziehung und in der Kooperation der Befragten begründet." (Schnell, 2008, S. 385)

11.2.3   Datenerhebung mittels Online-Messung

Das Internet bietet für **Messungen** eine gänzlich andere Infrastruktur, als sie für **Befragungen** benötigt wird. Da für die Kommunikation im Internet eine Vielzahl von technischen Informationen über Weg, Struktur und Dauer der Zugriffe auf Websites bei den Site-Betreibern vorliegt, bietet es sich an, diese Daten zu messen und für Verhaltensfragen auszuwerten. Diese Messungen auf Basis von Vollerhebungen werden unter dem Begriff „Web Analytics" zusammengefasst. Als Hauptformen unterscheidet man dabei Log-File Analyse und Page Tagging.

11.2.3.1 Log-File-Analyse auf Basis der Informationen des Webservers

Die Log-File-Analysen sind die Vorform des heutigen Page-Tagging und werden noch für die technische Analyse und Optimierung von Websites eingesetzt. Sie liefern nur Informationen über die Nutzung einer Website (Aufruf von Dateien auf dem Web-Server) durch eine IP-Adresse (Internet-Protokoll-Adresse des Aufrufenden), nicht aber über den tatsächlichen menschlichen Nutzer. Diese Daten werden in Log-Files auf dem Web-Server protokolliert. Log-File-Analysen geben vor allem Aufschlüsse über Funktionsfehler in einer Web-Anwendung und dienen technischen Analysen der Website aus Sicht der Optimierung des Servers, über die Nutzer der Website geben sie nur wenig Informationen und diese auch nur dann, wenn der Nutzer überhaupt identifiziert werden kann. Über die Log-Files lassen sich folgende Informationen erheben (vgl. dazu z. B. Hassler, 2010, und die Website **www.webanalyticsassociation.org**):

- Aufruf-Datum und -Zeit

- URL (Uniform Resource Locator): Welche Datei wurde **auf dem Server** aufgerufen? Damit ist auch schon die Hauptschwäche dieser Analyse benannt. Da jedes Bild, jede Java-Script-Bibliothek, jede Formatdatei (CSS), jeder Flash-Film eine eigene URL, einen sogenannten „Hit", verursacht, ist die Aussagekraft dieser Messung nur sehr begrenzt.
- IP-Adresse: **Von wem** wurde die Datei angefragt? Aber auch hier gibt es Beschränkungen der Aussagekraft. Die IP-Adresse kann nicht immer eindeutig einem Rechner zugewiesen werden, und welche Person gerade den Rechner benutzt hat, ist damit schon gar nicht zu erkennen. Es gibt im Internet auch Websites (z.B. http://www.ip-adresse-ermitteln.de), die die IP-Adresse lokalisieren und in einer Karte anzeigen, mit allen Einschränkungen, die schon über die IP-Adressen genannt wurden.
- User-Agent: Für den Aufruf verwendeter Browser und Betriebssystem, differenziert nach der Bildschirmgröße in z. B. mobiles Endgerät, PC oder Notebook, aber auch die Unterscheidung nach Suchmaschinen („Crawler") oder Newsrechnern, wenn man die IP-Adresse kennt.
- Referrer: Welche Website hat der Besucher unmittelbar vorher besucht, ehe er mit Hilfe eines Links auf die aktuelle Website gelangt ist. Allerdings bekommen alle Fälle, die ohne einen Link auf die aktuelle Website gelangt sind, „No Referrer" oder „Direct Navigation" angezeigt; über die URL der vorherigen Website lässt sich auch die Herkunft der Anfrage, ob Inland oder Ausland, erkennen.
- Status: Ergebnis des Aufrufs war erfolgreich oder produzierte eine Fehlermeldung; Die Auswertung des Status macht diese Art der Analyse auch heute noch wertvoll, da man eine gezielte Schwachstellenanalyse betreiben kann.
- Cookies, die der Webserver setzt, und die man dann als Historie auswerten kann (mit allen Einschränkungen, die diese Technik hat (siehe unten 11.2.4).

11.2.3.2 Page Tagging auf Basis der Informationen des Browsers des Nutzers

Bei diesen Analysen werden die Informationen, die aus dem Browser des Nutzers kommen, ausgelesen, z. B. Mausklicks, die aktuelle Cursor-Position, sämtliche Tastatureingaben im Browserfenster, Fenstergröße und Auflösung, gewählte Sprache, aufgerufene Seiteninhalte etc. (vgl. dazu Hassler 2010).Dazu muss allerdings jede Seite der Website ein „Page-Tag" enthalten Ohne „Page-Tag" sind die Informationen zunächst nur dem Browser bekannt, der Betreiber der Website kennt diese Daten noch nicht. Mit kostenlosen Tools (z. B. Google Analytics) kann man sich dann all diese Nutzungsdaten in Form eines „Dash-Board" anzeigen lassen, also z.b. den Besuchsverlauf, die Zugriffsquellen, den genutzten Content, die durchschnittliche Besuchszeit u.v.m. Aber: auch hier wird nur gemessen, was der Nutzer zulässt (siehe unten 11.2.4). Zudem gibt es eine Vielzahl von Benutzern, die Javascript in ihrem Browser abschalten und Cookies nicht zulassen. Daher wird davor gewarnt, absolute Häufigkeiten aus diesen Daten abzuleiten, denn Teile der Nutzerschaft fehlen darin.

Nachteil dieser technischen Messungen, die auf einer Vollerhebung aller IP-Adressen einer Website basieren, ist, dass man nicht weiß, welche Personen mit welchen sozio-demografischen Strukturen sich hinter der IP-Adresse verbergen, was der Anlass des Zugriffs (beruflich, privat) war, wie alt der Nutzer ist, welches Geschlecht er hat, über welche Schulbildung und welche Einkommensstruktur er verfügt usw..

Einen Versuch, diese sehr differenzierten Daten aus der technischen Messung mit Befragungsdaten zu verknüpfen, um so die fehlenden sozio-demografischen Strukturen zu schätzen, stellt die IMA dar.

11.2.4   *IMA – Internet Media Analyse*

Die IMA versucht mit einem Multi-Methoden-Ansatz technische Messungen der Mitglieder-Websites mit einer Onsite-Befragung und einer Offline-CATI-Befragung zu kombinieren. Ziel ist es, Aussagen über die Deutschen ab 14 Jahren, darunter die „Onliner" (Internet-Nutzer in den letzten drei Monaten) und darunter wiederum die Besucher der teilnehmenden Websites zu erhalten. Mit diesem Ansatz wird also erstmals in Deutschland in großem Stil versucht, sowohl das Problem der inadäquaten Auswahlgrundlage als auch das der unbekannten Inklusionswahrscheinlichkeiten bei webbasierten Befragungen zu überwinden.

11.2.4.1   Stufe1: Technische Messung der Zugriffe auf die teilnehmenden
           Websites

Jedes teilnehmende Mitglied der IMA verpflichtet sich, auf seinem Angebot, das aus mehreren verschieden Sites bestehen kann, überall, wo eine Inhaltskategorie wechselt, ein sogenanntes SZM (Skalierbares Zentrales Messverfahren)-Tag einzubauen. Das ist eine Zeile HTML-Code, die für jeden Seitenabruf die Information, welche IP-Adresse zu welcher Zeit die Site besucht hat, an die INFOnline sendet, und beim Nutzer ein Cookie setzt, das im Idealfall beim nächsten Seitenabruf durch diesen User erneut die analoge Information (IP-Adresse x hat zum Zeitpunkt y die Site angeklickt) an die INFOnline sendet. Die INFOnline entstand

2002 als Ausgründung der Informationsgemeinschaft zur Feststellung der Verbreitung von Werbeträgern online, und misst in Deutschland die Seitenzugriffe
auf Internetangebote nach den einheitlichen Standards der Arbeitsgemeinschaft
Online-Forschung (AGOF) und der Informationsgemeinschaft zur Feststellung
der Verbreitung von Werbeträgern (IVW). Suchmaschinen und automatische Ab-
rufe durch sogenannte Crawler sollen dabei (soweit möglich) herausgefiltert werden. 2005 wurden von der AGOF 22.332.727.682 Page-Impressions gemessen
(AGOF 2005, S. 5).

Damit erhält die INFOnline eine Zugriffsstatistik der Websites, die sie selbst
auswertet und der IMA zur Verfügung stellt.

Ab Dezember 2009 hat die INFOnline zwei Neuerungen im Messsystem
eingeführt, die die technische Messung tangieren. Zum einen wird jetzt anhand
der IP-Adresse des Users zwischen Inland und Ausland über den IP-Adressraum
unterschieden. Bei einigen Sites liegt der Auslands-Anteil bei 30 % der „Page-
visits" und mehr. Für die weitere Verrechnung im IMA-Modell werden jedoch
nur die Inlandszugriffe benutzt, da die spätere Hochrechnung auf die deutsche
Bevölkerung sonst nicht mehr gerechtfertigt wäre. (vgl. dazu http://www.ivw.de/
index.php?menuid=0&reporeid=271)

Zum andern wurde die Messgröße Page-Impressions zurückgestellt zugunsten der Größe der Page-Visits. Das sind Besuche, die aus zeitlich zusammenhän-
genden Page-Impressions eines Angebots bestehen. Damit will man der Manipu-
lation der Page-Impressions durch Automatisierung entgegenwirken.

Grundgesamtheit der Technischen Messung sind alle PCs (Unique Clients).
Für alle teilnehmenden Websites der INFOnline werden anhand des einfügten
SZM-Tags die folgenden Größen gemessen: Page-Impressions, Page-Visits, Zeitpunkt des Zugriffs, Themen, auf die zugegriffen wurde (nach Vercodung durch
die Anbieter der Websites anhand der IVW-Kategorien).

Die rein technische Messung umfasst also die Erhebung der o.g. Indikatoren
und zwar auf Basis jeden einzelnen Rechners, dessen Internetnutzung gemessen wird. Diese Rechner werden als Unique Clients bezeichnet. (vgl. dazu http://
www.agof.de/methode.585.de.html)

11.2.4.2 Stufe 2: OnSite-Befragung

Zur Vorbereitung der OnSite-Befragung zieht die INFOnline eine zufällige Stichprobe von Cookies aus der Client-Datenbank, die durch die technische Messung
aufgebaut wurde (siehe Stufe 1). Erfolgt eine Anfrage eines Rechners, wird die
Cookie-ID geprüft, und wenn in der Stichprobenziehung ausgewählt, wird die

Einladung zur Befragung als Pop Up-Fenster oder „Layer Ad" an den User gesendet. Füllt dieser den Fragebogen aus, denn werden Fragebogeninhalt und die Angaben aus der technischen Messung zusammen gespeichert, so dass **Nutzerprofile** entstehen. Zu Zwecken der Anonymisierung wird nur eine IDENT-Kennung geführt, die den Zusammenhang zwischen den beiden Informationen herstellt, nicht aber den Rückschluss auf die Identität des einzelnen Rechners.

Aus den Daten der technischen Messung und der OnSite-Befragung müssen dann allerdings in einem ersten Schritt auf den PCs (den sog. Unique Clients) die tatsächlich nutzenden Personen identifiziert werden, die sog. Unique User. Dabei unterscheidet man Multi-User, mehrere Personen nutzen einen PC (Familien-Profil) und Multi-Clients, eine Person nutzt mehrere PCs (Business-Profil). Ziel dieses Analyseschrittes ist es, die technisch gemessene Site-Nutzung einer Person zuzuordnen. Man versucht dabei Nutzerprofile zu erstellen, indem aus den Datensätzen der beiden Stufen 1 und 2 durch statistische Methoden des Profiling (vgl. dazu http://www.agof.de/methode.585.de.html) idealtypische Nutzerprofile generiert werden. Diese Profile werden dann, auch wenn die Befragten nicht in der OnSite-Befragung geantwortet haben, auf die unvollständigen Datensätze der technischen Messung übertragen (Modelling). Damit ergab sich 2005 ein erster Datenbestand von 50.779 Usern.

Bedingung für die Berücksichtigung als Unique Client in diesem Verfahren ist, dass der Rechner mindestens zweimal, d.h. an mindestens zwei Tagen mit einem Abstand von mindestens zwölf Stunden und einer Nutzungsdauer von jeweils weniger als zwölf Stunden per Cookie (SZM-Tag) in die Messung gelangt ist.

Damit entfällt jedoch ein sehr großer Anteil der technischen Messung für die weitere Verarbeitung. Da einmalige Nutzungsvorgänge nicht erhoben werden, bildet das Löschen von Cookies und auch der Cookie-Tausch einen Schutz gegen die Einladung zur OnSite-Befragung, abgesehen von Werbeblockern, da die mindestens zweimalige Nutzung notwendig ist, um das Cookie in die Auswahlgrundlage für die Stichprobenziehung in Stufe 2 aufzunehmen.

11.2.4.3 Stufe 3: Offline-CATI-Befragung

Die Telefonbefragung auf Basis einer bevölkerungsrepräsentativen Stichprobe dient dazu, die Anteile der Offliner und Onliner zu bestimmen, für die Onliner Angaben zur Nutzung zu ermitteln und die Basis für Gewichtung und Hochrechnung zu bilden.

11.2.4.4   Stufe 4: Fusion der drei Datensätze

Die Datensätze der CATI-Befragung werden in einem abschließenden Schritt per Datenfusion mit den Informationen aus der OnSite-Befragung und der technischen Messung verknüpft. „Sie [die CATI-Befragung] erfüllt drei Aufgaben: Erstens definiert und beschreibt sie die Grundgesamtheit der deutschsprachigen Internetnutzerschaft, zweitens erhebt sie Daten der Nichtinternetnutzer und drittens ermittelt sie personenbeschreibende Informationen, die zur Bildung von Zielgruppen notwendig sind. Dazu gehören neben einer ausführlichen Soziodemografie auch Markt- und Branchendaten sowie Informationen zu Einstellungen der Befragten.

Der zählbare Datenbestand der internet Facts entsteht durch die Fusion des technischen Datenbestandes mit der Repräsentativbefragung und der anschließenden Weiterverarbeitung für die Nutzung im Rahmen von Planungstools.

Die Dynamik des Ansatzes besteht in der schnellen und einfachen Anpassung der Modellierung an veränderte Nutzungsprofile, die sich daraus ergeben können, dass neue Angebote hinzukommen, technische Rahmenbedingungen sich ändern, die Gesamtheit der Internetpopulation Veränderungen unterliegen etc." (http://www.agof.de/methode.585.de.html)

Diese Studienanlage versucht mit ihrem Untersuchungsdesign mehrere Probleme der Online-Messung zu lösen. Ob sie dieses Ziel tatsächlich erreicht, ist eher fraglich:

- Die technische Messung in Stufe 1 des Verfahrens suggeriert eine Vollerhebung der Nutzungsvorgänge auf den teilnehmenden Websites. Aber schon hier gibt es Einschränkungen. Man kann sehr wohl den Prüfpixel (SZM-Tag) der INFOnline „austricksen", wenn man genügend internet-affin ist. Erste Maßnahme ist, im Browser nach jedem Internet-Besuch alle Cookies zu löschen, als Einstellung im Browser selbst oder gründlicher mit Programmen wie z. B. Ccleaner [http://www.ccleaner.de], die über Zeitschriften wie die PC-Welt verteilt werden. Man kann auch Cookies tauschen: „Cookie Cooker" [http://www.cookiecooker.de/mainframe_de.htm]. Dynamische IP-Adressen bei Proxy-Servern, statt statischer Adressen, stören dieses System ebenfalls. Ein und derselbe Besucher kann also die Website unerkannt mehrfach anwählen und, auch bei einem Zufallsmechanismus, mehrfach zur Umfrageteilnahme aufgefordert werden. Damit ist aber die Auswahlchance nicht mehr bestimmbar, eine Zufallsauswahl nicht mehr gegeben, sondern der Nutzer selbst steuert, ob er über so eine Cookie-Prozedur erreichbar sein will. Also hat die Selbstselektion doch einen erheblichen Einfluss in diesem

Verfahren und sie hängt explizit mit der Internet-Affinität zusammen, da solche Wege überwiegend von erfahrenen Internet-Nutzern eingeschlagen werden.

- Die Skepsis gegenüber der Verwendung von Cookies ist auch bei weniger intensiven Internet-Nutzern recht hoch. So hat die ARD/ZDF-Online-Studie (Fisch und Gscheidle, 2006) einen Anteil von 55 % aller Onliner ermittelt, die ihre Cookies löschen. Vor allem technik-affine Nutzer akzeptieren Cookies nicht. Schon Welker et.al. (2005) haben auf dieses Problem hingewiesen.

- Die AGOF-Cookies sind sogenannte „Third-Party-Cookies", die nicht vom Server der Website, die der Nutzer gerade angeklickt hat, sondern von der Website der AGOF gesetzt werden. Die Akzeptanz solcher Cookies ist weit geringer als die der sogenannten „First-Party-Cookies", die direkt vom Server der Website gesetzt werden, für die sich der Nutzer gerade interessiert. Laut Exner (2012) liegt ein weiterer Nachteil von Third-Party-Cookies darin, dass die Browser von Apple-Nutzern diese per Voreinstellung blockieren. Hier kann es also eine weitere Verzerrung und zwar diesmal in Richtung der vom Internet-Nutzer verwendeten Hardware geben.

- Personen, die z. B. mit Hilfe von Tools wie Privoxy2 oder Tor völlig anonym im Internet surfen, werden überhaupt nicht erfasst (vgl. dazu Rütten und Kaps, 2009). Es ist bei dieser Art von Untersuchungsdesign daher stark zu vermuten, dass sich besonders die sicherheitsbewussten internet-affinen Nutzer der Messung entziehen. In den neuesten Versionen (ab 2012) von Internet-Explorer und Firefox-Browser, die unter dem Betriebssystem Windows stark verbreitet sind, gibt es jetzt die sog. „Do-Not-Track-Funktion", die zumindest bei den Website-Betreibern den Hinweis absetzt, dass dieser User in seinem Surf-Verhalten nicht verfolgt werden möchte. Ob diese Funktion allerdings tatsächlich dazu führt, die Verfolgung zu blockieren, oder nur ein weiteres Merkmal für eine noch bessere Profilbildung liefert, ist offen.

- Die vom europäischen Gesetzgeber 2009 erlassene Richtlinie zum Umgang mit Cookies ist in Deutschland noch immer nicht in nationales Recht umgesetzt worden (trotz Fristüberschreitung). In ihr ist ein sogenannter Opt-In-Prozess vorgesehen, also die vorherige Einwilligung des Befragten zur Nutzung von Cookies (Europäische Union 2009: Art. 5, Abs. 3). Sobald sie in Deutschland umgesetzt ist, wird sie das oben geschilderte Messverfahren, das auf Cookies basiert, zusätzlich beeinträchtigen, und dessen Bemühungen um eine korrekte Abbildung der Internetnutzung wohl ad absurdum führen.

- Eine weitere Schwachstelle bei der IMA-Methode stellt die sehr unterschiedliche Menge an Daten zur Bildung der Nutzerprofile dar. Die letzten öffentlich zugänglichen Angaben zu Fallzahlen aller drei Säulen weist die AGOF 2005 nach. Damals wurden an 2.750.000 sogenannte Unique Clients (=Rechner) die Einladungen zur Befragung ausgeliefert. Man erhielt auf Basis dieser Einladungen 32.363 komplette Fragebögen, dies entspricht einer Teilnahme-Quote von 1,2 %. Wie gut diese 1,2 % Fragebögen alle Nutzungsvorgänge repräsentieren können, sei dahin gestellt. Aktuellere Daten wurden von der IMA bisher nicht veröffentlicht.

- Der Schwerpunkt der erhobenen Nutzungsvorgänge liegt bei regelmäßigen Nutzern, die mit einer statischen IP-Adresse auf einem PC arbeiten. Berufliche Nutzung, die bei tagesaktuellen Medienangeboten wie z. B. Tageszeitungen eine Rolle spielt, wird untererfasst, da die Proxy-Server in den Unternehmen kaum erfasst werden können. Bei Befragungen, die telefonisch oder persönlich-mündlich durchgeführt werden, spielt der Ort der Nutzung dagegen für die Erhebung keine Rolle, kann also auch die Aussagekraft der erhobenen Daten nicht einschränken.

- Grundsätzlich ist außerdem anzumerken, dass die von der Europäischen Norm EN 15707 geforderte Medienunabhängigkeit bei Reichweitenanalysen hier nur bei der dritten Säule (CATI-Befragung) eingehalten wird. Die beiden anderen Erhebungssäulen kann man, wie oben beschrieben, wohl kaum als medienunabhängig bezeichnen. (EN 15707:2008, S. 8, Punkt 4.3.1)

Die Komplexität des Untersuchungsdesigns der IMA macht sehr deutlich, dass das Web als Weg, schnell und kostengünstig zu bevölkerungsrepräsentativen Befragungsergebnissen zu kommen, viele Einschränkungen aufweist.

Besonders problematisch ist in diesem Zusammenhang, dass die AGOF inzwischen auch über die mobile Internet-Nutzung informiert (AGOF 2012). Hier wird zur Hochrechnung und zur Erstellung von Panelvorgaben die bevölkerungsrepräsentative CATI-Befragung der AGOF-Internet-Facts herangezogen, die als Auswahlgrundlage jedoch nur Festnetznummern hat. Damit bleibt die Nutzerschaft der reinen Mobilfunknutzer (sog. Mobile-Only-User, siehe Kapitel 8) völlig unberücksichtigt. Was bei Telefonbefragungen mit anderen Themen noch tolerabel ist, wirkt sich hier katastrophal aus: Die nur über Mobilfunk kommunizierenden Personen, die – überwiegend mit Smartphones ausgestattet – zu den intensivsten Mobilnutzern des Internet zählen, werden in diesem Stichprobendesign überhaupt nicht erfasst!

Das Coverage-Problem (wie erreiche ich wenigstens „alle Internet-User", wenn ich schon die Bevölkerung nicht korrekt abbilden kann?), das Sampling-Problem (wie kann ich berechenbare Auswahlwahrscheinlichkeiten erreichen?) und das Response-Problem (nur geringe Antwortraten von wichtigen Teilgruppen) sind für Online-Befragungen noch nicht gelöst. Der Umweg über Online-Access-Panels birgt die schon genannten Einschränkungen. Als repräsentativ für alle Internet-Nutzer oder gar allgemein für die Bevölkerung ist deshalb zurzeit (Frühjahr 2013) kein Stichprobenansatz für Online-Befragungen zu bezeichnen.

Anhang

Kurt Behrens

12 Von Boustedt-Stadtregionen zu BIK-Regionen

12.1 Das Boustedt-Modell und seine Revision

Die Verflechtung von Kernstädten mit ihren Umlandgemeinden ist kennzeichnend für die Siedlungsstruktur der Bundesrepublik Deutschland. Ausgehend von den in den USA definierten „Standard Metropolitan Areas" (SMA), die auf Basis eines sozio-ökonomischen Konzepts entwickelt wurden, erarbeitete Prof. Dr. Olaf Boustedt Anfang der 1950er Jahre die Abgrenzung von Stadtregionen in der damaligen Bundesrepublik Deutschland , d.h. nur für die alten Bundesländer. Während das US-Modell nur eine Gliederung in Kernstadtkreise und Umlandkreise vorsah, wurde für das Boustedt-Stadtregionen-Modell eine Differenzierung des Umlandes von Kerngebieten in Ergänzungsgebiet, verstädterte Zone und Randzone auf Gemeindeebene vorgenommen.

Der Rahmen für eine auf kleinräumiger Ebene (Gemeinden) differenzierende Systematik wurde auf Basis statistischer Daten vorgenommen, die bundesweit und einheitlich verfügbar waren. Das Datenpotential dafür enthielten die Großzählungen der Jahre 1950, 1961 und 1970. Die Boustedt-Stadtregionen sind auf dem Definitionsstand von 1970 stehengeblieben und wurden offiziell nicht fortgeschrieben. Eine Überarbeitung und Weiterführung des Boustedt-Modells wurde dringend notwendig, weil sich seit etwa 1970 deutliche strukturelle Veränderungen der Stadt-Umland-Beziehungen abzeichneten; verstärkt wurde dieser Prozess durch die durchgreifende Gemeindereform in den 70er Jahren in West-Deutschland. Vor diesem Hintergrund entwickelte BIK auf Basis der Volkszählung (VZ) 1987 das Boustedt-Modell weiter zu den *BIK-Stadtregionen*. Ausgangspunkt zur Überarbeitung der Boustedt-Systematik waren die dynamischen Strukturveränderungen der Stadt-Umland-Ausbreitungseffekte in den westlichen Bundesländern.

Nach Entwicklung der BIK-Stadtregionen werden diese seit 1992 im ADM-Stichproben-System und in der Markt- und Mediaforschung eingesetzt. Für die östlichen Bundesländer musste in Abhängigkeit von der abweichenden Datenlage zunächst ein modifiziertes Vorgehen gefunden werden (siehe unten 12.3). Im folgenden wird zunächst der Ansatz von Olaf Boustedt vorgestellt, gefolgt von der BIK-Stadtregionssystematik 1992 und der flächendeckenden Gebietssystematik der BIK-Regionen mit Ballungsräumen, Stadtregionen, Mittel- und Unterzentren ab 2000; die Beschreibung der BIK-Regionen 2010 schließt das Kapitel 12 ab.

12.1.1 Boustedt-Modell

Auf Basis der Gemeindestatistiken der Volks- und Berufszählung 1950 wurde die Boustedt-Stadtregionssystematik entwickelt. Neben der Auspendlerquote in das Kerngebiet waren die Bevölkerungsdichte und die Agrarerwerbsquote als Strukturmerkmale von großem Gewicht. Damit stützt sich das Modell auf einen Verflechtungs-, einen Dichte- und einen Erwerbsstrukturindikator. Darüber hinaus wurden aufgrund empirischer Untersuchungen Schwellenwerte festgelegt, die nur jene Räume als Stadtregionen definierten, die über insgesamt mindestens 80.000 Einwohner verfügten. Die Kernstadt sollte dabei in der Regel 40.000 Einwohner nicht unterschreiten. (Nellner, 1975).

Der Zensus von 1961 diente eine Dekade später zur Überprüfung des Stadtregionenmodells. Eine Veränderung der Systematik kam aus Gründen der Vergleichbarkeit und Kontinuität trotz zu beobachtender Strukturveränderungen noch nicht in Betracht. Dies betrifft vor allem die Agrarerwerbsquote. Die tendenziell starke Abwanderung aus der Landwirtschaft wurde zu dem Zeitpunkt noch weitgehend durch eine Konzeptionsänderung im Hinblick auf die amtliche statistische Erfassung der Erwerbsstruktur kompensiert. Man entschloss sich deshalb, die 1950 angewandten Kriterien und Schwellenwerte auch für die Fortschreibung zum Jahre 1961 beizubehalten.

Mit der Volks- und Berufszählung 1970 war dann aber wegen der zwischenzeitlichen strukturellen Wandlungsprozesse eine Modifizierung der Regionssystematik notwendig. Auch eine Neukonzeption wurde bereits erwogen, im Hinblick auf die Vergleichbarkeit mit den 1950er und 1961er Ergebnissen aber nicht realisiert.

Die Überarbeitung der Systematik erfolgte dann lediglich durch Schwellenwertveränderungen, um möglichst keine ins Gewicht fallenden Veränderungen der Regionsaußengrenzen zu erhalten, sondern nur strukturelle Verschiebungen.

So lässt sich zusammenfassend feststellen, dass für die mit den VZ-Daten von 1970 gebildete Stadtregionssystematik für die äußere Abgrenzung Berufspendlerquote und Agrarquote, zur inneren Differenzierung die Einwohner-Arbeitsplatz-Dichte herangezogen wurden. Überarbeitet wurde außerdem die innere Gliederung nach dem Aspekt der strukturellen Nähe zum Kern. Im Einzelnen wurden folgende Kriterien angewandt:

Tabelle T 12-01: Abgrenzungskriterien der Boustedt-Stadtregionen 1970

	Äußere Abgrenzung	Ergänzungsgebiet	Verstädterte Zone	Randzone
Dichtemerkmal: Einwohner- Arbeitsplatz-Dichte	---	mind. 600	250 bis unter 600	unter 250
Strukturmerkmal: Agrarquote	unter 50 %	---	---	---
Verflechtungsmerkmal: Auspendlerquote	mind. 25 %	---	---	---

Kernstadt-Mindestgröße: 40.000 Ew.: Einzugsbereichs-Mindestgröße: 80.000 Ew.

Mit diesem Instrumentarium wurden nach dem letzten Stand von 1970 in den westlichen Bundesländern 72 Boustedt-Stadtregionen definiert, von denen die kleinste Einheit gut 100.00 Einwohner aufweist. (ARL 1975, 1984).

12.1.2   *Boustedt-Revision durch BIK*

Um die siedlungsstrukturellen Bedingungen und die Sozialstruktur in den Stichproben des ADM-Stichproben-Systems für die Markt-, Media- und Sozialforschung abbilden zu können, wurden bis zu Beginn der 1990er Jahre die Boustedt-Stadtregionen eingesetzt. Die regionale Repräsentanz der Stichproben konnte auf diese Weise optimiert werden.

Allerdings wurden mit dem Definitionsstand von 1970 wegen der verwendeten Indikatoren und Schwellenwerte im Boustedt-Modell die Veränderungen der Siedlungs- und Raumstruktur der Bundesrepublik Deutschland immer weniger adäquat abgebildet. Die Gebietsreform mit Schwerpunkt in den 1970er Jahren, die in den westlichen Bundesländern zu einer Verringerung der Zahl der Gemeinden von 24.500 auf nur noch 8.500 führte, brachte zusätzliche Effekte in die

Siedlungsstruktur und zusätzliche Probleme bei der Anwendung des Boustedt-Ansatzes.

Ziel von Stadtregionsabgrenzungen ist die Gewinnung einer Systematik mit vergleichbaren Raumeinheiten, die darüber hinaus die Analyse von Strukturen und Entwicklungsprozessen in diesen Verflechtungs-Räumen gestattet, was mit den „veralteten" Definitionen der Boustedt-Systematik nicht mehr zu leisten war.

Die deshalb Ende der 1980er Jahre anstehende Boustedt-Revision stand unter sehr positiven Vorzeichen, denn sie konnte auf den umfangreichen Daten aus den Großzählungen von 1987 aufbauen, die alle auf Gemeindeebene und zum Teil sogar auf Stadtteilebene ausgewertet wurden, nämlich den Daten …:

- der Volkszählung zu Bevölkerung und Haushalten,
- der Gebäude- und Wohnungszählung,
- der Arbeitsstättenzählung und
- der Wege der Pendler zwischen Wohn- und Arbeits-/Ausbildungs-Ort.

12.2   Definition der BIK-Stadtregionen in den westlichen Bundesländern 1992

Zur Neuabgrenzung und Definition der BIK-Stadtregionen wurde ein Abgrenzungsmodell eingesetzt, das neben multivariaten statistischen Verfahren eine bundesweite Pendlerstromanalyse beinhaltete. Struktur- und Verflechtungsdaten bildeten jeweils eine eigene Analyseebene, da Strukturmerkmale Richtung und Reichweite der Raumbeziehungen in den Stadt-Umland-Verflechtungen nicht erfassen können.

Mit den Volkzählungsdaten von 1987 war es möglich, regionale Strukturen bis zur Gemeindeebene mit einem umfangreichen Variablensystem abzubilden, das zusätzlich in der Lage war, übergeordnete sozio-ökonomische Effekte zu erfassen.

Dabei mussten zunächst aus der Vielzahl der Variablen die voneinander unabhängigen Einflussfaktoren herauskristallisiert werden, die zur Erklärung geografisch relevanter Sachverhalte geeignet waren und den weitere Analysen (Cluster- und Diskriminanzanalysen) zugrunde gelegt werden konnten.

Das Modell zur Definition und Abgrenzung der BIK-Stadtregionen bestand aus folgenden Elementen:

- Anlage und Pflege eines regional gegliederten Datenbestandes.

- Bildung relevanter Indikatoren und deren Transformation sowie Analyse der Häufigkeitsverteilungen und statistischen Kennwerte.
- Faktorenanalysen, um ein handhabbares und interpretierbares Faktoren- bzw. Variablenset für das weitergehende Analysemodell zu extrahieren.
- Clusteranalysen zur Gruppierung im multivariaten Modell.
- Diskriminanzanalysen zur Prüfung der in der Clusteranalyse gewonnenen Klassen.

(Backhaus et al. 1987; Bauer 1986; Bortz 1985)

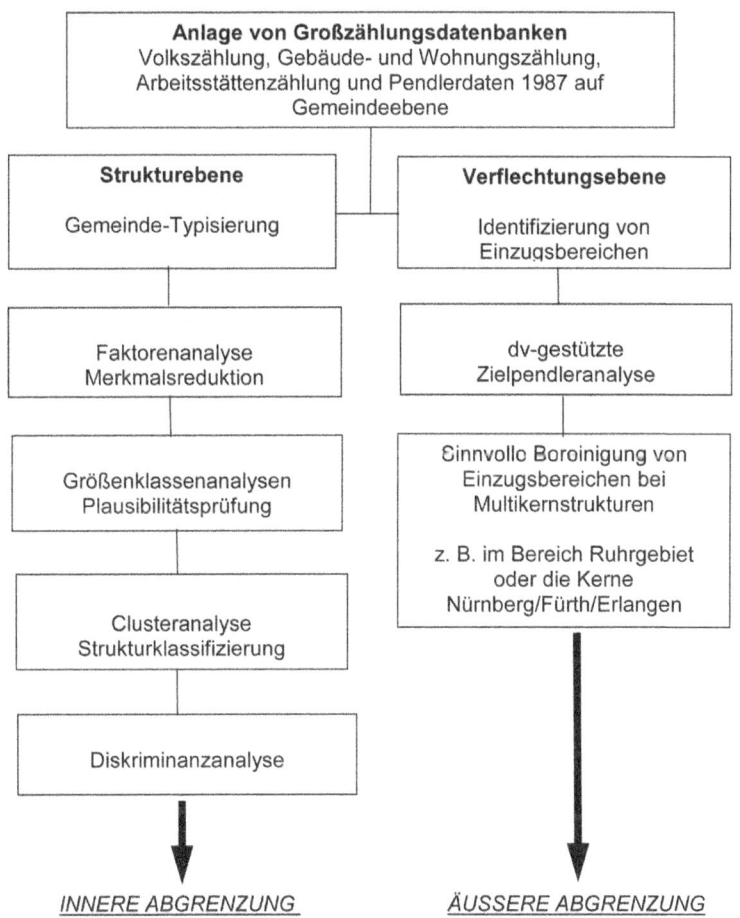

Anlage von Großzählungsdatenbanken
Volkszählung, Gebäude- und Wohnungszählung, Arbeitsstättenzählung und Pendlerdaten 1987 auf Gemeindeebene

Strukturebene

Gemeinde-Typisierung

Verflechtungsebene

Identifizierung von Einzugsbereichen

Faktorenanalyse
Merkmalsreduktion

dv-gestützte
Zielpendleranalyse

Größenklassenanalysen
Plausibilitätsprüfung

Sinnvolle Bereinigung von
Einzugsbereichen bei
Multikernstrukturen

z. B. im Bereich Ruhrgebiet
oder die Kerne
Nürnberg/Fürth/Erlangen

Clusteranalyse
Strukturklassifizierung

Diskriminanzanalyse

INNERE ABGRENZUNG

ÄUSSERE ABGRENZUNG

Abbildung A 12-01: BIK-Stadtregionen/Methodischer Rahmen

12.2.1   Pendlerstromanalyse zur Bestimmung und äußeren Abgrenzung von Stadtregionen

In Anlehnung an die Stadtregionssystematik von Boustedt und auf Basis der Gemeindegrößenverteilung auf dem Stand von 1987 wurde als Mindestgröße für Kernstädte etwa 40.000 Einwohner gewählt. Dieses Kriterium kann allerdings nicht allein stehen. Wichtig ist zusätzlich vor allem die Zahl der Einpendler in den Verdichtungskern und die Zahl der Gemeinden, aus denen schwerpunktmäßig Personen ins Zielgebiet auspendeln.

Jetzt wird im Gegensatz zum Boustedt-Ansatz (nur Berufspendler) die Zahl der Gesamtpendler (Berufs- und Ausbildungspendler) zugrundegelegt, da die herausragende Anziehungskraft und Bedeutung eines Zentrums nicht nur in der Bereitstellung von Arbeitsplätzen besteht, sondern auch in den Ausbildungsstätten und da besonders in den höherwertigen Ausbildungsplätzen. Beides kann durch Einbeziehung der Gesamtpendlerzahl besser repräsentiert werden als durch die Beschränkung auf die Berufspendler allein.

Um eine maschinelle, d.h. dv-gestützte Methode zur Identifizierung und Messung der Intensität der Verflechtung anwenden zu können, wird eine Datenbank mit Zielpendlerdaten derart eingerichtet, dass eine eindeutige Zuordnung jeder Gemeinde zum für sie wichtigsten Zentrum möglich wird.

Damit ist jede Gemeinde funktional mit der wichtigsten Zielgemeinde verbunden, und zwar mit der Zahl der Zielpendler in diesen Verdichtungskern und dem entsprechenden Pendleranteil an der Wohnbevölkerung (= Zielpendlerquote).

Um Stadtregionen aus dem Gesamtmuster an Einzugsbereichen zu extrahieren, die von der Größenordnung her einen Rückbezug zu den Boustedt-Regionen gestatten, wurde eine Reihe von Mindestgrößen-Kriterien in das Abgrenzungsmodell eingebaut. Relevante Merkmale sind dabei vor allem die Einwohnerzahl der Kernstadt eines Einzugsbereiches sowie die Größenordnung und Intensität der Pendleranbindung.

Aus der Zielpendleranalyse ergibt sich insgesamt ein Set aus Mindestanforderungen, das sich wie folgt aus den empirischen Merkmalsverteilungen herauskristallisiert hat:

- Mindestgröße der Kernstadt: ca. 40.000 Einwohner
- Zahl der Gesamteinpendler in die Kernstadt: >= 10.000 Personen
- Zahl der Zieleinpendler in die Kernstadt: >= 5.000 Personen
- Zielpendlerquote einer Gemeinde in Richtung Kernstadt: >= 10 % der Wohnbevölkerung

- Zahl der angebundenen Gemeinden: >= 2 Gemeinden
- Gesamtgröße der Stadtregion: >= 80.000 Einwohner.

Die Zielpendlerquote (Auspendler/Einwohner in die wichtigste Zielgemeinde) von 10 % hat sich als optimal herausgestellt, nachdem es einerseits insgesamt nur relativ niedrige Pendlerprioritäten gibt, also relativ viele Pendlerziele. Und andererseits die Häufigkeitsverteilung der Zielpendlerquoten bei 10 % einen deutlichen Abwärts-Knick aufweist. Bundesweit hatte die Zielpendlerquote 1987 den Mittelwert von 15,5 %, bei einer Standardabweichung von 8,3.

Mit dem oben beschriebenen Merkmals- und Methodenset war es grundsätzlich möglich, die Stadtregionen in der Bundesrepublik computergestützt zu identifizieren und zu strukturieren. Das danach noch offene Problem stellen die Multikernstrukturen in der Bundesrepublik Deutschland dar: Liegen mehrere große Zentren auf engem Raum beieinander, können sich keine eindeutigen Einzugsbereiche abzeichnen, da die Zielpendlerstrukturen einander überschneiden. In solchen Fällen – beispielsweise im Ruhrgebiet, Wiesbaden/Mainz, Nürnberg/Fürth/Erlangen etc. – wurde eine manuelle Überarbeitung vorgenommen.

12.2.2 Bestand an Stadtregionen in den westlichen Bundesländern der Bundesrepublik Deutschland 1992

Mit den an die Boustedt-Systematik angelehnten Multikern-Verschmelzungen wurden 1992 insgesamt 72 Stadtregionen ab etwa 100.000 Einwohnern in den westlichen Bundesländern der Bundesrepublik Deutschland identifiziert, wobei das tatsächlich rein zufällige mit der Zahl der Boustedt-Regionen 1970 übereinstimmt.

Konkrete Änderungen zu den Boustedt-Regionen ergeben sich vor allem durch sieben Neuzugänge in Süddeutschland und zwei Abgänge in Norddeutschland.

Es zeigt sich in der Gesamtbetrachtung – vor allem in Anbetracht der Zugänge – ein Süd-Nord-Wachstumsgefälle bei den Stadtregionen, das tendenziell die großräumigen Struktur-Disparitäten in der Bundesrepublik Deutschland (West) nachzeichnet.

Tabelle T 12-02: Bevölkerung 1992 in den 20 größten Stadtregionen der BRD

Nr.	Stadtregion	Kernbe-reich	Verdich-tungs-bereich	Über-gangs-bereich	Peri-pher Bereich	Bevölke-rung insgesamt
			Strukturtyp			
20	Ruhrgebiet	6.630.011	963.713	128.773	34.378	7.756.875
73	Berlin-Potsdam	3.908.301	137.642	119.760	37.202	4.202.905
5	Hamburg	1.955.192	193.416	280.645	108.658	2.537.911
57	München	1.555.252	255.342	343.157	219.388	2.373.139
32	Frankfurt-Offenbach-Hanau-Rüsselsheim	1.320.982	525.200	305.169	12.255	2.163.606
23	Köln-Leverkusen	1.470.051	269.483	147.834	---	1.887.368
42	Stuttgart-Esslingen-Ludwigsburg	1.185.093	390.522	189.708	---	1.765.323
47	Ludwigshafen-Mannheim-Heidelberg-Worms	752.458	376.722	272.523	4.610	1.406.313
65	Nürnberg-Fürth-Erlangen	801.090	128.985	225.971	89.874	1.245.920
10	Hannover	562.189	195.414	415.646	7.301	1.180.550
18	Bremen	628.731	57.746	181.984	69.011	937.472
33	Wiesbaden-Mainz	456.360	81.167	203.515	24.181	765.223
27	Bielefeld-Gütersloh-Herford	390.356	111.934	185.915	---	688.205
71	Saarbrücken-Neunkirchen-Homburg	294.993	226.700	95.695	6.161	623.549
22	Bonn	350.828	100.288	117.074	1.864	570.054
46	Karlsruhe	277.998	101.379	179.548	235	559.160
6	Braunschweig-Salzgitter-Wolfenbüttel	256.267	171.496	77.646	32.263	537.672
69	Augsburg	288.410	56.753	110.771	75.993	531.927
21	Aachen	339.073	93.152	7.173	26.489	465.887
26	Münster	267.367	---	88.233	90.176	445.776

12.2.3   Innere Differenzierung der Stadtregionen/Strukturtypen

Die äußere Abgrenzung der Stadtregionen erfolgt, wie oben geschildert, mittels der Zielpendleranalyse und des sich daraus ergebenden Merkmalssets. Die innere Differenzierung von Stadtregionen auf Gemeindeebene benutzt in einer zusätzlichen Analyseebene die Siedlungsstruktur mit sozio-ökonomischen Komponenten. Sie wird flächendeckend durchgeführt, d.h. sie bezieht sich auf alle Gemeinden der „alten" Bundesrepublik Deutschland auf dem Stand von 1987 und ist zunächst unabhängig davon, ob Gemeinden zu einer mittels der Pendlerdaten identifizierten Stadtregion gehören oder nicht.

Um interpretierbare und nachvollziehbare Gliederungsergebnisse zu erhalten, ist eine sorgfältige Auswahl und gleichzeitig eine Begrenzung des Merkmalkataloges unerlässlich. Innerhalb des Stadtregionenmodells müssen Teilräume zusammengefasst werden, die sich möglichst ähnlich sind und sich gleichzeitig von anderen Teilräumen trennscharf unterscheiden.

Im ersten Schritt wird der aus den Großzählungsdaten (Volkszählung, Gebäude- und Wohnungszählung, Arbeitsstättenzählung und Pendlerdatensatz 1987) zur Verfügung stehende komplexe Merkmalskatalog auf interpretierbare Faktoren oder Indikatoren reduziert. Im zweiten Schritt werden die Faktoren (bzw. die auf sie am höchsten ladenden Variablen) zur räumlichen Dichtestruktur-Klassifizierung der Gemeinden angewandt.

Nach sorgfältigen Tests haben sich vier Merkmale als besonders geeignet herausgestellt:

- Tagbevölkerungsdichte ((Wohnbev. + Einpendler – Auspendler)/km²)
- durchschnittliche Wohnfläche pro Wohnung
- Anteil der Eigentümerwohnungen
- Anteil der Einpersonenhaushalte.

Diese vier Variablen werden gemeinsam in die Clusteranalyse zur Bildung untereinander ähnlicher Gemeindegruppen einbezogen. Nach ausgiebigen Tests mit 3 bis 6 Gruppen zeigte die Voreinstellung von 4 Clustern die besten Ergebnisse. Nach diesem Verfahren bilden sich bei größeren Zentren – beinahe idealtypisch – (hauptsächlich) zonal und (teilweise) sektoral angeordnete Abgrenzungen vom Zentrum zur Peripherie. Es zeigt sich, dass das Gruppierungssystem keine Unterscheidung zwischen Kern und Ergänzungsgebiet (Differenzierung in der ursprünglichen Systematik von Boustedt) mehr vornimmt, sondern dass Zentrum und hochverdichtetes Umland tendenziell demselben Cluster (Strukturtyp 1) zugeordnet werden. Stattdessen bildet sich um diese – gegenüber Boustedt erweiterten – Kernbereiche eine suburbane Zone (Strukturtyp 2) und ein sich anschließender Übergangsbereich (Strukturtyp 3). Der vierte äußere Dichtestruktur-Typ kennzeichnet dann eine ländlich-periphere Struktur, die in hochverdichteten Regionen wie z.B. Stuttgart-Esslingen-Ludwigsburg kaum von Bedeutung ist, aber abseits der großen Ballungszentren an Bedeutung gewinnt.

Die aus dem Clusterverfahren hervorgegangene Klassifizierung wurde anschließend einer Diskriminanzanalyse unterzogen. Diese statistische Prozedur
bietet u.a. die Möglichkeit, ein bereits bestehendes Klassifizierungsmodell – wie
hier die Zugehörigkeit der Gemeinde zu einem der Strukturtypen 1, 2, 3 oder 4 –
mit einer entsprechenden Diskriminanzschätzung zu vergleichen.

Als Ergebnis wurde für insgesamt 93,2 % der in die Analyse einbezoge-
nen Gemeinden die Zuordnung bestätigt. Die große Übereinstimmung zwischen
diskriminanzanalytisch geschätzter Klassifizierung und clusteranalytisch ermittelter Gruppenzugehörigkeit ist damit eine deutliche Bestätigung des Clustermodells.

12.2.4   Merkmalsausprägungen nach Strukturtypen

Eine geeignete Darstellung der zonalen Strukturunterschiede innerhalb der BIK-
Stadtregionen ist der nachstehenden Tabelle zu entnehmen. Hier sind die vier
Strukturtypen mit den durchschnittlichen Ausprägungen der konstituierenden
Indikatoren abgebildet. (Datenstand: VZ bzw. GWZ 1987)

Tabelle T 12-03: Merkmalsausprägungen nach Strukturtypen in den BIK-Stadtregionen

Strukturtyp	Tagbevölke-rungs-Dichte Personen/ km²	Wohnfläche je Wohnung in m²	Anteil Eigentümer-Wohnungen	Anteil Einpersonen-Haushalte
1. Kernbereich	1.387,3	81,9	41,6 %	32,1 %
2. Verdichtungsbereich	525,2	92,2	50,6 %	27,3 %
3. Übergangsbereich	168,0	102,8	62,0 %	23,0 %
4. Peripherer Bereich	54,2	108,1	67,4 %	18,8 %
Gesamt	279,1	101,7	60,9 %	22,7 %

Den vier Indikatoren gemein ist eine eindeutige und durchgehende Zentrum-
Peripherie-Differenzierung bei den Klassenmittelwerten. Die stärkste differenzierende Kraft hat die **Tagbevölkerungsdichte**. Sie beträgt im Kernbereich
durchschnittlich 1.387 Personen pro km² und fällt zum peripheren Bereich auf 54
Personen/km² ab.

Ebenfalls kontinuierlich sinkend ist der **Anteil der Einpersonenhaushalte**.

Bei der durchschnittlichen **Wohnfläche pro Wohnung** liegt der niedrigste
Wert (82 m²) im von Wohnraumknappheit gekennzeichneten Kernbereich und
steigt zur Peripherie auf 108 m² an.

Parallel dazu wird auch der **Anteil der Eigentümerwohnungen** vom Zentrum zur Peripherie immer größer. Im bezogen auf Immobilienpreise teuren Kernbereich beträgt dieser Anteil lediglich 42 % und steigt bis zum peripheren Bereich auf 67 %.

12.3   Abgrenzungen der BIK-Stadtregionen in den östlichen Bundesländern 1992

12.3.1   Ausgangslage

Die Datenlage auf Gemeindeebene Ost unterlag im Vergleich zum statistischen Merkmalsvolumen West erheblichen Einschränkungen. So waren Anfang der 1990er Jahre keine Zielpendlerdaten (nur allgemeine Ein-/Auspendlerzahlen) verfügbar, mit denen eine zweifelsfreie Definition von Einzugsbereichen möglich gewesen wäre. Zahlen zur Beschäftigungs- und Wirtschaftsstruktur waren nur in grober Gliederung auf dem Stand der Großzählung von 1981 auf Gemeindeebene vorhanden. Lediglich die Einwohner- (Ew.) und Flächendaten waren aktuelleren Datums, Stand 1990 bzw. 1989.

12.3.1.1 Gemeinden

In den östlichen Bundesländern wurde die Gemeindestruktur von vielen kleinen Einheiten geprägt. Gemeinden unter 1.000 Einwohnern dominierten Anfang der 1990er Jahre deutlich das Verteilungsbild der insgesamt 7.564 Einheiten mit einem Anteil von 74 %. Im Westen liegt dieser Anteil damals nur noch bei 36 %.

Um die Siedlungsstrukturunterschiede der westlichen und östlichen Bundesländer auf Gemeindeebene zu verdeutlichen, eignet sich die folgende Darstellung der Gemeindeanteile nach Größenklassen in Ost und West. Die 1990 aktuelle Gemeindegrößenstruktur der östlichen Bundesländer wird darin mit zwei Gebietsständen der westlichen Gemeinden verglichen.

Tabelle T 12-04: Gemeinden nach politischen Gemeindegrößenklassen Ost-West-Vergleich

	Gemeindeanteile in %		
Größenklasse	Ost 1990 %	West 1964 %	West 1987 %
bis 2.000 Ew.	87,4	84,8	54,9
2.000 bis 5.000 Ew.	7,5	9,3	20,3
5.000 bis 20.000 Ew.	3,6	4,6	19,0
20.000 bis 50.000 Ew.	1,1	0,8	4,0
50.000 bis 100.000 Ew.	0,2	0,2	1,0
über 100.000 Ew.	0,2	0,2	0,7
Gesamt	100,0	100,0	100,0

Die Verteilung in den östlichen Bundesländern war ähnlich der im Westen auf dem Gebietsstand von 1964 vor der Gebietsreform der 1970er Jahre, als noch 24.468 Gemeinden existierten, die dann im Zeitablauf bis 1979 auf etwa 8.500 Einheiten reformiert wurden.

Der Gebietsstand 1987 weist in den westlichen Bundesländern im Bereich 2.000 bis 50.000 Einwohner (also etwa im Bereich der heutigen Unter- und Mittelzentren) einen Anteil von 43 % aus, während im Osten dieser Anteil bei nur 12 % liegt. In diesen drei Größenklassen hat im Westen mit einer durchschnittlichen Zunahme von etwa 10 % zwischen 1970 und 1987 die dynamischste Bevölkerungsentwicklung stattgefunden, während in den anderen Klassen eine Schrumpfung oder Stagnation festzustellen ist.

12.3.1.2 Bevölkerung

Die Bevölkerungsverteilung nach Gemeindegrößenklassen ist weitgehend analog zur Gemeindeverteilung. Deutlich ist auch hier der Überhang bei den Klassen zwischen 5.000 und 50.000 Einwohnern im West-Ost-Vergleich zu erkennen.

Tabelle T 12-05: Bevölkerung nach politischen Gemeindegrößenklassen Ost-West-Vergleich

Größenklasse		Ost 1990 abs.	Anteil in %	West 1987 abs.	Anteil in %
bis	*2.000 Ew*	3.845.826	23,7	3.723.514	6,1
2.000 bis	*5.000 Ew*	1.729.218	10,6	5.516.947	9,0
5.000 bis	*20.000 Ew*	2.571.934	15,8	15.748.836	25,8
20.000 bis	*50.000 Ew*	2.487.119	15,3	10.233.399	16,8
50.000 bis	*100.000 Ew*	1.210.213	7,4	5.754.908	9,4
100.000 bis	*500.000 Ew*	2.609.923	16,1	10.380.178	17,0
über	*500.000 Ew*	1.793.051	11,0	9.719.259	15,9
Gesamt		16.247.284	100,0	61.077.041	100,0

(Spaltenüberschrift: **Einwohner**)

12.3.1.3 Siedlungs- und Verflechtungsstruktur

Die Siedlungs- und Verflechtungsstruktur wies im Gebiet der ehemaligen DDR einige Besonderheiten gegenüber dem westlichen Pendant auf, die auf die Planwirtschaft zurückzuführen sind. Die gezielte Ansiedlung bzw. Erweiterung von Großbetrieben und Industriekombinaten an außerstädtischen Standorten einerseits und der Wohnraumausbau in den in der Nähe gelegenen Städten andererseits führten teilweise zu Zentrum-Peripherie-Pendelwanderungen: „Als Beispiel dafür stehen die Ansiedlung der Beschäftigten des Chemiegroßbetriebes Böhlen in Leipzig oder die Errichtung der Wohnstädte in Hoyerswerda und Weißwasser für das ehemalige Kombinat Schwarze Pumpe, das Kraftwerk Boxberg und den umliegenden Tagebaue. In der Stadt Hoyerswerda standen im Jahre 1981 3.700 Einpendlern fast 22.000 Auspendler gegenüber." (Heinzmann & Schmidt 1992) Darüber hinaus existierte eine ganze Reihe von industriellen Standortgemeinden, die hinreichend groß waren, um selbst als Kernstadt einer Stadtregion in Frage zu kommen. Da sie aber größeren Einzugsbereichen benachbart waren, haben sie durch ihre eigene Pendleranziehungskraft deren Ausdehnung begrenzt (vor allem in den dichtbesiedelten Bundesländern Thüringen und Sachsen).

12.3.2   Methodischer Ansatz

Ausgehend von der Boustedt-Revision in den westlichen Bundesländern wurde bereits 1992 für die Stichprobenbildung in den östlichen Bundesländern eine Abgrenzung von Stadtregionen vorgenommen.

In Anbetracht der im Vergleich zur West-Abgrenzung eingeschränkten Datenlage erfolgte eine an empirischen Rahmengrößen ausgerichtete Regionsschätzung. Die Kriterien dafür wurden aus den Erfahrungen bei der Regionsabgrenzung West abgeleitet:

- Kernstadt-Mindestgröße,
- Regionsmindestgröße,
- mittlerer Radius.

Weitere Größen wie

- Siedlungsstruktur,
- Auspendlerquote,
- Verkehrsinfrastruktur und
- Lage im Raum

wurden für die Bildung von Stadtregionen in den östlichen Bundesländern zusätzlich herangezogen, soweit entsprechende Daten verfügbar waren.

Als weitere hilfreiche Grundlage wurden Ergebnisse der Stadt-Umland-Forschung in der DDR in die Abgrenzungssystematik einbezogen. Dies gilt insbesondere für den Band „Stadt und Umland in der Deutschen Demokratischen Republik" (Lüdemann et al 1979) mit seinen Regionsabgrenzungen auf Datenbasis von 1971 sowie der Karte „Pendelwanderung".

Mit diesem methodischen Gerüst wurde eine äußere Regionsabgrenzung Ost angestrebt, die – unter Berücksichtigung der Strukturunterschiede und der Datenlage zwischen westlichen und östlichen Bundesländern – eine methodisch noch möglichst ähnliche Stadtregionsbildung gewährleistete.

Tabelle T 12-06: Methodischer Rahmen zur Abgrenzung von Stadtregionen in den östlichen Bundesländern 1992

Kriterium	Dimension
Kernstadtmindestgröße	ca. 40.000 Ew.
Regionsmindestgröße	ca. 80.000 Ew.
mittlerer Regionsradius analog zu vergleichbaren Stadtregionen West	variabel zwischen 10 und 30 km
Auspendlerquote pro Gemeinde als Entscheidungshilfe in Grenzfällen	ca. 35 % Anteil der Auspendler an den Wirtschaftlich Tätigen
Lage im geographischen Raum	Lage der Zentren zueinander
Verkehrsinfrastruktur	Verlauf im geographischen Raum

12.3.3 Äußere Abgrenzung

Die äußere Abgrenzung der Stadtregionen in den östlichen Bundesländern unterlag im Vergleich zur Boustedt-Revision einer methodischen Umstellung: wegen
fehlender Zielpendlerdaten musste eine Regionsschätzung weitgehen manuell
vorgenommen werden.

Angelehnt an die Erfahrungen mit den Boustedt-Regionen und den BIK-
Stadtregionen West wurden dabei die in Tabelle T 12-06 dargestellten Schwellenwerte und Kriterien eingesetzt.

Die durchgeführte Siedlungsstrukturtypisierung (siehe unten 12.3.4) für alle
Gemeinden der östlichen Bundesländer diente mit ihrer kartographischen Darstellung als Hilfsmittel bei Abgrenzungsentscheidungen nach außen. Darüber
hinaus wurden in Grenzfällen die Auspendlerquote pro Gemeinde sowie Karten-
material herangezogen.

Die Lage der Zentren im geographischen Raum und die Verkehrsinfrastruktur dienten als zusätzliche Kriterien der Regionsschätzung.

Gemäß den aufgeführten Kriterien ergaben sich 37 hinreichend große Stadtregionen in den östlichen Bundesländern, von etwa 75.000 Einwohnern aufwärts
bis ca. 2 Mio. Einwohner.

12.3.4 Siedlungsstrukturtypen

Die Analyse der Siedlungsstruktur bezog sich analog zur Vorgehensweise in den
westlichen Ländern auf alle Gemeinden der östlichen Bundesländer mit dem
Stand von 1990 und war zunächst unabhängig davon, ob eine Gemeinde zu einer
potentiellen Stadtregion gehörte oder nicht.

Als Dichteparameter wurde dabei die Bevölkerungsdichte verwendet. Tagbevölkerungsdichte oder Einwohner-Arbeitsplatz-Dichte, die bei der
Boustedt-Systematik und der Boustedt-Revision verwendet wurden, waren für
die östlichen Bundesländer nur auf dem Stand von 1981 verfügbar und stellten
natürlich 1992 keine echte Alternative zur aktuellen Bevölkerungsdichte dar.

Als Strukturparameter standen drei Werte zur Differenzierung der Wirtschaftlich Tätigen[*] zur Wahl, die leider auf dem Stand von 1981 waren; aktuellere Alternativen waren auf Gemeindeebene nicht vorhanden:

- Anteil der Wirtschaftlich Tätigen in der Landwirtschaft (LaWi-Quote)
- Anteil der Wirtschaftlich Tätigen in der Industrie (Industrie-Quote)
- Anteil der restlichen Wirtschaftlich Tätigen (Sonstige)

Eine Plausibilitätsanalyse über zehn Gemeindegrößenklassen zeigte die hypotheti-
schen, regional differenzierenden Eigenschaften der vier in der folgenden Tabelle
dargestellten Merkmale. Die Größenklassen dienten dabei als Hilfsgröße für ein
Zentrum-Peripherie-Modell.

*) Der Begriff „Wirtschaftlich Tätige" existiert offenbar nur für die Großzählung Ost 1981 und ist aus
vorhandenen Quellen nicht eindeutig zu definieren. Fest steht allerdings, dass die Definition etwas
weiter gefasst ist als der Begriff „Erwerbstätige".

Tabelle T 12-07: Verteilung der Bevölkerungsdichte und der drei Tätigkeitsquoten nach Gemeindegrößenklassen

Dichtewerte 1990, Wirtschaftlich Tätige 1981

Größenklasse			Bevölke-rungsdichte Ew./km²	LaWi-Quote in %	Industrie-Quote in %	Sonstige in %
unter		*500 Ew.*	40.7	41,2	31,6	26,4
500	*bis*	*1.000 Ew.*	72.4	30,1	39,4	30,1
1.000	*bis*	*2.000 Ew.*	125.8	20,4	46,4	33,0
2.000	*bis*	*5.000 Ew.*	221.4	11,3	51,9	36,8
5.000	*bis*	*10.000 Ew.*	420.5	6,6	52,8	40,7
10.000	*bis*	*20.000 Ew.*	610.0	4,8	51,2	43,9
20.000	*bis*	*40.000 Ew.*	858.8	3,0	53,0	44,0
40.000	*bis*	*80.000 Ew.*	1500.6	2,2	51,7	46,0
80.000	*bis*	*160.000 Ew.*	1356.1	2,0	41,1	56,9
über		*160.000 Ew.*	2346.9	1,5	42,3	54,0
(ehemalige) DDR			107.1	31,4	38,2	29,9

Anmerkung: Die Durchschnittswerte sind ungewichtet auf Gemeindebasis errechnet.

Idealisiert man die Rangfolge von der kleinsten zur größten Einwohner-Klasse
als von der Peripherie zum Zentrum, so zeigt neben der Bevölkerungsdichte die
Landwirtschaftsquote die besten differenzierenden Eigenschaften. Sie fällt fast
linear von der kleinsten zur größten Klasse von 41,2 % auf 1,5 % (also vom
„Dorf" zur „Großstadt") und erweist sich damit faktisch als besonders geeignet
zur Darstellung regionaler Unterschiede.

Die anderen beiden Merkmale, Industriequote und sonstige Wirtschaftlich
Tätige, schieden nach einigen Clusteranalysen in vierer und dreier Kombination
wegen der bei ihnen fehlenden oder nur sehr schwach ausgeprägten Trennschärfe
aus.

Schließlich ergaben sich – wie in den westlichen Bundesländern – zur inneren Abgrenzung ebenfalls vier Strukturtypen:

- Der **Kernbereich** enthält in der Regel hochverdichtete Zentren sowie angrenzende Gemeinden mit ebenfalls hoher Verdichtung.
- Der **Verdichtungsbereich** bildet mit einer immer noch überdurchschnittlichen Bevölkerungsdichte die zweite Stufe und ist tendenziell am Rand großer Kernbereiche wie Berlin, Leipzig und Dresden, ferner auch außerhalb von Stadtregionen häufig bei Kreisstädten anzutreffen.
- Der **Übergangsbereich** charakterisiert in den östlichen Bundesländern Gemeinden mit unterdurchschnittlichen Dichtewerten, die aber noch eine relativ geringe Agrarquote aufweisen.
- Der **Periphere Bereich** kennzeichnet die eher ländlichen Gemeinden mit geringer Bevölkerungsdichte und überdurchschnittlicher Agrarquote.

In der folgenden Tabelle sind die relevanten Merkmalswerte nach Strukturtypen für die 2.387 Gemeinden in den Stadtregionen der östlichen Bundesländer, die 1992 abgegrenzt wurden, abgebildet.

Tabelle T 12-08: Strukturtypen in den Stadtregionen der östlichen Bundesländer.
Dichtewerte 1990, Quoten der Wirtschaftlich Tätigen 1981

Strukturtyp	Mittlere Gemeindegröße 1990	Bevölke- rungsdichte Ew./km²	LaWi- Quote in %	Indus- trie- Quote in %	Sonstige in %
Kernbereich	48.188	1092.1	3,0	54,5	42,3
Verdichtungsbereich	2.820	280.1	8,2	55,4	36,3
Übergangsbereich	908	81.9	21,5	45,1	33,4
Peripherer Bereich	437	37.9	47,5	25,7	25,9
Stadtregionen Ost	3.821	149.0	27,1	40,7	31,9

Anmerkung: Die Durchschnittswerte sind ungewichtet auf Gemeindebasis errechnet.

Vergleicht man die Strukturen der in den neuen Ländern identifizierten Stadtregionen mit den Strukturen aller östlichen Gemeinden, so wird klar, dass es trotz der schwierigen Datenlage gut gelungen ist, die bewohnte Fläche der ehemaligen DDR in Agglomerationsgebiete (diese befinden sich übrigens überwiegend im Süden der neuen Länder – mit Ausnahme von Ost-Berlin natürlich) und Gebiete ohne nennenswerte Agglomeration zu differenzieren. Am besten erkennt man das im Vergleich der beiden Summenzeilen der Tabellen T 12-07 und T 12-08. Dieser

Vergleich bekräftigt außerdem die Aussage, dass die LaWi-Quote wesentlich besser differenziert als die beiden anderen Tätigkeitsquoten.

Die Bevölkerungsverteilung nach Strukturtypen ist der nachfolgenden Tabelle zu entnehmen. Insgesamt wohnen rund 56 % der Bevölkerung Ost (West: 60 %) in den abgegrenzten Stadtregionen.

Die innere Gliederung weist in der Bevölkerungsverteilung mit 76,6 % (West 65,1 %) einen außerordentlich hohen Anteil im Kernbereich auf, während insbesondere der Verdichtungsbereich mit 7,2 % (West 13,3 %) – aber auch die anderen beiden Strukturtypen – relativ schwach ausgeprägt sind. Diese Kerndominanz ist bedingt durch das Größen- und Dichtegefälle zwischen Kernbereich und den anderen Bereichen, das auch in der vorherigen Tabelle deutlich wird.

Tabelle T 12-09: Bevölkerung in den Stadtregionen der östlichen Bundesländer 1990 nach Strukturtypen.

Strukturtyp	Gemeinden und Einwohner 1990			
	Gemeinden	Anteil in %	Bevölkerung	Anteil in %
Kernbereich	145	6,1	6.987.198	76,6
Verdichtungsbereich	232	9,7	654.179	7,2
Übergangsbereich	1.276	53,5	1.158.001	12,7
Peripherer Bereich	734	30,7	321.108	3,5
Gesamt Ost	2.387	100,0	9.120.486	100,0

Die Gründe für das weitgehende Fehlen stärkerer Suburbanisierungsprozesse sind an mehreren Punkten als Folge der zentralistischen Politik zu sehen:

· Künstlich niedrig gehaltene städtische Mieten und Grundstückspreise,

· Konzentration des Wohnungsbaus auf Großsiedlungen in innerstädtischer Randlage,

· Schwierigkeiten bei Erwerb oder Errichtung von Eigenheimen sowohl durch die Eigentums- und Wohnungspolitik wie auch durch die Engpässe bei Material und Baukapazitäten.

Die vergleichende Darstellung West/Ost in den Stadtregionen (Tabelle T 12-10) erhellt die Unterschiede bei den Dichtewerten der Strukturtypen. Während die Kernbereiche Ost eine etwa gleich hohe Bevölkerungsdichte aufweisen wie im Westen, liegen die Zahlen bei den drei anderen Strukturtypen um den Faktor 2 bis 3 darunter (Verhältnis bei Gesamt = 1:1,6).

Dieses große Gefälle in der Siedlungsdichtestruktur wirkt sich auch entsprechend auf die Bevölkerungsverteilung aus.

Tabelle T 12-10: Bevölkerungsdichte 1987/1990 nach Strukturtypen in den Stadtregionen der westlichen und östlichen Bundesländer.

Strukturtyp	Bevölkerungsdichte (EW/km²)		
	West	**Ost**	**Differenz**
Kernbereich	1.463	1.486	+ 1,6 %
Verdichtungsbereich	598	281	- 53,0 %
Übergangsbereich	216	78	- 63,9 %
Peripherer Bereich	83	35	- 57,8 %
Gesamt	477	293	- 38,6 %

Anmerkung: Durchschnittswerte nach Aggregation

12.3.5   Zusammenfassung

Die Abgrenzung der Stadtregionen in den östlichen Bundesländern 1992 erforderte ein im Vergleich zur Boustedt-Revision modifiziertes Methodengerüst, da hier nicht der gleiche aktuelle Datenkranz auf Gemeindeebene zur Verfügung stand.

Die Stadtregionssystematik konnte durch Adaption der Vorgehensweise und Ergebnisse der BIK-Stadtregionen West auf einer vergleichbaren Ebene gehalten werden. Die in Größe und Struktur sich widerspiegelnden interregionalen Unterschiede sind in hohem Maße plausibel und durch den andersartigen Verlauf der politischen, ökonomischen und siedlungsstrukturellen Entwicklung zu erklären.

Insgesamt sind 1992 37 Stadtregionen mit einer Größe ab 75.000 Einwohnern in den östlichen Bundesländern definiert worden. Sie umfassen insgesamt 2.387 Gemeinden mit 9,7 Mio. Personen und damit einen Anteil von 56 % an der Gesamtbevölkerung. Die Einwohneruntergrenze der Stadtregionen wurde wegen der insgesamt weniger verdichteten Siedlungsstruktur in den östlichen Bundesländern niedriger angesetzt als in der Bundesrepublik West, wo dieser Schwellenwert bei 95.000 Einwohnern liegt.

12.4 BIK-Regionen 2000

Die Bildung der BIK-Stadtregionen von 1992 als Fortführung der Boustedt-Stadtregionen wurde oben ausführlich beschrieben. Damit sollte die Vorgehensweise zur Definition der Stadtregionen dokumentiert werden. Mit dem 1992er-Bearbeitungsstand zeichneten sich aber bereits die weitergehenden Schritte zur Überarbeitung dieser Stadtregionensystematik ab:

- **Vereinheitlichung West – Ost**: Nach der Boustedt-Revision für die westlichen Bundesländer auf Grundlage der Volkszählung 1987 wurde die Stadtregionensystematik auf die östlichen Bundesländer übertragen; mit allerdings erheblichen Unterschieden in der Datenlage, die auch Konsequenzen für die Definitionskriterien hatten. Diese Unterschiede mussten bei der Aktualisierung behoben werden.
- **Verändertes Pendelverhalten** vor allem in den östlichen Bundesländern
- **Veränderte Siedlungsstruktur** durch anhaltende Suburbanisierungsprozesse
- **Definition von Ballungsräumen** als große Agglomerationen mit hoher Verdichtung
- **Bildung einer flächendeckenden Gebietssystematik** zur überschneidungsfreien Abbildung von Ballungsräumen, Stadtregionen, Mittel- und Unterzentren als Verflechtungsgebiete

Die Veränderungen von Boustedt-Regionen 1970 zu den BIK-Regionen 1992 in der Siedlungsstruktur haben die Entwicklung zu höher verdichteten Kernbereichen deutlich gemacht. Die Herausbildung größerer Agglomerationsräume führt zu Ballungsräumen mit mehr als 750.000 Einwohnern oberhalb der bisher definierten Stadtregionen. Darüber hinaus ist die Siedlungsstruktur in der Bundesrepublik durch Mittel- und Unterzentren gekennzeichnet, die sich durch den Einfluss der Raumordnungs- und Landesplanung entwickelt haben.

Die Schaffung einer flächendeckenden Gebietssystematik ist die konsequente Weiterentwicklung des Stadtregionenkonzepts zur Abbildung der Stadt-Umland-Verflechtung auf unterschiedlichen Ebenen. In der Bundesrepublik ist die siedlungsstrukturelle Entwicklung durch das Raumordnungskonzept der zentralen Orte mit Ober-, Mittel- und Unterzentren geprägt. Die Kerngemeinden zum Beispiel in den Unterzentren-Gebieten sind Gemeinden mit weniger als 10.000 Einwohnern, die aber zusammen mit ihren Umlandgemeinden eine Größenordnung von bis zu 25.000 Einwohnern erreichen.

Bei der Weiterentwicklung der Boustedt-Systematik standen – in den alten Ländern – umfassende Daten aus der Volkszählung 1987 auf Gemeindeebene zur Verfügung und dabei vor allem die Informationen zum generellen Pendlerverhalten der Bevölkerung auf Gemeindeebene. Für die Aktualisierung 2000 des Stadtregionenkonzepts musste auf die – ohne eine Großzählung – verfügbaren Quellen zurückgegriffen werden. Ein wesentlicher Baustein zur Regionenabgrenzung ist dabei die Berufspendlerdatei der Bundesanstalt für Arbeit mit den sozialversicherungspflichtig Beschäftigten auf Gemeindeebene. Mit den Informationen zum Wohn- und Arbeitsort liegt eine einheitliche Datenbasis für die ganze Bundesrepublik auf Gemeindeebene vor, mit der Pendlerbeziehungen zwischen Kerngemeinden und den Umlandgemeinden analysiert werden können. Die Verwendung dieser Quelle ermöglichte auch das identische Vorgehen in der BRD-West und -Ost und brachte also die vorher nicht mögliche bundeseinheitliche Vergleichbarkeit für die BIK-Regionen 2000.

12.4.1 Definition der BIK-Regionen 2000

Um die Erweiterung zu einer flächendeckenden Systematik unter Einbeziehung der Mittel- und Unterzentrengebiete mit der einheitlichen Verwendung der Pendlerdaten in West und Ost deutlich zu machen, werden die überarbeiteten BIK-Stadtregionen von 1992 seit dem Jahr 2000 BIK-Regionen genannt.

Die BIK-Regionen sind ein hierarchisch abgestuftes räumliches Gliederungssystem, das die Bundesrepublik in überschneidungsfreie Verflechtungsgebiete unterschiedlicher Größe einteilt. Hierbei gibt es auch Solitärstädte ohne Einzugsbereich, wie zum Beispiel die Stadt Hamm mit über 100.000 Einwohnern, die aber nicht mit den Umlandgemeinden verflochten ist. Solitärstädte müssen mindestens 15.000 Einwohner haben und werden bei der Differenzierung nach Größenklassen entsprechend ihrer Bevölkerungszahl den jeweiligen Regionentypen zugeordnet.

- Ballungsräume
  Die Ballungsräume sind große, hochverdichtete Agglomerationen, in denen die Kernstädte mit ihrem Umland mindestens 750.000 Einwohner umfassen. Es gibt 13 Ballungsräume, in denen 8,4 % der Gemeinden gebunden sind und 27,1 % der Bevölkerung leben.

■ Stadtregionen
Stadtregionen sind größere Verdichtungs- und Verflechtungsbereiche mit mindestens 100.000 Einwohnern. In den 133 Stadtregionen leben 37,4 % der Bevölkerung in 24,9 % der Gemeinden.

Ballungsräume und Stadtregionen zusammen entsprechen in Zuschnitt und Flächendeckung etwa den Stadtregionen von Boustedt und den bisherigen BIK-Stadtregionen auf dem Definitionsstand von 1992.

■ Mittelzentrengebiete
Haben Kernstadt und Umland zusammen zwischen 25.000 und 100.000 Einwohner, bilden sie ein Mittelzentrengebiet. Zu den 337 Mittelzentrengebieten zählen 25,6 % der Gemeinden mit 19,6 % der Bevölkerung.

■ Unterzentrengebiete
Zu diesem Regionstyp gehören die kleinen Verflechtungsgebiete mit 6.000 bis 25.000 Einwohnern. Nur 6,3 % der Bevölkerung, aber 10,4 % der Gemeinden fallen in die 320 Unterzentrengebiete.

■ Keine BIK-Region
Hierunter fallen Gemeinden, die zu keiner der genannten BIK-Regionen gehören, weil sie keine ausreichend hohe Zielpendlerquote auf eine Kernstadt haben und als Solitärstadt zu klein sind. Fast ein Drittel der Gemeinden, aber nur 9,6 % der Bevölkerung gehören in diese Kategorie.

Tabelle T 12-11: Gemeinden und Bevölkerung in den BIK-Regionen 2000

BIK-Regionen	Anzahl BIK-Regionen		Anzahl Gemeinden Stand 12/2002		Bevölkerung Stand 12/2001	
	absolut	in %	absolut	in %	absolut	in %
Ballungsraum	13	1,6	1.098	8,4	22.308.547	27,1
Stadtregion	133	16,6	3.266	24,9	30.796.524	37,4
Mittelzentrengebiet	337	42,0	3.369	25,6	16.200.729	19,6
Unterzentrengebiet	320	39,8	1.360	10,4	5.226.298	6,3
BIK-Regionen ges.	803	100,0	9.093	69,3	74.532.098	90,4
keine BIK-Region			4.029	30,7	7.908.220	9,6
Summe	803	100,0	13.122	100,0	82.440.318	100,0

12.4.2   *Methodisches Vorgehen*

Die Methode zur inneren und äußeren Abgrenzung der BIK-Regionen orientiert sich stark am Vorgehen von Boustedt in den 1950er und bis 1970er Jahren und an der für die BIK-Stadtregionen in den westlichen Bundesländern Ende der 1980er Jahre gewählten Vorgehensweise. Die Stadt-Umland-Beziehungen über die Berufspendler ermöglichen die äußere Abgrenzung der Regionen und mit den verfügbaren Strukturmerkmalen kann die innere Gliederung dieser Verflechtungsgebiete vorgenommen werden.

Zu einer BIK-Region gehören die Gemeinden, deren Pendlerpriorität (Arbeitsort der größten Fraktion der Auspendler) auf eine gemeinsame Kernstadt gerichtet ist, wenn die Pendlerquote mindestens 7% beträgt, also mindestens 7% der Wohnbevölkerung als sozialversicherungspflichtig Beschäftigte in diese Kernstadt einpendeln; das entspricht einem Potenzial von mindestens 20% der sozialversicherungspflichtig Beschäftigten einer Gemeinde, die in die Zielgemeinde auspendeln. Pendlerquote und Pendlerpriorität wurden auf Grundlage der sozialversicherungspflichtig Beschäftigten nach Wohn- und Arbeitsort, Stand 30.6.1999 (Bundesanstalt für Arbeit 2000) und der Bevölkerung am Ort der Hauptwohnung nach Gemeinden, Stand 31.12.1998 berechnet. Daneben wurden folgende Schwellenwerte berücksichtigt:

- Mindestgröße der Kernstadt: 5.000 Einwohner
- Mindestens 6.000 Einwohner in der BIK-Region
- Mindestens eine angebundene Gemeinde
- Solitärstädte ohne angebundene Gemeinden gelten ebenfalls als BIK-Region, wenn sie mindestens 15.000 Einwohner haben.

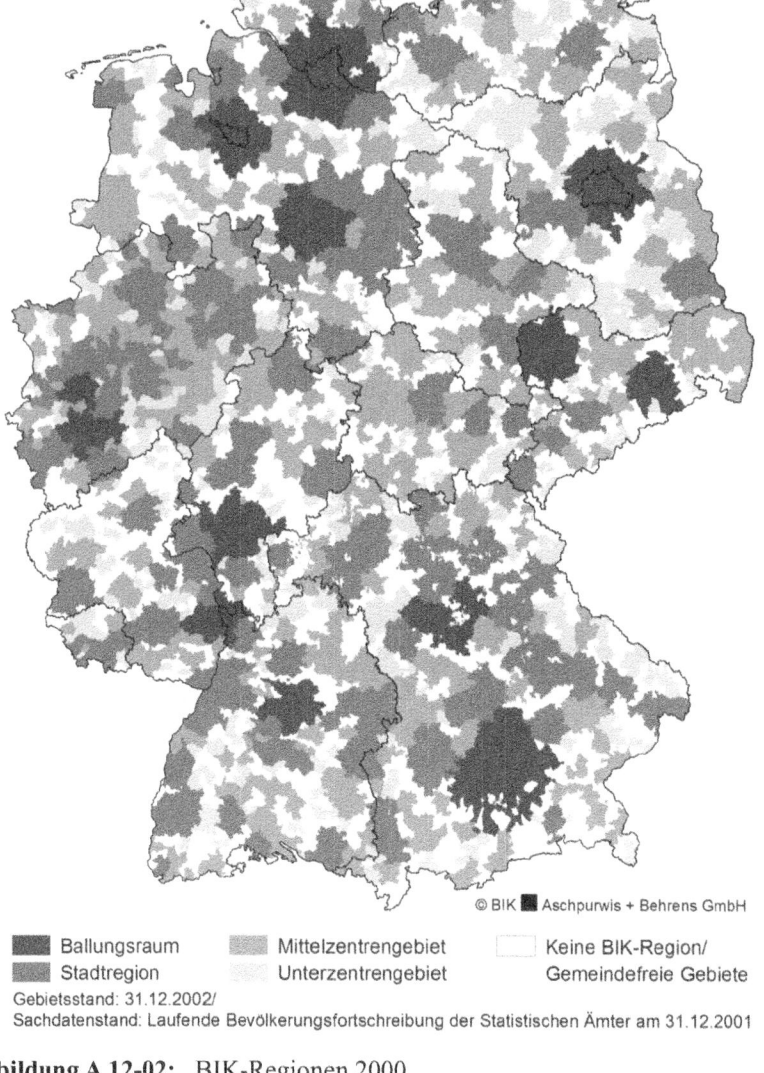

© BIK ■ Aschpurwis + Behrens GmbH

■	Ballungsraum	Mittelzentrengebiet	Keine BIK-Region/
■	Stadtregion	Unterzentrengebiet	Gemeindefreie Gebiete

Gebietsstand: 31.12.2002/
Sachdatenstand: Laufende Bevölkerungsfortschreibung der Statistischen Ämter am 31.12.2001

Abbildung A 12-02: BIK-Regionen 2000

In den Ballungsräumen zum Beispiel folgt die räumlich-funktionale Verflechtung nicht dem einfachen Kern-Umland-Schema. Deshalb werden Kernstädte als Subzentren, die ihrerseits eine Pendlerpriorität von 5 % oder mehr auf eine andere Kernstadt haben, mit ihrem Umland der BIK-Region dieser hierarchisch höher stehenden Kernstadt zugeordnet. So ist zum Beispiel die Stadt Fürth zwar Pendlerziel innerhalb eines eigenen Einzugsbereiches, weist jedoch selbst eine deutliche Pendlerpriorität auf Nürnberg auf. Deshalb gehört Fürth mit seinem Einzugsbereich zur BIK-Region Nürnberg-Fürth-Erlangen. Darüber hinaus wurden keine weiteren Zusammenfassungen von Multikernstrukturen – wie zum Beispiel dem Ruhrgebiet – durchgeführt. Damit bleibt die aus der Pendlerverflechtung ermittelbare Binnendifferenzierung der großen Agglomerationsräume erhalten.

Abschließend werden die BIK-Regionen angemessen arrondiert, indem einzelne Gemeinden, die innere oder äußere Inseln bilden, ihrer Umgebung angepasst wurden; d.h. Enklaven und Exklaven wurden bereinigt. Diese Bereinigung wurde allerdings auf das notwendige Minimum beschränkt, um die Aussagekraft der Systematik im räumlichen Detail nicht zu beeinträchtigen.

12.4.3 BIK-Strukturtypen

Es liegt auf der Hand, dass funktional zusammengehörige Räume im Innern sehr heterogen sein können. In unserer sichtbaren Umwelt ist das an unterschiedlichen Siedlungsstrukturen und Gebäudetypen unmittelbar erkennbar. Standen für die Boustedt-Revision aus der Volkszählung 1987 noch regionalstatistische Daten in tiefer räumlicher und sachlicher Gliederung zur Verfügung, musste jetzt bei der Modellbildung die weniger ergiebige Datenlage berücksichtigt werden.

Das am deutlichsten gliedernde und flächendeckend auf Gemeindeebene vorhandene statistische Merkmal ist die Nutzungsdichte. In methodischer Anlehnung an die Revision der Boustedt-Stadtregionen im Jahr 1970 wurde als Strukturierungskriterium die Einwohner-Arbeitsplatz-Dichte (EAD) gewählt:

$$\frac{\text{Bevölkerung} + \text{sozialversicherungspflichtig Beschäftigte am Arbeitsort}}{\text{Fläche (in qkm)}}$$

Die Datengrundlage bilden wiederum die sozialversicherungspflichtig Beschäftigten, Stand 30.6.1999 und die Bevölkerung am Ort der Hauptwohnung am 31.12.1999. Diese Datenbestände bilden die Grundlage der BIK-Regionen, wobei der Gebietsstand sowie die Sachdaten jährlich fortgeschrieben werden.

Die Gemeinden in den BIK-Regionen werden nach der Einwohner-/Arbeits-platzdichte in vier Klassen eingeteilt. Die Gemeinden außerhalb der BIK-Regionen bilden eine fünfte Klasse.

Die Strukturtypen sind ein eigenständiges Gliederungsmerkmal und können unabhängig von den BIK-Regionen für Analysen verwendet werden. Dabei ist es wichtig, zwischen der Zuordnung einer Gemeinde zu einem Strukturtyp und ihrer Funktion innerhalb des Verflechtungsgebietes zu unterscheiden: So muss der Pendlerzielort einer BIK-Region nicht unbedingt zum Strukturtyp „Kernbereich" gehören, denn der Strukturtyp einer Gemeinde ist kein Verflechtungsmerkmal, sondern wird über die Dichtefunktion gebildet.

- Strukturtyp 1: Kernbereich:
  Gemeinden gehören zum Kernbereich, wenn die EAD 1.000 oder mehr je qkm beträgt. Insgesamt fallen 443 Gemeinden und mit 43,1 % ein großer Teil der Bevölkerung in den Kernbereich.
- Strukturtyp 2: Verdichtungsbereich:
  Beträgt die EAD zwischen 500 und unter 1.000 je qkm, gehört eine Gemeinde zum Verdichtungsbereich. 15,4 % der Bevölkerung in 694 Gemeinden gehören dazu.
- Strukturtyp 3: Übergangsbereich:
  Der Übergangsbereich enthält Gemeinden mit einer EAD zwischen 150 und unter 500 je qkm. Er repräsentiert den suburbanen Bereich. In der gesamten Bundesrepublik leben 21,3 % der Bevölkerung in den 2451 Gemeinden des Übergangsbereiches.
- Strukturtyp 4: Peripherer Bereich:
  Gemeinden in Einzugsbereichen, die eine EAD von unter 150 je qkm haben, fallen in den peripheren Bereich. Besonders in Norddeutschland gehören die meisten Gemeinden in Einzugsbereichen zu diesem Strukturtyp. Deutschlandweit sind es 5.505 Gemeinden, in denen 10,6 % der Bevölkerung leben.
- Strukturtyp 5: Keine BIK-Region:
  Zu diesem Typ gehören alle Gemeinden außerhalb der Einzugsbereiche – unabhängig von ihrer Nutzungsdichte. 9,6 % der Bevölkerung leben hier; es handelt sich vor allem um Gemeinden, die nicht mit anderen Gemeinden verflochten sind.

Tabelle T 12-12: Strukturtyp nach Zahl der Gemeinden und Bevölkerungszahl in BIK-Regionen 2000

Strukturtyp	Einwohner-Arbeitsplatz-dichte je qkm	Gemeinden Gebietsstand 12/2002		Bevölkerung Sachdatenstand 12/2001	
		absolut	in %	absolut	in %
Kernbereich	1.000 u. mehr	443	3,4	35.551.851	43,1
Verdichtungsbereich	500 bis unter 1.000	694	5,3	12.704.942	15,4
Übergangsbereich	150 bis unter 500	2451	18,7	17.564.403	21,3
Peripherer Bereich	unter 150	5505	41,9	8.710.902	10,6
BIK-Strukturtypen ges.		9093	69,3	74.532.098	90,4
keine BIK-Region		4029	30,7	7.908.220	9,6
Summe		13122	100,0	82.440.318	100,0

Ergänzend zu dieser Tabelle zeigt die nachstehende Karte (Abbildung A 12-03), wie unterschiedlich sich innerhalb der BIK-Regionen die Gemeindetypen verteilen.

© BIK ■ Aschpurwis + Behrens GmbH

■ Kernbereich	Übergangsbereich	Keine BIK-Region/
■ Verdichtungsbereich	Peripherer Bereich	Gemeindefreie Gebiete

Gebietsstand: 31.12.2002/
Sachdatenstand: Laufende Bevölkerungsfortschreibung der Statistischen Ämter am 31.12.2001

Abbildung A 12-03: BIK-Strukturtypen 2000

12.5   BIK-Regionen 2010

Seit Definition der BIK-Regionen 2000 ist ein Jahrzehnt vergangen und eine Aktualisierung erforderlich, um die siedlungsstrukturellen Bedingungen und die Verflechtungszusammenhänge zwischen Kernstädten und ihren Umlandgemeinden auf einem neuen Stand zu erfassen. Einerseits haben sich die räumlichen Strukturen nach Gemeindereformen vor allem in den östlichen Bundesländern konsolidiert und die wirtschaftlichen Verhältnisse dämpfen die Suburbanisierungsprozesse, andererseits gibt es erhöhte Mobilität durch Berufs- und Konsumpendeln sowie das familiäre Pendeln in Wegenetzen zum Transport von Kindern. Die Dekonzentration und Suburbanisierung in den letzten 10 Jahren hat vor allem auf zwei Ebenen stattgefunden.

- Beschäftigungs-Suburbanisierung
  Mit der Verlagerung von Produktionsstandorten und Arbeitsplätzen aus den Zentren ins Umland (Siedentop 2007) findet eine Beschäftigungs-Suburbanisierung statt.
- Siedlungsentwicklung
  Etwa 80 % der neu gebauten Wohngebäude entstehen als Ein- und Zweifamilienhäuser in peripheren Räumen, wobei diese Suburbanisierungsprozesse immer weiter ins Umland greifen (Lutter und Schürt 2005).

12.5.1   Berufspendler

Von Bedeutung für die Abbildung von Verflechtungszusammenhängen in Ballungsräumen, Stadtregionen, Mittel- und Unterzentren ist die Distanzentwicklung und Ausrichtung bei den Wegestrecken im Berufsverkehr. Wie bereits bei den BIK-Regionen 2000 stehen als Quelle die sozialversicherungspflichtigen Berufspendler aus der Datei der Bundesagentur für Arbeit (BA) zur Verfügung. Die regionale Dynamik mit den Pendelbeziehungen zwischen Wohnstandorten und Arbeitsplätzen kann mit diesen auf Gemeindeebene verfügbaren Daten abgebildet werden. Das gilt unter der Einschränkung, dass nur sozialversicherungspflichtig beschäftigte Berufspendler als Datengrundlage zur Verfügung stehen. Andere Erwerbstätige wie zum Beispiel Ausbildungspendler, Freiberufler und Beamte werden nicht erfasst; solche Pendlerinformationen standen flächendeckend auf Gemeindeebene letztmalig in der Volkszählung 1987 zur Verfügung.
    Es ist uns bei der Verwendung der Berufspendlerdaten zur Definition der BIK-Regionen durchaus bewusst, dass damit nur ein Ausschnitt des Personenverkehrs abgebildet wird. Der hohe Anteil individueller Mobilität im Freizeitbereich

wird nicht abgebildet und auch nicht die Mobilität für den Einkauf oder private Erledigungen, wie die aktuelle Studie „Mobilität in Deutschland" (BMVBS
2009) aufzeigt. Bei der Verwendung der Berufspendler ist entscheidend, dass die
Daten dieser Vollerhebung sozialversicherungspflichtig Beschäftigter auf Gemeindeebene zur Verfügung stehen.

Die Pendelaufwendungen sind in den letzten 20-30 Jahren sowohl in der
Distanz als auch in Zeitgrößen gestiegen (Siedentop 2007, BBR 2008). In den
BIK-Regionen 2010 zeigen die Pendlerdistanzen der sozialversicherungspflichtig
Beschäftigten die folgende Entwicklung.

Tabelle T 12-13: Pendlerdistanzen in den BIK-Regionen 2010 (einfacher Weg
zwischen Wohn- und Arbeitsort)

BIK-Regionen	1999	2008	Index – 1999=100
Ballungsraum	14,6 km	17,5 km	120
Stadtregion	10,6 km	13,0 km	123
Mittelzentrum	10,3 km	12,5 km	121
Unterzentrum	10,4 km	12,8 km	123

Quellen:Bundesanstalt für Arbeit, Nürnberg, 30.6.1999
Bundesagentur für Arbeit, Nürnberg, 30.6.2008

Die Länge der Pendlerwege und damit der Zeit- und wahrscheinlich auch der
Kosten-Aufwand für das Pendeln hat von 1999 bis 2008 bei den sozialversicherungspflichtig Beschäftigten um gut 20 Indexpunkte zugenommen.

Im Rahmen eines Verbundprojekts der Deutschen Forschungsgemeinschaft
(DFG) zur „Suburbanisierung im 21. Jahrhundert, Stadtregionale Entwicklungs-
dynamiken des Wohnens und Wirtschaftens" ist eine mehrschichtige Analyse der
regionalen Pendlerverflechtungen durchgeführt worden (Wixforth und Soyka
2005). Für die beiden Ballungsräume Hamburg und Berlin-Potsdam wird hier gezeigt, welche Intensität die Pendlerverflechtungen zwischen Wohn- und Arbeits-
orten im Umland der beiden Ballungsräume haben.

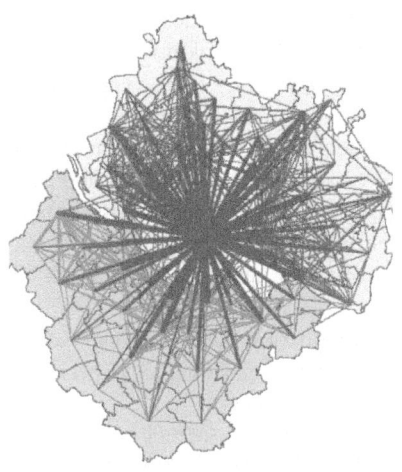 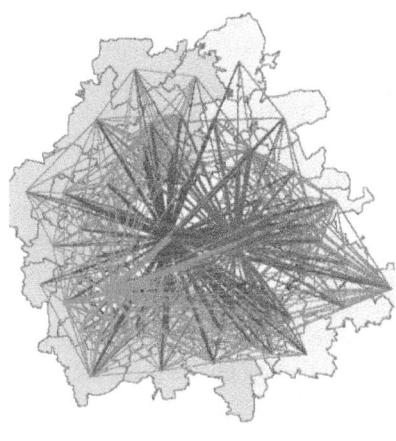

Pendlerverflechtung Hamburg, insgesamt   *Pendlerverfechtungen insgesamt Berlin Ost/*
                                                  West und Potsdam,

Abbildung A 12-04: Pendlerverflechtung in den Ballungsräumen Hamburg und
Berlin

Quelle: Wixforth, J. und Soyka, A., 2005: Abgrenzung der Stadtregionen Hamburg und Berlin-
Potsdam auf Basis von Pendlerverflechtungen in: Beiträge zur sozialökonomischen Stadtforschung,
Nr. 01

In den Farbversionen der Abbildung A 12-04 stellen die roten Linien die Zielpendler nach Hamburg und Berlin dar, während die orangenen Linien die Zielpendler nach Potsdam zeigen. In einer schwarz-weißen Version entspricht das den
kräftigen dunklen Linien. Die grünen beziehungsweise schwach grauen Linien
dokumentieren das Binnenpendeln im Umland der beiden Ballungsräume.

12.5.2   Siedlungsstruktur

Die Definition von Verflechtungsräumen wird unter anderem bestimmt durch
die Entwicklungsdynamik regionaler Räume mit wachsenden aber auch mit
schrumpfenden Städten und Gemeinden (WEBB-Typen, Webb, 1963). Zu den
wachsenden Einheiten gehören vor allem Ballungsräume mit attraktiven Wohn-
und Arbeitsplatzangeboten.

Die Bevölkerung insgesamt in den westlichen Bundesländern (ohne Berlin)
hat von 1999 bis 2008 um 1,2 Millionen Personen zugenommen; davon entfallen
54 % auf Ballungsräume und hier vor allem auf die Kernstädte.

Die Bevölkerungszunahmen in den Stadtregionen und den Mittelzentren konzentrieren sich sehr stark auf die Übergangsbereiche (Strukturtyp 3) und belegen damit die Ausdehnung des Suburbanisierungsprozesses in das weitere Umland der Verflechtungsgebiete.

In den östlichen Bundesländern sind es ebenfalls die Ballungsräume (ohne Berlin), die von 1999 bis 2008 Wachstum zu verzeichnen haben (+198.000 Einwohner). Die Stadtregionen hingegen schrumpfen deutlich (-548.000 Einwohner) und die ländlich strukturierten Gebiete in den BIK-Regionen verlieren in ähnlicher Größenordnung (-587.000 Einwohner) vor allem natürlich immer noch an die westlichen Bundesländer.

Die Kernstadt Berlin hat im Vergleichszeitraum zwar 9.500 Personen verloren; deutliche Zuwächse ergeben sich aber im Verdichtungsgebiet als „Speckgürtel" um Berlin.

Auf die Bildung von Ballungsräumen, Stadtregionen, Mittel- und Unterzentren hat das Konzept der zentralen Orte, das seit Ende der 1960er Jahre in die Raumordnungs- und Landesplanung Eingang gefunden hat, sehr starken Einfluss. Die Ministerkonferenz für Raumordung (MKRO) der Länder hat sich in den Jahren 1968 und 1972 auf das System der zentralen Orte zur Sicherstellung gleichwertiger Daseinsfürsorge der Bevölkerung verständigt. Zentrale Orte haben in hierarchischer Abstufung von Ober-, Mittel-, Unter- und Kleinzentren vorgebene Infrastruktureinrichtungen zu gewährleisten (BBR 2008). Hierzu gehört auch, dass starke Mittelzentren im Einzugsbereich größerer Raumeinheiten wie Ballungsräumen selbst suburbane Funktionen übernehmen.

Im Zusammenhang mit der Definition von Verflechtungsgebieten in der Bundesrepublik spielt das Gebiet Rhein-Ruhr eine besondere Rolle. Bereits bei den BIK-Regionen 2000 hat die Pendleranalyse ergeben, dass es sich nicht um einen monolithischen Block (den sogenannten „blauen Elefanten") handelt. Es zeigt sich weiterhin eine differenzierte Binnenstruktur mit eigenständigen Funktionsräumen in dieser Großregion.

Die Region Rhein-Ruhr ist in überregionaler europäischer Perspektive eine von 11 Metropolregionen, die in Deutschland von der MKRO abgegrenzt wurden. (BMVBS 2007). Die Metropolregionen basieren in ihren Abgrenzungen auf Kreisgrenzen und je nach struktureller und administrativer Ausgangslage entstehen unterschiedlich konfigurierte Raumeinheiten. Die Metropolregionen spielen in den übergeordneten Leitbildern und Handlungsstrategien eine Rolle für die Raumentwicklung; für die Bildung der BIK-Regionen auf Gemeindeebene haben sie keine steuernde Funktion.

12.5.3   Methodischer Ansatz

Die BIK-Regionen sind ein hierarchisch abgestuftes räumliches Gliederungssystem, das die Bundesrepublik in überschneidungsfreie Verflechtungsgebiete unterschiedlicher Größe einteilt. Die Methode zur Erstellung der BIK-Regionen 2010 orientiert sich stark an den Vorgängersystematiken. Die Stadt-Umland-Beziehungen werden über die Berufspendler gebildet und ermöglichen so die äußere Abgrenzung der Regionen; mit den weiteren verfügbaren Daten kann die innere Gliederung dieser Verflechtungsgebiete zu Strukturtypen vorgenommen werden.

Bei den BIK-Stadtregionen 1992 und den BIK-Regionen 2000 wurde die äußere Abgrenzung durch eine bundesweite Zielpendleranalyse mit der Entwicklung geeigneter Schwellenwerte für die Zuordnung der Umlandgemeinden zur Kernstadt/Kerngemeinde vorgenommen. Die Dezentralisierung von Arbeitsplätzen und die Entstehung von Neubaugebieten haben vor allem im suburbanen Raum zu mehr Binnenpendeln zwischen den Umlandgemeinden geführt.

An diese Dispersion von Arbeitsplätzen und Bevölkerung (Siedentop 2007, BBR 2007, BBR 2008) und die Zunahme räumlicher Mobilität wurde das Verfahren zur Bildung der BIK-Regionen 2010 angepasst.

Das eingesetzte System führt eine automatische Clusteranalyse auf Basis der sozialversicherungspflichtig Beschäftigten durch. Dazu wird am Anfang jede Gemeinde als ein einzelner Cluster betrachtet und eine Matrix der Pendelbeziehungen zwischen diesen Clustern aufgestellt.

In den nächsten Schritten erfolgt eine Zusammenfassung von Clustern. Wenn der in den Voranalysen ermittelte Schwellenwert des Pendlerquotienten über 7 % liegt, wird der Cluster (Ausgangscluster) mit dem höchsten Anteil an Auspendlern (dem Auspendlerquotienten) in einen einzelnen anderen Cluster (Zielcluster) genommen und mit diesem zu einem neuen Cluster zusammengefasst. Danach wird die Matrix der Pendlerströme aktualisiert.

Bei der Aktualisierung der Pendlermatrix sind zwei Fälle zur Bestimmung der Pendlerbeziehungen der zusammengefassten Cluster zu unterscheiden, die Aktualisierung der Auspendler aus dem neuen Cluster und die Aktualisierung der Einpendler in diesen Cluster:

- Bei der Aktualisierung der Auspendler aus dem neuen Cluster in andere Cluster übernimmt man den Auspendlerquotienten des Zielclusters (und damit effektiv den des Zentralorts).
- Bei den Einpendlern handelt es sich um die tatsächlichen Auspendler aus anderen Clustern in den neuen Cluster. Es wird das Maximum der einzelnen Pendlerquotienten herangezogen.

Auf diese Weise ergibt sich bei der Aktualisierung der BIK Regionen ein zweistufiges Verfahren, das im ersten Schritt mit der Zuordnung der Cluster mit mehr als
7 % Auspendlern in Richtung Zielort/Zentrum die Grundlage bildet, und im zweiten Schritt für die gefundenen Regionen die aktualisierten Auspendlerquotienten
in andere Cluster mit einem Schwellenwert von 6 % berechnet. Dieser zweite, er-
gänzende Verfahrensschritt sichert den Zusammenhang zwischen zentralen Orten
und starken Pendelverflechtungen der Umlandgemeinden.

In den Ballungsräumen zum Beispiel folgt die räumlich-funktionale Verflechtung nicht dem einfachen Kern-Umland-Schema. Deshalb wurden wie im
Jahr 2000 Kernstädte als Subzentren, die ihrerseits eine Pendlerpriorität von
5 % oder mehr auf eine andere Kernstadt haben, als Subzentren dem Umland
der BIK-Region dieser hierarchisch höher stehenden Kernstadt zugeordnet. So
ist zum Beispiel die Stadt Fürth zwar Pendlerziel innerhalb eines eigenen Einzugsbereiches, weist jedoch selbst eine deutliche Pendlerpriorität auf Nürnberg
auf. Deshalb gehört Fürth mit seinem Einzugsbereich zur BIK-Region Nürnberg-
Fürth-Erlangen. Darüber hinaus wurden keine weiteren Zusammenfassungen von
Multikernstrukturen – wie zum Beispiel dem Ruhrgebiet – durchgeführt. Damit
bleibt die aus den Pendlerverflechtungen ermittelbare Binnendifferenzierung der
großen Agglomerationsräume erhalten.

12.5.4 BIK-Regionstypen

Neben der automatisierten Clusteranalyse und der Zuordnung der Pendlergemein-
den über Schwellenwerte gibt es weitere Kriterien, die für ein Verflechtungsgebiet erfüllt sein müssen:

- Mindestgröße der Kernstadt: 5.000 Einwohner
- Mindestens 6.000 Einwohner in der BIK-Region
- Mindestens eine angebundene Gemeinde
- Solitärstädte ohne angebundene Gemeinden gelten ebenfalls als BIK-Regi-
  on, wenn sie mindestens 15.000 Einwohner haben.

Aus dem oben beschriebenen methodischen Vorgehen und den gesetzten Schwel-
lenwerten ergaben sich die aktualisierten BIK-Regionen 2010 mit dem Definitionsstand für die Gebiete 31.12.2010 und dem Sachstand 31.12.2009. In der hier
vorliegenden Veröffentlichung werden die zum Gebietsstand 31.12.2011 und zum
Sachdatenstand 31.12.2010 aktualisierten Daten ausgewiesen.

Die Regionstypen entsprechen der Gliederungssystematik der BIK-Regionen 2000. Durch die Veränderungen in der Siedlungsstruktur, dem Pendlerverhalten und externen Effekten wie Gebietsreformen werden die BIK-Regionstypen nachfolgend mit den aktuellen Strukturinformationen dokumentiert.

▪ Ballungsräume
Die Ballungsräume sind große, hochverdichtete Agglomerationen, in denen die Kernstädte mit ihrem Umland mindestens 750.000 Einwohner umfassen. Es gibt 15 Ballungsräume, in denen 9,6 % der Gemeinden gebunden sind und 30,6 % der Bevölkerung leben.

▪ Stadtregionen
Stadtregionen sind größere Verdichtungs- und Verflechtungsbereiche mit mindestens 100.000 Einwohnern. In den 122 Stadtregionen leben 35 % der Bevölkerung in 25,9 % der Gemeinden.

▪ Mittelzentrengebiete
Haben Kernstadt und Umland zusammen 25.000 bis unter 100.000 Einwohner, bilden sie ein Mittelzentrengebiet. Zu den 304 Mittelzentrengebieten zählen 23,8 % der Gemeinden mit 18,7 % der Bevölkerung.

▪ Unterzentrengebiete
Zu diesem Regionstyp gehören die kleinen Verflechtungsgebiete mit 6.000 bis unter 25.000 Einwohnern. Nur 6,4 % der Bevölkerung, aber 11,7 % der Gemeinden fallen in die 312 Unterzentrengebiete.

▪ Keine BIK-Region
Hierunter fallen Gemeinden, die zu keiner der genannten BIK-Regionen gehören, weil sie keine ausreichend hohe Zielpendlerquote auf eine Kernstadt haben und als Solitärstadt zu klein sind. Fast ein Drittel der Gemeinden, aber nur 9,3 % der Bevölkerung gehören in diese Kategorie.

Tabelle T 12-14: Gemeinden und Bevölkerung in den BIK-Regionen 2010

BIK-Regionen	BIK-Regionen absolut	in %	Gemeinden Gebietsstand 12/2011 absolut	in %	Bevölkerung Sachdatenstand 12/2010 absolut	in %
Ballungsraum	15	2,0	1085	9,6	25.020.088	30,6
Stadtregion	122	16,2	2924	25,9	28.588.843	35,0
Mittelzentrengebiet	304	40,4	2692	23,8	15.317.822	18,7
Unterzentrengebiet	312	41,4	1324	11,7	5.193.603	6,4
BIK-Regionen ges.	753	100,0	8025	71,1	74.120.356	90,7
keine BIK-Region			3267	28,9	7.631.246	9,3
Summe			11.292	100,0	81.751.602	100,0

In der aktualisierten BIK-Systematik 2010 sind zwei Ballungsräume (Dortmund und Duisburg) dazugekommen. Insgesamt sind die hoch verdichteten Ballungsräume kompakter geworden und haben teilweise an den Rändern noch Gemeinden dazu gewonnen. Zwei Drittel der Bevölkerung leben in Ballungsräumen und Stadtregionen. Die Mittelzentrengebiete bleiben sowohl in der Menge der Gemeinden als auch bei dem Bevölkerungsanteil stabil und die Unterzentren wachsen in der Anzahl eingebundener kleiner Gemeinden.

Die BIK-Regionen mit den BIK-Strukturtypen werden jährlich an den aktuellen Gebietsstand 31.12. angepasst und ebenso die Sachdaten auf den jeweils neuesten Stand gebracht.

Die nachfolgende Abbildung A 12-05 zeigt in einem Ausschnitt die BIK-Regionstypen der Ballungsräume Frankfurt/Main und Mannheim mit den Kernstädten und den Umlandgemeinden. Darüber hinaus die Stadtregionen Aschaffenburg, Darmstadt, Heidelberg, Heilbronn (angeschnitten), Mainz, Wiesbaden und Worms sowie Mittel- und Unterzentren in dieser Region.

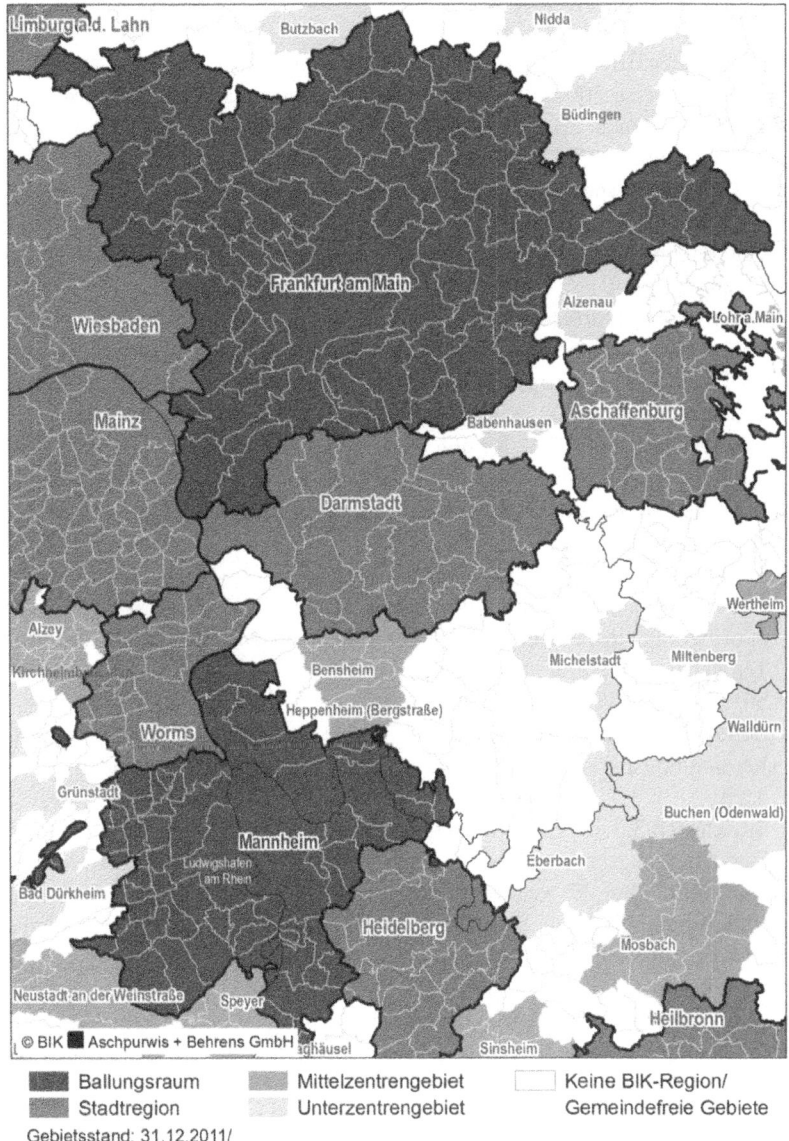

■ Ballungsraum	■ Mittelzentrengebiet	□ Keine BIK-Region/
■ Stadtregion	░ Unterzentrengebiet	Gemeindefreie Gebiete

Gebietsstand: 31.12.2011/
Sachdatenstand: Laufende Bevölkerungsfortschreibung der Statistischen Ämter am 31.12.2010

Abbildung A 12-05: BIK-Regionen 2010 Ausschnitt für den Großraum Frankfurt-Rhein-Neckar

12.5.5   BIK-Strukturtypen

Die Bildung der BIK-Strukturtypen folgt in der Methodik ebenfalls der bewähr-ten Vorgehensweise 2000, da keine anderen regionalstatistischen Informationen zur Verfügung stehen. Als Strukturierungskriterium bleibt es bei der Einwohn-Arbeitsplatz-Dichte (EAD) mit den sozialversicherungspflichtig Beschäftigten Stand 30.6.2008 und der Bevölkerung am Ort der Hauptwohnung zum 31.12.2008. Die Gemeinden in den BIK-Regionen werden wie 2000 nach der EAD in vier Klassen eingeteilt. Die Gemeinden außerhalb der BIK-Regionen bilden eine fünfte Klasse.

Die BIK-Strukturtypen sind ein eigenständiges Gliederungsmerkmal und können wie bisher unabhängig von den BIK-Regionen für Analysen verwendet werden. Es ist dabei wichtig, zwischen der Zuordnung einer Gemeinde zu einem Strukturtyp und ihrer Funktion im Verflechtungsgebiet zu unterscheiden: So muss der Pendlerzielort einer BIK-Region nicht unbedingt zum „Kernbereich" gehö-ren, denn der Strukturtyp beruht nicht auf dem Verflechtungsmerkmal, sondern wird über die Dichtefunktion gebildet.

- Strukturtyp 1: Kernbereich:
  Gemeinden gehören zum Kernbereich, wenn die EAD 1000 oder mehr je qkm beträgt. Insgesamt fallen 430 Gemeinden und mit 43,9 % ein großer Teil der Bevölkerung in den Kernbereich.
- Strukturtyp 2: Verdichtungsbereich:
  Beträgt die EAD zwischen 500 und 1000 je qkm, gehört eine Gemeinde zum Verdichtungsbereich. 14,9 % der Bevölkerung in 646 Gemeinden gehören dazu.
- Strukturtyp 3: Übergangsbereich:
  Der Übergangsbereich enthält Gemeinden mit einer EAD zwischen 150 und 500 je qkm. Er repräsentiert den suburbanen Bereich. In der gesamten Bundesrepublik leben 22,0 % der Bevölkerung in den 2.426 Gemeinden des Übergangsbereiches.
- Strukturtyp 4: Peripherer Bereich:
  Gemeinden in Einzugsbereichen, die eine EAD von unter 150 je qkm haben, fallen in den Peripheren Bereich. Besonders in Norddeutschland gehören die meisten Gemeinden in Einzugsbereichen zu diesem Strukturtyp. Deutsch-landweit sind es 4.523 Gemeinden, in denen 9,9 % der Bevölkerung leben.
- Strukturtyp 5: Keine BIK-Region:
  Zu dieser Gruppe gehören alle Gemeinden außerhalb der Einzugsbereiche – unabhängig von ihrer Nutzungsdichte. 9,3 % der Bevölkerung leben hier;

es handelt sich vor allem um Gemeinden, die nicht mit anderen Gemeinden verflochten sind.

Tabelle T 12-15: Gemeinden und Bevölkerung nach Strukturtypen 2010

Strukturtyp	Einwohner-Arbeitsplatz-dichte je qkm	Anzahl Gemeinden Gebietsstand 12/11		Bevölkerung Sachdatenstand 12/10	
		absolut	in %	absolut	in %
Kernbereich	1.000 u. mehr	430	3,8	35.869.228	43,9
Verdichtungsbereich	500 bis unter 1.000	646	5,7	12.157.000	14,9
Übergangsbereich	150 bis unter 500	2426	21,5	17.970.696	22,0
Peripherer Bereich	unter 150	4523	40,1	8.123.432	9,9
BIK-Strukturtypen ges.		8025	71,1	74.120.356	90,7
keine BIK-Region		3267	28,9	7.631.246	9,3
Summe		11.292	100,0	81.751.602	100,0

Ergänzend zur Gemeindetabelle zeigt die nachstehende Karte, wie unterschiedlich sich innerhalb der BIK-Regionen die Strukturtypen verteilen.

Kernbereich   Übergangsbereich   Keine BIK-Region/
Verdichtungsbereich Peripherer Bereich   Gemeindefreie Gebiete

Gebietsstand: 31.12.2011/
Sachdatenstand: Laufende Bevölkerungsfortschreibung der Statistischen Ämter am 31.12.2010

Abbildung A 12-06: BIK-Strukturtypen 2010 Ausschnitt Großraum Frankfurt-Rhein-Neckar

13   Fehlertoleranztabellen

Laut Statistischem Bundesamt gab es 2011 etwas mehr als 40 Millionen Privathaushalte. Das ist eine Schätzung aus dem Mikrozensus für den Jahresdurchschnitt. Da es sich hier um alle Privathaushalte handelt – also um Haupt- und Nebenwohnsitze – dürfte die für die Markt- und Meinungsforschung relevante Zahl der Privathaushalte am Ort der Hauptwohnung knapp unter 40 Millionen liegen.

Für die in den folgenden Tabellen ausgewiesenen Konfidenzintervalle ist es allerdings unerheblich, ob diese Zahl bei 39 Mio. oder bei 41 Mio. liegt, denn die größte in den Tabellen ausgewiesene Stichprobe mit n = 30.000 Fällen führt in beiden Fällen zu einem Auswahlsatz, der unter 0,1 % bleibt und daher die Spannweite des Konfidenzintervalls nicht beeinflusst. Deshalb sind diese Tabellen alle mit der fiktiven Größe der Grundgesamtheit von 40 Millionen berechnet worden.

Tabelle T 13-01: Fehlertoleranztabelle ohne Designfaktor (W = 90,0 %)

Konfidenzintervalle bei einer Aussagewahrscheinlichkeit von: **90,0 %**

Größe der Grundgesamtheit N= 40.000.000

Anteilswerte in der Stichprobe

Größe der Stichprobe n =	1%	2%	3%	5%	10%	15%	20%	25%	30%	35%	40%	45%	50%	55%	60%	70%	80%	90%	95%
50	---	---	---	---	---	---	9,6%	10,4%	11,0%	11,4%	11,7%	11,9%	12,0%	11,9%	11,7%	11,0%	9,6%	7,2%	5,2%
100	---	---	---	---	---	6,0%	6,7%	7,2%	7,6%	8,0%	8,2%	8,3%	8,3%	8,3%	8,2%	7,6%	6,7%	5,0%	3,6%
200	---	---	---	---	3,5%	4,2%	4,7%	5,1%	5,4%	5,6%	5,7%	5,8%	5,9%	5,8%	5,7%	5,4%	4,7%	3,5%	2,6%
300	---	---	---	2,1%	2,9%	3,4%	3,8%	4,1%	4,4%	4,6%	4,7%	4,7%	4,8%	4,7%	4,7%	4,4%	3,8%	2,9%	2,1%
400	---	---	1,4%	1,8%	2,5%	2,9%	3,3%	3,6%	3,8%	3,9%	4,0%	4,1%	4,1%	4,1%	4,0%	3,8%	3,3%	2,5%	1,8%
500	---	---	1,3%	1,6%	2,2%	2,6%	3,0%	3,2%	3,4%	3,5%	3,6%	3,7%	3,7%	3,7%	3,6%	3,4%	3,0%	2,2%	1,6%
600	---	0,9%	1,1%	1,5%	2,0%	2,4%	2,7%	2,9%	3,1%	3,2%	3,3%	3,3%	3,4%	3,3%	3,3%	3,1%	2,7%	2,0%	1,5%
700	---	0,9%	1,1%	1,4%	1,9%	2,2%	2,5%	2,7%	2,9%	3,0%	3,1%	3,1%	3,1%	3,1%	3,1%	2,9%	2,5%	1,9%	1,4%
800	---	0,8%	1,0%	1,3%	1,7%	2,1%	2,3%	2,5%	2,7%	2,8%	2,9%	2,9%	2,9%	2,9%	2,9%	2,7%	2,3%	1,7%	1,3%
900	---	0,8%	0,9%	1,2%	1,6%	2,0%	2,2%	2,4%	2,5%	2,6%	2,7%	2,7%	2,7%	2,7%	2,7%	2,5%	2,2%	1,6%	1,2%
1.000	---	0,7%	0,9%	1,1%	1,6%	1,9%	2,1%	2,3%	2,4%	2,5%	2,6%	2,6%	2,6%	2,6%	2,6%	2,4%	2,1%	1,6%	1,1%
1.100	0,5%	0,7%	0,8%	1,1%	1,5%	1,8%	2,0%	2,2%	2,3%	2,4%	2,4%	2,5%	2,5%	2,5%	2,4%	2,3%	2,0%	1,5%	1,1%
1.200	0,5%	0,7%	0,8%	1,0%	1,4%	1,7%	1,9%	2,1%	2,2%	2,3%	2,3%	2,4%	2,4%	2,4%	2,3%	2,2%	1,9%	1,4%	1,0%
1.300	0,5%	0,6%	0,8%	1,0%	1,4%	1,6%	1,8%	2,0%	2,1%	2,2%	2,2%	2,3%	2,3%	2,3%	2,2%	2,1%	1,8%	1,4%	1,0%
1.400	0,4%	0,6%	0,8%	1,0%	1,3%	1,6%	1,8%	1,9%	2,0%	2,1%	2,2%	2,2%	2,2%	2,2%	2,2%	2,0%	1,8%	1,3%	1,0%
1.500	0,4%	0,6%	0,7%	0,9%	1,3%	1,5%	1,7%	1,8%	1,9%	2,0%	2,1%	2,1%	2,1%	2,1%	2,1%	1,9%	1,7%	1,3%	0,9%
1.600	0,4%	0,6%	0,7%	0,9%	1,2%	1,5%	1,6%	1,8%	1,9%	2,0%	2,0%	2,0%	2,1%	2,0%	2,0%	1,9%	1,6%	1,2%	0,9%
1.700	0,4%	0,6%	0,7%	0,9%	1,2%	1,4%	1,6%	1,7%	1,8%	1,9%	2,0%	2,0%	2,0%	2,0%	2,0%	1,8%	1,6%	1,2%	0,9%
1.800	0,4%	0,5%	0,7%	0,8%	1,2%	1,4%	1,6%	1,7%	1,8%	1,9%	1,9%	1,9%	1,9%	1,9%	1,9%	1,8%	1,6%	1,2%	0,8%
1.900	0,4%	0,5%	0,6%	0,8%	1,1%	1,3%	1,5%	1,6%	1,7%	1,8%	1,9%	1,9%	1,9%	1,9%	1,9%	1,7%	1,5%	1,1%	0,8%
2.000	0,4%	0,5%	0,6%	0,8%	1,1%	1,3%	1,5%	1,6%	1,7%	1,8%	1,8%	1,8%	1,8%	1,8%	1,8%	1,7%	1,5%	1,1%	0,8%
3.000	0,3%	0,4%	0,5%	0,7%	0,9%	1,1%	1,2%	1,3%	1,4%	1,4%	1,5%	1,5%	1,5%	1,5%	1,5%	1,4%	1,2%	0,9%	0,7%
4.000	0,3%	0,4%	0,4%	0,6%	0,8%	0,9%	1,0%	1,1%	1,2%	1,2%	1,3%	1,3%	1,3%	1,3%	1,3%	1,2%	1,0%	0,8%	0,6%
5.000	0,2%	0,3%	0,4%	0,5%	0,7%	0,8%	0,9%	1,0%	1,1%	1,1%	1,1%	1,2%	1,2%	1,2%	1,1%	1,1%	0,9%	0,7%	0,5%
6.000	0,2%	0,3%	0,4%	0,5%	0,6%	0,8%	0,8%	0,9%	1,0%	1,0%	1,0%	1,1%	1,1%	1,1%	1,0%	1,0%	0,8%	0,6%	0,5%
8.000	0,2%	0,3%	0,3%	0,4%	0,6%	0,7%	0,7%	0,8%	0,8%	0,9%	0,9%	0,9%	0,9%	0,9%	0,9%	0,8%	0,7%	0,6%	0,4%
10.000	0,2%	0,2%	0,3%	0,4%	0,5%	0,6%	0,7%	0,7%	0,8%	0,8%	0,8%	0,8%	0,8%	0,8%	0,8%	0,8%	0,7%	0,5%	0,4%
15.000	0,1%	0,2%	0,2%	0,3%	0,4%	0,5%	0,5%	0,6%	0,6%	0,6%	0,7%	0,7%	0,7%	0,7%	0,7%	0,6%	0,5%	0,4%	0,3%
20.000	0,1%	0,2%	0,2%	0,3%	0,3%	0,4%	0,5%	0,5%	0,5%	0,6%	0,6%	0,6%	0,6%	0,6%	0,6%	0,5%	0,5%	0,3%	0,3%
25.000	0,1%	0,1%	0,2%	0,2%	0,3%	0,4%	0,4%	0,5%	0,5%	0,5%	0,5%	0,5%	0,5%	0,5%	0,5%	0,5%	0,4%	0,3%	0,2%
30.000	0,1%	0,1%	0,2%	0,2%	0,3%	0,3%	0,4%	0,4%	0,4%	0,5%	0,5%	0,5%	0,5%	0,5%	0,5%	0,4%	0,4%	0,3%	0,2%

V 2.1 gle/2012

Beispiel:

In einer Stichprobe von **1.500** Haushalten aus der Grundgesamtheit mit obenstehendem Umfang sei ein Anteil von **20%** Haushalten mit minderjährigen Kindern ermittelt worden. Dann liegt der wahre Wert der Grundgesamtheit mit der oben gewählten Wahrscheinlichkeit für diesen Anteil bei ± **1,7%**

In Feldern mit „---" beträgt das Konfidenzintervall mehr als die Hälfte des Anteils und wird daher nicht ausgewiesen.

Die Tabelle basiert auf der Formel für das Konfidenzintervall bei Stichproben ohne Zurücklegen: $s(p) = t \sqrt{p(1-p)/(n-1)} \sqrt{1 - n/N}$

Tabelle T 13-02: Fehlertoleranztabelle ohne Designfaktor (W = 95,5 %)

Konfidenzintervalle bei einer Aussagewahrscheinlichkeit von 95,5 %

Größe der Grundgesamtheit N = 40.000.000

Anteilswerte in der Stichprobe

Stichprobe n =	1%	2%	3%	5%	10%	15%	20%	25%	30%	35%	40%	45%	50%	55%	60%	70%	80%	90%	95%
50	---	---	---	---	---	---	---	---	13,5%	14,0%	14,4%	14,6%	14,7%	14,6%	14,4%	13,5%	11,8%	8,8%	6,4%
100	---	---	---	---	---	7,3%	8,2%	8,8%	9,4%	9,7%	10,0%	10,2%	10,2%	10,2%	10,0%	9,4%	8,2%	6,1%	4,4%
200	---	---	---	---	4,3%	5,1%	5,7%	6,2%	6,6%	6,8%	7,0%	7,1%	7,2%	7,1%	7,0%	6,6%	5,7%	4,3%	3,1%
300	---	---	---	2,5%	3,5%	4,2%	4,7%	5,0%	5,3%	5,6%	5,7%	5,8%	5,8%	5,8%	5,7%	5,3%	4,7%	3,5%	2,5%
400	---	---	---	2,2%	3,0%	3,6%	4,0%	4,3%	4,6%	4,8%	4,9%	5,0%	5,0%	5,0%	4,9%	4,6%	4,0%	3,0%	2,2%
500	---	---	1,5%	2,0%	2,7%	3,2%	3,6%	3,9%	4,1%	4,3%	4,4%	4,5%	4,5%	4,5%	4,4%	4,1%	3,6%	2,7%	2,0%
600	---	---	1,4%	1,8%	2,5%	2,9%	3,3%	3,6%	3,8%	3,9%	4,0%	4,1%	4,1%	4,1%	4,0%	3,8%	3,3%	2,5%	1,8%
700	---	---	1,3%	1,7%	2,3%	2,7%	3,0%	3,3%	3,5%	3,6%	3,7%	3,8%	3,8%	3,8%	3,7%	3,5%	3,0%	2,3%	1,7%
800	---	1,0%	1,2%	1,5%	2,1%	2,5%	2,8%	3,1%	3,3%	3,4%	3,5%	3,5%	3,6%	3,5%	3,5%	3,3%	2,8%	2,1%	1,5%
900	---	0,9%	1,1%	1,5%	2,0%	2,4%	2,7%	2,9%	3,1%	3,2%	3,3%	3,3%	3,3%	3,3%	3,3%	3,1%	2,7%	2,0%	1,5%
1.000	---	0,9%	1,1%	1,4%	1,9%	2,3%	2,5%	2,8%	2,9%	3,0%	3,1%	3,1%	3,2%	3,1%	3,1%	2,9%	2,5%	1,9%	1,4%
1.100	---	0,8%	1,0%	1,3%	1,8%	2,2%	2,4%	2,6%	2,8%	2,9%	3,0%	3,0%	3,0%	3,0%	3,0%	2,8%	2,4%	1,8%	1,3%
1.200	---	0,8%	1,0%	1,3%	1,7%	2,1%	2,3%	2,5%	2,7%	2,8%	2,8%	2,9%	2,9%	2,9%	2,8%	2,7%	2,3%	1,7%	1,3%
1.300	---	0,8%	0,9%	1,2%	1,6%	2,0%	2,2%	2,4%	2,6%	2,7%	2,7%	2,8%	2,8%	2,8%	2,7%	2,6%	2,2%	1,6%	1,2%
1.400	---	0,7%	0,9%	1,2%	1,6%	1,9%	2,1%	2,3%	2,5%	2,6%	2,6%	2,7%	2,7%	2,7%	2,6%	2,5%	2,1%	1,6%	1,2%
1.500	0,5%	0,7%	0,9%	1,1%	1,5%	1,9%	2,1%	2,3%	2,4%	2,5%	2,5%	2,6%	2,6%	2,6%	2,5%	2,4%	2,1%	1,5%	1,1%
1.600	0,5%	0,7%	0,9%	1,1%	1,5%	1,8%	2,0%	2,2%	2,3%	2,4%	2,5%	2,5%	2,5%	2,5%	2,5%	2,3%	2,0%	1,5%	1,1%
1.700	0,5%	0,7%	0,8%	1,1%	1,4%	1,7%	1,9%	2,1%	2,2%	2,3%	2,4%	2,4%	2,4%	2,4%	2,4%	2,2%	1,9%	1,4%	1,1%
1.800	0,5%	0,7%	0,8%	1,0%	1,4%	1,7%	1,9%	2,0%	2,2%	2,3%	2,3%	2,3%	2,4%	2,3%	2,3%	2,2%	1,9%	1,4%	1,0%
1.900	0,5%	0,6%	0,8%	1,0%	1,3%	1,6%	1,8%	2,0%	2,1%	2,2%	2,2%	2,3%	2,3%	2,3%	2,2%	2,1%	1,8%	1,3%	1,0%
2.000	0,4%	0,6%	0,8%	1,0%	1,3%	1,6%	1,8%	1,9%	2,1%	2,2%	2,2%	2,3%	2,3%	2,3%	2,2%	2,1%	1,8%	1,3%	1,0%
3.000	0,4%	0,5%	0,6%	0,8%	1,1%	1,3%	1,5%	1,6%	1,7%	1,7%	1,8%	1,8%	1,8%	1,8%	1,8%	1,7%	1,5%	1,1%	0,8%
4.000	0,3%	0,4%	0,5%	0,7%	1,0%	1,1%	1,3%	1,4%	1,5%	1,5%	1,6%	1,6%	1,6%	1,6%	1,6%	1,5%	1,3%	1,0%	0,7%
5.000	0,3%	0,4%	0,5%	0,6%	0,9%	1,0%	1,1%	1,2%	1,3%	1,3%	1,4%	1,4%	1,4%	1,4%	1,4%	1,3%	1,1%	0,9%	0,6%
6.000	0,3%	0,4%	0,4%	0,6%	0,8%	0,9%	1,0%	1,1%	1,2%	1,2%	1,3%	1,3%	1,3%	1,3%	1,3%	1,2%	1,0%	0,8%	0,6%
8.000	0,2%	0,3%	0,4%	0,5%	0,7%	0,8%	0,9%	1,0%	1,0%	1,1%	1,1%	1,1%	1,1%	1,1%	1,1%	1,0%	0,9%	0,7%	0,5%
10.000	0,2%	0,3%	0,3%	0,4%	0,6%	0,7%	0,8%	0,9%	0,9%	1,0%	1,0%	1,0%	1,0%	1,0%	1,0%	0,9%	0,8%	0,6%	0,4%
15.000	0,2%	0,2%	0,3%	0,4%	0,5%	0,6%	0,7%	0,7%	0,8%	0,8%	0,8%	0,8%	0,8%	0,8%	0,8%	0,8%	0,7%	0,5%	0,4%
20.000	0,1%	0,2%	0,2%	0,3%	0,4%	0,5%	0,6%	0,6%	0,6%	0,7%	0,7%	0,7%	0,7%	0,7%	0,7%	0,6%	0,6%	0,4%	0,3%
25.000	0,1%	0,2%	0,2%	0,3%	0,4%	0,5%	0,5%	0,6%	0,6%	0,6%	0,6%	0,6%	0,6%	0,6%	0,6%	0,6%	0,5%	0,4%	0,3%
30.000	0,1%	0,2%	0,2%	0,3%	0,3%	0,4%	0,5%	0,5%	0,5%	0,5%	0,6%	0,6%	0,6%	0,6%	0,6%	0,5%	0,5%	0,3%	0,3%

V 2.1 gfe/2012

Beispiel:

In einer Stichprobe von **1.500** Haushalten aus der Grundgesamtheit mit obenstehendem Umfang sei ein Anteil von **20%** Haushalten mit minderjährigen Kindern ermittelt worden. Dann liegt der wahre Wert der Grundgesamtheit mit der oben gewählten Wahrscheinlichkeit für diesen Anteil bei **± 2,1%**.

In Feldern mit ‚---' beträgt das Konfidenzintervall mehr als die Hälfte des Anteils und wird daher nicht ausgewiesen.

Die Tabelle basiert auf der Formel für das Konfidenzintervall bei Stichproben ohne Zurücklegen: $s(p) = t \cdot \sqrt{p(1-p)/(n-1)} \cdot \sqrt{1-n/N}$

Tabelle T 13-03: Fehlertoleranztabelle ohne Designfaktor (W = 99,9 %)

Konfidenzintervalle bei einer Aussagewahrscheinlichkeit von **99,9 %**

Größe der Grundgesamtheit **N = 40.000.000**

Größe der Stichprobe n = / Anteilswerte in der Stichprobe

n =	1%	2%	3%	5%	10%	15%	20%	25%	30%	35%	40%	45%	50%	55%	60%	70%	80%	90%	95%
50	–	–	–	–	–	–	–	–	–	–	–	–	25,0%	24,9%	24,5%	22,9%	20,0%	15,0%	10,9%
100	–	–	–	–	–	–	–	–	–	16,3%	16,7%	17,0%	17,0%	17,0%	16,7%	15,6%	13,6%	10,2%	7,4%
200	–	–	–	–	–	–	9,5%	10,3%	10,9%	11,3%	11,6%	11,8%	11,8%	11,8%	11,6%	10,9%	9,5%	7,1%	5,2%
300	–	–	–	–	–	6,9%	7,7%	8,3%	8,8%	9,2%	9,4%	9,6%	9,6%	9,6%	9,4%	8,8%	7,7%	5,8%	4,2%
400	–	–	–	–	5,0%	5,9%	6,6%	7,2%	7,6%	7,9%	8,1%	8,3%	8,3%	8,3%	8,1%	7,6%	6,6%	5,0%	3,6%
500	–	–	–	–	4,4%	5,3%	5,9%	6,4%	6,8%	7,1%	7,3%	7,4%	7,4%	7,4%	7,3%	6,8%	5,9%	4,4%	3,2%
600	–	–	–	–	4,1%	4,8%	5,4%	5,9%	6,2%	6,4%	6,6%	6,7%	6,8%	6,7%	6,6%	6,2%	5,4%	4,1%	2,9%
700	–	–	–	–	3,7%	4,5%	5,0%	5,4%	5,7%	6,0%	6,1%	6,2%	6,2%	6,2%	6,1%	5,7%	5,0%	3,7%	2,7%
800	–	–	–	2,5%	3,5%	4,2%	4,7%	5,1%	5,4%	5,6%	5,7%	5,8%	5,8%	5,8%	5,7%	5,4%	4,7%	3,5%	2,5%
900	–	–	–	2,4%	3,3%	3,9%	4,4%	4,8%	5,0%	5,3%	5,4%	5,5%	5,5%	5,5%	5,4%	5,0%	4,4%	3,3%	2,4%
1.000	–	–	–	2,3%	3,1%	3,7%	4,2%	4,5%	4,8%	5,0%	5,1%	5,2%	5,2%	5,2%	5,1%	4,8%	4,2%	3,1%	2,3%
1.100	–	–	–	2,2%	3,0%	3,6%	4,0%	4,3%	4,6%	4,7%	4,9%	5,0%	5,0%	5,0%	4,9%	4,6%	4,0%	3,0%	2,2%
1.200	–	–	–	2,1%	2,9%	3,4%	3,8%	4,1%	4,4%	4,5%	4,7%	4,7%	4,8%	4,7%	4,7%	4,4%	3,8%	2,9%	2,1%
1.300	–	–	–	2,0%	2,7%	3,3%	3,7%	4,0%	4,2%	4,4%	4,5%	4,6%	4,6%	4,6%	4,5%	4,2%	3,7%	2,7%	2,0%
1.400	–	–	–	1,9%	2,6%	3,1%	3,5%	3,8%	4,0%	4,2%	4,3%	4,4%	4,4%	4,4%	4,3%	4,0%	3,5%	2,6%	1,9%
1.500	–	–	1,5%	1,9%	2,6%	3,0%	3,4%	3,7%	3,9%	4,1%	4,2%	4,2%	4,3%	4,2%	4,2%	3,9%	3,4%	2,6%	1,9%
1.600	–	–	1,4%	1,8%	2,5%	2,9%	3,3%	3,6%	3,8%	3,9%	4,0%	4,1%	4,1%	4,1%	4,0%	3,8%	3,3%	2,5%	1,8%
1.700	–	–	1,4%	1,7%	2,4%	2,9%	3,2%	3,5%	3,7%	3,8%	3,9%	4,0%	4,0%	4,0%	3,9%	3,7%	3,2%	2,4%	1,7%
1.800	–	–	1,3%	1,7%	2,3%	2,8%	3,1%	3,4%	3,6%	3,7%	3,8%	3,9%	3,9%	3,9%	3,8%	3,6%	3,1%	2,3%	1,7%
1.900	–	–	1,3%	1,6%	2,3%	2,7%	3,0%	3,3%	3,5%	3,6%	3,7%	3,8%	3,8%	3,8%	3,7%	3,5%	3,0%	2,3%	1,6%
2.000	–	–	1,3%	1,6%	2,2%	2,6%	2,9%	3,2%	3,4%	3,5%	3,6%	3,7%	3,7%	3,7%	3,6%	3,4%	2,9%	2,2%	1,6%
3.000	–	0,8%	1,0%	1,3%	1,8%	2,1%	2,4%	2,6%	2,8%	2,9%	2,9%	3,0%	3,0%	3,0%	2,9%	2,8%	2,4%	1,8%	1,3%
4.000	–	0,7%	0,9%	1,1%	1,6%	1,9%	2,1%	2,3%	2,4%	2,5%	2,5%	2,6%	2,6%	2,6%	2,5%	2,4%	2,1%	1,6%	1,1%
5.000	0,5%	0,7%	0,8%	1,0%	1,4%	1,7%	1,9%	2,0%	2,1%	2,2%	2,3%	2,3%	2,3%	2,3%	2,3%	2,1%	1,9%	1,4%	1,0%
6.000	0,4%	0,6%	0,7%	0,9%	1,3%	1,5%	1,7%	1,8%	1,9%	2,0%	2,1%	2,1%	2,1%	2,1%	2,1%	1,9%	1,7%	1,3%	0,9%
8.000	0,4%	0,5%	0,6%	0,8%	1,1%	1,3%	1,5%	1,6%	1,7%	1,8%	1,8%	1,8%	1,8%	1,8%	1,8%	1,7%	1,5%	1,1%	0,8%
10.000	0,3%	0,5%	0,6%	0,7%	1,0%	1,2%	1,3%	1,4%	1,5%	1,6%	1,6%	1,6%	1,6%	1,6%	1,6%	1,5%	1,3%	1,0%	0,7%
15.000	0,3%	0,4%	0,5%	0,6%	0,8%	1,0%	1,1%	1,2%	1,2%	1,3%	1,3%	1,3%	1,3%	1,3%	1,3%	1,2%	1,1%	0,8%	0,6%
20.000	0,2%	0,3%	0,4%	0,5%	0,7%	0,8%	0,9%	1,0%	1,1%	1,1%	1,1%	1,2%	1,2%	1,2%	1,1%	1,1%	0,9%	0,7%	0,5%
25.000	0,2%	0,3%	0,4%	0,5%	0,6%	0,7%	0,8%	0,9%	1,0%	1,0%	1,0%	1,0%	1,0%	1,0%	1,0%	1,0%	0,8%	0,6%	0,5%
30.000	0,2%	0,3%	0,3%	0,4%	0,6%	0,7%	0,8%	0,8%	0,9%	0,9%	0,9%	0,9%	1,0%	0,9%	0,9%	0,9%	0,8%	0,6%	0,4%

Die Tabelle basiert auf der Formel für das Konfidenzintervall bei Stichproben ohne Zurücklegen: $s(p) = t \cdot \sqrt{p(1-p)/(n-1)} \cdot \sqrt{1-n/N}$

V 2.1 gle/2012

Beispiel:

In einer Stichprobe von **1.500** Haushalten aus der Grundgesamtheit mit obenstehendem Umfang sei ein Anteil von **20%** Haushalten mit Kindern ermittelt worden. Dann liegt der wahre Wert der Grundgesamtheit mit der oben gewählten Wahrscheinlichkeit für diesen Anteil bei **± 3,4%**. In Feldern mit ‚—‘ beträgt das Konfidenzintervall mehr als die Hälfte des Anteils und wird daher nicht ausgewiesen.

Tabelle T 13-04: Fehlertoleranztabelle mit Designfaktor (W = 90,0 %)

Konfidenzintervalle bei einer Aussagewahrscheinlichkeit von 90,0 %

Größe der Grundgesamtheit N = 40.000.000

Größe der Stichprobe n = / Anteilswerte in der Stichprobe

n =	1%	2%	3%	5%	10%	15%	20%	25%	30%	35%	40%	45%	50%	55%	60%	70%	80%	90%	95%
50	—	—	—	—	—	—	—	—	—	16,2%	16,6%	16,9%	16,9%	16,9%	16,6%	15,5%	13,5%	10,2%	7,4%
100	—	—	—	—	—	—	9,4%	10,2%	10,8%	11,3%	11,6%	11,7%	11,8%	11,7%	11,6%	10,8%	9,4%	7,1%	5,1%
200	—	—	—	—	5,0%	5,9%	6,6%	7,2%	7,6%	7,9%	8,1%	8,2%	8,3%	8,2%	8,1%	7,6%	6,6%	5,0%	3,6%
300	—	—	—	—	4,0%	4,8%	5,4%	5,8%	6,2%	6,4%	6,6%	6,7%	6,7%	6,7%	6,6%	6,2%	5,4%	4,0%	2,9%
400	—	—	—	—	3,5%	4,2%	4,7%	5,1%	5,3%	5,6%	5,7%	5,8%	5,8%	5,8%	5,7%	5,3%	4,7%	3,5%	2,5%
500	—	—	—	2,3%	3,1%	3,7%	4,2%	4,5%	4,8%	5,0%	5,1%	5,2%	5,2%	5,2%	5,1%	4,8%	4,2%	3,1%	2,3%
600	—	—	—	2,1%	2,9%	3,4%	3,8%	4,1%	4,4%	4,5%	4,7%	4,7%	4,8%	4,7%	4,7%	4,4%	3,8%	2,9%	2,1%
700	—	—	—	1,9%	2,6%	3,1%	3,5%	3,8%	4,0%	4,2%	4,3%	4,4%	4,4%	4,4%	4,3%	4,0%	3,5%	2,6%	1,9%
800	—	—	1,4%	1,8%	2,5%	2,9%	3,3%	3,6%	3,8%	3,9%	4,0%	4,1%	4,1%	4,1%	4,0%	3,8%	3,3%	2,5%	1,8%
900	—	—	1,3%	1,7%	2,3%	2,8%	3,1%	3,4%	3,6%	3,7%	3,8%	3,9%	3,9%	3,9%	3,8%	3,6%	3,1%	2,3%	1,7%
1.000	—	—	1,3%	1,6%	2,2%	2,6%	2,9%	3,2%	3,4%	3,5%	3,6%	3,7%	3,7%	3,7%	3,6%	3,4%	2,9%	2,2%	1,6%
1.100	—	1,0%	1,2%	1,5%	2,1%	2,5%	2,8%	3,0%	3,2%	3,3%	3,4%	3,5%	3,5%	3,5%	3,4%	3,2%	2,8%	2,1%	1,5%
1.200	—	0,9%	1,1%	1,5%	2,0%	2,4%	2,7%	2,9%	3,1%	3,2%	3,3%	3,3%	3,4%	3,3%	3,3%	3,1%	2,7%	2,0%	1,5%
1.300	—	0,9%	1,1%	1,4%	1,9%	2,3%	2,6%	2,8%	3,0%	3,1%	3,2%	3,2%	3,2%	3,2%	3,2%	3,0%	2,6%	1,9%	1,4%
1.400	—	0,9%	1,1%	1,4%	1,9%	2,2%	2,5%	2,7%	2,9%	3,0%	3,0%	3,1%	3,1%	3,1%	3,0%	2,9%	2,5%	1,9%	1,4%
1.500	—	0,8%	1,0%	1,3%	1,8%	2,1%	2,4%	2,6%	2,8%	2,9%	2,9%	3,0%	3,0%	3,0%	2,9%	2,8%	2,4%	1,8%	1,3%
1.600	—	0,8%	1,0%	1,3%	1,7%	2,1%	2,3%	2,5%	2,7%	2,8%	2,9%	2,9%	2,9%	2,9%	2,9%	2,7%	2,3%	1,7%	1,3%
1.700	—	0,8%	1,0%	1,2%	1,7%	2,0%	2,3%	2,4%	2,6%	2,7%	2,8%	2,8%	2,8%	2,8%	2,8%	2,6%	2,3%	1,7%	1,2%
1.800	—	0,8%	0,9%	1,2%	1,6%	2,0%	2,2%	2,4%	2,5%	2,6%	2,7%	2,7%	2,7%	2,7%	2,7%	2,5%	2,2%	1,6%	1,2%
1.900	—	0,7%	0,9%	1,2%	1,6%	1,9%	2,1%	2,3%	2,4%	2,5%	2,6%	2,7%	2,7%	2,7%	2,6%	2,4%	2,1%	1,6%	1,2%
2.000	—	0,7%	0,9%	1,1%	1,6%	1,9%	2,1%	2,3%	2,4%	2,5%	2,5%	2,6%	2,6%	2,6%	2,5%	2,4%	2,1%	1,6%	1,1%
3.000	0,4%	0,6%	0,7%	0,9%	1,3%	1,5%	1,7%	1,8%	1,9%	2,0%	2,1%	2,1%	2,1%	2,1%	2,1%	1,9%	1,7%	1,3%	0,9%
4.000	0,4%	0,5%	0,6%	0,8%	1,1%	1,3%	1,5%	1,6%	1,7%	1,8%	1,8%	1,8%	1,8%	1,8%	1,8%	1,7%	1,5%	1,1%	0,8%
5.000	0,3%	0,5%	0,6%	0,7%	1,0%	1,2%	1,3%	1,4%	1,5%	1,6%	1,6%	1,6%	1,6%	1,6%	1,6%	1,5%	1,3%	1,0%	0,7%
6.000	0,3%	0,4%	0,5%	0,7%	0,9%	1,1%	1,2%	1,3%	1,4%	1,4%	1,5%	1,5%	1,5%	1,5%	1,5%	1,4%	1,2%	0,9%	0,7%
8.000	0,3%	0,4%	0,4%	0,6%	0,8%	0,9%	1,0%	1,1%	1,2%	1,2%	1,3%	1,3%	1,3%	1,3%	1,3%	1,2%	1,0%	0,8%	0,6%
10.000	0,2%	0,3%	0,4%	0,5%	0,7%	0,8%	0,9%	1,0%	1,1%	1,1%	1,1%	1,2%	1,2%	1,2%	1,1%	1,1%	0,9%	0,7%	0,5%
15.000	0,2%	0,3%	0,3%	0,4%	0,6%	0,7%	0,8%	0,8%	0,9%	0,9%	0,9%	0,9%	0,9%	0,9%	0,9%	0,9%	0,8%	0,6%	0,4%
20.000	0,2%	0,2%	0,3%	0,4%	0,5%	0,6%	0,7%	0,7%	0,8%	0,8%	0,8%	0,8%	0,8%	0,8%	0,8%	0,8%	0,7%	0,5%	0,4%
25.000	0,1%	0,2%	0,3%	0,3%	0,4%	0,5%	0,6%	0,6%	0,7%	0,7%	0,7%	0,7%	0,7%	0,7%	0,7%	0,7%	0,6%	0,4%	0,3%
30.000	0,1%	0,2%	0,2%	0,3%	0,4%	0,5%	0,5%	0,6%	0,6%	0,6%	0,7%	0,7%	0,7%	0,7%	0,7%	0,6%	0,5%	0,4%	0,3%

V 2.1 gle/2012

Beispiel:
In einer Stichprobe von 1.500 Haushalten aus der Grundgesamtheit mt obenstehendem Umfang sei ein Anteil von 20% Haushalten mit minderjährigen Kindern ermittelt worden. Dann liegt der wahre Wert der Grundgesamtheit mit der oben gewählten Wahrscheinlichkeit für diesen Anteil bei ± 2,4%.

In Feldern mit „—" beträgt das Konfidenzintervall mehr als die Hälfte des Anteils und wird daher nicht ausgewiesen.

Die Tabelle basiert auf der Formel für das Konfidenzintervall bei Stichproben ohne Zurücklegen mit Designfaktor: $s(p) = t \cdot \sqrt{\dfrac{p(1-p)}{(n-1)}} \cdot \sqrt{1 - n/N} \cdot \sqrt{2}$

Tabelle T 13-05: Fehlertoleranztabelle mit Designfaktor (W = 95,5 %)

Konfidenzintervalle bei einer Aussagewahrscheinlichkeit von 95,5 %

Größe der Grundgesamtheit N = 40.000.000

Größe der Stichprobe / Anteilswerte in der Stichprobe

V 2.1 gle/2012

Stichprobe n =	1%	2%	3%	5%	10%	15%	20%	25%	30%	35%	40%	45%	50%	55%	60%	70%	80%	90%	95%
50	—	—	—	—	—	—	—	—	—	—	19,8%	20,1%	20,2%	20,1%	19,8%	18,5%	16,2%	12,1%	8,8%
100	—	—	—	—	—	—	—	12,3%	13,0%	13,6%	13,9%	14,1%	14,2%	14,1%	13,9%	13,0%	11,4%	8,5%	6,2%
200	—	—	—	—	—	7,2%	8,0%	8,7%	9,2%	9,6%	9,8%	10,0%	10,0%	10,0%	9,8%	9,2%	8,0%	6,0%	4,4%
300	—	—	—	—	4,9%	5,8%	6,5%	7,1%	7,5%	7,8%	8,0%	8,1%	8,2%	8,1%	8,0%	7,5%	6,5%	4,9%	3,6%
400	—	—	—	—	4,2%	5,1%	5,7%	6,1%	6,5%	6,8%	6,9%	7,0%	7,1%	7,0%	6,9%	6,5%	5,7%	4,2%	3,1%
500	—	—	—	—	3,8%	4,5%	5,1%	5,5%	5,8%	6,0%	6,2%	6,3%	6,3%	6,3%	6,2%	5,8%	5,1%	3,8%	2,8%
600	—	—	—	—	3,5%	4,1%	4,6%	5,0%	5,3%	5,5%	5,7%	5,7%	5,8%	5,7%	5,7%	5,3%	4,6%	3,5%	2,5%
700	—	—	—	2,3%	3,2%	3,8%	4,3%	4,6%	4,9%	5,1%	5,2%	5,3%	5,3%	5,3%	5,2%	4,9%	4,3%	3,2%	2,3%
800	—	—	—	2,2%	3,0%	3,6%	4,0%	4,3%	4,6%	4,8%	4,9%	5,0%	5,0%	5,0%	4,9%	4,6%	4,0%	3,0%	2,2%
900	—	—	—	2,1%	2,8%	3,4%	3,8%	4,1%	4,3%	4,5%	4,6%	4,7%	4,7%	4,7%	4,6%	4,3%	3,8%	2,8%	2,1%
1.000	—	—	—	2,0%	2,7%	3,2%	3,6%	3,9%	4,1%	4,3%	4,4%	4,5%	4,5%	4,5%	4,4%	4,1%	3,6%	2,7%	2,0%
1.100	—	—	1,5%	1,9%	2,6%	3,0%	3,4%	3,7%	3,9%	4,1%	4,2%	4,2%	4,3%	4,2%	4,2%	3,9%	3,4%	2,6%	1,9%
1.200	—	—	1,4%	1,8%	2,5%	2,9%	3,3%	3,5%	3,7%	3,9%	4,0%	4,1%	4,1%	4,1%	4,0%	3,7%	3,3%	2,5%	1,8%
1.300	—	—	1,3%	1,7%	2,4%	2,8%	3,1%	3,4%	3,6%	3,7%	3,8%	3,9%	3,9%	3,9%	3,8%	3,6%	3,1%	2,4%	1,7%
1.400	—	—	1,3%	1,6%	2,3%	2,7%	3,0%	3,3%	3,5%	3,6%	3,7%	3,8%	3,8%	3,8%	3,7%	3,5%	3,0%	2,3%	1,6%
1.500	—	—	1,2%	1,6%	2,2%	2,6%	2,9%	3,2%	3,3%	3,5%	3,6%	3,6%	3,7%	3,6%	3,6%	3,3%	2,9%	2,2%	1,6%
1.600	—	1,0%	1,2%	1,5%	2,1%	2,5%	2,8%	3,1%	3,2%	3,4%	3,5%	3,5%	3,5%	3,5%	3,5%	3,2%	2,8%	2,1%	1,5%
1.700	—	1,0%	1,2%	1,5%	2,1%	2,5%	2,7%	3,0%	3,1%	3,3%	3,4%	3,4%	3,4%	3,4%	3,4%	3,1%	2,7%	2,1%	1,5%
1.800	—	0,9%	1,1%	1,5%	2,0%	2,4%	2,7%	2,9%	3,1%	3,2%	3,3%	3,3%	3,3%	3,3%	3,3%	3,1%	2,7%	2,0%	1,5%
1.900	—	0,9%	1,1%	1,4%	1,9%	2,3%	2,6%	2,8%	3,0%	3,1%	3,2%	3,2%	3,2%	3,2%	3,2%	3,0%	2,6%	1,9%	1,4%
2.000	—	0,9%	1,1%	1,4%	1,9%	2,3%	2,5%	2,7%	2,9%	3,0%	3,1%	3,1%	3,2%	3,1%	3,1%	2,9%	2,5%	1,9%	1,4%
3.000	—	0,7%	0,9%	1,1%	1,5%	1,8%	2,1%	2,2%	2,4%	2,5%	2,5%	2,6%	2,6%	2,6%	2,5%	2,4%	2,1%	1,5%	1,1%
4.000	0,4%	0,6%	0,8%	1,0%	1,3%	1,6%	1,8%	1,9%	2,1%	2,1%	2,2%	2,2%	2,2%	2,2%	2,2%	2,1%	1,8%	1,3%	1,0%
5.000	0,4%	0,6%	0,7%	0,9%	1,2%	1,4%	1,6%	1,7%	1,8%	1,9%	2,0%	2,0%	2,0%	2,0%	2,0%	1,8%	1,6%	1,2%	0,9%
6.000	0,4%	0,5%	0,6%	0,8%	1,1%	1,3%	1,5%	1,6%	1,7%	1,7%	1,8%	1,8%	1,8%	1,8%	1,8%	1,7%	1,5%	1,1%	0,8%
8.000	0,3%	0,4%	0,5%	0,7%	0,9%	1,1%	1,3%	1,4%	1,4%	1,5%	1,5%	1,6%	1,6%	1,6%	1,5%	1,4%	1,3%	0,9%	0,7%
10.000	0,3%	0,4%	0,5%	0,6%	0,8%	1,0%	1,1%	1,2%	1,3%	1,3%	1,4%	1,4%	1,4%	1,4%	1,4%	1,3%	1,1%	0,8%	0,6%
15.000	0,2%	0,3%	0,4%	0,5%	0,7%	0,8%	0,9%	1,0%	1,1%	1,1%	1,1%	1,1%	1,2%	1,1%	1,1%	1,1%	0,9%	0,7%	0,5%
20.000	0,2%	0,3%	0,3%	0,4%	0,6%	0,7%	0,8%	0,9%	0,9%	1,0%	1,0%	1,0%	1,0%	1,0%	1,0%	0,9%	0,8%	0,6%	0,4%
25.000	0,2%	0,3%	0,3%	0,4%	0,5%	0,6%	0,7%	0,8%	0,8%	0,9%	0,9%	0,9%	0,9%	0,9%	0,9%	0,8%	0,7%	0,5%	0,4%
30.000	0,2%	0,2%	0,3%	0,4%	0,5%	0,6%	0,7%	0,7%	0,7%	0,8%	0,8%	0,8%	0,8%	0,8%	0,8%	0,7%	0,7%	0,5%	0,4%

Beispiel:

In einer Stichprobe von **1.500** Haushalten aus der Grundgesamtheit mit obenstehendem Umfang sei ein Anteil von **20%** Haushalten mit minderjährigen Kindern ermittelt worden. Dann liegt der wahre Wert der Grundgesamtheit mit der oben gewählten Wahrscheinlichkeit für diesen Anteil bei ± **2,9%**

In Feldern mit ‚—' beträgt das Konfidenzintervall mehr als die Hälfte des Anteils und wird daher nicht ausgewiesen.

Die Tabelle basiert auf der Formel für das Konfidenzintervall bei Stichproben ohne Zurücklegen mit Designfaktor:

$$s(p) = t \cdot \sqrt{\frac{p(1-p)}{(n-1)}} \cdot \sqrt{1 - n/N} \cdot \sqrt{2}$$

Tabelle T 13-06: Fehlertoleranztabelle mit Designfaktor (W = 99,9 %)

Konfidenzintervalle bei einer Aussagewahrscheinlichkeit von: **99,9 %**

Größe der Grundgesamtheit N = **40.000.000**

Anteilswerte in der Stichprobe

Größe der Stichprobe n =	1%	2%	3%	5%	10%	15%	20%	25%	30%	35%	40%	45%	50%	55%	60%	70%	80%	90%	95%
50	–	–	–	–	–	–	–	–	–	–	–	–	–	–	–	32,4%	28,3%	21,2%	15,4%
100	–	–	–	–	–	–	–	–	–	–	23,6%	24,0%	24,1%	24,0%	23,6%	22,1%	19,3%	14,5%	10,5%
200	–	–	–	–	–	–	–	–	–	16,0%	16,4%	16,7%	16,7%	16,7%	16,4%	15,3%	13,4%	10,0%	7,3%
300	–	–	–	–	–	–	–	11,8%	12,5%	13,0%	13,3%	13,5%	13,6%	13,5%	13,3%	12,5%	10,9%	8,2%	5,9%
400	–	–	–	–	–	–	9,4%	10,2%	10,8%	11,2%	11,5%	11,7%	11,7%	11,7%	11,5%	10,8%	9,4%	7,0%	5,1%
500	–	–	–	–	–	7,5%	8,4%	9,1%	9,6%	10,0%	10,3%	10,4%	10,5%	10,4%	10,3%	9,6%	8,4%	6,3%	4,6%
600	–	–	–	–	–	6,8%	7,6%	8,3%	8,8%	9,1%	9,4%	9,5%	9,6%	9,5%	9,4%	8,8%	7,6%	5,7%	4,2%
700	–	–	–	–	–	6,3%	7,1%	7,7%	8,1%	8,4%	8,7%	8,8%	8,8%	8,8%	8,7%	8,1%	7,1%	5,3%	3,9%
800	–	–	–	–	5,0%	5,9%	6,6%	7,1%	7,6%	7,9%	8,1%	8,2%	8,3%	8,2%	8,1%	7,6%	6,6%	5,0%	3,6%
900	–	–	–	–	4,7%	5,5%	6,2%	6,7%	7,1%	7,4%	7,6%	7,7%	7,8%	7,7%	7,6%	7,1%	6,2%	4,7%	3,4%
1.000	–	–	–	–	4,4%	5,3%	5,9%	6,4%	6,8%	7,0%	7,2%	7,3%	7,4%	7,3%	7,2%	6,8%	5,9%	4,4%	3,2%
1.100	–	–	–	–	4,2%	5,0%	5,6%	6,1%	6,4%	6,7%	6,9%	7,0%	7,0%	7,0%	6,9%	6,4%	5,6%	4,2%	3,1%
1.200	–	–	–	–	4,0%	4,8%	5,4%	5,8%	6,2%	6,4%	6,6%	6,7%	6,7%	6,7%	6,6%	6,2%	5,4%	4,0%	2,9%
1.300	–	–	–	–	3,9%	4,6%	5,2%	5,6%	5,9%	6,2%	6,3%	6,4%	6,5%	6,4%	6,3%	5,9%	5,2%	3,9%	2,8%
1.400	–	–	–	–	3,7%	4,5%	5,0%	5,4%	5,7%	6,0%	6,1%	6,2%	6,2%	6,2%	6,1%	5,7%	5,0%	3,7%	2,7%
1.500	–	–	–	2,6%	3,6%	4,3%	4,8%	5,2%	5,5%	5,7%	5,9%	6,0%	6,0%	6,0%	5,9%	5,5%	4,8%	3,6%	2,6%
1.600	–	–	–	2,5%	3,5%	4,2%	4,7%	5,1%	5,3%	5,6%	5,7%	5,8%	5,8%	5,8%	5,7%	5,3%	4,7%	3,5%	2,5%
1.700	–	–	–	2,4%	3,4%	4,0%	4,5%	4,9%	5,2%	5,4%	5,5%	5,6%	5,6%	5,6%	5,5%	5,2%	4,5%	3,4%	2,4%
1.800	–	–	–	2,3%	3,3%	3,9%	4,4%	4,8%	5,0%	5,2%	5,4%	5,5%	5,5%	5,5%	5,4%	5,0%	4,4%	3,3%	2,3%
1.900	–	–	–	2,3%	3,2%	3,8%	4,3%	4,7%	4,9%	5,1%	5,2%	5,3%	5,3%	5,3%	5,2%	4,9%	4,3%	3,2%	2,3%
2.000	–	–	–	2,2%	3,1%	3,8%	4,2%	4,5%	4,8%	5,0%	5,1%	5,2%	5,2%	5,2%	5,1%	4,8%	4,2%	3,1%	2,2%
3.000	–	–	1,5%	1,9%	2,6%	3,0%	3,4%	3,7%	3,9%	4,1%	4,2%	4,2%	4,3%	4,2%	4,2%	3,9%	3,4%	2,6%	1,9%
4.000	–	–	1,3%	1,6%	2,2%	2,6%	2,9%	3,2%	3,4%	3,5%	3,6%	3,7%	3,7%	3,7%	3,6%	3,4%	2,9%	2,2%	1,6%
5.000	–	0,9%	1,1%	1,4%	2,0%	2,3%	2,6%	2,9%	3,0%	3,1%	3,2%	3,3%	3,3%	3,3%	3,2%	3,0%	2,6%	2,0%	1,4%
6.000	–	0,8%	1,0%	1,3%	1,8%	2,1%	2,4%	2,6%	2,8%	2,9%	2,9%	3,0%	3,0%	3,0%	2,9%	2,8%	2,4%	1,8%	1,3%
8.000	–	0,7%	0,9%	1,1%	1,6%	1,9%	2,1%	2,3%	2,4%	2,5%	2,5%	2,6%	2,6%	2,6%	2,5%	2,4%	2,1%	1,6%	1,1%
10.000	0,5%	0,7%	0,8%	1,0%	1,4%	1,7%	1,9%	2,1%	2,1%	2,2%	2,3%	2,3%	2,3%	2,3%	2,3%	2,1%	1,9%	1,4%	1,0%
15.000	0,4%	0,5%	0,6%	0,8%	1,1%	1,3%	1,5%	1,6%	1,7%	1,8%	1,9%	1,9%	1,9%	1,9%	1,9%	1,7%	1,5%	1,1%	0,8%
20.000	0,3%	0,5%	0,6%	0,7%	1,0%	1,2%	1,3%	1,4%	1,5%	1,6%	1,6%	1,6%	1,6%	1,6%	1,6%	1,5%	1,3%	1,0%	0,7%
25.000	0,3%	0,4%	0,6%	0,6%	0,9%	1,1%	1,2%	1,3%	1,3%	1,4%	1,4%	1,5%	1,5%	1,5%	1,4%	1,3%	1,2%	0,9%	0,6%
30.000	0,3%	0,4%	0,5%	0,6%	0,8%	1,0%	1,1%	1,2%	1,2%	1,3%	1,3%	1,3%	1,3%	1,3%	1,3%	1,2%	1,1%	0,8%	0,6%

Beispiel:
In einer Stichprobe von 1.500 Haushalten aus der Grundgesamtheit mit obenstehendem Umfang sei ein Anteil von **20%** Haushalten mit minderjährigen Kindern ermittelt worden. Dann liegt der wahre Wert der Grundgesamtheit mit der oben gewählten Wahrscheinlichkeit für diesen Anteil bei ± **4,8%**. In Feldern mit „---" beträgt das Konfidenzintervall mehr als die Hälfte des Anteils und wird daher nicht ausgewiesen.

Die Tabelle basiert auf der Formel für das Konfidenzintervall bei Stichproben ohne Zurücklegen mit Designfaktor: $s(p) = t \cdot \sqrt{\dfrac{p(1-p)}{n-1}} \cdot \sqrt{1 - \dfrac{n}{N}} \cdot \sqrt{2}$ V 2.1 gie/2012

14 Verzeichnisse

14.1 Tabellenverzeichnis

14.2   Abbildungsverzeichnis

14.3   Literaturverzeichnis

Akademie für Raumforschung und Landesplanung (Hrsg.). (ARL 1975). *Stadtregionen in der Bundesrepublik Deutschland 1970: Gemeindetabellen.* Forschungs- und Sitzungsberichte der ARL: Bd. 103. Hannover: Akademie für Raumforschung und Landesplanung.

Akademie für Raumforschung und Landesplanung (Hrsg.). (ARL 1984). *Agglomerationsräume in der Bundesrepublik Deutschland.* Forschungs- und Sitzungsberichte der ARL: Bd. 157. Hannover: Vincentz.

American Association for Public Opinion Research (Hrsg.). (AAPOR 2008). *AAPOR Cell Phone Task Force: Guidelines und Considerations for Survey Researchers When Planning and Constructing RDD and Other Telephone Surveys in the U.S. With Respondents Reached via Cell Phone Numbers.*http://www.aapor.org/AM/Template.cfm?Section=Cell_Phone_Task_Force_ Report&Template=/CM/ContentDisplay.cfm&ContentID=3189

American Association for Public Opinion Research (Hrsg.). (AAPOR 2011). *Standard Definitions, Final Dispositions of Case Codes and outcome Rates for Surveys, Revised*

Andrew, D., Nonnecke, B. & Preece, J. (2003): *Electronic survey methodology. A case study in reaching hard-to-involve internet users.* In International Journal of Human-Computer Interaction, Vol. 16, S. 185-210.

Arbeitsgemeinschaft Media-Analyse (Hrsg 1998) Tafeln zur Ermittlung der statistischen Signifikanz von Stichproben-Ergebnissen,

Arbeitsgemeinschaft Media-Analyse. *Tageszeitungs-Datensätze 2005-2009 und Pressemediendatensätze 2000-2009,* Arbeitsgemeinschaft Media-Analyse. http://www.agma-mmc.de/04_presse/ pressemitteilungen.asp?subnav=155&top nav=12 [31.3.2011].

Arbeitsgemeinschaft Media-Analyse im Auftrag der IMA (Internet Media Analyse) (Hrsg.) (2009). *Methoden-Steckbrief Berichterstattung na 2009 Online III.* http://www.agma-mmc.de.

Arbeitsgemeinschaft Online-Forschung e.V. (AGOF 2005). Veröffentlichung Basisdaten zu internet facts 2005-I. http://www.agof.de/studienarchiv-2005.997.de.html

Arbeitsgemeinschaft Online-Forschung e.V. (AGOF 2012). Berichtsband zur AGOF mobile facts 2012-I. http://www.agof.de/aktuelle-studie.1022.de.html

Arbeitsgruppe Regionale Standards (Hrsg.) (2013), *Regionale Standards, Ausgabe 2013. Eine gemeinsame Empfehlung des Arbeitskreises Deutscher Markt- und Sozialforschungsforschungsinstitute e.V. (ADM), der Arbeitsgemeinschaft Sozialwissenschaftlicher Institute e.V. (ASI) und des Statistischen Bundesamtes,* GESIS-Schriftenreihe, Band 12. GESIS – Leipnitz-Institut für Sozialwissen-schaften, Köln

Arbeitskreis Deutscher Markt- und Sozialforschungsinstitute e.V. (ADM 2011). *Jahresbericht 2011.* http://www.adm-ev.de

Arbeitskreis Deutscher Markt- und Sozialforschungsinstitute e.V. (ADM 2012), ADM-Forschungsprojekt *Dual-Frame-Ansätze 2011/2012* https://www.adm-ev.de/index.php?id=forschungsprojekte

Arbeitskreis Deutscher Markt- und Sozialforschungsinstitute e.V. (ADM 2001), Arbeitsgemeinschaft Sozialwissenschaftlicher Institute e.V. (ASI), Berufsverband Deutscher Markt- und Sozialforscher e.V. (BVM), Deutsche Gesellschaft für Online-Forschung e.v. (DGOF) (Hrsg.) (2001). *Standards zur Qualitätssicherung für Online-Befragungen.* http://www.adm-ev.de

Arbeitskreis Deutscher Markt- und Sozialforschungsinstitute & Arbeitsgemeinschaft Media-Analyse (Hrsg.). (1999). *Stichproben-Verfahren in der Umfrageforschung: Eine Darstellung für die Praxis.* Opladen: Leske + Budrich.

Austrian Standards Institute (Hrsg.) (2009). *EN 15707:2008 Printmedienanalysen – Begriffe und Dienstleistungsanforderungen*. http://www. www.austrian-standards.at.

Backhaus, K., Erichson, B. & Plinke, W. (1987). *Multivariate Analysemethoden* (4. Aufl.). Berlin, Heidelberg: Springer.

Backhaus, K., Erichson, B., Plinke, W. & Weiber, R. (2011). *Multivariate Analysemethoden: Eine anwendungsorientierte Einführung ; [Extras im Web]* (13., überarb. Aufl.). Heidelberg: Springer: http://deposit.d-nb.de/cgi-bin/dokserv?id=3547142&prov=M&dok_var=1&dok_ext=htm.

Bandilla,W. (1998). WWW-Umfragen – Eine alternative Datenerhebungstechnik für die empirische Sozialforschung? In B. Batinic, A. Werner, L. Gräf & W. Bandilla (Hrsg.), *Online Resarch, Methoden, Anwendungen und Ergebnisse*. (S. 9-19). Göttingen: Hogrefe.

Bandilla, W., Kaczmirek, L., Blohm, & M., Neubarth, W. (2009). Coverage- und Nonresponse-Effekte bei Online-Bevölkerungsumfragen. In N. Jackob, H. Schoen & T. Zerback (Hrsg.), *Sozialforschung im Internet, Methodologie und Praxis der Online-Befragung* (S. 129-143). Wiesbaden: VS Verlag.

Bauer, F. (1986). *Datenanalyse mit SPSS* (2. Aufl.). Berlin, Heidelberg, New York: Springer.

Behrens, K. & Löffler, U. (1999). Der Aufbau des ADM-Stichproben-Systems. In Arbeitskreis Deutscher Markt- und Sozialforschungsinstitute & Arbeitsgemeinschaft Media-Analyse (Hrsg.), *Stichproben-Verfahren in der Umfrageforschung. Eine Darstellung für die Praxis* (S. 69–89). Opladen: Leske + Budrich.

Behrens, K. & Marhenke, W. (1995/96). Die Abgrenzung von Stadtregionen und Verflechtungsgebieten in der Bundesrepublik. In Statistisches Landesamt Baden-Württemberg (Hrsg.), *Jahrbuch für Statistik und Landeskunde Baden-Württemberg 1997* (S. 165–186). Stuttgart.

Behrens, K. (1994). Schichtung und Gewichtung – Verbesserung der regionalen Repräsentanz. In S. Gabler, J. H. P. Hoffmeyer-Zlotnik & D. Krebs (Hrsg.), *Gewichtung in der Umfragepraxis* (ZUMA-Publikationen). Opladen: Westdeutscher Verlag.

Bethlehem,J.,& Biffignandi, S. (2012). *Handbook of Web Surveys*. Hoboken, New Jersey: Wiley & Sons.

BIK ASCHPURWIS + BEHRENS GMBH. (1992). *BIK-Stadtregionen in den neuen Bundesländern*, Hamburg, internes Arbeitspapier

BIK ASCHPURWIS + BEHRENS GMBH. (1993). *Die Abgrenzung von Stadtregionen in der Bundesrepublik (Boustedt-Revision) auf Basis des Zensus 1987*, Hamburg, internes Arbeitspapier

Blasius, J. & Brandt, M. (2009). Repräsentativität in Online-Befragungen, S. 157 -177, In M. Weichbold, J. Bacher & C. Wolf (Hrsg.), *Umfrageforschung, Herausforderung und Grenzen* (S. 157-177). Österreichische Zeitschrift für Soziologie (ÖZS), Sonderheft 9.

Blasius, J. & Reuband, K.-H. (1995). *Telefoninterviews in der empirischen Sozialforschung: Ausschöpfungsquote und Antwortqualität.*, Universität Köln. ZA-Information: 37. http://www.gesis.org/fileadmin/upload/forschung/publikationen/zeitschriften/za_information/ZA-Info-37.pdf?download=true [22.3.2011].

Blümel, B. (1987). *Bootstrappen der Fixpunktschätzfunktion*. Grüsch (Schweiz): Ruegger.

Böltken, F. (1976). *Auswahlverfahren: Eine Einführung für Sozialwissenschaftler* (1. Aufl.). Stuttgart: Teubner: http://www.gbv.de/dms/ilmenau/toc/021834903.PDF.

Bortz, J. (1985). *Lehrbuch der Statistik: Für Sozialwissenschaftler ; mit 223 Tabellen* (2., vollst. neu bearb. und erw. Aufl.). Berlin: Springer.

Bortz, J. (1993). *Statistik für Sozialwissenschaftler* (4., vollst. überarb. Aufl.). Berlin: Springer.

Bortz, J. & Schuster, C. (2010). *Statistik für Human- und Sozialwissenschaftler: Mit 163 Tabellen* (7., vollst. überarb. und erw. Aufl.). Berlin: Springer.

Börsch-Supan, Axel et.al., (2004): *How to make internet surveys representative: A case study of a two-step weighting procedure*, März 2004, hierzu S. 3f ,http://www.mea.mpisoc.mpg.de/uploads/user_mea_discussionpapers/loil50ozz320r55b_pd1_040330%20geschuetzt.pdf

Bosnjak, Michael, Haas, Iris, Galesic, Mitra, Kaczmirek, Lars, Bandilla, Wolfgang, Couper, Mick P., (2013) *Sample Composition Discrepancies in Different Stages of a Probability-based Online-Panel*, in: Field Methods published online 29 January 2013,DOI: 10.1177/1525822X12472951,The online version of this article can be found at: http://fmx.sagepub.com/content/early/2013/01/2 8/1525822X12472951

Boustedt, O. (1953). Die Stadtregion: Ein Beitrag zur Abgrenzung städtischer Agglomerationen. *Allgemeines statistisches Archiv, 37* (1), 13-26.

Boyle, J., Lewis, F. & Tefft, B. (Survey Practice, Hrsg.). (2009). *Cell Phone Mainly Households. Coverage and Reach of Telephone Surveys Using RDD Landline Samples.* http://surveypractice. org/2009/12/09/cell-phone-and-landlines/[22.3.2011].

Brewer, K. R. W. (1986). Quota Sampling. In S. Kotz & N. L. Johnson (Hrsg.), *Encyclopaedia of Statistical Sciences: Vol. 7: Plackett Family of Distributions to Regression Wrong* . New York: Wiley.

Brick, J. M. & Tucker, C. (2007). Mitofsky-Waksberg: Learning from the past. *Public Opinion Quarterly* (71), 703-716.

Brückner, E., Hormuth, S. & Sagawe, H. (ZUMA, Hrsg.). (1982). *Telefoninterviews – Ein alternatives Erhebungsverfahren? Ergebnisse einer Pilotstudie.* ZUMA-Nachrichten: 11/1982. http://www. ssoar.info/ssoar/files/2010/2927/zuma-nachrichten_1982_11_9-36.pdf [22.3.2011].

Brückner, N. (1890). Die Entwicklung der großstädtischen Bevölkerung im Gebiet des Deutschen Reiches. *Allgemeines statistisches Archiv, 1* (1), 135-184.

Bucher, H. & Kocks, M. (1987). Die Suburbanisierung in der ersten Hälfte der 80er Jahre. *Informationen zur Raumentwicklung* (11-12/1987), 689-707.

Bundesagentur für Arbeit. (2008). *Datei der sozialversicherungspflichtig Beschäftigten auf Gemeindeebene: Stand 6/2008,* Bundesagentur für Arbeit. http://statistik.arbeitsagentur.de/Navigation/ Statistik/Statistik-nach-Themen/Beschaeftigung/Sozialversicherungspflichtig-Beschaeftigte/ Sozialversicherungspflichtig-Beschaeftigte-Nav html [31.3.2011].

Bundesamt für Bauwesen und Raumordnung (BBR). (2007). *Frauen-Männer-Räume. : Bd. 26.* Bonn

Bundesamt für Bauwesen und Raumordnung (BBR 2008-1). Infrastruktur und Daseinsfürsorge in der Fläche. Informationen zur Raumentwicklung. *Informationen zur Raumentwicklung* (1/2).

Bundesamt für Bauwesen und Raumplanung (BBR 2008-2). Wanderungen und Raumentwicklung – neue Trends und Perspektiven. *Informationen zur Raumentwicklung* (3/4).

Bundesanstalt für Arbeit. (2000). *Datei der sozialversicherungspflichtig Beschäftigten auf Gemeindeebene: Stand 6/2000,* Bundesanstalt für Arbeit. http://statistik.arbeitsagentur.de/Navigation/ Statistik/Statistik-nach-Themen/Beschaeftigung/Sozialversicherungspflichtig-Beschaeftigte/ Sozialversicherungspflichtig-Beschaeftigte-Nav.html [31.3.2011].

Bundesministerium für Verkehr, Bau-und Stadtentwicklung. (BMVBS 2009). *Mobilität in Deutschland – Ergebnisbericht 2008.* Bonn, Berlin

Bundesministerium für Verkehr, Bau-und Stadtentwicklung/ Bundesamt für Bauwesen und Raumplanung. (2007). *Initiativkreis Europäische Metropolregionen in Deutschland (IKM)* (Werkstatt: Praxis Nr. 52).

Bundesnetzagentur. *Jahresbericht 2007: Kapitel Telekommunikation.* http://www.bundesnetzagentur.de/cae/servlet/contentblob/31280/publicationFile/1105/Jahresbericht2007Id13212pdf.pdf [31.3.2011].

Bundesnetzagentur (2012 Hg.): Telekomunikation. In: Bundesnetzagentur: Jahresbericht 2011, S. 64-129.http://www.bundesnetzagentur.de/SharedDocs/Downloads/DE/BNetzA/Presse/Berichte/2012/Jahresbericht2011pdf.pdf?__blob=publicationFile

Callegaro, M., Steeh, C., Buskirk, T. D., Vehovar, V., Kuusela, V. & Piekarski, L. (2007). Fitting disposition codes to mobile phone surveys: experiences from studies in Finland, Slovenia and the USA. *Journal of Royal Statistical Society* (170), 647-670.

Champion, A. G. (1989). *Counterurbanization: The changing pace and nature of population deconcentration.* London, New York: E. Arnold.

Chlumsky, J., Wiegert, R., Neubauer, W., Strecker, H., Möller, W. & Brühl, W. (1993). *Qualität statistischer Daten: Beiträge zum wissenschaftlichen Kolloquium am 12./13. November 1992 in Wiesbaden.* Stuttgart: Statistisches Bundesamt.

Cochran, W. G. (1972). *Stichprobenverfahren.* Berlin, New York: de Gruyter http://www.gbv.de/dms/hbz/toc/ht000518063.pdf.

Cooper, S. L. (1964). Random sampling by telephone: An improved method. *Journal of marketing research, 1* (4), 45-48.

Couper, M. P. & Coutts, E. (2004). Online-Befragung. Probleme und Chancen verschiedener Arten von Online-Erhebungen. S. 217 – 243, hier S. 219, In A. Diekmann (Hrsg.). *Methoden der Sozialforschung, Kölner Zeitschrift für Soziologie und Sozialpsychologie, Jg. 2004, Sonderheft 44* (S. 217-243). Wiesbaden: VS Verlag.

Couper, M. P. & Miller, P. V. (2008). *Web Survey Methods, Introduction.* Public Opinion Quarterly, 72 (5), 831-835.

Cox, L. H. (1987). A constructive procedure for unbiased controlled rounding. *Journal of the American Statistical Association* (82), 520-524.

Deming, W. E. (1960). *Sample design in business research.* New York: Wiley.

Deming, W. E. (1990). *Sample design in business research.* New York: Wiley. **http://www.gbv.de/dms/bowker/toc/9780471523703.pdf.**

Deutschmann, Marc/Häder, Sabine, (2002) *Nicht-Eingetragene in CATI-Surveys,* S.68ff, in: Gabler, S., Häder, (Hrsg.), Telefonstichproben, Methodische Innovationen und Anwendungen in Deutschland, Münster 2002

Deutsche Telekom AG (2011), Geschäftsbericht 2011, Bonn 2012 http://www.telekom.com/investor_relations/publikationen/zwischen-geschaeftsberichte/7280

Deville, J. C. (1991). A Theory of Quota Surveys. *Survey Methodology* (17), 163-181.

Diekmann, A. (2009). *Empirische Sozialforschung, Grundlagen, Methoden, Anwendungen.* Reinbek: rororo.

Dillman, D. A., Gallegos, J. G. & Frey, J. H. (1976). Reducing Refusal Rates for Telephone Interviews. *Public Opinion Quarterly* (40/1976), 66-78.

DiSogra, C. (2008). *River Samples: a good catch for researchers?* Knowledge Networks Newsletter, Fall/Winter, 1-3.

Duplay, D. (2006). *A sample plan.* In: Pharmaceutical Executive, Vol. April 2006, S. 140-142.

EN 15707:2008, siehe Austrian Standards Institute (Hrsg.) (2009)

Engel, U., Pötschke, M., Schnabel, C., Simonsen, J. (2004). *Nonresponse und Stichprobenqualität.* Frankfurt am Main: Deutscher Fachverlag

Erichson, B. (1992). Repräsentanz – ein wachsendes Problem. *Planung und Analyse* (1/1992), 19-24.

Esser, H., Grohmann, H., Müller, W. & Schäffer, K. A. (1989). *Mikrozensus im Wandel: Untersuchungen und Empfehlungen zur inhaltlichen und methodischen Gestaltung.* Stuttgart: Statistisches Bundesamt.

Europäische Kommission (Hrsg.). (Juni 2008). *E-Communications Haushaltsumfrage: Bericht* (Eurobarometer Spezial 293). http://ec.europa.eu/public_opinion/archives/ebs/ebs_293_sum_de.pdf.

Europäische Kommission (Hrsg.). (Juni 2012). *E-Communications Haushaltsumfrage: Bericht* (Eurobarometer Spezial 381). http://ec.europa.eu/public_opinion/archives/eb_special_399_380_en.htm

Europäische Printmedienmorm, siehe Austrian Standards Institute (Hrsg.) (2009)

Europäische Union (2009). Richtline 2009/136/EG, veröffentlicht im Amtsblatt der Europäischen Union am 18.12.2009 [DE]

European Society for Opinion and Marketing Research (ESOMAR) (Hrsg.). (1980). *Seminar on 'Media Measurement and Media Choice. Ten years of progress... or stagnation?' Berlin -Fed. Rep. of Germany-, 23-26 April, 1980.* Amsterdam: E. S. O. M. A. R.

European Society for Opinion and Marketing Research (ESOMAR) (Hrsg.). (2008). *26 Questions to help Research Buyers of Online Samples.*

Exner, Jan (2012): *Cookies – 1st oder 3rd party?*, https://webade.wordpress.com/2012/07/31/3rd-party-cookies-und-mehrere-domains/

Fisch, M. & Gscheidle, C. (2006). Onliner *2006: Zwischen breitband und Web 2.0 – Ausstattung und Nutzungsinnovationen.* Media Perspektiven, Jg. 2006 (8), 431-440.

Follmer, R. & Smid, M. (1998). Nichteingetragene Telefonnummern: Ergebnisse eines Methodentest. In S. Gabler, S. Häder & J. H. P. Hoffmeyer-Zlotnik (Hrsg.), *Telefonstichproben in Deutschland* (S. 43–57). Opladen/Wiesbaden: Westdeutscher Verlag.

Frey, J. H., Kunz, G. & Lüschen, G. (1990). *Telefonumfragen in der Sozialforschung: Methoden, Techniken, Befragungspraxis.* Opladen: Westdeutscher Verlag.

Friedrichs, J. (1973). *Methoden empirischer Sozialforschung.* Reinbek bei Hamburg: Rowohlt.

Friedrichs, J. (1999). *Methoden empirischer Sozialforschung* (15. Aufl.). Opladen: Westdeutscher Verlag.

Frommhold, A.-C., (2007), *Das Face-To-Face-Interview*, München: GRIN-Verlag

Gabler, S. & Ayhan, Ö. (2007). Gewichtung bei Erhebungen im Festnetz und über Mobilfunk: Ein Dual Frame Ansatz. In S. Gabler & S. Häder (Hrsg.), *Mobilfunktelefonie – Eine Herausforderung für die Umfrageforschung* (ZUMA-Nachrichten Spezial, S. 39–45). Mannheim: GESIS – ZUMA.

Gabler, S. & Häder, S. (1998). Probleme bei der Anwendung von RLD-Verfahren. In S. Gabler, S. Häder & J. H. P. Hoffmeyer-Zlotnik (Hrsg.), *Telefonstichproben in Deutschland* (S. 58–68). Opladen/Wiesbaden: Westdeutscher Verlag.

Gabler, S., Häder, S. & Hoffmeyer-Zlotnik, J. H. P. (Hrsg.). (1998). *Telefonstichproben in Deutschland.* Opladen/Wiesbaden: Westdeutscher Verlag.

Gabler, S. & Hoffmeyer-Zlotnik, J. H. P. (Hrsg.). (1997). *Stichproben in der Umfragepraxis.* Opladen: Westdeutscher Verlag. http://www.gbv.de/dms/hbz/toc/ht007533847.pdf.

Gabler, S., Hoffmeyer-Zlotnik, J. H. P. & Krebs, D. (Hrsg.). (1994). *Gewichtung in der Umfragepraxis.* ZUMA-Publikationen. Opladen: Westdeutscher Verlag.

Gabler, S. & Häder, S. (ZUMA, Hrsg.). (1997). *Überlegungen zu einem Stichprobendesign für Telefonumfragen in Deutschland.* ZUMA-Nachrichten: 41/1997. [22.3.2011].

Gabler, S. & Häder, S. (2002). Idiosyncrasies in telephone sampling – the case of Germany. *International Journal of Public Opinion Research* (14), 339-345.

Gabler, S. & Häder, S. (Hrsg.). (2007). *Mobilfunktelefonie – Eine Herausforderung für die Umfrageforschung*. ZUMA-Nachrichten Spezial: Bd. 13. Mannheim: GESIS – ZUMA.

Gaziano, C. (1988). *Variations in Survey Respondent Selection by Telephone: Paper Presented to the 43rd Annual Conference of the American Association for Public Opinion Research*. Toronto, Canada: http://eric.ed.gov/PDFS/ED294270.pdf.

Geißler, H., (2012): *Gedanken zur Repräsentativität. in der Marktforschung* in: http://www.marktforschung.de/marktforschungdossier/maerz-2012/gedanken-zur-repraesentativitaet-in-der-marktforschung/

Glemser, Axel (2002): ADM-Telefonstichproben in der Praxis. . In: Siegfried Gabler/Sabine Häder (Hg.): Telefonstichproben. Methodische Innovationen und Anwendungen in Deutschland. Münster, Berlin, S. 46-58

Glemser, Axel (2007): Mobilfunknutzung in Deutschland. Eine Herausforderung für die Stichprobenbildung in der Markt- und Sozialforschung. In: Mobilfunktelefonie – eine Herausforderung für die Umfrageforschung. Mannheim, S. 7-24 (= ZUMA Nachrichten Spezial Band 13).

Görmar, W. & Maretzke, S. (1992). Siedlungsstruktur und regionale Bevölkerungsentwicklung. *Geographische Rundschau* (44), 184 ff.

Groves, R. M. (1989). *Survey errors and survey costs*. New York: Wiley. http://www.gbv.de/dms/bowker/toc/9780471611714.pdf.

Groves, R. M. (2005). *Survey errors and survey costs*. New York: Wiley. http://dx.doi.org/10.1002/0471725277.

Güllner, M. & Schmitt, L. H. (2004). *Innovation in der Markt- und Sozialforschung: das forsa.omninet-Panel*. Sozialwissenschaften und Berufspraxis (SuB), 27 (1), 11-22.

Häder, M. & Häder, S. (Hrsg.). (2009). *Telefonbefragungen über das Mobilfunknetz: Konzept, Design und Umsetzung einer Strategie zur Datenerhebung* (1. Aufl.). Wiesbaden: Verlag für Sozialwissenschaften. http://dx.doi.org/10.1007/978-3-531-91490-9.

Häder, Sabine/Häder, Michael/Kühne, Mike (2012 Hg): Telephone Surveys in Europe. Research and Practice. Heidelberg

Häder, S. (1994). *Auswahlverfahren bei Telefonumfragen*. ZUMA Arbeitsbericht: 94/03: http://www.ssoar.info/ssoar/files/2010/278/zuma-arbeitsbericht_94_03.pdf [22.3.2011].

Häder, S. & Gabler, S. (1998). Ein neues Stichprobendesign für telefonische Umfragen in Deutschland. In S. Gabler, S. Häder & J. H. P. Hoffmeyer-Zlotnik (Hrsg.), *Telefonstichproben in Deutschland* (S. 69–88). Opladen/Wiesbaden: Westdeutscher Verlag.

Häder, Sabine/Glemser, Axel (2004): Stichprobenziehung für Telefonumfragen in Deutschland. In: Andreas Diekmann (Hg.): Methoden der Sozialforschung. Wiesbaden, S. 148-171 (= KZfSS Sonderheft 44/2004)

Hagenak, T. (1979). *Vor- und Nachteile des Quotenauswahlverfahrens gegenüber der Zufallsauswahl*. Unveröffentlichte Diplomarbeit. Mannheim.

Hansen, J. (1988). 70 Prozent? Ein Beitrag zur Ausschöpfung von Random-Stichproben. *Planung und Analyse* (10/1988), 398-401.

Hansen, M. H., Hurwitz, W. N. & Madow, W. G. (1953). *Sample Survey Methods and Theory*. New York: Wiley.

Hansen, M. H., Hurwitz, W. N. & Madow, W. G. (1995). *Sample Survey Methods and Theory*. New York: Wiley.

Hartung, J., Elpelt, B. & Klösener, K.-H. (1989). *Statistik: Lehr- und Handbuch der angewandten Statistik; mit zahlreichen, vollständig durchgerechneten Beispielen* (7., durchges. Aufl.). München: Oldenbourg.

Hartung, J., Elpelt, B. & Klösener, K.-H. (2009). *Statistik: Lehr- und Handbuch der angewandten Statistik; mit zahlreichen durchgerechneten Beispielen* (15., überarb. und wesentlich erw. Aufl.). München: Oldenbourg.

Hasse, E. (1891/92). Die Intensität großstädtischer Menschenanhäufungen. *Allgemeines statistisches Archiv, 1* (2).

Hassler, M. (2010). *Web Analytics*. Heidelberg: mitp Verlag.

Hauptmanns, P. & Lander, B. (2001). Zur Problematik von Internet-Stichproben. In A. Theobald, M. Dreyer & T. Starsetzki (Hrsg.), *Online-Marktforschung, Theoretische Grundlagen und praktische Erfahrungen* (S. 28-40). Wiesbaden: Gabler.

Hauptmanns, P. (1998). Grenzen und Chancen von quantitativen Befragungen mit Hilfe des Internet, S.21-38, hier S.229 In B. Batinic, A.s Werner, L. Gräf & W. Bandilla (Hrsg.), *Online Resarch, Methoden, Anwendungen und Ergebnisse* (S. 21-38). Göttingen: Hogrefe.

Hauser, S. (Hrsg.). (1981). *Statistische Verfahren zur Datenbeschaffung und Datenanalyse*. Freiburg im Breisgau: Rombach.

Heckel, Christiane (2002): Erstellung der ADM-Telefonauswahlgrundlage. In: Siegfried Gabler/ Sabine Häder (Hg.): Telefonstichproben. Methodische Innovationen und Anwendungen in Deutschland. Münster, Berlin, S. 11-31

Heckel, Christiane (2007): Weiterentwicklung der ADM-CATI-Auswahlgrundlagen. In: Mobilfunktelefonie – eine Herausforderung für die Umfrageforschung. Mannheim, S. 25-38 (= ZUMA Nachrichten Spezial Band 13).

Heinzmann, J. & Schmidt, W. (1992). *Landesreport Freistaat Sachsen* (1. Aufl.). Berlin: Verlag Die Wirtschaft.

Henry, H. (Hrsg.). (1982). *Readership Research: Theory and Practice: Proceedings of the First International Symposium*. London: Sigmatext.

Heyde, Christian von der (2002). Das ADM-Telefonstichproben-Modell. In: Siegfried Gabler/ Sabine Häder (Hg.): Telefonstichproben. Methodische Innovationen und Anwendungen in Deutschland. Münster, Berlin, S. 32-45

Höglinger, M., Abraham, M. & Arpagaus, J. (2009). *Improving Response Rates in Online Business Surveys by Using CATI*. Vortrag im Rahmen der 3. Konferenz des „Priority Programm on Survey Methodologie", Bremen, Abstract-Band (12., 13.November).

Hoffmann, H. (2007). Kombinierte Stichproben für Telefonumfragen – Ansätze in Europa. In S. Gabler & S. Häder (Hrsg.), *Mobilfunktelefonie – Eine Herausforderung für die Umfrageforschung* (ZUMA-Nachrichten Spezial, S. 47–57). Mannheim: GESIS – ZUMA.

Hofmann, O., Steinmeyer, S. & Paul, M. (2001). Online-Marktforschung – Andere Ergebnisse als Offline? Eine empirische Untersuchung zur Güte internetbasierter Copytests. In A. Theobald, M. Dreyer & T. Starsetzki (Hrsg.), *Online-Marktforschung, Theoretische Grundlagen und praktische Erfahrungen* (S. 133-148). Wiesbaden: Gabler.

Holm, K. (Hrsg.). (1975). *Der Fragebogen – Die Stichprobe* (3. Aufl.). Tübingen: Francke.

Holm, K. (1991). *Der Fragebogen, die Stichprobe* (4. Aufl.). München: Francke.

Hunsicker, S. & Schroth, Y. (2007). Die Kombination von Mobilfunk- und Festnetzstichproben: Eine praktische Anwendung des Dual-Frame-Ansatzes. *Methoden – Daten – Analyse, 1/2007* (2), 161-182.

Initiative D21 (Hrsg.). (2012). *(N)onliner Atlas 2012, Basiszahlen für Deutschland, Nutzung und Nichtnutzung des Internet, Strukturen und regionale Verteilung*. Juni.

Irmen, E. & Blach, A. (1994). Räumlicher Strukturwandel: Konzentration, Dekonzentration und Dispersion. *Informationen zur Raumentwicklung* (7-8/1994), 445-457.

Isenberg, G. (1957). *Die Ballungsgebiete in der Bundesrepublik*. Bad Godesberg: Institut für Raumforschung.

Jung, M. (1989). Ausschöpfungsprobleme bei repräsentativen Telefonumfragen. In U. Lange & K. Beck (Hrsg.), *Telefon und Gesellschaft* (S. 386–399). Berlin: Spiess.

Kaplitza, G. (1975). Die Stichprobe. In K. Holm (Hrsg.), *Der Fragebogen – Die Stichprobe*. 3. Aufl. . Tübingen: Francke.

Keeter, S. (2008). *Cost and Benefits of Full Dual-Frame Telephone Survey Designs: Paper presented at the 63rd annual meeting of the American Association for Public Opinion Research*. New Orleans, L.A. (15.-18.05.2008).

Kellerer, H. (1963). *Theorie und Technik des Stichprobenverfahrens*. Reinbek bei Hamburg: Rowohlt.

Kellerer, H. (1970). *Statistik im modernen Wirtschafts- und Sozialleben* (12. Aufl.). Reinbek bei Hamburg: Rowohlt. http://www.gbv.de/dms/hebis-mainz/toc/021467390.pdf.

Kellerer, H. (1979). *Statistik im modernen Wirtschafts- und Sozialleben* (141.-143. Tsd.). Reinbek bei Hamburg: Rowohlt.

Kish, L. (1949). A Procedure for Objective Respondent Selection within the Household. *Journal of the American Statistical Association* (44/1949), 380-387.

Kish, L. (1965). *Survey sampling*. New York: Wiley.

Kish, L. (1995). *Survey sampling*. New York: Wiley. http://www.gbv.de/dms/bowker/toc/9780471109495.pdf.

Knapp, F. (2004). *Aktuelle Probleme der Online-Forschung*. Sozialwissenschaften und Berufspraxis (SuB), 27 (1), 5-10.

Koch, A., Gabler, S. & Braun, M. (1994). *Konzeption und Durchführung der „Allgemeinen Bevölkerungsumfrage der Sozialwissenschaften" (ALLBUS)*. ZUMA Arbeitsbericht: 94/11. http://www.ssoar.info/ssoar/files/2010/286/zuma-arbeitsbericht_94_11.pdf [22.3.2011].

Köcher, R. & Tennstädt, F. (1980). New Research Results Require Methodological Change. The Necessity of Validating and Adjusting Statements. The Model of a Media Analysis at the End of the 1970's. In European Society for Opinion and Marketing Research (Hrsg.), *Seminar on 'Media Measurement and Media Choice. Ten years of progress... or stagnation?'* Berlin -Fed. Rep. of Germany-, 23-26 April, 1980 (S. 269–303). Amsterdam: E. S. O. M. A. R.

Kohl, J. G. (1841). *Der Verkehr und die Ansiedelungen der Menschen in ihrer Abhängigkeit von der Gestaltung der Erdoberfläche: ... Mit 24 Steindrucktafeln*. Dresden: Arnoldi.

König, R. (Hrsg.). (1973). *Handbuch der empirischen Sozialforschung (Teil 1)* (3., umgearb. und erw. Aufl.). : Bd. 2. Stuttgart: Enke.

König, R. (Hrsg.). (1974). *Handbuch der empirischen Sozialforschung (Teil 2)* (3., umgearb. und erw. Aufl.). : Bd. 3a. Stuttgart: Enke.

Koolwijk, J. v. (1974). Techniken der empirischen Sozialforschung. : Bd. 6. München: Oldenbourg.

Koschnick, W. J. (1988). *Standard-Lexikon für Mediaplanung und Mediaforschung*. München: Saur.

Koschnick, W. J. (1995). *Standard-Lexikon für Mediaplanung und Mediaforschung in Deutschland* (2., überarb. und erw. Aufl.). München: Saur.

Kotz, S. & Johnson, N. L. (Hrsg.). (1986). *Encyclopaedia of Statistical Sciences: Vol. 7: Plackett Family of Distributions to Regression Wrong*. New York: Wiley.

Kreienbrock, L. (1993). *Einführung in die Stichprobenverfahren: Lehr- und Übungsbuch der angewandten Statistik; mit Übungsaufgaben und Prüfungsfragen* (2., durchges. Aufl.). München: Oldenbourg. http://www.zentralblatt-math.org/zmath/en/search/?an=0782.62015.

Kreienbrock, L. (2004). *Einführung in die Stichprobenverfahren: Lehr- und Übungsbuch der angewandten Statistik. Mit Übungs- und Prüfungsaufgaben* (3. Aufl.). München: Oldenbourg.

Kreiselmaier, J. & Porst, R. (1989). *Methodische Probleme bei der Durchführung telefonischer Befragungen: Stichprobenziehung und Ermittlung von Zielpersonen, Ausschöpfung und Non-Response, Qualität der Daten.* ZUMA Arbeitsbericht: 89/12: http://www.ssoar.info/ssoar/ View/?resid=6696&lang=de [4.4.2011].

Kropp, P. & Schwengler, B. (2008). *Abgrenzung von Wirtschaftsräumen auf der Grundlage von Pendlerverflechtungen.* IAB-Discussion-Paper 41/2008. Institut für Arbeitsmarkt und Berufsforschung, Nürnberg

Krug, W. & Norney, M. (1987). *Wirtschafts- und Sozialstatistik* (2. Aufl.). München: Oldenbourg.

Krug, W., Nourney, M. & Schmidt, J. (1996). *Wirtschafts- und Sozialstatistik: Gewinnung von Daten* (4., durchges. Aufl.). Oldenbourgs Lehr- und Handbücher der Wirtschafts- und Sozialwissenschaften. München: Oldenbourg.

Krug, W., Nourney, M. & Schmidt, J. (2001). *Wirtschafts- und Sozialstatistik: Gewinnung von Daten* (6., völlig neubearb. und erw. Aufl.). Oldenbourgs Lehr- und Handbücher der Wirtschafts- und Sozialwissenschaften. München: Oldenbourg.

Lange, U. & Beck, K. (Hrsg.). (1989). *Telefon und Gesellschaft.* Berlin: Spiess.

Löffler, U. & von der Heyde, C. (1993). Die ADM-Stichprobe. *Planung und Analyse* (5/1993), 49-53.

Lohmann, M. & Schmücker, D. J. (2009). *Internet research differs from research on internet users: some methodological insights into online travel research.* Tourism Review, 64, 32-64.

Lozar Manfreda, K., Bosnjak, M., Berzelak, J., Haas, I., & Vehovar, V. (2008). Web surveys versus other survey modes: a meta-analysis comparing response rates. International Journal of Market Research, 50, 79-104.

Lüdemann, H., Grimm, F., Krönert, R. & Neumann, H. (1979). *Stadt und Umland in der Deutschen Demokratischen Republik.* Gotha, Leipzig: VEB Hermann Haack.

Lütter, H. & Schürt, A. (2005). *Raumordnungsbericht 2005* (Bundesamt für Bauwesen und Raumordnung, Hrsg.). Bonn.

Maurer, M. & Jandura, O. (2009). *Masse statt Klasse? Einige kritische Anmerkungen zu Repräsentativität und Validität von Online-Befragungen*, S. 61- 73, In N. Jackob, H. Schoen & T. Zerback (Hrsg). *Sozialforschung im Internet, Methodologie und Praxis der Online-Befragung* (S. 61-73). Wiesbaden: VS Verlag.

Maxl, E. (2009). Mobile market research: Analysis through the mobile phone. In E. Maxl, N. Döring & A. Wallisch (Hrsg.), *Mobile market research* (S. 11–39). Köln: von Halem.

Maxl, E., Döring, N. & Wallisch, A. (Hrsg.). (2009). *Mobile market research.* Köln: von Halem. http:// deposit.d-nb.de/cgi-bin/dokserv?id=3169050&prov=M&dok_var=1&dok_ext=htm.

Mayntz, R., Holm, K. & Hübner, P. (1972). *Einführung in die Methoden der empirischen Soziologie* (3. Aufl.). Opladen: Westdeutscher Verlag.

Mayntz, R., Holm, K. & Hübner, P. (1978). *Einführung in die Methoden der empirischen Soziologie* (5. Aufl.). Opladen: Westdeutscher Verlag. http://www.gbv.de/dms/hebis-mainz/toc/008915725. pdf.

Medert, K. M. & Süßmuth, W. (1986). *Melderechtsrahmengesetz (MRRG): Mit den Meldedaten-Übermittlungsverordnungen des Bundes.* Baden-Baden: Nomos-Verlagsgesellschaft.

Meier, G. (1995). *Changing Data Collection Methods Means Different Kind of Data.* In ESOMAR (Ed.), Seminar on Information Technology: How Can Research Keep Up with the Pace of Change? (pp. 49-63). Brussels: ESOMAR Publications.

Meier, G. (2007). Validierung eines Fragebogens zur Erfassung der Anzahl von Telefonnummern. In S. Gabler & S. Häder (Hrsg.), *Mobilfunktelefonie – Eine Herausforderung für die Umfrageforschung* (ZUMA-Nachrichten Spezial, S. 91–104). Mannheim: GESIS – ZUMA.

Meier, G. (2009). *Rezension des Buches „Telefonbefragungen über das Mobilfunknetz".* Methoden – Daten – Analysen, 3, 116-120.

Meier, G. & Ignaczak, J. (1998). Erste Ergebnisse der Umsetzung eines neuen Stichprobendesigns für Telefonumfragen. In S. Gabler, S. Häder & J. H. P. Hoffmeyer-Zlotnik (Hrsg.), *Telefonstichproben in Deutschland* (S. 89–100). Opladen/Wiesbaden: Westdeutscher Verlag.

Meier, G., Schneid, M., Stegemann, Y. & Stiegler, A. (2005). Steigerung der Ausschöpfungsquote von Telefonumfragen durch geschickte Einleitungstexte. *ZUMA-Nachrichten, 29* (57), 37-55.

Mokrzycki, M., Keeter, S. & Kennedy, C. (2009). Cell-Phone-Only Voters in the 2008 EXIT POLL and Implications for Future Noncoverage Bias. *Public Opinion Quarterly* (5), 845-865.

Nellner, W. (1975). Das Konzept der Stadtregionen und ihre Neuabgrenzung 1970. In Akademie für Raumforschung und Landesplanung (Hrsg.), *Stadtregionen in der Bundesrepublik Deutschland 1970. Gemeindetabellen* (Forschungs- und Sitzungsberichte der ARL, Bd. 103, S. 1–26). Hannover: Akademie für Raumforschung und Landesplanung.

Nellner, W. (1984). Ein neues Modell für die Erfassung von Agglomerationsräumen. In Akademie für Raumforschung und Landesplanung (Hrsg.), *Agglomerationsräume in der Bundesrepublik Deutschland* (Forschungs- und Sitzungsberichte der ARL, Bd. 157, S. 11–40). Hannover: Vincentz.

Neubäumer, R. (1982). *Die Eigenschaften verschiedener Stichprobenverfahren bei wirtschafts- und sozialwissenschaftlichen Untersuchungen.* Frankfurt am Main: Lang. http://www.gbv.de/dms/hbz/toc/ht001118234.pdf.

Noelle-Neumann, E. & Piel, E. (1983). *Eine Generation später. Bundesrepublik Deutschland 1953-1979.* München, New York, London, Paris: Saur.

Noelle-Neumann, E. & Petersen, T. (1996). *Alle, nicht jeder: Einführung in die Methoden der Demoskopie* (Völlig neu bearb., aktualisierte und erw. Fassung der Ausg. 1963.). München: Deutscher Taschenbuch-Verlag.

Noelle-Neumann, E. & Petersen, T. (1998). *Alle, nicht jeder: Einführung in die Methoden der Demoskopie* (2. Aufl.). München: Deutscher Taschenbuch-Verlag.

Noelle-Neumann, E. & Petersen, T. (2005). *Alle, nicht jeder: Einführung in die Methoden der Demoskopie* (4. Aufl.). Berlin, Heidelberg: Springer-Verlag Berlin Heidelberg. http://www.gbv.de/dms/hebis-mainz/toc/124575277.pdf.

O'Rourke, D. & Blair, J. (1983). Improving Random Respondent Selection in Telephone Surveys. *Journal of marketing research* (20/1983), 428-432.

Pfanzagl, J. (1974). *Allgemeine Methodenlehre der Statistik* (4., verb. Aufl.). Berlin: de Gruyter.

Pfanzagl, J. (1983). *Allgemeine Methodenlehre der Statistik* (6., verb. Aufl.). Berlin: de Gruyter.

Pfleiderer, R. (2001). Zufallsauswahl im Internet. In A. Theobald, M. Dreyer & T. Starsetzki (Hrsg.), *Online-Marktforschung, Theoretische Grundlagen und praktische Erfahrungen* (S. 55-65). Wiesbaden: Gabler.

Porst, R., Ranft, S. & Ruoff, B. (1998). *Strategien und Maßnahmen zur Erhöhung der Ausschöpfungsquoten bei sozialwissenschaftlichen Umfragen: Ein Literaturbericht.* ZUMA Arbeitsbericht: 98/07. http://www.gesis.org/fileadmin/upload/forschung/publikationen/gesis_reihen/zuma_arbeitsberichte/98_07.pdf?download=true [22.3.2011].

Printmediennorm EN 15707:2008, siehe Austrian Standards Institute (Hrsg.) (2009)

Rappl, K. (1993). *Kontrollierte Zufallsauswahl in der Marktforschung.* Dissertation, Universität Erlangen-Nürnberg. http://www.gbv.de/dms/hbz/toc/ht004939386.PDF.

Rieber, D. (2009). *Sampling-Methoden,*: http://www.interrogare.de.

Rookey, B. D., Hanway, S. &. Dillmann, D. A. (2008). *Does a probability-based Household Panel benefit form Assignment to Postal Response as an alternative to Internet-Only?* Public Opinion Quaterly, 72 (5), 962-984.

Rütten, C. & Kaps, R. (2009). *Anonym im Internet.* c't extra-Netzwerke (03), 88-92.

Särndal, C.-E., Swensson, B. & Wretman, J. H. (1992). *Model assisted survey sampling.* Springer series in statistics. New York: Springer.

Särndal, C.-E., Swensson, B. & Wretman, J. H. (2003). *Model assisted survey sampling* (1. softcover print). New York: Springer. http://www.zentralblatt-math.org/zmath/en/search/?an=1027.62004.

Schaefer, F. (1979). *Muster-Stichproben-Pläne: Für Bevölkerungs-Stichproben in der Bundesrepublik Deutschland und West-Berlin.* München: Verlag Moderne Industrie.

Scheuch, E. K. (1974). Auswahlverfahren in der Sozialforschung. In R. König (Hrsg.), *Handbuch der empirischen Sozialforschung (Teil 2).* 3., umgearb. und erw. Aufl. . Stuttgart: Enke.

Schmidtchen, G. (1962). *Representative Quota Sampling.* ESOMAR-Kongress, Evian.

Schneekloth, Ulrich/Leven, Ingo (2003): Woran bemisst sich eine ,gute' allgemeine Bevölkerungsumfrage? Analysen zu Ausmaß, Bedeutung und zu den Hintergründen von Nonresponse in zufallsbasierten Stichprobenerhebungen am Beispiel des ALLBUS. Mannheim, S. 16-57. In: ZUMA-Nachrichten, Bd. 53

Schneiderat, G. & Schlinzig, G. (2009). Das Mobilfunkverhalten in der Allgemeinbevölkerung. In M. Häder & S. Häder (Hrsg.), *Telefonbefragungen über das Mobilfunknetz. Konzept, Design und Umsetzung einer Strategie zur Datenerhebung.* 1. Aufl. (S. 99–119). Wiesbaden: Verlag für Sozialwissenschaften.

Schnell, R. (1997). *Nonresponse in Bevölkerungsumfragen: Ausmaß, Entwicklung und Ursachen.* Opladen: Leske + Budrich. http://www.gbv.de/dms/hbz/toc/ht007444850.pdf.

Schnell, R. (2008). *Avoiding problems of traditional sampling strategies for household surveys in Germany: Some new suggestions,* Deutsches Institut für Wirtschaftsforschung. 33. http://www.diw. de/documents/publikationen/73/diw_01.c.86107.de/diw_datadoc_2008-033.pdf [4.4.2011].

Schnell, R., Hill, P. B. & Esser, E. (2008). *Methoden der empirischen Sozialforschung* (8., unveränd. Aufl.). München: Oldenbourg. http://www.gbv.de/dms/ilmenau/toc/562969705.PDF.

Schnell, R. (2008). Datenerhebungstechniken. In R. Schnell, P. B. Hill & E. Esser (Hrsg.), *Methoden der empirischen Sozialforschung* (8., unveränd. Aufl.) (S. 377-386). München: Oldenbourg. http://www.gbv.de/dms/ilmenau/toc/562969705.PDF.

Schnell, R. (2012). *Survey-Interviews, Methoden standardisierter Befragungen.* Wiesbaden: VS Verlag für Sozialwissenschaften.

Schott, S. (1912). *Die großstädtischen Agglomerationen des Deutschen Reiches 1871 – 1910.* Breslau: Korn.

Schwarz, H. (1975). *Stichprobenverfahren: Ein Leitfaden zur Anwendung statistischer Schätzverfahren.* Berlin: Verlag Die Wirtschaft.

Shih, T., & Fan, X. (2007). *Response rates and mode preferences in web-mail mixed-mode surveys: a meta-analysis.* International Journal of Internet Science, 2, 59-82.

Siedentop, S. (2007). Auswirkungen der Beschäftigungssuburbanisierung auf den Berufsverkehr: Führt die Suburbanisierung der Arbeitsplätze zu weniger Verkehr? *Informationen zur Raumentwicklung* (2/3), 105-124.

Soyka, A. (2006). *Ausgewählte Ergebnisse zu Pendlerverflechtungen in den Metropolregionen Hamburg und Berlin-Potsdam* (DFG-Projekt).

Statistik Berlin Brandenburg (Hrsg. 2008): *Lebensweltlich orientierte Räume im Regionalen Bezugssystem des Landes Berlin 2008* Schlüssel- und Namensverzeichnis sowie Karten der Lebensweltlich orientierten Prognoseräume, Bezirksregionen und Planungsräume. Mai 2008

Statistisches Bundesamt (Hrsg.), Fachserie 1, Reihe 3, *Bevölkerung und Erwerbstätigkeit, Haushalte und Familien,* Ergebnisse des Mikrozensus, jährliche Veröffentlichung

Statistisches Bundesamt (Hrsg.). (1960). *Stichproben in der amtlichen Statistik.* Stuttgart: Kohlhammer Verlag.

Statistisches Bundesamt (Hrsg.). (2010). Statistik und Wissenschaft, Band 17: *Demografische Standards, Ausgabe 2010. Eine gemeinsame Empfehlung des Arbeitskreises Deutscher Markt- und Sozialforschungsforschungsinstitute e.V. (ADM), der Arbeitsgemeinschaft Sozialwissenschaftlicher Institute e.V. (ASI) und des Statistischen Bundesamtes,* Wiesbaden.

Statistisches Bundesamt (2011). *Wirtschaftsrechnungen, Private Haushalte in der Informationsgesellschaft – Nutzung von Informations- und Kommunikationstechnologien (IKT).* Fachserie 15, Reihe 4, Wiesbaden.

Statistisches Landesamt Baden-Württemberg (Hrsg.). (1995/96). *Jahrbuch für Statistik und Landeskunde Baden-Württemberg 1997. : Bd.* 1995/96. Stuttgart.

Stenger, H. (1971). *Stichprobentheorie.* Würzburg: Physica-Verlag.

Stenger, H. (Hrsg.). (1980). *Praktische Anwendungen von Stichprobenverfahren.* Göttingen: Vandenhoeck & Ruprecht.

Strobel, K. (1983). *Die Anwendbarkeit der Telefonumfrage in der Marktforschung: Eine Analyse unter besonderer Berücksichtigung des Kommunikations- und des Repräsentanzproblems.* Frankfurt/M.: Lang.

Taylor, H. (1995). Horses for Courses: How Different Countries Measure Public Opinion in Very Different Ways. *The Public Perspective* (February/March), 3-7.

Technische Universität Hamburg-Harburg (Hrsg.). (2005). *Beiträge zur sozialökonomischen Stadtforschung.* Hamburg: Technische Universität Hamburg-Harburg. http://www.bibliothek.uni-regensburg.de/ezeit/?2251790.

Tennstädt, F. W. R. & Hansen, J. (1982). Validating the Recency and Through-the-Book Techniques. In H. Henry (Hrsg.), *Readership Research: Theory and Practice. Proceedings of the First International Symposium* (S. 106–121). London: Sigmatext.

Thünen, J. H. v. (2008). *Der isolierte Staat in Beziehung auf Landwirtschaft und Nationalökonomie.* Tellow: Thünen-Museum.

Thünen, J. H. v. & Schumacher-Zarchlin, H. (1875). *Der isolirte Staat in Beziehung auf Landwirthschaft und Nationalökonomie* (3. Aufl.). Berlin: Wiegandt Hempel & Parey.

Tucker, C., Lepkowski, J. M. & Piekarski, L. (2002). The Current Efficiency of List-Assisted Telephone Sampling Designs. *Public Opinion Quarterly* (66), 321-338.

van Koolwijk, J. & Albrecht, G. (1974). *Techniken der empirischen Sozialforschung: Ein Lehrbuch in 8 Bänden. : Bd.* 6. München: Oldenbourg.

Waksberg, J. (1978). Sampling methods for random digit dialing. *Journal of the American Statistical Association* (73), 40-46.

Webb, J. W. (1963). The natural and migrational components of population changes in England and Wales, 1921-1931. *Economic geography, 39* (2), 130-148.

Weichbold, M., Bacher, J. & Wolf, C. (2009). *Umfrageforschung: Herausforderungen und Grenzen.* Wiesbaden: VS Verlag für Sozialwissenschaften/GWV Fachverlage GmbH Wiesbaden. http:// dx.doi.org/10.1007/978-3-531-91852-5.

Welker, M., Werner, A. & Scholz, J. (Hrsg.). (2005). *Online-Research, Markt- und Sozialforschung mit dem Internet.* Heidelberg: dpunkt.verlag.

Wendt, F. (1960). Wann wird das Quotensystem begraben? *Allgemeines statistisches Archiv, 44* (1), 35-40.

Wendt, F. (1971). *Darstellung eines Stichproben-Systems und seiner Realisierung in der ADM-Stichprobe,* Hamburg.

Wendt, F. (1978). *Das Stichproben-System des Clubs der 13,* La Croix.

Wendt, F. (1997). *Das ADM-Stichproben-System Stand 1997,* Hamburg, Puidoux.

Wendt, F. (1998), *Tafeln zur Ermittlung der statistischen Signifikanz von Stichproben-Ergebnissen* (inkl. Diskette) Frankfurt am Main (AG.MA-MMC), 1998

Wiesnet, S. (2007). *Das Stichprobenproblem in der empirischen Sozialforschung: Eine forschungshistorische und forschungssoziologische Studie.* Norderstedt: Grin Verlag.

Wildner, R. & Conklin, M. (2001). *Stichprobenbildung für Marktforschung im Internet.* planung & analyse, 2001 (2), 18-24.

Wixforth, J. & Soyka, A. (2005). Abgrenzung der Stadtregionen Hamburg und Berlin-Potsdam auf Basis von Pendlerverflechtungen. In Technische Universität Hamburg-Harburg (Hrsg.), *Beiträge zur sozialökonomischen Stadtforschung* . Hamburg: Technische Universität Hamburg-Harburg.

Zentralverband der deutschen Werbewirtschaft e.V. (1994). *ZAW-Rahmenschema für Werbeträgeranalysen* (8. Aufl.). Bonn: edition ZAW.

14.4   Internet-Quellen/Links

AGOF:

Zur Methodik generell:

http://www.agof.de/methode.585.html

Zur On-Site Befragung:

http://www.agof.de/index.883.de.html

Zum Thema der Häufigkeit der Einladung zur Teilnahme:

http://www.agof.de/index.863.html

Berichtsbände:

http://www.agof.de/index.605.html für den Berichtsband 2009/III

http://www.agof.de/studienarchiv.587.html für den Berichtsband 2005/I

zu den technische Voraussetzungen:

http://www.agof.de/generelle-infos.607.html/Techn Voraussetzungen.pdf

IVW/INFOnline:

INFOnline:

https://www.infonline.de/de/extra/downloads/

zur Methode: AGOF Service Center MSZM-Messung und

Vortrag Dirk Wippern FH Köln 2.10.2009

IVW:

http://www.ivw.de/index.php?menuid=25&reporeid=14

zum Thema Neue Ausweisung:

http://www.ivw.de/index.php?menuid=0&reporeid=271

Kritiker der AGOF-Methode:

http://www.werbeblogger.de/2007/02/14/agof-wie-lange-noch/

Beispiele von offenen www-Befragungen:

http://www.perspektive-deutschland.de/index.php

http://www. w3b.org/hintergrund/methodik.html

Beispiele für Rekrutierungsstrategien von Online-Paneln:

http://www.innofact.de/40.0.html

http://www2.dialego.de/708.0.html?&size=0&L=1

http://www.Umfragevergleich.de

Internationale elektronische Telefonbücher:

http://www.softguide.de/software/adressdatenbanken.htm

15 Geschichte, Aufgaben und Ziele des ADM Arbeitskreis Deutscher Markt- und Sozialforschungsinstitute e.V.

Zur Gründungsgeschichte

Der ADM wurde am 20. Juni 1955 in Würzburg als „Arbeitskreis für betriebswirtschaftliche Markt- und Absatzforschung e.V." mit Sitz in Bonn gegründet und am 26. Juni 1956 in das Vereinsregister eingetragen. Die Geschichte des ADM reicht jedoch zurück bis in das Jahr 1949. Am 29. April 1949 konstituierte sich in der Wirtschaftshochschule Nürnberg der „Arbeitskreis für betriebswirtschaftliche Markt- und Absatzforschung". Federführend dabei waren Georg Bergler, Erich Schäfer, Jens H. Schmidt und Julius E. Schwenzner. Im Jahr 1960 gab sich der Verein den Namen „Arbeitskreis Deutscher Marktforschungsinstitute e.V." und am 27. April 1989 durch einen Beschluss der Mitgliederversammlung schließlich den auch heute noch gebräuchlichen Namen „ADM Arbeitskreis Deutscher Markt- und Sozialforschungsinstitute e.V.".

Die Vorsitzenden des ADM von seiner Gründung im Jahr 1955 bis zur Gegenwart waren: Prof. Dr. Georg Bergler (1955-1956), Dr. Julius E. Schwenzner (1956-1965), Wolfgang Ernst (1965-1968), Dr. Emil Bruckert (1968-1974), Hans-Jürgen Ohde (1974-1977), Werner Ott (1977-1987), Hartwig Schröder (1987-1993), Dr. Klaus Haupt (1993-1999), Dr. Rudolf Sommer (1999-2002), Prof. Dr. Klaus L. Wübbenhorst (2002-2005), Hartmut Scheffler (seit 2005).

Mitgliedschaft im ADM

Ordentliche Mitglieder im ADM können privatwirtschaftliche Unternehmen werden, die in der Bundesrepublik Deutschland ihren Sitz haben, deren Geschäftszweck wissenschaftliche Markt- und Sozialforschung ist und die rechtlich eigenständig sind. Weitere Voraussetzungen für die Aufnahme als ordentliches Mitglied sind eine mindestens dreijährige ununterbrochene wissenschaftliche Tätigkeit auf dem Gebiet der Markt- und Sozialforschung, die Gewährleistung der Einhaltung der Qualitätsstandards des ADM, ein von der Mitgliederversammlung festzulegender Mindestjahresumsatz sowie die Gewährleistung der Einhaltung der Vereinssatzung, der Berufsgrundsätze und Standesregeln sowie der Beschlüsse des Arbeitskreises.

Gegenwärtig (Stand: Juli 2013) sind im ADM 75 Institute zusammengeschlossen, die zusammen über 80 Prozent des Gesamtumsatzes der deutschen Markt- und Sozialforschung repräsentieren. (siehe: https://www.adm-ev.de/index.php?id=mitgliedsinstitute)

Ziele und Aufgaben

Der ADM ist ein eingetragener Verein und hat keinen Erwerbscharakter. Er ist eine berufsständische Organisation und kein Arbeitgeberverband. Der ADM vertritt die Interessen der privatwirtschaftlich verfassten Markt- und Sozialforschungsinstitute in Deutschland. Die im Einzelnen in der Satzung des ADM festgelegten Ziele und Aufgaben sind:

- Wahrung und Förderung der Wissenschaftlichkeit der Markt- und Sozialforschung;
- Wahrung des Ansehens der Markt- und Sozialforschung in der Öffentlichkeit und des Vertrauens der Öffentlichkeit in die Markt- und Sozialforschung;
- Wahrung und Durchsetzung der Berufsgrundsätze und Standesregeln, die vom Arbeitskreis beschlossen oder angenommen wurden;
- Gewährleistung der Anonymität und des weiteren Datenschutzes unter besonderer Berücksichtigung der Datenschutzgesetze;
- Schutz der Auftraggeber vor unzulänglichen Untersuchungen und Schutz der Öffentlichkeit vor unzulänglichen Veröffentlichungen;
- Bekämpfung des unlauteren Wettbewerbs, insbesondere durch Einschreiten gegen gezielte Verkaufsmaßnahmen Dritter unter Vorspiegelung markt- und sozialforscherischer Tätigkeit;
- Verbindung zu nationalen und internationalen Organisationen;
- Förderung der wissenschaftlichen Grundlagenforschung und der Verbindung zu Hochschulen;
- Förderung des Nachwuchses;

- Beratung und Vertretung der Mitglieder in Fragen der Institutspraxis und in Grundsatzfragen;
- Herausgabe von Fachliteratur;
- Durchführung von Seminaren und Tagungen;
- Förderung des gegenseitigen kollegialen Verständnisses und Verhaltens;
- Erstellung von Gutachten zu Fragen der Markt- und Sozialforschung und des Rechts der Markt- und Sozialforschung;
- Bildung und Mitwirkung bei der Bildung von Einigungs- und Schlichtungsstellen in allen Bereichen der Markt- und Sozialforschung.

Berufsgrundsätze, Standesregeln und Qualitätsstandards

Ende des Jahres 2007 ist der revidierte „ICC/ESOMAR Internationaler Kodex für die Markt- und Sozialforschung" in Kraft getreten (ICC = International Chamber of Commerce; ESOMAR = European Society for Opinion and Market Research). Die Verbände der deutschen Markt- und Sozialforschung haben ihn wie bisher mit einer vorangestellten „Erklärung für das Gebiet der Bundesrepublik Deutschland" angenommen. In verschiedenen Richtlinien haben sie die im Kodex festgeschriebenen berufsethischen Grundregeln und rechtlichen Rahmenbedingungen in Bezug auf spezifische Bereiche, Instrumente oder Techniken der Markt- und Sozialforschung konkretisiert.(siehe: https://www.adm-ev.de/index.php?id=richtlinien&L=1%25252527%2529)

Die im Rahmen der Markt- und Sozialforschung bei natürlichen oder juristischen Personen erhobenen Daten dürfen auf Grund gesetzlicher Bestimmungen, berufsethischer Verhaltensprinzipien und wissenschaftlich-methodischer Anforderungen nur in anonymisierter Form an den Auftraggeber und andere Dritte übermittelt werden. Forschung und andere Tätigkeiten sind außerdem strikt voneinander zu trennen.

Qualitätsstandards der Markt- und Sozialforschung stellen einen den gesamten Forschungsprozess umfassenden Orientierungsrahmen dar. Sie beschreiben die qualitätsrelevanten Erfordernisse der einzelnen Schritte des Forschungsprozesses. Qualitätsstandards sind zu lesen als ein Katalog von verbindlichen Zielen, die es zu erreichen gilt, um die wissenschaftliche Qualität von Forschungsergebnissen sicher zu stellen.

Als Instrument der Selbstregulierung der Markt- und Sozialforschung tragen Qualitätsstandards entscheidend dazu bei, Auftraggeber vor unzulänglichen Untersuchungen und das Publikum vor unzulänglichen Veröffentlichungen von Forschungsergebnissen zu schützen. Sie sind damit auch ein wichtiges Instrument zur Wahrung und Förderung des Ansehens der Markt- und Sozialforschung in der Öffentlichkeit und des Vertrauens der Öffentlichkeit in die Markt- und Sozialforschung.

Die Verbände der deutschen Markt- und Sozialforschung haben an der Entwicklung des internationalen Qualitätsstandards, der Norm ISO 20252 „Markt-, Meinungs- und Sozialforschung – Begriffe und Dienstleistungsanforderungen" in zentraler Position mitgearbeitet. Die Norm ISO 20252 ist in ihrer ursprünglichen Fassung im Jahr 2006 und in einer überarbeiteten Fassung im Jahr 2012 in Kraft getreten.

Selbstregulierung und Selbstkontrolle

Die Tätigkeit der Markt- und Sozialforschungsinstitute ist eine Dienstleistung, die ausschließlich nach anerkannten wissenschaftlichen Regeln durchgeführt wird und die sich als angewandte Forschung auf die durch das Grundgesetz für die Bundesrepublik Deutschland garantierte Forschungsfreiheit berufen kann. Deshalb ist es für die Markt- und Sozialforschung neben der Definition ihrer berufsethischen Grundlagen und der Konkretisierung ihrer rechtlichen Rahmenbedingungen wichtig, durch verbindliche Qualitätsstandards die Einhaltung wissenschaftlicher Methoden und Verfahrensweisen zu dokumentieren.

Mit den Berufsgrundsätzen, Standesregeln und Qualitätsstandards hat sich die deutsche Markt- und Sozialforschung ein umfassendes Instrumentarium der ethischen, rechtlichen und wissenschaftlichen Selbstregulierung geschaffen. Die Einhaltung und Durchsetzung der berufsständischen Verhaltensregeln wird durch eine von den Verbänden gemeinsam getragene Beschwerdestelle sanktionsbewehrt gewährleistet, die im Jahr 2001 als Rat der Markt- und Sozialforschung e.V. eingerichtet wurde.

Politische Interessenvertretung

Eher ungewollt ist die Marktforschung in den letzten Jahren in den Fokus der Politik geraten. Die Belästigung der Bevölkerung durch Telefonwerbung und die verschiedenen Fälle des Missbrauchs personenbezogener Daten haben einen politischen Handlungsdruck erzeugt, der die Gefahr in sich birgt, dass die Möglichkeiten, Markt- und Sozialforschung zu betreiben, durch die gesetzgeberischen Maßnahmen zur Abstellung dieser Missstände sozusagen als „Kollateralschaden" unbeabsichtigt eingeschränkt werden. Im Rahmen der Novellierungen des Bundesdatenschutzgesetzes im Jahr 2009 ist es gelungen, die Markt- und Meinungsforschung entsprechend ihrer Vorgehensweise und Zielsetzung durch eine explizite Erlaubnisnorm datenschutzrechtlich von Werbung, der Tätigkeit von Auskunfteien und dem Adresshandel unmissverständlich zu unterscheiden.

Berufsausbildung in der Markt- und Sozialforschung

Im August 2006 haben die ersten Auszubildenden mit ihrer in der Regel dreijährigen Ausbildung zum/zur Fachangestellten für Markt- und Sozialforschung begonnen und im Jahr 2008 ihre Ausbildung erfolgreich abgeschlossen. Mit der Etablierung dieses Ausbildungsberufs wurde zusätzlich zur akademischen Ausbildung im System der dualen Ausbildung eine zweite berufliche Einstiegsmöglichkeit in die Markt- und Sozialforschung geschaffen. Der Schwerpunkt der Ausbildung liegt auf der Vermittlung der organisatorisch-technischen Kompetenzen, die für die Durchführung von Forschungsprojekten unerlässlich sind.

Zusammenarbeit mit nationalen und internationalen Verbänden

Bei all diesen Aktivitäten hat der ADM auf der nationalen Ebene die Federführung übernommen. Er arbeitet aber jeweils eng mit den anderen Verbänden der Markt- und Sozialforschung in Deutschland zusammen. Sowohl die Entwicklung von Berufsgrundsätzen, Standesregeln und Qualitätsstandards im Rahmen der Selbstregulierung und Selbstkontrolle der Profession als auch die politische Interessenvertretung der Markt- und Sozialforschung und die Förderung der Berufsausbildung in der Branche sind Aufgaben, die von den Verbänden gemeinsam getragen und geleistet werden müssen.

Durch seine Mitgliedschaft bei EFAMRO (European Federation of Associations of Market Research Organisations) ist der ADM zentral an der politischen Interessenvertretung der Markt- und Sozialforschung auf der europäischen Ebene und an der Entwicklung internationaler Qualitätsstandards beteiligt. Darüber hinaus steht der ADM in einem intensiven Erfahrungs- und Meinungsaustausch mit ESOMAR, der insbesondere die vielfältigen Aspekte der professionellen Selbstregulierung und Selbstkontrolle der Markt- und Sozialforschung betrifft.

ADM Arbeitskreis Deutscher Markt- und Sozialforschungsinstitute e.V.

Langer Weg 18, 60489 Frankfurt am Main

Telefon: 069 – 97843136
Telefax: 069 – 97843137
E-Mail: office@adm-ev.de
Internet: www.adm-ev.de

Die Autorinnen und Autoren

Kurt Behrens, Geschäftsführender Gesellschafter, BIK ■ ASCHPURWIS + BEHRENS GmbH, Krähenweg 28, 22459 Hamburg, behrens@bik-gmbh.de

Axel Glemser, Associate Director, TNS Infratest GmbH, Landsbergerstr. 284, 80687 München, Berater für Methoden und Surveydesign für alle Forschungsbereiche, axel.glemser@tns-infratest.com

Jochen Hansen, selbständiger Berater, JH Markt- und Sozialforschung Obere Bündt 7, 78465 Konstanz, Hansendj@t-online.de (seit Dezember 2012 – vorher leitender wissenschaftlicher Mitarbeiter, Institut für Demoskopie Allensbach)

Christiane Heckel, Bereichsleiterin Forschung + Entwicklung, BIK ■ ASCHPURWIS + BEHRENS GmbH, Krähenweg 28, 22459 Hamburg, heckel@bik-gmbh.de

Christian von der Heyde, Sprecher der Arbeitsgemeinschaft ADM-Stichproben, Hasenweg 4, 82110 Germering, ch.vdheyde@a-v-d-h.de

Oliver Hofmann, Associate Director, TNS Infratest GmbH, Landsbergerstrasse 284, 80687 München, oliver.hofmann@tns-infratest.com

Ute Löffler, Beraterin für Markt- und Mediaforschung, MarktforschungsKontor, Wallufer Str. 10, 65197 Wiesbaden, loeffler@marktforschungskontor.de

Prof. Dr. Gerd Meier, Leuphana Universität Lüneburg, LüneLab – Institut für experimentelle Wirtschaftspsychologie, Wilschenbrucher Weg 84, 21335 Lüneburg, meier@leuphana.de

The manufacturer's authorised representative in the EU is Springer
Nature Customer Service Centre GmbH, Europaplatz 3, 69115 Heidelberg,
Germany. If you have any concerns regarding our products, please
contact ProductSafety@springernature.com

Printed and bound by CPI Group (UK) Ltd, Croydon, CR0 4YY
27/04/2026
02097639-0006